Springer-Verlag Berlin Heidelberg GmbH

Arnold Klingert

Einführung in Graphische Fenstersysteme

Konzepte und reale Systeme

Mit 83 Abbildungen

Springer

Dr. Arnold Klingert
Eisenlohrstraße 3
D-76135 Karlsruhe

Die Deutsche Bibliothek-CIP-Einheitsaufnahme
Klingert, Arnold: Einführung in Graphische Fenstersysteme: Konzepte und reale Systeme/Arnold Klingert.-Berlin; Heidelberg; New York; Barcelona; Budapest; Hong kong; London; Mailand; Paris; Santa Clara; Singapur; Tokio: Springer, 1996

ISBN 978-3-540-58818-4 ISBN 978-3-642-86528-2 (eBook)
DOI 10.1007/978-3-642-86528-2

Satz: Reproduktionsfertige Vorlage vom Autor
Umschlaggestaltung: Künkel + Lopka, Ilvesheim

Gedruckt auf säurefreiem Papier SPIN 10484565 33/3142 - 5 4 3 2 1 0

Meinen Eltern

Vorwort

Fenstersysteme gehören heute zur Betriebssoftware eines jeden Rechners. Sogar komplette Betriebssysteme werden nach ihnen benannt; so wichtig sind sie. In diesem Buch sollen sie erstmals als eigenständiges Thema systematisch erklärt werden.
Die stürmische Entwicklung dieser Systeme liegt noch keine zehn Jahre zurück, und sie ist noch nicht zu Ende. Aber immerhin haben sich einige Konzepte herauskristallisiert, die auch in der Zukunft Bestand haben werden. Diese Konzepte sollen hier vermittelt werden.

Ein Problem beim Erlernen der Informationswissenschaften wird oft genug schmerzlich bewußt: In kaum einem anderen Lehrgebiet sind so große Teile der Thematik einer relativ kurzen Halbwertszeit unterworfen; die ständige Weiterentwicklung und die mächtigen Marktmechanismen verändern die Terminologie, die Produkte und die Relevanz des Wissens.

Am ehesten widerstehen Prinzipien, Theorien und Algorithmen dem Zahn der Zeit. Das Wissen über reale Systeme ist dagegen am schlimmsten vom Wissensverfall betroffen. Was heute „Standard" ist, ist morgen bereits vergessen. Daher enthält der *erste Teil* des Buches das theoretische Fundament und damit hoffentlich alterungsresistentes Wissen.

In der Lehre, zumal in der frontalen, wird der Schritt von der Theorie zur Praxis häufig als Übung oder Hausaufgabe dem einzelnen überlassen. Das führt dazu, daß nur wenige Engagierte in den vollen Genuß des Verständnisses kommen, mit der fatalen Folge, daß für die meisten die Praxis ausgeklammert und als etwas von der Theorie Unabhängiges betrachtet wird. Praxis findet vielleicht später statt, und dann wird umgekehrt – die nicht vollständig verstandene – Theorie abgelehnt. Die gewünschte

Verbindung von Wissen um Prinzipien und Wissen durch Beispiele kommt nicht zustande. Daher rührt der *zweite Teil* des Buches, einmal als Vorführung der Theorie, für Praktiker aber auch als Vergleichsmöglichkeit der einzelnen Systeme.

Bei den eingefleischten X-, Windows-, NeWS-, und Presentation Manager-Programmierern muß ich wohl einige umständliche Darstellungen in den Implementierungsbeispielen entschuldigen. Sicher kann man vieles kürzer oder brillanter, somit knackiger formulieren. Die Beispiele sollen jedoch nur die wesentlichen Konzepte der jeweiligen Programmierung sichtbar werden lassen und dienen nicht unbedingt als Musterbeispiele. Keine Garantie übernehme ich für die Schäden, die entstehen, weil die Beispiele den einen oder die andere fehlgeleitet haben sollten.

Fenstersysteme mögen nur die Vorstufe zu multimedialen und multimodalen Interaktionssystemen sein, sie müssen dennoch verstanden werden, um den nächsten Schritt zu tun.

Reichlich Dank

Mein Dank geht an Ingo Kessinger, Clemens Knörzer, Joachim Scherer für Bilder und Code sowie an Marion Kreeb und Ralf Weber für die Hilfe bei den ursprünglichen Vorlesungsunterlagen vor langer Zeit. Allen, die das Manuskript gelesen und kritisiert haben, möchte ich meinen Dank ausdrücken und nachträglich ein wenig Trost spenden: Jan Borchers, Ulrich Bröckl, Oliver Deussen, Jürgen Gittinger, Ingo Helbig, Prof. Dr. Heinrich Müller, Dr. Markus Pins, Prof. Dr. Alfred A. Schmitt, Prof. Dr.-Ing. Horst Wettstein.
Dank geht auch an die zahlreichen Studierenden der Vorlesung Mensch-Maschine-Dialog 2 an der Universität Karlsruhe (TH), die durch konstruktive Kritik zum Entstehen beigetragen haben und an meine liebe Frau Sonja, die unfreiwillige Fensterexpertin.

Hinweise zum Lesen

Der kleine Stift am Textrand bezeichnet Stellen im Text, die Forschungsgebiete darstellen oder die von akademischem Interesse sind. Diese Abschnitte oder Kapitel sind also nicht vorrangig als

Lehrstoff anzusehen, sondern stellen zusätzliche Hintergrundinformation zur Verfügung. Sie sind mithin auch etwas schwieriger zu verstehen.

Das ?!-Symbol am Rand und der geneigte Zeichensatz zeigen Definitionen und Merksätze an.

Programmbeispiele sind in nicht-proportionalem Schreibmaschinensatz, dem sogenannten `Typewriter`-Font, gesetzt, und der Kommentar ist in der Randspalte auf derselben Höhe zu finden.

Inhalt

II Praktische Realisierungen

Einleitung

Kapitel 1

Noch vor wenigen Jahren hätte dieser Text mit einer umständlichen Beschreibung oder gar einer Definition von *Graphischen Fenstersystemen* (engl.: Window Systems) anfangen müssen, um klarzustellen, wovon die Rede sein soll. Heute weiß jeder, der den Umgang mit Rechnern pflegt, was ein Fenstersystem ist. Genauer gesagt: Er oder sie hat eine ziemlich genaue Vorstellung davon, wie es sich ihm oder ihr darstellt.

Graphische Fenstersysteme

Fenstersysteme sind also Stand der Technik.

Welchen Grund gibt es da noch, sich mit Fenstersystemen auseinanderzusetzen? Für denjenigen, der sich um ein tieferes Verständnis für Rechner und deren Systemkomponenten bemüht, reicht es nicht aus *ein* System zu kennen, um das Prinzip zu verstehen. Das Konstruktionsprinzip geht in einer herstellerspezifischen und in einer implementierungsgerechten Terminologie unter.

Diese Ausarbeitung soll einen Einblick geben, was sich hinter der bekannten Oberfläche verbirgt. Es sollen allgemeine Techniken und ihre konkreten Ausprägungen in aktuellen Systemen im Vergleich betrachtet werden. Nicht zuletzt ist sie ein Versuch, Prinzipien herauszuarbeiten und etwas Ordnung in das Durcheinander der Bezeichnungen und Methoden zu bringen.

1.1 Benutzerbezogene Aspekte

Fenstersysteme haben innerhalb kurzer Zeit in die Systemsoftware von Computern aller Größenordnungen Einzug gehalten. Der Grund dafür ist, daß sie eine direktere Abbildung der Vorgänge in einem Rechner auf die menschliche Gedankenwelt ermöglichen als herkömmliche *Dialogsysteme*, die ausschließlich auf textueller Kommunikation oder der Anzeige von Werten beruhen.

Was bringen Fenstersysteme dem Benutzer?

Die Unterstützung des Benutzers liegt zum einen in der visuellen Ausgabe der Ergebnisse, die der Rechner mitzuteilen hat und die bewußt in Analogie zu Objekten der realen Welt stehen. Ein Papierkorb beispielsweise ist mit einem Löschvorgang einfacher zu assoziieren als die Zeichenkette `/dev/null`, und die Semantik einer Uhr auf dem Bildschirm muß niemandem erklärt werden.

Zum anderen wird Hilfestellung geleistet durch Mechanismen, die der parallelen Arbeitsweise des Benutzers entgegenkommen. Mehrere Anwendungen sind auf dem Bildschirm gleichzeitig durch ein oder mehrere Fenster vertreten. Alle diese Anwendungen und sogar alle ihre Fenster können zu jedem Zeitpunkt durch Eingaben angesprochen oder aktiviert werden.

siehe hierzu [Fär91]

Untersuchungen haben ergeben, daß die ersten Heim-Rechner, die mit fensterorientierten graphischen Benutzungsoberflächen (der von Apple entwickelte Rechner Macintosh) ausgestattet waren, dreimal länger pro Tag von ihren Besitzern eingesetzt wurden als vergleichbare PCs mit einer textorientierten Interaktionsschnittstelle. Pro Tag 90 Minuten stehen 30 Minuten täglich gegenüber, was nicht nur durch den Spieltrieb der Benutzer zu erklären ist. Vielmehr ist zu vermuten, daß die graphische Benutzungsoberfläche die Benutzer weniger schnell frustriert und mehr Möglichkeiten zum versuchsbasierten Lernen bietet.

1.2 Systembezogene Aspekte

Was bedeuten Fenstersysteme für das System?

Kauft man einen PC für den privaten Bedarf oder einen Arbeitsplatzrechner für den kommerziellen Einsatz, so liefert der Anbieter der Hardware im allgemeinen mindestens ein *Betriebssystem* mit, das den Benutzer oder Entwickler von elementaren Operationen auf der Ebene der technischen Komponenten des Computers entbindet. Betriebssysteme sind in ständiger Weiterentwicklung, um Benutzeranforderungen und neuen Rechnerarchitekturen gerecht zu werden. Die Probleme, die mit Betriebssystemen gelöst werden, und diejenigen, für die Fenstersysteme zur Anwendung kommen, sind derart ähnlich, daß Techniken, die für Betriebssysteme entwickelt wurden, auch für die Implementierung von Fenstersystemen einsetzbar sind. Aus dieser Sicht könnte man Fenstersysteme auch als Teil der Betriebssystemsoftware sehen. Die Benennung neuester Betriebssysteme nach diesem wichtigen Bestandteil der Systemsoftware läßt die Bedeutung von Fenstersystemen offensichtlich werden.

Windows NT

Es gibt jedoch einige Bereiche, mit denen sich die Betriebssteuerung traditionell nur wenig auseinandersetzt, die aber bei Fenstersystemen maßgeblich sind. Dazu gehören zum Beispiel die graphischen Fähigkeiten der Hardware, die Komplexität und Benutzerangemessenheit des Dialogs (Ergonomie) und die Schnittstelle zu Anwendungsprogrammen.

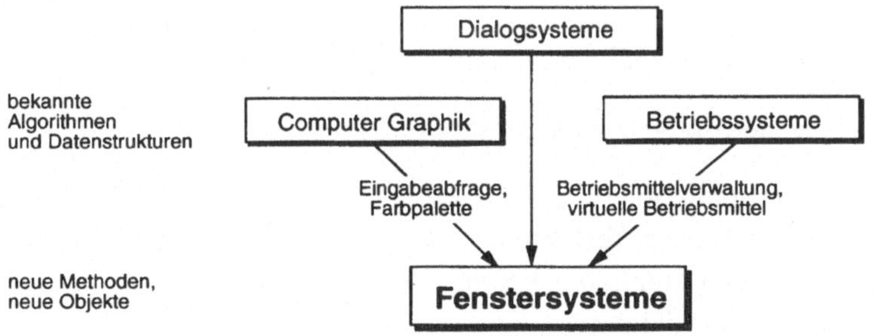

Abb. 1.1 Herkunft der Fenstersysteme

Wie in Abb. 1.1 zu sehen ist, haben Fenstersysteme mehrere Ursprünge. Neben den Betriebssystemen spielen herkömmliche Dialogsysteme und die Computer Graphik eine entscheidende Rolle bei ihrer Entwicklung.

1.3 Systemsoftware und Anwendungen

Der klassische Ansatz beim Entwickeln portabler und zuverlässiger Software ist die Methode, eine *logische Maschine*[1] zu definieren, die als Schnittstelle für viele verschiedene Programme dient. Eine logische Maschine stellt, unabhängig von der Realisierung, eine Schnittstelle (Befehle und Datenobjekte) zur Verfügung, die

logische Maschine

[1] Logisch ist hier im Sinne von „gedacht" gemeint. Anstelle des Begriffs der logischen Maschine findet man häufig den Ausdruck „virtuelle Maschine". Wir vermeiden diesen Ausdruck bewußt, weil mit „virtuell" bereits Assoziationen verknüpft sind, die hier nicht zutreffend sind.

die Eigenschaften einer Maschine beschreibt und damit als *Plattform* für Anwendungsprogramme dient.

Eine Hierarchie logischer Maschinen ist charakterisiert durch folgende Merkmale: Die Schnittstellen verdecken sich (zumindest teilweise), und sie sind in einer Weise definiert, daß sie vielseitig verwendbar sind. Die logische Maschine bei einem Rechner ohne Fenstersystem kann man vereinfacht beschreiben als die Schnittstelle

- zum Dateisystem,
- zu den Ein-/Ausgabegeräten,
- zum Speicher,
- zum Prozeßkommunikationssystem,
- und zu Netzwerkdiensten.

Mit den Funktionen, die das Betriebssystem meist in Form von Bibliotheken zur Verfügung stellt, läßt sich im wesentlichen jeder Dialog programmieren, bei manchen Systemen sogar mit graphischer Unterstützung.

Fenstersysteme als Programmierschnittstelle

Der Tatsache, daß es eine Art Grunddialogbedürfnis eines Anwendungsprogramms gibt, wird zum Teil schon in Programmiersprachen Rechnung (`ReadLn()`, `printf()`) getragen. Dieser rein textorientierte Dialog erfährt seine graphische Erweiterung zum Beispiel in Fenstersystem-Schnittstellen. Der Beitrag der Fenstersysteme zur Programmierung der Dialogschnittstelle besteht eigentlich nur in der Erhöhung des Programmierkomforts.

In einer zusätzlichen Bibliothek-Schnittstelle werden Funktionen oder Objekte angeboten, die Dialogaufgaben wahrnehmen. Auf diese Weise muß beispielsweise nicht jede Anwendung von neuem den Zugang zum Bildschirm implementieren, sondern es werden typische Bedürfnisse von der Fenster-Software befriedigt. Das Problem dabei ist die Trennung von Dialog- und Anwendungssoftware. Denn ein Fenstersystem soll zwar das Anwendungsprogramm von allen einfachen Operationen mit Maus und Tastatur fernhalten, es darf aber andererseits nicht die Struktur des Anwendungsprogramms oder die Kreativität des Anwendungsprogrammierers einschränken.

typisches Dialogbedürfnis einer Anwendung

In der Sprechweise der logischen Maschinen muß man sich ein Fenstersystem also als eine teilweise überdeckende Schicht über den Graphikgeräten und den Eingabegeräten vorstellen.

1.4 Historische Anmerkungen

Als Geburtsstunde der Fenstersysteme wird häufig das Jahr 1981 angegeben. In diesem Jahr wurde das legendäre System *Star* von Xerox auf den Markt gebracht. Dieses über ungefähr sechs Jahre hinweg entwickelte System gilt als das erste graphische Fenstersystem überhaupt.

Nur sehr wenigen ist allerdings bekannt, daß bereits 1945 einige wesentliche Ideen, die durch Star Wirklichkeit wurden, von einem Wissenschaftler namens Vannevar Bush festgehalten worden sind. In einer Zeit, in der Rechenanlagen ganze Gebäude in Anspruch nahmen, entwickelte dieser Mann ein fiktives System, das er *Memex* nannte, auf dem Papier. Die Entwickler von Star haben es nicht versäumt, darauf zu verweisen, daß nicht ihnen die zündende Idee des Desktop-Rechners zuzuschreiben ist, dennoch ist ihre Leistung nicht zu unterschätzen. Fassen wir die wesentlichen Meilensteine kurz zusammen.

Sketchpad

Ivan E. Sutherland

Anfang der 60er Jahre entwickelte Ivan E. Sutherland das erste interaktive Graphiksystem überhaupt. Dieses System hieß Sketchpad und kannte bereits direktmanipulative Elemente, Click-and-Drag sowie hierarchische Objektschachtelung. Sutherland wird damit als Geburtshelfer der interaktiven Computer Graphik gefeiert und hat mittelbar auch an der Fortentwicklung der Fenstersysteme mitgewirkt.

Ein Kennzeichen des Sketchpads war die Vektorgraphik (Linie, Kreis, Punkt) ohne Fenstertechnik. Als graphisches Eingabegerät fand der Lichtgriffel (engl.: Light Pen) Verwendung.

Erfindung der Maus

Originalliteratur in [EE+67]

Die Maus wurde 1966 in einem Labor in Stanford erfunden. Es handelte sich um eine mechanische Maus, die eingesetzt wurde, um das Texteditieren zu unterstützen. Sie wurde zwar von den Testpersonen als eine gefällige Alternative zum Lichtgriffel betrachtet, fand jedoch ca. 20 Jahre lang nur geringe Beachtung und kaum Verbreitung.

Xerox Star

Zwischen 1971 und 1981 gingen die wesentlichen Innovationen in Sachen Fenstersysteme vom bereits erwähnten System Star aus. Unter der Bezeichnung Xerox 8010 Information System wurde am Xerox Forschungszentrum PARC in Palo Alto, USA ein Produkt entwickelt, das als Plattform die Hardware Xerox 8000 Series Network Systems Processor hatte. Dieser Rechner hatte folgende Kennzeichen: 0.3 - 1 MByte RAM, 40MB Platte, 17-Zoll Rasterbildschirm und eine mechanische Maus (drei Tasten). Er gehörte in die Kategorie der Minicomputer, was soviel besagt wie, daß er nicht größer als ein Wandschrank war. Daß dieses Labor nicht nur in Hinblick auf Dialogumgebungen äußerst prägend wirkte, zeigt die Tatsache, daß in den gleichen Räumen sowohl das Ethernet als auch SmallTalk, die erste konsequent-objektorientierte Sprache, entwickelt wurde.

Minicomputer

Ausgangspunkt der Star-Entwicklung war die einfache Überlegung, daß zukünftige Benutzer von Rechnern eine Aufgabe aus einem beliebigen Arbeitsbereich erledigen wollen und in keiner Weise Interesse am Rechner an sich haben. Zusammen mit der Prognose, daß der typische Benutzer ein gelegentlicher Benutzer sein wird, peilte man eine Minimierung der Zeit an, die zum Erlernen des Systemumgangs erforderlich ist.

gelegentliche Benutzer

siehe [JR+89]

Folgende Techniken wurden dazu benutzt: Zum einen stellte man Datenobjekte auf dem Bildschirm dar, und zwar in Form von Icons. Zum anderen erlaubte man die simultane Ausgabe von Daten auf deutlich voneinander abgehobenen Bildschirmbereichen. Das graphische Fenster war de facto erfunden. Das Darstellen und Manipulieren der Datenobjekte stand im Widerspruch zu den gängigen Benutzungsoberflächen, die eher der Werkzeug-

Icons

Metapher zugeneigt waren. Dort wurden, wie bei der Bedienung von Betriebssystemen üblich, ausschließlich Programme angeboten, mit denen man Daten bearbeiten konnte.

Als neue *Metapher* diente jetzt der Schreibtisch, der viele Datenobjekte enthält (Ordner, Bücher, Manuskripte) und nur wenige generische Werkzeuge (Stift, Papiersammler für Altpapier). Der Begriff der Desktop-Metapher wurde geprägt.

Metapher

Desktop-Metapher

Weniger augenfällig als der graphische Unterschied zu herkömmlichen Benutzungsschnittstellen ist dabei die Tatsache, daß die Zentrierung der Arbeitsweise um Objekte zu der Möglichkeit führte, in einem Dialog zuerst ein Objekt zu selektieren und dann erst zu sagen, was damit zu machen ist. Man spricht auch vom Objekt-Aktion-Paradigma. Erfahrungen und Experimente zeigen, daß diese Arbeitsweise dem Menschen entgegenkommt. Die werkzeugorientierte Sichtweise, auch als Aktion-Objekt-Paradigma bezeichnet, kennt man von zahlreichen textuellen Kommandosprachen wie beispielsweise den UNIX Shells.

Objekt, dann Aktion

Obwohl Star zunächst nur ein Xerox-interner Begriff für die entwickelte Software war, wurde er im Lauf der Jahre zunehmend zum Inbegriff des ersten Gesamtsystems mit Fenstertechnik; man schloß also auch die Hardware ein. Die Programmiersprache in der Star entwickelt wurde, war mit dem Pascal-Dialekt *Mesa* bereits eine höhere Programmiersprache. Eine gewagte Entscheidung, wenn man berücksichtigt, daß die gesamte Systemsoftware zu der Zeit in maschinennahen Sprachen realisiert wurde.

Trotz seiner eher geringen Verbreitung (wenige tausend Exemplare) waren der Xerox Star und sein legitimer Nachfolger ViewPoint in gewisser Weise erfolgreich, wenn man bedenkt, daß sie die Macintosh Welt sehr nachhaltig mitgeprägt haben.

Lisa und Macintosh

Einer, der die Entwicklung des Star maßgeblich mitgetragen hatte, war Alan Kay. Repräsentanten der Firma Apple erkannten während einer Visite in den Xerox Labors das kommerzielle Potential, das in den Star-Ideen steckte, und warben diesen Pionier und ein paar seiner Kollegen im Jahre 1979 ab.

Inzwischen war die Größe der Rechner auf Microcomputer geschrumpft. Viel mehr Menschen konnten und mußten mit Com-

Microcomputer

putern umgehen als man sich je vorgestellt hatte. Die Kosten eines PCs machten ihn bereits für persönliche Anwendungen interessant. Die neuen Benutzer hatten wenig Vorwissen in bezug auf digitale Rechenanlagen und kein Verständnis für Systemdetails. Sie brauchten ihr Gedächtnis für etwas anderes als für das Memorieren kryptischer Kommandos.

Diese Einsicht verbreitete sich zunächst gemächlich, aber doch beständig. Es entwickelte sich daraus ein Wettlauf zwischen verschiedenen Herstellern um eine graphische oder semigraphische Benutzungsoberfläche. Apple hatte von Anfang an auf eine ausgeprägt graphische, fensterorientierte Benutzung gebaut und brachte nach relativ kurzer Entwicklungszeit (1983) einen Rechner namens Lisa auf den Markt. Rein optisch hatte dieses Gerät und vor allem seine Desktop-Benutzungsoberfläche viele Gemeinsamkeiten mit der späteren Macintosh Oberfläche. Die niedrige Geschwindigkeit, zahlreiche Kinderkrankheiten im System sowie der stolze Preis verhinderten jedoch eine nennenswerte Ausbreitung.

Lisa

So ist der Macintosh als überarbeitete Version sozusagen der zweite Wurf der Firma Apple. Was seine Graphikfähigkeiten angeht und die Einfachheit der Benutzung blieb er jedoch über Jahre die Nummer eins unter allen Microrechnern.

Macintosh

Da es den Macintosh in verschiedenen Varianten über viele Jahre gab, ist es schwierig, allgemeingültige Aussagen zu seiner Hardware zu machen, denn diese entwickelte sich rasant weiter. Die fensterorientierte Oberfläche blieb dabei nahezu unangetastet. Die Kennzeichen der ersten Mac-Rechner: 68000 Prozessor (16 Bit), 0.5MB Hauptspeicher, 8 Zoll-Monitor (schwarz/weiß) sowie eine mechanische Maus (eine Taste) und eine recht charakteristische Form des Gehäuses.

MS-Windows und X

MS-Windows gibt es in einer graphischer Erscheinung seit ungefähr 1990, und seine Anfänge reichen in die Mitte der 80er Jahre zurück. Es gilt in der Version 3.x als de facto Standard in der PC-Welt. Es ist eng verwoben mit dem Betriebssystem und hat inzwischen einige wesentliche Ideen des Macintosh in etwas anderer graphischer Aufmachung adaptiert. Windows ist

Fenstersysteme als Industriestandard

dennoch ein Meilenstein, weil es für eine rasante Verbreitung und eine vollständige Marktdurchdringung der Fenstersysteme gesorgt hat.

Eine ähnlich wichtige Rolle fällt X in der Welt der Workstations zu. Eine erste Version dieses Fenstersystems entstand 1986, aber eine breite Marktakzeptanz ist erst seit Beginn der 90er Jahre zu beobachten. Im Gegensatz zu Windows ist X unabhängig vom Betriebssystem und von der Hardware. Es gilt zwar als das UNIX-Fenstersystem, das bedeutet aber nicht, daß keine Portierungen auf PCs und Großrechner existieren. Was aber noch schwerer wiegt, ist die Tatsache, daß X ein verteiltes Fenstersystem ist. Das erlaubt ganz neue Perspektiven im Zusammenarbeiten über Bildschirme hinweg.

verteilte Fenstersysteme

Diese innovative Möglichkeit bieten grundsätzlich auch Fenstersysteme wie Andrews und NeWS. Sie haben aber niemals einen vergleichbaren Stellenwert wie X erlangt.

In Sachen Hardware gibt es wenige grundsätzliche Weiterentwicklungen zu vermelden. Natürlich haben sich Rechenleistung, Graphikleistung und Speichergröße vervielfacht. Wie beim Xerox Star sind aber Rasterbildschirm, Maus (evtl. Tablett) und Tastatur Stand der Technik. Allerdings ersetzen zunehmend Farbbildschirme die schwarz/weiß-Monitore, die Größe der Monitore nimmt zu, und Graphikkarten mit zusätzlichem Videoeingang sind durchaus üblich. Mit Spracheingabe wird sowohl in X als auch in Windows experimentiert.

1.5 Die folgenden Kapitel

Das Kap. 2 enthält die wichtigsten ergonomischen Grundlagen und technische Beschreibungen der Eingabe- und Ausgabegeräte sowie der Softwaretechnik, die Fenstersystemen zugrunde liegt.

Kapitel 2

Im anschließenden Kapitel wird versucht, die Aufgaben eines Fenstersystems exakt zu definieren. Es wird die Programmierschnittstelle zu einem minimalen Fenstersystem vorgestellt. Die Probleme, die mit der bescheidenen Funktionalität verbunden sind, führen schließlich zu einer Reihe von Anforderungen und Kriterien, die man an Fenstersysteme stellen kann. Die Grobstruktur einer Referenzarchitektur für Fenstersysteme wird zum Abschluß des Kapitels präsentiert.

Kapitel 3

Kapitel 4

Im vierten Kapitel wird diese Referenzarchitektur für Fenstersysteme ausführlich erläutert. Obwohl sich die Gliederung an die Struktur moderner Fenstersysteme wie X, NeWS oder dem Presentation Manager anlehnt, ist die Diskussion der möglichen Realisierungen doch unabhängig von konkreten Systemen.

Kapitel 5

Weil die räumliche Verteilung von Fenstersystemen, insbesondere bei Gruppenarbeit, ein zunehmend wichtiger Aspekt ist, räumen wir diesem Thema ein eigenes Kapitel (5) ein. Die speziellen Aspekte der Kommunikation und der Sicherheit werden systemübergreifend diskutiert.

Kapitel 6

Die graphischen Programmiersysteme wie GKS und auch PHIGS haben in vielerlei Hinsicht Vorläuferfunktion für Fenstersysteme. Sie decken aber auch Funktionalitätsbereiche ab, auf die Fenstersysteme nur spärlich eingehen. Im Kap. 6 über die graphischen Standards werden Integrationsversuche der beiden unterschiedlichen Systeme erläutert.

Kapitel 7

Von der theoretischen Seite beleuchtet, stehen beim *User Interface*, wie die Dialogschnittstelle im Englischen häufig genannt wird, nicht die Programmierung oder der Graphikaspekt, sondern die abstrakten Konzepte der Benutzerführung im Vordergrund. Diese Konzepte, die großen Einfluß auf Fenstersysteme hatten, bezeichnet man auch als UIMS. Sie werden in Kap. 7 vorgestellt und im Zusammenhang mit der Referenzarchitektur erläutert.

Kapitel 8

Mit dem Kap. 8 beginnt der praktische Teil dieses Buches. Windows ist kein reines Fenstersystem, weil es einige Aufgaben von Betriebssystemen erledigen muß. Da es aber sehr weit verbreitet ist und große Bedeutung erlangt hat, bringt eine Untersuchung dieses Systems praxisnahe Einsichten.

Kapitel 9

Das Kap. 9 setzt den praktischen Teil dieser Abhandlung fort, in dem der Presentation Manager als ein lokales Multiprozeß-Fenstersystem dargestellt wird. Vor allem aus der Sicht des Programmierers oder der Programmiererin wird eine Einordnung in die Referenzarchitektur vorgenommen und ein Programmierbeispiel dokumentiert.

Kapitel 10

Das Fenstersystem X war Vorbild für eine ganze Reihe von Architekturen. Es wird im Kap. 10 ausführlich diskutiert.

Kapitel 11

Kapitel 11 ist dem Fenstersystem NeWS gewidmet. In diesem System wurden einige richtungsweisende Konzepte zum ersten Mal in die Tat umgesetzt.

Grundlagen

Kapitel 2

Hintergrundwissen und Voraussetzungen

Die wissenschaftlichen und technischen Grundlagen der Fenstersysteme ruhen auf den drei Säulen Ergonomie, Hardware und Software. Diese Themen an sich sind so umfangreich, daß hier nur die Bereiche vertieft werden können, die in unmittelbarem Zusammenhang mit Fenstersystemen zu sehen sind. Dabei werden aber zukünftige Entwicklungen am Rande skizziert.

2.1 Ergonomische Grundlagen

Der Ergonomiebegriff wird bislang noch sehr verschieden interpretiert. Man umschreibt damit die Ausführbarkeit, die Erträglichkeit und die Zumutbarkeit einer Aufgabe für einen Menschen. Alle drei Bereiche haben zahlreiche Unterpunkte und Kriterien, auf die wir hier nicht eingehen wollen. Nicht zuletzt gibt es eine technische Auslegung, aber auch eine anthropozentrische Interpretation der Kriterien. Wir wollen uns im folgenden auf den Mensch-Maschine-Dialog mittels Fenstersystemen beschränken und daher unter Ergonomie einige praktische Bereiche verstehen: Die Gestaltung von Bildschirmarbeitsplätzen und die Gestaltung von Bild- und Dialogobjekten.

Ergonomiebegriff

Hardware-Ergonomie im Abschnitt 2.2

Fenstersysteme sind auf Grund sehr abstrakter ergonomischer Überlegungen entstanden. Sie wurden nicht durch systematische Analyse der Bedürfnisse des Menschen entwickelt. Vielmehr hat man es hier mit einem evolutionären Ansatz zu tun. Das Ziel, einen benutzerangemessenen Umgang mit Rechensystemen zu erfinden, war einigermaßen klar. Der Weg dorthin führte jedoch nur in Einzelfällen über das Studium psychologischer Fakten, physiologischer Erkenntnisse oder über die Resultate aus der Arbeitswissenschaft. Der Weg ist also durch Versuch und Irrtum charakterisierbar.

Man kann sich nun zu recht fragen, warum keine systematische Vorgehensweise gewählt wurde. Die Antwort ist teilweise historisch begründet. Da ist einmal der geringe Spielraum, den die jeweilige Hardware- und Werkzeugplattform vorzugeben schien. Andererseits hatte man es zunächst mit spezialisierten Benutzergruppen zu tun, von denen man ein großes Maß an Systemkenntnis verlangen konnte. Insofern ist der theoretische Unterbau und die Querbezüge, die hier hergestellt werden, zum Teil nachträglich entdeckt worden, im Bemühen zu verstehen, was man bereits beobachten konnte und um weitere Voraussagen zu machen.

Eine zusätzliche Beobachtung besteht darin, daß die empirische Forschung zwar eine große Zahl an Daten und Ideen zum Vorschein gebracht hat, aber kaum greifbare Richtlinien, die als Konsequenzen daraus abzuleiten sind.

siehe [DIN88]

Da sind einmal die DIN-Normen 66 234, aber auch die ISO-Normen 9241, die Darstellung und Wahrnehmbarkeit von Information beschreiben. Diese Normen machen kaum Unterschiede zwischen Papierdokumenten und Bildschirmdarstellung, womit sie der interaktiven Natur von Fenstersystemen nur teilweise gerecht werden. Aktuelle Fragestellungen, wie Direktmanipulation etc. werden aufgenommen. Die Normung ist hier jedoch noch nicht abgeschlossen. Die Hinweise, die gegeben werden, sind zudem sehr allgemein und fundamental. Zum anderen gibt es die herstellerspezifischen Richtlinien, die sehr stark auf die jeweiligen Entwicklungsumgebungen abgestimmt sind.

siehe [App87, CUA87]

Die allgemein gültigen Grundlagen, die zum Teil in diese Dokumente eingeflossen sind, sind die nun folgenden.

Welchen Stellenwert diese Richtlinien bei Entwicklern haben, kann man sehr leicht validieren. Betrachtet man heutige graphische Benutzungsoberflächen, so drängt sich häufig der Gedanke auf, daß allein die Anzahl der Fenster und Menüs ein Qualitätsmerkmal darstellt. Je mehr Dialogobjekte desto besser. Mit dem Resultat: Wiederum muß man Experte sein, um sich durch den Dschungel zu schlagen.

Bildschirmaufteilung

Bildschirmaufteilung

Theoretisch betrachtet, stellt sich die Bildschirmaufteilung als ein Optimierungsproblem dar. Optimiert werden die Arbeitszeit, die Einlernzeit und bei wichtigen Anwendungen auch die Reaktionszeit des Benutzers. Es gibt eine Reihe von divergierenden Anforderungen und einen endlichen Darstellungsraum, nämlich den Bildschirm. Die Anforderungen kommen von den Applikationen, die graphische Objekte, nämlich die Fenster, auf dem Bildschirm dargestellt haben wollen. Die Größe eines Dialogobjekts (Fenster, Knopf, Anzeigefeld) hängt von seiner Bedeutung, dem Kontext, in dem es steht, und von einigen weiteren Kriterien ab.

Größe eines Dialogobjekts

Insbesondere bei Dialogobjekten, die auch Eingabebereiche bilden, hängt die Größe auch von den motorischen Gegebenheiten ab. Wie ist das zu verstehen?

Motorik

Fitts'sches Gesetz

Bei der Ausnutzung des Fitts'schen Gesetzes geht man davon aus, daß dem Anfahren und Auswählen von Dialogobjekten eine entscheidende Bedeutung zukommt. Dies ist bei Fenstersystemen derzeit der Fall. Das Gesetz liefert eine quantifizierbare Aussage, wie lange die Koordination zwischen Auge und Hand dauert.

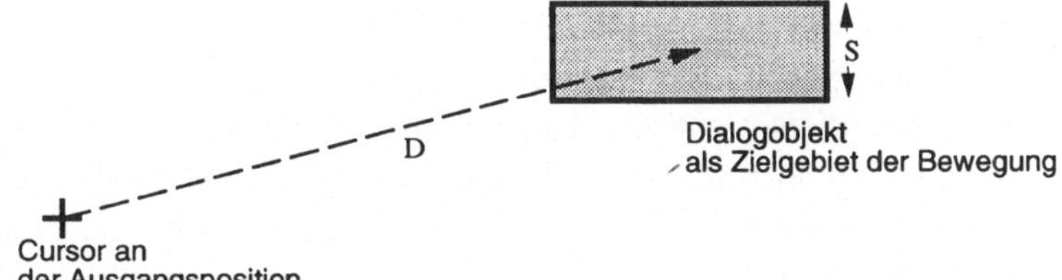

Abb. 2.1 Positionierung als Koordinationsproblem nach Fitts

Intuitiv einsichtig ist, daß ein großes Dialogobjekt mit dem Mauszeiger oder dem Lichtgriffel leichter zu erreichen ist als ein kleines, ein naheliegendes leichter als ein entferntes. Es konnte empirisch und theoretisch gezeigt werden, daß das Adverb „leichter" hier insbesondere durch „schneller" ersetzt werden kann. Dies ist der Fall, weil die Schwierigkeit des Problems linear in die Positionierzeit T_{pos} eingeht. Diesen Zusammenhang legt das Gesetz von Fitts dar (in der Fassung von Welford):

siehe [Sch94]

$$T_{\text{pos}} = I_t + I_m \log_2(\frac{D}{S} + 1)$$

Dabei sind I_t und I_m zu messende Personenkonstante, D ist die Anfangsdistanz zum Dialogobjekt, S die Ausdehnung des Objekts – bei rechteckigen Objekten kann man die kürzere der beiden Kanten nehmen. Eine Visualisierung der erwähnten Werte zeigt Abb. 2.1.

siehe [MB92]

Durch die mittels des Fitts'schen Gesetzes errechneten Werte kennt man die Zeitunterschiede, die man für die einzelnen Größen von Dialogobjekten zu erwarten hat. Die Entscheidung, welches Dialogobjekt wie groß sein soll, steht jedoch noch aus. Man muß zwischen wichtigen und unwichtigen, häufiger auftauchenden und sporadisch vorhandenen Dialogobjekten unterscheiden. Die häufigsten und wichtigsten müssen eine dem Gesamtplatz angemessene Größe erhalten, alle anderen müssen mit kleineren Ausdehnungen vorlieb nehmen.

Nachbarschaft

Nachbarschaften von Dialogobjekten spielen eine große Rolle, weil sie die Anfangssituation der motorischen Operationen beeinflussen. Dies gilt insbesondere, wenn die Folge der nacheinander anzufahrenden Dialogobjekte feststeht.

Würde man nun aber ausschließlich die gesamte Positionierzeit auf Dialogobjekten (eines Arbeitsablaufs) optimieren, so würde man sehr schnell einen überfüllten Bildschirm erhalten. Schließlich will jede Applikation ihre Dialogobjekte groß und zentral plazieren. Daher müssen Dialogobjekte auch wieder verschwinden können und überlappend angeordnet werden. Überlappung ist jedoch nur bis zu einem geringen Grad tolerierbar. Ein hoher Grad an Überlappung kostet wiederum sehr viel Zeit beim Arbeiten. Gemessen werden konnte diese Aussage bereits, eine allgemein gültige und formelmäßige Berechnungsgrundlage liegt bislang noch nicht vor. Dies führt direkt zum Positionierungsproblem.

z.B. in [Seu94]

Position eines Dialogobjekts

Die Position eines Dialogobjekts hängt unter anderem auch von ästhetischen Gesichtspunkten ab. Gemeint ist nicht die Art von Ästhetik, die allein Ansichtssache ist, sondern gewissermaßen der allgemein anerkannte Bereich, den man auch den „Common Sense“ der Ästhetik nennen könnte. Einige Anordnungsregeln lassen sich aus den am Anfang dieses Jahrhunderts aufgestellten Gestaltgesetzen ermitteln. Hier ein paar Beispiele dafür.

siehe z.B. [Zim83]

Gestaltgesetze

Die Gestalttheorie besagt allgemein, daß für einen Betrachter einer Szene das „Ganze" häufig mehr als die „Summe seiner Teile" ist (Beispiel: einzelne Striche – Graphik). Der Grund dafür ist, daß die Struktur oder die Gestalt eine wichtige Rolle für die Interpretation spielen. Dieses Orientieren an der Gestalt (engl.: Gestalt) scheint – wie Experimente zeigen – bei allen Menschen sehr ausgeprägt und ähnlich zu sein[1].

Die Gestaltgesetze beschreiben, welche Formen und Anordnungen unabhängig vom persönlichen Geschmack als angenehm und angemessen empfunden werden. Von den über hundert Gesetzen wollen wir hier nur eine Handvoll interpretieren.

Abb. 2.2 prägnante Gestalt

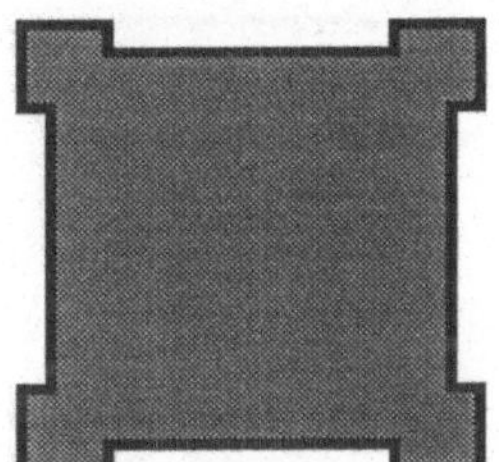

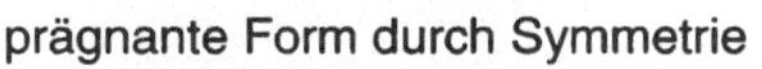

prägnante Form durch Symmetrie

weniger prägnante Form

Das Gesetz der Prägnanz besagt, daß gute, ausgezeichnete und deutliche, d.h. prägnante Gestalten als angenehm empfunden werden und gut in Erinnerung bleiben. Die Konsequenz für Dialogobjekte liegt darin, wenige, aber deutliche Formen zu verwenden.

Gesetz der Prägnanz

Nahe zusammenliegende Objekte werden in einer Anordnung automatisch semantisch gruppiert. Für Fenstersysteme ergibt sich

Gesetz der Nähe

[1] Darüberhinaus befaßt sich die Gestalttheorie mit der Art und Weise, wie diese unumstrittenen Tatsachen von der Wahrnehmung her zu erklären sind. Diesen (umstrittenen) Teil der Theorie benötigen wir für die Betrachtungen jedoch nicht.

Abb. 2.3 Gruppierung durch Nähe

daraus: inhaltlich zusammengehörige Objekte müssen räumlich beieinander liegen (Menüpunkte etc.)

Gesetz der Geschlossenheit

Umrandete Gebiete werden als Einheit aufgefaßt. Dies hat unmittelbare Konsequenzen auf die Verwendung von Fensterrahmen und Rahmen um Gruppen von Dialogobjekten.

Gesetz der Gleichheit

Gleiche Form, Farbe und Schrift lassen auf gleiche Bedeutung schliessen. Auch hier ist die Konsequenz für Fenstersysteme offensichtlich: zum Beispiel, indem man gleiche Farben für alle Fenster einer semantischen Gruppe verwendet. Offensichtlich ist aber auch, daß mit zunehmender Anzahl an Regeln sehr leicht konkurrierende Anforderungen auftreten können.

Abb. 2.4 Einheit durch Berandung

Bezieht man beispielsweise das Fitts'sche Gesetz in die Überlegungen ein, so kommt man zum Ergebnis, daß Dialogobjekte (Menüpunkte) wegen unterschiedlicher Wichtigkeit verschiedene Größen erhalten sollten. Demgegenüber steht nun die Anforderung die Analogie durch Form und Größe beizubehalten.

Abb. 2.5 Gleichheit durch Farben und Markierung

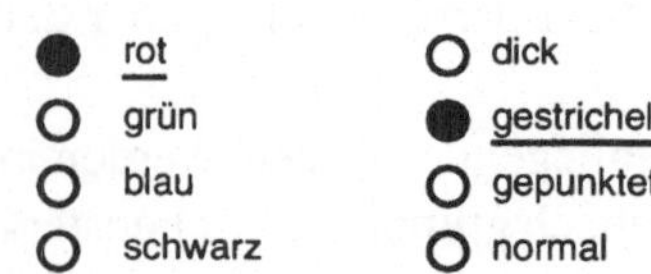

Die aus der Erfahrung vertrauten Eigenschaften eines Objekts werden gesucht und im Zweifelsfall in ein Objekt hineininterpretiert. Ein gekipptes „E“ wird immer als solches erkannt, wenn es vom Kontext her keine graphische Bedeutung haben kann. Ein Großteil der Metaphern von Fenstersystemen hat in diesem Rückgriff auf die Erfahrungswelt des Benutzers ihren Ursprung.

Gesetz der Erfahrung

Wie bereits erwähnt, sind einige Konsequenzen aus diesen Beobachtungen in Dokumente eingegangen, die Hilfe bei der Erstellung einer Benutzungsschnittstelle geben sollen. Bei der Betrachtung realer Werkzeuge zur Erstellung von Mensch-Maschine-Dialogen, wie z.B. Fenstersysteme und Toolkits, wird deutlich, daß diese hinter den Möglichkeiten zurückbleiben, die die Forschung in diesem Bereich verlangt hat. Experimentalsysteme werden oft in mühevoller Kleinarbeit implementiert, und der Weg zu einer leichteren Implementierung dauert häufig Jahre. Wir halten dies fest, weil der Werkzeugaspekt eine tragende Rolle in allen weiteren Ausführungen haben wird.

2.2 Grundlagen der Hardware

Unter Hardware wollen wir hier nur die Ein-/Ausgabegeräte verstehen, die der interaktiven Arbeit mit Fenstern dienen. Das soll natürlich nicht die Bedeutung der Prozessorleistung, der Speichergröße und weiterer Peripheriegeräte für den Dialog schmälern, aber diese sind eben nicht spezifisch für einen Rechner mit Fenstersystem. Zunächst wollen wir kurz die Eingabegeräte klassifizieren. Die Technik, mit der die wesentlichen Eingabegeräte funktionieren, wird erläutert. Anschließend werden die Grundlagen der Bildschirmausgabe erklärt, soweit sie zum Verständnis späterer Erklärungen erforderlich sind.

2.2.1 Die Eingabe

Ein Fenstersystem erfordert eine Texteingabe sowie ein graphisches Eingabegerät, das zum Zeigen auf Dialogelemente benutzt wird. Für die Texteingabe unterscheidet man die Tastatur und die Schrift. In einigen Fällen kann dies in Zukunft durch Spracheingabe ersetzt werden. In anderen Fällen stellt die Spracheingabe sicher eine wertvolle Bereicherung dar.

Die graphischen Eingabegeräte, die für Fenstersysteme relevant sind, sind die Maus, der Lichtgriffel und das Tablett. Gesten, Eye-Tracking und Lippenlesen sind als unterstützende Techniken interessant. Eingabegeräte können auf vielfältige Arten klassifiziert und bewertet werden, wir übernehmen hier altbekannte Maßstäbe.

siehe [FD+90]

Auf die Beschreibung weiterer, spezieller Eingabegeräte wie Wertgeber und Drehregler kann man verzichten, weil sie zunehmend und erfolgreich (weil effizient) als Dialogobjekte simuliert werden.

Die graphischen Zeigegeräte

indirekt vs. direkt

Man unterscheidet einmal zwischen graphischen Eingabegeräten, die *direkt* arbeiten und solchen die *indirekt* funktionieren. Indirekte Zeigegeräte erlauben es, die Handgelenke oder Unterarme ruhen zu lassen und bewegen durch das Gerät einen Zeiger (engl.: Cursor) auf dem Bildschirm. Bei direkten Eingabegeräten erfolgt die Positionierung auf dem Bildschirm selbst. Mit zunehmender Wichtigkeit der flachen Bildschirme kann diese vorübergehend fast verschwundene Eingabeform wieder an Bedeutung gewinnen. Die Maus und auch das Tablett (incl. Cursor) sind typische Repräsentanten der indirekten Eingabe, wohingegen der Lichtgriffel und die Berührschirme (engl.: Touch Panel) für die direkte Eingabe stehen.

absolut vs. relativ

Ein weiteres Unterscheidungsmerkmal ist die Frage, ob sich die Positionierung in *absoluten* oder *relativen* Koordinatensystemen vollzieht. Die Maus, als klassischer Vertreter einer relativen Positionierung, kann angehoben werden, zurückgesetzt und dann erst weiterbewegt werden. Das ist möglich, denn die Weiterbewegung wird in Form von Änderungen zur vorherigen Position registriert – also relativ. Ein Lichtgriffel oder ein Tablett liefert dagegen Koordinaten in einem globalen Koordinatensystem, das durch die Bildschirmausdehnung respektive durch die Größe des Tabletts vorgegeben ist.

Die Maus

Die Maus ist als ein kontinuierliches, indirektes und relatives Eingabegerät im graphischen Dialog am weitesten verbreitet. Eine Maus ist wesentlich besser geeignet als ein Rollball oder ein Tablett. Sie stellt einen Kompromiß zwischen dem hohen Platzbedarf des exakten Tabletts und dem kompakten, aber ungenauen Rollball dar. Der Rollball ist allenfalls bei tragbaren Rechnern sinnvoll.

Es gibt optische und mechano-optische Mäuse. Letztlich werden bei allen Typen über optische Sensoren zeitliche hell-dunkel-Änderungen detektiert.

optische Maus

Bei optischen Mäusen werden sie durch Linien (oder andere Muster) auf der Unterlage verursacht. Für die beiden Richtungen x,y werden unterschiedliche Linienfarben und auch unterschiedliche Lichtquellen benutzt. Beispielsweise absorbieren die x-Linien das rote, die y-Linien das infrarote Licht und die Detektoren zählen die Anzahl der überschrittenen Linien und schließen daraus auf das Ausmaß der Bewegung in dieser Richtung. Die Orientierung (also bei x-Richtung links oder rechts) wird durch einen zusätzlich versetzten Lichtdetektor bestimmt. Dieser registriert eine Linie entweder früher oder später als der Hauptdetektor, und daraus ergibt sich dann die Orientierung einer Bewegung.

mechano-optische Maus

Bei mechano-optischen Mäusen werden mechanisch zwei Speichenrädchen, die orthogonal (x,y) zueinander angeordnet sind, mitbewegt. Die Speichen gleiten beim Drehen durch winzige Lichtschranken und verursachen so die Helligkeitsunterschiede. Da es für jede Richtung – und also auch für jedes Speichenrädchen – mehrere Lichtschranken gibt, läßt sich auch hier auf die genaue Orientierung schließen. Aus der Anzahl der Speichen, die den Lichtstrahl unterbrechen, errechnet man die Auslenkung der Bewegung in einer Richtung. Mehr technische Details zum Thema Maus und andere Eingabegeräte findet man in der Literatur. Mechano-optische Mäuse sind nicht so exakt wie rein optische.

siehe [She88]

Die Tastatur

Auf den ersten Blick scheint es wenig Neues zum Thema Tastaturen zu berichten zu geben. Untersucht man jedoch einmal die Entwicklung und die Alternativen, so findet man erstaunliche Erkenntnisse und Zusammenhänge.

ausführlich in [Gei90]

Die Tastaturen von Rechenanlagen sind im wesentlichen von den Tastaturen der Schreibmaschinen übernommen worden. Die bei deutschen Schreibmaschinen übliche QWERTZ-Tastatur ist bereits viele Jahrzehnte vor den ersten Rechnern entstanden. Die Bezeichnung beschreibt die oberste Zeile der Buchstabentasten.

QWERTZ, im angelsächsischen: QWERTY

Die Anordnung der Tasten beruht auf Beobachtungen der Häufigkeiten einzelner Silben und Buchstabenfolgen in der Sprache. Allerdings hat man das Layout nicht in erster Linie an einer schnellen Schreibweise orientiert, sondern daran, daß die damals noch mechanischen Typenhämmer sich nicht verheddern. Somit war also eine partielle Reduktion der Geschwindigkeit das ursprüngliche Optimierungsziel. Ergonomen haben nachgewiesen, daß man mit anderen Anordnungen motorisch schneller Texte eingeben kann. Sowohl die sogenannte Dvořák-Tastatur als auch die Akkord-Tastatur[2] sind, unabhängig vom Benutzer, schneller beim Schreiben von Texten. Dabei vergleicht man die verschiedenen Tastaturen nach einer festgelegten Eingewöhnungszeit.

Dvořák-Tastatur

Akkord-Tastatur

Die QWERTZ-Tastatur ist ihrerseits allerdings der ABC-Tastatur (beispielsweise bei Taschenrechnern) bei weitem überlegen. Vor allem ist sie gegenüber stark zeitoptimierten Geräten leichter zu erlernen.

Neben der Anordnung spielt die Ablagemöglichkeit der Handgelenke ergonomisch eine Rolle. Aus dieser Perspektive sinnvoller als die heute üblichen Tastaturen sind langfristig solche, die die Stellung der Unterarme beim Tippen berücksichtigen. Es gibt Tastaturen, die in ihrem horizontalen Zentrum einen Knick haben, so daß die einzelnen Tasten – die jede Hand bedient – senkrecht zum Unterarm liegen. Mit diesen Tastaturen beugt man der Ermüdung und Erkrankung der Handgelenke vor. Die Tastenanordnung ist auch hier QWERTZ, allerdings wird der Platz zwischen den beiden Buchstabenblöcken (der beiden Hände) häufig

Ergonomietastatur

[2] Die Akkord-Tastatur besitzt nur 5 Tasten. Diese können ähnlich den Akkorden einer Gitarre gleichzeitig betätigt werden, um einen Buchstaben zu erzeugen. Sie wird nur mit einer Hand bedient.

für Pfeiltasten genutzt.

In einigen Fällen kann auch der Platzverbrauch einer Tastatur eine wesentliche Rolle spielen.

Benutzt man die Tastatur, aus welchen Gründen auch immer, als Zeigegerät (z.B. die Pfeiltasten), so stellt sie ein diskretes und absolutes Eingabegerät dar.

Spracheingabe

Die Spracheingabe dient hauptsächlich als Ersatz für die Texteingabe per Tastatureingabe, kann aber auch als Navigationseingabe fungieren und als solche (teilweise) das graphische Zeigegerät ersetzen.

Das Prinzip der Spracheingabe ist ungefähr das folgende. Mit einem Mikrophon wird der zeitliche Strom der Spracheingabe aufgenommen und digitalisiert. Dabei geht man von einer Abtastrate von ca. 100Hz aus. Die technische Abtastrate ist üblicherweise noch höher, allerdings sind die Meßwerte über kleine Intervalle hinreichend konstant, so daß man nur 100 mal in der Sekunde für das gesamte Frequenzspektrum eine relativ überschaubare Zahl (z.B. 16) an Fourierkoeffizienten berechnen muß. Diese dienen dann zum Vergleich mit gespeichertem und bezüglich seiner Koeffizienten bekanntem Vokabular. Ein besonderes Problem hierbei ist die sehr unterschiedliche Sprechgeschwindigkeit. Selbst ein und dieselbe Person braucht beim selben Wort in verschiedenen Situationen sehr verschieden lange für die Aussprache. Diese zeitliche Dehnung muß in der Ähnlichkeitsanalyse berücksichtigt werden.

zeitliche Abtastung

Transformation

zeitliche Dehnung

Weitere Problempunkte, die eine starke Verbreitung der Spracheingabe zum aktuellen Zeitpunkt verhindern, sind:

Wenige Systeme sind wirklich sprecherunabhängig, so daß die Eingabe von mehr als einer Person genutzt werden kann.

sprecherabhängig

Der Umfang des Vokabulars, das mit minimaler Fehlerrate erkannt wird, ist häufig nur wenige hundert Worte groß. Dies wiederum hängt direkt mit dem Rechenzeitbedarf der Vergleichsoperationen zusammen.

Vokabular

Schließlich ist der Sprachfluß (im Gegensatz zu einzelnen, deutlich abgesetzten Worten), also das Erkennen von Wortgrenzen, ein ganz erhebliches Problem.

Sprachfluß

Weitere Eingabegeräte und -techniken

Wir wollen eine kleine Zahl an Eingabegeräten betrachten, die derzeit als mögliche Kandidaten für den universellen Einsatz diskutiert werden. Lippenlesen, Augenbeobachtung, 3D-Eingabe sowie Gesten sollen ganz kurz vorgestellt werden.

Lippenlesen

Lippenlesen (engl.: Lip Reading) wird in zunehmendem Maße als Ergänzung zur Spracheingabe verwendet. Eine Videokamera überwacht die Lippen des Sprechers, Bildverarbeitungsprogramme extrahieren wesentliche Parameter der Lippenstellung und versuchen, eine konkrete Lippenstellung zu klassifizieren.

Bildverarbeitung

Das Ziel ist, die Zweideutigkeiten und Erkennungsprobleme der Spracheingabe aufzulösen. Im Englischen gibt es nur ungefähr sechzehn deutlich verschiedene Lippenstellungen. Das macht die Klassifizierung effizient.

ergänzt die Spracheingabe

Allerdings erfordert das Lippenlesen den ständigen Sichtkontakt mit dem Sprecher, und selbst Bewegungen des Sprechers müssen berücksichtigt werden.

Augenbeobachtung

Beim Augenbeobachten oder Augenverfolgen (engl.: Eye Tracking) versucht man, den Bereich zu berechnen, den ein Benutzer oder eine Benutzerin gerade fokussiert.

Man beleuchtet die Pupille mit einer Infrarot-LED (LED: Akronym für Light Emitting Diode) und zeichnet das Abbild einschließlich der Glanzlichter auf der Pupille mittels einer Infrarot-Kamera auf. Bildverarbeitungsprogramme liefern die Lage der Glanzlichter relativ zur Pupille und zum Auge. Dadurch errechnet man die Richtung, in die dieses eine Auge blickt.

Nachdem man diese Berechnung für beide Augen vollzogen hat, bekommt man am Schnittpunkt der beiden Richtungsgeraden den fokussierten Punkt. Bei einem Fenstersystem könnte man nun feststellen, welchem Fenster die Aufmerksamkeit des

Benutzers gerade gewidmet ist und daraus Konsequenzen ziehen. Im Extremfall könnte man hiermit den Cursor steuern als ein direktes und absolutes graphisches Eingabegerät. Denkbar wäre es auch, die Bereiche, die im Blickfeld sind, in höherer Auflösung, vergrößert oder attraktiver darzustellen. Richtet sich die Benutzungsoberfläche in dieser Art und Weise nach dem Interesse des Benutzers, spricht man häufig von aufmerksamkeitsgesteuerten Benutzungsoberflächen. Beispielsweise gibt es sogenannte hyperbolische Benutzungsoberflächen, bei denen der Teil, der im Zentrum des Interesses steht, durch eine Art Linse (hyperbolische Projektion) vergrößert (evtl. verzerrt) hervorgehoben wird.

hyperbolische Benutzungsoberflächen

3D-Eingabe

In dem Maße, wie Benutzungsoberflächen eine räumliche Dimension realisieren, werden herkömmliche graphische Eingabegeräte umständlich und langsam. Dem wird vielleicht in den nächsten Jahren noch keine große Bedeutung beigemessen, aber langfristig ist eine solche Entwicklung möglich und sogar wahrscheinlich.

Raumball

Es wird notwendig, Eingabegeräte in Benutzungsoberflächen zu integrieren, die mehr Freiheitsgrade als die 2D-Eingabegeräte haben. Die wichtigsten sind Raumball (engl.: Spaceball), Raummaus (engl.: Spacemouse) und Datenhandschuh (engl.: Data Glove).

Datenhandschuh

Gesten und Gideo

Der Begriff der *Geste* soll hier sehr weit gefaßt verwendet werden. Wir verstehen darunter eine zielgerichtete Ausdrucksbewegung der Hände. Damit ist die Eingabe per Handschriftenerkennung (Druckschrift und Schriftzug) genauso gemeint, wie die Eingabe spezieller Gesten aus einem meist festen Vorrat von Gesten (wie z.B. die Gebärdensprache).

Geste

Handschriftenerkennung

Man unterscheidet dabei unter anderem die Dimension der Geste. Handschriftenerkennung begnügt sich dabei mit 2D-Informationen. Natürliche Gesten sind üblicherweise 3D-Gesten.

Man kann Gesten mit graphischen Eingabegeräten realisieren oder mit Videokameras aufnehmen und interpretieren. Für

siehe [BK+94]

Gideo

letztere Variante haben wir den Begriff des Gideos (Akronym für Gesten per Video) vorgeschlagen. Hierbei werden ein oder mehrere simultane Videobilder der Hand aufgenommen und dabei werden die Position (Ort und Ausrichtung i.a. in 3D) sowie die Fingerstellung mittels Bildverarbeitungsmethoden extrahiert. Gegenüber dem Datenhandschuh hat die Methode den Vorteil, vollkommen ohne Behinderung des Benutzers zu funktionieren und mehr Freiheitsgrade zu ermöglichen. Gegenüber der Spacemouse (Spaceball) kann man auf die verschleißträchtige mechanische Beanspruchung verzichten. Allerdings ist das Gideo, bedingt durch die derzeitige Konstruktion, auf die Dauer ermüdent: Der Arm muß während mancher Gesten (einer speziellen Rotation sowie einer Translation) von der Arbeitsunterlage gehoben werden. Abb. 2.6 soll hiervon einen Eindruck vermitteln.

Abb. 2.6 Gideo: 2 verschiedene Gesten der Hand, aus drei gekoppelten Kamera-Perspektiven (Detektionsauflösung)

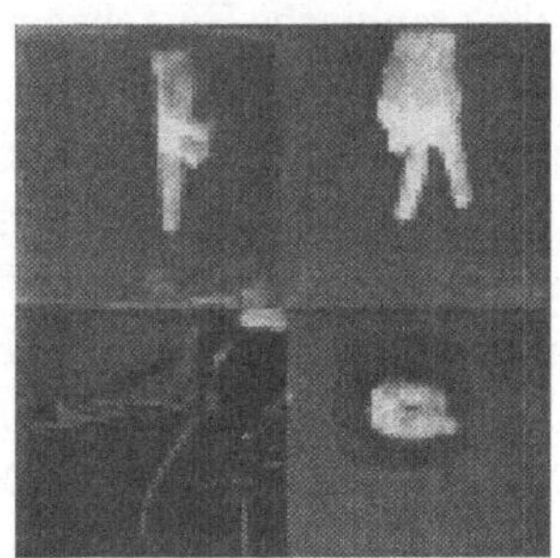

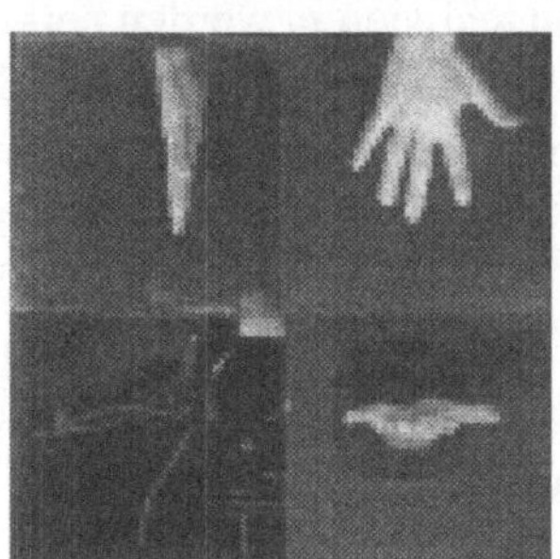

Ein Gerät für alle Aufgaben

aufgabenübergreifende Eingabe

Bislang haben wir die Geräte und Eingabetechniken nur einzeln betrachtet und haben festgestellt, inwiefern sie für einzelne Aufgaben geeignet erscheinen. Grundsätzlich gilt natürlich, daß es auf der Ebene des Dialoges als Ganzes zu verschiedenen Anforderungen an Eingabegeräte kommen kann. Nur in Einzelfällen ist jedoch die Verwendung von mehreren Eingabegeräten nebeneinander bzw. nacheinander ökonomisch oder ergonomisch sinnvoll. Dann entscheiden Kriterien wie universelle Verfügbarkeit und Einsatzfähigkeit sowie die Kosten über die Verwendung.

2.2.2 Ausgabegeräte

Für ein graphisches Fenstersystem sind Komponenten der Ausgabe: der Bildschirm selbst, der Bildspeicher und der Graphikprozessor, der den Bildspeicher beschreibt. Vom zeitlichen Verlauf einer Ausgabe betrachtet, kommen diese Komponenten gerade in umgekehrter Reihenfolge zum Einsatz, wie man in Abb. 2.7 sehen kann. Und in dieser Reihenfolge werden wir uns mit ihnen beschäftigen.

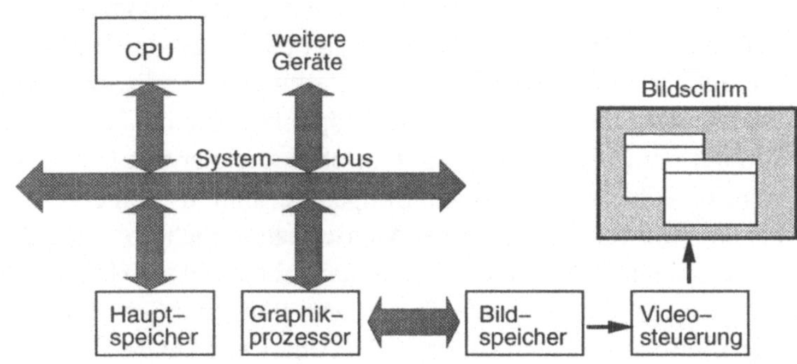

Abb. 2.7 Anordnung der Ausgabe-Hardware

Graphikprozessor

Die Graphik, die für Fenstersysteme erforderlich ist, zeichnet sich zum einen dadurch aus, daß sie hochgradig dynamisch sein muß. Das bedeutet, daß ständig und in Echtzeit Änderungen auf Bildspeichern durchgeführt werden müssen. Zum anderen sind die elementaren Operationen relativ simpel. Um den Geschwindigkeitsanforderungen entsprechen zu können, besteht die Graphikhardware neben einem schnellen Speichermedium aus einem *Graphikprozessor*, der so elementare Befehle wie `LinieZeichnen` und `PolygonFüllen` direkt vom Hauptprozessor übernimmt. Diese Befehle kann er selbständig und nebenläufig zum Hauptprozessor ausführen.

Insbesondere das Verschieben von ganzen Blöcken im Bildspeicher ist eine häufig benötigte Grundfunktionalität. Diese Funktionalität wird beispielsweise gebraucht, wenn ein Fenster über den Bildschirm bewegt wird.

Bildspeicher

Der Bildspeicher enthält das gesamte Bild, das auf dem Bildschirm dargestellt werden soll. Daher kann der Graphikprozessor auf jeden Bildpunkt durch wahlfreien Zugriff, also in konstanter Zeit, zugreifen und diesen Bildpunkt verändern (z.B. löschen oder setzen). Der Bildspeicher ist als RAM mit kurzen Zugriffszeiten (z.B. 60 ns) realisiert.

Video-RAM

Durch die Anzahl der Bits, die der Bildspeicher für einen Bildpunkt zur Verfügung stellt, definiert er die maximale Farbtiefe der Darstellung. Bildspeicher mit einem Bit pro Bildpunkt ermöglichen eine zweifarbige Darstellung (i.a. schwarz/weiß). Bildspeicher mit einem Byte pro Bildpunkt ermöglichen 256 Farben auf dem Bildschirm. Ein typischer Rechner mit Fenstersystem braucht ca. 10^6 solcher Bildpunkte und also einen Bildspeicher von ca. 1 MB. Da der Mensch tatsächlich über 200 000 verschiedene Farben unterscheiden kann, benötigt man fast 3 Byte für jeden Bildpunkt, um perfekte Darstellungen zu ermöglichen. Die Konsequenz ist ein Bildspeicherbedarf von knapp 3MB.

Bildspeichergröße

Das Problem, das sich nun erhebt, ist die Frage, mit welcher Geschwindigkeit man eine derartige Speichermenge auslesen kann, um sie Punkt für Punkt einem Digital/Analog-Wandler zuzuführen und damit auf den Bildschirm zu schreiben. Setzt man eine Rate von mindestens 50 Hz (also 50 vollständige Bilddarstellungen pro Sekunde) voraus, so unterschreitet (wenige ns) man bereits die Zugriffszeit der einzelnen Speicherchips des Video-RAM. Diese Mindestrate von 50 Hz wird definiert durch Bildschirme, die mit einer Kathodenstrahlröhre arbeiten, und die derzeit Stand der Technik sind. Es ist die Anzahl der Bildwiederholungen, die gebraucht wird, um den Eindruck einer flimmerfreien Darstellung zu erzielen.

Den Ausweg aus dieser komplizierten Lage liefert das sogenannte „Auslesen im Multiplexmodus". Es besteht darin, daß man ganze Zeilen oder zumindest mehrere Bildpunkte auf einmal (parallel) ausliest und sie in einem superschnellen Register der D/A-Wandlung seriell zuführt.

Multiplexmodus

Bildschirme

Folgende Parameter und Kriterien sind für Bildschirme relevant:

Anzahl der Bildpunkte (Pixel)

Die Anzahl der Bildpunkte (engl.: Pixel = Picture Element) variiert in einem Bereich von 640 x 480 für den Heimbereich bis zu 4096 x 3300 für Bildschirme in medizinischen Anwendungen.

Bildschirmdiagonale (Zoll)

Die Größe eines Bildschirms wird üblicherweise als Bildschirmdiagonale in Zoll (engl.: Inch = 2.54 cm) angegeben. Das hat den Vorteil, daß man nur einen Wert vergleichen muß, egal ob es sich um einen überwiegend vertikal oder horizontal ausgedehnten Monitor handelt.

Typische Werte für Bildschirme in herkömmlicher Kathodenstrahltechnik liegen im Bereich von 14 – 22 Zoll. Flüssigkristallbildschirme sind in Serie derzeit bis zu einer Größe von 14 Zoll realisierbar.

Die Größe einer Bildschirmfläche (in Verbindung mit einer sinnvollen Auflösung) ist ein Parameter, der in die Berechnung der Gesamtarbeitszeit für die Lösung eines Problems am Rechner eingeht. Oder mit anderen Worten: bei einer komplexen Aufgabe mit nebenläufigen Aktivitäten und Applikationen kann ein großer Bildschirm eine Menge Arbeitszeit sparen – graphischen Dialog vorausgesetzt.

Diese Tatsache zusammen mit fallenden Produktionskosten führt dazu, daß derzeit eine klare Tendenz zu großen Monitoren zu verzeichnen ist. Hatten vor einem Jahr 14 Zoll Monitore 50% Marktanteil, so rangieren sie jetzt nur noch bei ungefähr 30%. Im gleichen Zeitraum wuchs der Anteil der 17 Zoll Monitore von 15% auf ca. 25%. In dieser Analyse sind Kathodenstrahlmonitore gemeint. Die Größe der Flüssigkristallmonitore wächst zwar ebenfalls, allerdings erheblich langsamer. So sind 16 Zoll Monitore nur als Labormuster verfügbar. Ausschußraten von über 90% bei der Herstellung führen zu immensen Produktionskosten und entsprechenden Preisen.

Auflösung (dpi)

Die Auflösung (engl.: Resolution) bezeichnet die Anzahl der Bildpunkte in einer Bildschirmausdehnung (z.B. x-Richtung). Sie wird in Pixel pro Millimeter oder Dots per Inch (dpi) angegeben. Die Auflösung hängt zwar von der Bildschirmdiagonale und von der Anzahl der Bildpunkte ab, darf aber nicht mit diesen Angaben verwechselt werden. Typische Werte für die Auflösung sind 3.5-4.0 Pixel pro Millimeter oder 72-90 dpi.

CRT-Technik

Bildschirme sind mit verschiedenen Technologien realisiert. Am häufigsten ist derzeit noch immer die Kathodenstrahlröhre (engl.: Cathod Ray Tube, CRT). Diese kann man im wesentlichen mit der Technik bei Fernsehmonitoren vergleichen.

Technologie

Wir betrachten zunächst einen schwarz/weiß-Röhrenmonitor: Ein Elektronenstrahl wird in einem gekapselten luftleeren Glasgehäuse gegen die Darstellungsfläche gelenkt. Auf dieser Fläche ist eine Substanz aufgedampft (z.B. Phosphor), die durch die eintreffenden Elektronen zum Leuchten angeregt wird. An diesem Punkt wird der Bildschirm hell. Der Strahl läuft zeilenweise über den Schirm und leuchtet so innerhalb einer kurzen Zeit den gesamten Bereich aus. Wird der Elektronenstrahl kurz unterbrochen – man sagt auch dunkelgetastet –, so bleiben die dabei überstrichenen Bereiche auf dem Monitor dunkel.

Floureszenz

Der getroffene Phosphor leuchtet nur kurz auf, so daß er im Bruchteil einer Sekunde erneut angeregt werden muß.

Genaugenommen wird also ein heller Bildpunkt auf dem Monitor bei der Röhrentechnik ständig an- und ausgeschaltet. Durch die Trägheit des Auges und durch das Nachleuchten der Substanz erreicht man den Eindruck eines beständigen Bildes.

Nachleuchten oder Phosphoreszenz

Bei Farbmonitoren gibt es statt *eines* Elektronenstrahls deren drei. Diese tasten ebenfalls alle gewünschten Bildpunkte ab. Jeder Bildpunkt besteht jetzt aus drei Leuchtpunkten: einen für Rot, einen für Grün und einen für Blau. Die Grenze der Auflösung beim CRT-Monitor ist nun bestimmt durch die Genauigkeit, mit der man diese drei Strahlen auf ihre zugehörigen drei Leuchtstoffe lenken kann. Um die nebeneinander liegenden Strahlenquellen in einem Punkt zu konzentrieren, wird eine Loch- oder Schlitzmaske in den Strahlengang gestellt. Diese wird vom Strahl unmittelbar vor dem Auftreffen auf der Mattscheibe durchlaufen. Das Loch in der Maske stellt den Punkt dar, in dem sich die drei Strahlen treffen und kreuzen, bevor sie sich zu ihrem Phosphor weiterbewegen.

Bezeichnung: RGB-Modell

Grenze der Auflösung

Lochmaske

Die mechanische oder ätztechnische Fertigung läßt nur eine bestimmte Lochdichte zu, und so ist durch den Lochabstand (ca. 0.25mm) die Auflösung bestimmt.

LCD-Technik

Röhrenmonitore sind sogenannte aktive Displays, weil sie selbst Licht emittieren. Passive Schirme dagegen wirken wie Lichtventile, die ein Durchlicht (auch reflektiertes Licht) an bestimmten Stellen passieren lassen oder eben nicht. Der bekannteste Vertreter dieser passiven Form ist der Flüssigkristall-Bildschirm (engl.: Liquid Cristal Display, LCD). Die gesamte Strahlung, die passive Bildschirme verläßt, ist im sichtbaren Bereich und damit gesundheitlich unbedenklich.

passive Bildschirme

Die technischen Varianten bei der LCD-Technik sind zahlreich. Damit die Erklärungen nicht zu unübersichtlich und umfangreich werden, beschränken wir uns auf eine. Wir widmen uns der Variante, die am häufigsten bei Rechnerbildschirmen Verwendung findet. Es handelt sich um die Technik der Super Twistet Nematic (STN) LCDs. Das soll nicht bedeuten, daß nicht andere Varianten von LCDs oder auch ganz andere Flachbildschirmtechniken auf lange Sicht das Rennen machen. Die rasante technologische Entwicklung in diesem Gebiet ist noch lange nicht abgeschlossen und fördert beinahe monatlich neue verbesserte Varianten zutage. Für die STN LCDs gilt jedoch, daß sie auch fertigungstechnische Hindernisse überwunden haben.

siehe [Mat90] und [She93]

Ein monochromes Display besteht aus zwei polarisierenden Filtern, zwischen denen sich der Flüssigkristall befindet. Dieser Flüssigkristall hat kristalline Eigenschaften, indem sich seine Moleküle geordnet ausrichten; aber andererseits hat er die Konsistenz einer Flüssigkeit und ist zunächst durchsichtig.

Polfilter

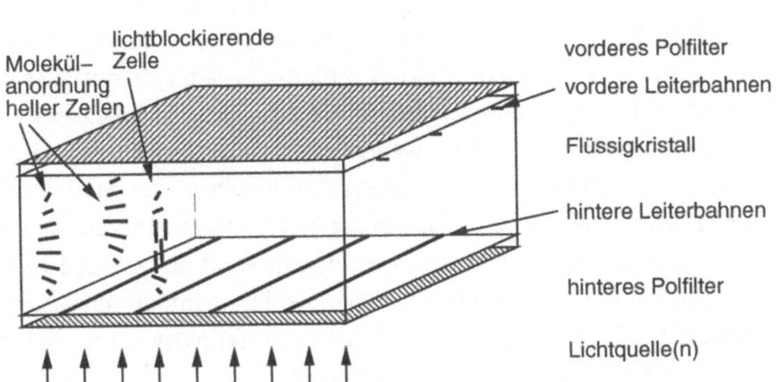

Abb. 2.8 Schemazeichnung eines STN LCDs

Wenn man nun hinter die Anordnung eine ausgedehnte Lichtquelle positioniert, dann durchlaufen die Lichtwellen zunächst den hinteren Polfilter aus Glas oder einer Folie. Dort werden alle Wellenrichtungen ausgefiltert bis auf die einer bestimmten Schwingungsebene. Licht dieser Schwingungsebene durchläuft nun den Flüssigkristall. Der Flüssigkristall – ohne angelegtes elektromagnetisches Feld – dreht diese Schwingungsebene um einen bestimmten Betrag. Der vordere Polfilter ist so angeordnet, daß diese Lichtwelle auch wieder austreten kann.

polarisiertes Licht

Liegt an einem Punkt des Flüssigkristalls eine bestimmte Spannung an, so verliert die Substanz lokal die Fähigkeit, das Licht in seiner Schwingungsebene ausreichend zu drehen. Ein Lichtstrahl, der an diesem Punkt eingetreten ist, kann den vorderen Polfilter nicht mehr passieren. Der Punkt oder Fleck bleibt dunkel auf dem Display.

Ansteuerung

Die Spannung wird durch dünne, unsichtbare Leiterbahnen auf den Polfiltern an die Bildpunkte herangeführt. Ein Bildschirmpunkt wird angesteuert durch das Aktivieren der Leiterbahnen, die sich an diesem Punkt kreuzen. Diese Leiterbahnen liegen an den Innenflächen der Polfilter und sind wie diese zueinander verdreht. Wie in Abb. 2.8 zu sehen ist, sind die Leiterbahnen hinten und vorne orthogonal zueinander.

Zwei Probleme bestehen mit dieser Form der Ansteuerung. Zum einen soll trotz der zeilen- und spaltenweisen Adressierung ein möglichst kleiner LC-Bereich auf Spannungsänderungen reagieren. Sein Umfeld sollte das nicht beeinträchtigen; dort sollte die Spannungsdifferenz unter dem Schwellwert bleiben. Zum anderen wünscht man sich natürlich kurze Schaltzeiten (für Darstellungen von Bewegung), aber gleichzeitig möglichst ausgedehnte Zeitintervalle, in denen ein Schaltzustand gehalten wird (damit das Bild nicht verblaßt). Beide Probleme lassen sich durch sogenannte aktive Adressierung oder durch die aktive Matrix lösen.

Active Matrix LCD

Bei der aktiven Matrix ist jeder Kreuzungspunkt mit einem Transistor versehen, der ebenfalls durchsichtig sein muß (engl.: Thin Film Transistor, TFT). Dadurch reduzieren sich die Schaltzeiten von 300 ms auf den notwendingen Wert von wenigen 10 ms Unglücklicherweise werden solche Displays einfach nur „Active Matrix" LCDs genannt, weil jeder Bildpunkt aktiv seine Ladung hält. Es sind dennoch passive Displays!

Farbe durch Folien

Farbe realisiert man bei Flüssigkristallschirmen, indem man jeden späteren Bildpunkt mit drei Kreuzungspunkten versieht: je einen für rot, für grün und für blau. Eine farbige Folie, die über das Display gelegt wird, läßt nun die gewünschten Farben erscheinen. Das Farbenmischen findet genau wie bei den Röhrenmonitoren mit Hilfe der Integrationsfähigkeit in unserem Auge statt.

Da einige LC-Lichtventile nur zwei Zustände kennen, lassen sich verschiedene Farb- und Lichtintensitäten nur sehr mühsam darstellen. Mitunter muß auf hochfrequentes (oberhalb 500Hz) Blinken benutzt werden, um Intensitäten zu variieren. Eine höhere Frequenz bewirkt dabei eine hellere Erscheinung.

Die technische Grenze der LC-Methode ist im Augenblick die Ausdehnung des Displays. Mit der Größe des Displays und der Anzahl der Leitungskreuzungen nimmt auch die Anzahl der Transistoren zu. Sobald ein Transistor defekt ist oder unzuverlässig arbeitet, ist das gesamte Display wertlos.

Kontrast

Auch mit LCDs läßt sich inzwischen ein Kontrast realisieren, der deutlich besser ist als der einer Tageszeitung (ca. 1:10). Die Auflösung ist mit üblicherweise 3.3 Pixel pro Millimeter (Spitzenwerte: 4.2 PpM) schon recht nahe an den Möglichkeiten der Röhrentechnik angelangt. Gravierende Nachteile der LCD-Technik sind die noch geringe Anzahl an Farbtönen sowie die Größe und teilweise auch die Auflösung der Displays.

Auflösung

Beim Röhrenmonitor ist durch die Phosphoreszenz und durch die Trägheit des Auges eine Rate definiert, mit der ein Bildpunkt angeschaltet werden muß, damit man ihn als konstant leuchtend empfindet. Diese Rate hängt auch vom gewünschten Kontrast ab, und so ist ein angenehmes Arbeiten bei höheren Aktualisierungsraten möglich. Bei dieser Bildschirmtechnologie nennt man diese Rate auch Bildwiederholrate.

Bei Monitoren mit nicht aktiv angesteuerten LCDs ist die Aktualisierungsrate, die Rate, mit der der Minikondensator eines jeden Bildpunktes neu geladen werden muß, damit das Bild konstant wirkt. Sie ist mit ca. 16 ms pro Bild vergleichbar mit der Rate bei CRTs. Bei aktiven LCDs ist man hier flexibler, so daß dieser Wert technisch nicht kritisch ist.

Bildwiederholrate

Empfehlungen

Ergonomie-Empfehlungen

Ein maßgeblicher Punkt in Sachen Ergonomie stellt die Qualität des Bildschirms dar. Dafür gibt es einige Qualitätssiegel oder Ergonomie-Empfehlungen. Am besten bekannt ist derzeit die Empfehlung *MPR II*. Diese ursprünglich von einem staatlichen schwedischen Institut geprägte Mindestanforderung an Rechnerbildschirme (CRT-Prinzip) definiert Darstellungsqualität und Grenzwerte für elektromagnetische Felder.

MPR II

Die Ergonomie-Empfehlung des *TÜV* geht weiter und umfaßt sowohl die MPR II als auch die internationale Ergonomienorm ISO 9241-3. Hier werden auch Fragestellungen wie Schärfe und Kontrast von Buchstaben und Zeichen auf dem Bildschirm beurteilt.

TÜV Rheinland

Die neueste Richtlinie in Bezug auf Bildschirmergonomie heißt *TCO-92*. Sie legt noch niedrigere Grenzwerte als MPR II für die Abstrahlung fest. Enthalten ist auch eine Festlegung des maximalen Energieverbrauchs.

TCO-92

Als Optimum in Sachen Strahlung, Kontrast und Ermüdung wird häufig der Graustufen-CRT-Monitor empfohlen. Eine weite Verbreitung dieser Monitore müßte die Folge sein. Paradoxerweise sind Graustufen-Monitore allerdings wegen ihrer geringen Produktionsstückzahlen vergleichsweise teuer.

Betrachtet man Strahlung, Energieaufnahme, Ausdehnung und Kontrast, so ist auch das aktive LCD interessant. Es ist in der farbigen Version jedoch noch sehr teuer und leider auch relativ anfällig: einzelne Bildpunkte fallen aus. Gesundheitsbehörden in skandinavischen Ländern erwägen allerdings strahlungsfreie Bildschirme zur Vorschrift zu machen. Dann ist diese Technologie zunächst die einzige, die einen Ersatz für die Röhrentechnik bieten kann.

Zukunftsentwicklung

Daß Fenstersysteme inzwischen auch den Weg zu Großbilddarstellungen gefunden haben, zeigen einige kommerzielle Systeme. So gibt es beispielsweise eine aus mehreren Monitoren bestehende Leitwarte, die mit einer Gesamtausdehnung von 2m x 1.5m ($25 \cdot 10^6$ Pixel) als ein Bildschirm des Fenstersystems X agiert. Gegenüber herkömmlichen Leitwarten hat diese Realisierung zahlreiche Vorteile. Man kann gleichzeitig Darstellungen beliebig vieler Applikationen (Tabellen, Texte) zeigen, man kann ein analoges Videosignal einblenden und nicht zuletzt die Überlappungstechnik des Fenstersystems voll nutzen.

siehe [Seu94]

Sprachausgabe

Silbe

Phoneme

Der Begriff der Sprachsilbe erscheint uns vertraut, allerdings ist eine exakte Definition häufig nicht so einfach: Silben sind die um einen vokalischen Schalldruckgipfel zu einer Einheit zusammengefaßten Laute. Phoneme sind aus der Sicht der Lautgebung die elementaren Objekte einer Sprache. Sie sind im allgemeinen kürzer als Silben und reduzieren sich mitunter auf einzelne Zeichen.

Allophone

Die einfachsten Sprachausgabesysteme arbeiten, indem sie für jedes Phonem eine Laut-Codierung speichern und diese beim „Durchlesen" eines Textes wiedergeben. Das Problem mit dieser Art von Ausgabe ist, daß sie sehr unnatürlich klingt, obwohl die einzelnen Einheiten korrekt ausgesprochen werden. Die menschliche Sprache unterscheidet sich von solchen Lautfolgen dadurch, daß zwischen je zwei Phonemen Verschleifungen oder Übergänge vorkommen, die für menschliche Ohren wesentlich angenehmer klingen. Sie bilden quasi die akustischen Stetigkeiten einer gehörten Lautfunktion. Andererseits gibt es auch zahlreiche Fälle, in denen in Abhängigkeit vom Kontext ein Phonem unterschiedlich betont wird. Man spricht von sogenannten Allophonen. Für jedes denkbare Paar von Allophonen einen Übergang zu speichern, ist ein aufwendiges Unterfangen, denn es gibt davon einige hundert.

Durch eine andere Variante bessere akustische Ausbeute zu erreichen, ist zwar einfach, aber extrem speicherintensiv. Die Rede ist von einem System, das komplette Worte oder ganze Satzteile geprochen speichert und bei Bedarf wiedergibt.

Genauso wie die Spracheingabe ist die Sprachausgabe in Dialog- und Fenstersystemen derzeit als Ergänzung und nicht als Ersatz für andere Interaktionstechniken zu sehen.

2.2.3 Mindestanforderungen

Die modernen Interaktionsmethoden mit Hilfe graphischer Ausgabe und der Eingabe per Zeigeinstrument stellen ganz konkrete Forderungen an die Hardware eines Systems.

Ein Fenstersystem-Arbeitsplatz muß folgende Voraussetzungen erfüllen:

Bildschirme

Hochauflösende Rasterbildschirme mit ca. einer Million Bildpunkte (ein Megapixel) und mehr als 3.5 Pixel pro Millimeter sind erwünscht. Eine hohe Bildwiederholrate (75 Hz und mehr) sollte kein Luxus sein.

Farbfähigkeit

Farbfähigkeit ist nur in einigen Bereichen unabdingbar. Solange Monitore nach herkömmlicher Röhrentechnik realisert sind, bedeutet ein Verzicht auf Farbe eine Reduktion der Strahlung, der man ausgesetzt ist. Diese Strahlung ist zwar gering, ihre Auswirkungen auf Dauer sind jedoch noch nicht vollständig geklärt. So empfiehlt es sich, wenn es die Aufgabenstellung erlaubt, mit Graustufen vorlieb zu nehmen. Diese Aussage mag wenig populär sein, weil auf den ersten Blick die Farbe als ein Zuwachs an Qualität gewertet wird. Allerdings ist dieser Eindruck meist nicht nur mit der Zielsetzung der Aufgabe verknüpft.

Eingabe

Eingabeseitig muß ein Gerät zum Zeigen vorhanden sein. Eine Maus ist dabei wesentlich besser geeignet als ein Rollball oder ein Tablett. Sie bildet einen Kompromiß zwischen dem hohen Platzbedarf des exakten Tabletts und dem kompakten, aber ungenauen Rollball. Optische Mäuse sind mechano-optischen Mäusen in Sachen Positioniergenauigkeit deutlich überlegen.

Technisch realisierbar sind alle die oben genannten Voraussetzungen. Einige Aspekte stellen zwar noch eine Kostenfrage dar, es kann aber davon ausgegangen werden, daß selbst im Homecomputer-Bereich in absehbarer Zeit alle Bedingungen erfüllt sein werden.

2.3 Grundlagen der Softwaretechnik

Fenster

Es gibt mehrere softwaretechnische Prinzipien, die allen Fenstersystemen zugrunde liegen. Sie lauten: extrem effiziente Grundobjekte, und die Eingabe erfolgt nach dem Ereignis-Modell.

Weitere Prinzipien, die Wegbereiter für moderne Fenstersysteme sind, lauten: Objektorientierte Systemstruktur, Multitasking sowie deklarative Spezifikationssprachen. Diese kommen mehr oder minder ausgeprägt in einigen Fenstersystemen vor.

Fensterns sind effiziente Objekte

Das erste Prinzip ist, daß alle Dialogobjekte auf ein einheitliches Grundobjekt abgebildet werden. Dieses Grundobjekt ist das Fenster; es bildet die Einheit, die verwaltet wird. Das Fenstersystem verwaltet alle Objekte dieses Typs nach dem gleichen Muster. Welchen Grund gibt es dafür?

Fenster als Grundobjekte

Ein Grund ist, daß es wesentlich einfacher ist, einen Objekttyp zu verwalten, als viele verschiedene. Der zweite Grund ist, daß man die Verwaltung dieses einen Fensterobjekts extrem effizient gestalten kann, so daß es zu hauf auftauchen kann. Genau darin besteht das Wesen des Fensters: es ist effizient in seiner Verwaltung und schnell in der Darstellung. Jedes noch so kleine Objekt, das auf dem Bildschirm dargestellt werden soll, kann somit als ein eigenes Fenster realisiert werden. Somit sind einige hundert oder gar tausend Fenster auf dem Bildschirm keine Seltenheit.

Analogie: Prozesse des Betriebssystems

Das Ereignis-Modell

Das zweite Prinzip, das allen Fenstersystemen gemeinsam ist, heißt Ereignissteuerung oder Ereignis-Modell und betrifft die Eingabe.

Auch die möglichen Eingabevarianten werden auf ein einheitliches Datenobjekt abgebildet. Dieses Objekt ist das Ereignis. Daraus ergibt sich die Forderung, daß ein Ereignis ein recht primitives Gebilde ist, denn es stellt den kleinsten gemeinsamen Nenner der Eingabegeräte dar. Und um den einzelnen Mausbewegungen gerecht zu werden, müssen selbst elementare Bewegungen als Ereignisse registriert werden.

Im Gegenzug erlaubt es dieses Konzept jedoch, alle Geräte auf dieselbe Art und Weise zu belauschen. Dies geschieht aus der Sicht der Applikation meist mittels einer Endlosschleife oder Ereignisschleife. In dieser werden genau die erwähnten Ereignisse abgeholt, und in der Folge werden Abarbeitungsprozeduren aufgerufen. Ähnlich wie bei Unterbrechungsbehandlungsroutinen (engl.: Interrupt Service Routine) ist der Zeitpunkt des Aufrufes dieser Routinen nicht vorherbestimmt. Allein der Benutzer legt ihn durch seine Eingaben fest. Das macht die Implementierung der Routinen schwierig, was Parameterüber-

Ereignisschleife

gabe und mögliche Seiteneffekte angeht. Im Gegensatz zum Unterbrechungskonzept (engl.: Interrupt Mechanism) werden die Ereignisse jedoch streng sequentiell (gemäß ihrer Entstehung), ohne Hardware-Unterstützung und ohne Schachtelung verarbeitet.

Multitasking

Mit dem Multifensterkonzept erwartet der Benutzer automatisch auch ein Multi-Applikationskonzept. Die Voraussetzung dafür ist, daß das Betriebssystem in der Lage ist, mehrere Applikationen gleichzeitig zu starten und simultan mit Rechenzeit zu bedienen.

mehrere Applikationen zu einer Zeit

Nur ein echtes Mehrprozeßbetriebssystem erlaubt dieses Maß an simultaner Zuwendung.

Objektorientierung

Objekt

Methoden

Was sind die wesentlichen Merkmale der Objektorientierung? Anstatt Daten und Prozeduren zu trennen, umfaßt das Objekt beides. Ein Objekt vereinigt also Prozeduren, die dort Methoden heißen, und Daten in einem nach außen geschlossenen Objekt.

Klasse

Vererbung

Eine gemeinsame Kategorie von Objekten wird als *Klasse* bezeichnet. Klassen entsprechen in herkömmlichen Programmiersprachen am ehesten den Datentypen, wobei die Objekte dann den konkreten Variablen entsprechen würden. Allerdings ist das Klassenkonzept insofern mächtiger, als daß sich neue Klassen aus bestehenden durch Spezialisierung erzeugen lassen. Der Vorgang heißt recht anschaulich *Vererbung*.

Botschaften

Eine Konsequenz aus der Elimination der Prozeduren und Funktionen ist die Tatsache, daß der Kontrollfluß nicht mehr durch Aufruf weitergeleitet wird, sondern durch sogenannte Botschaften. Botschaften werden in einem Objekt erzeugt und an ein anderes gerichtet. Das Empfangsobjekt entscheidet, ob die Botschaft zulässig ist und was damit zu geschehen hat. Im allgemeinen löst die Botschaft die Aktivierung einer dem Objekt innewohnenden Methode aus.

Eine Reihe von Vorteilen erwartet man von diesem hier sehr vereinfacht dargestellten Konzept.

Man kann dieselbe Botschaft an verschiedene Objekte verschicken. Die Reaktion bleibt dem Objekt überlassen. Damit kapselt das Objekt die Ausführungsdetails und, was noch wichtiger ist, die Daten. Ein Objekt ist damit im Idealfall besser wiederverwendbar und wartbar – weil lokaler angelegt – als ein Modul im prozeduralen Fall.

Als Vorteil ist auch zu betrachten, daß die Objektkopplung sich auf Nachrichten reduziert.

Schließlich läßt der Vererbungsmechanismus eine gezielte und saubere Wiederverwendung von implementierten Methoden zu.

Das Prinzip der Objektorientierung taucht in fast allen Fenstersystemen auf. Die Abstammung der Dialogobjekte von dem gemeinsamen Fenster (als Urobjekt) legt eine objektorientierte Programmierung nahe.

Faßt man nun noch die Ereignisse als Botschaften in der Objektorientierung auf, so vervollständigt sich das Bild. Die Ereignisschleife sammelt diese Nachrichten und verteilt sie an Dialogobjekte. Keines der im Augenblick relevanten Fenstersysteme ist allerdings vollständig objektorientiert.

Eine der Wurzeln der objektorientierten Programmierung ist SmallTalk. Diese Sprache wurde bewußt mit dem Ziel entwickelt, die Implementierung von Fenstersystemmechanismen zu vereinfachen.

Deklarative Spezifikationssprachen

deklarative Sprachen

Deklarative Sprachen zeichnen sich dadurch aus, daß sie in erster Linie Zustände und Relationen beschreiben und nicht Abläufe. Prolog als Vertreter dieses Sprachtyps ist allerdings eine Programmiersprache, mit der man generell das gleiche ausdrücken kann wie mit den prozeduralen Sprachen PASCAL oder C, wenn auch manches komplizierter oder auf Umwegen realisiert werden muß.

deklarative Spezifikationssprachen

Deklarative Spezifikationssprachen sind noch einmal in ihren Fähigkeiten reduziert. Hier wird keinerlei Kontrollfluß beschrieben, sondern es werden Zustände und Relationen per Zuweisung festgelegt. Oder anders ausgedrückt: es wird gesagt, *was* gewünscht wird und nicht *wie* man dazu kommt. Daher sind sie besonders geeignet, um das Layout von Dialog- und Graphikobjekten zu beschreiben. Die Tatsache, daß es keine Möglichkeiten gibt auf den Kontrollfluß (wie z.B. `if, case, while`) Einfluß zu nehmen, läßt häufig eine sehr knappe Beschreibung zu.

Insgesamt sind sie leichter zu erlernen als Allzwecksprachen, wie C, C++ oder ADA. Sie orientieren sich meist an einem Einsatzgebiet. Spezifikationssprachen sind beispielsweise: UIL und Resource-Dateien von Windows.

siehe Kap. 7 und Kap. 10

Für die Beschreibung des Bildschirmlayouts einer Applikation sind sie trotz ihrer Beschränkungen gut geeignet. Da deklarative Spezifikationssprachen nicht die Komplexität von prozeduralen Sprachen haben, kann man sie auch automatisch aus interaktiven Programmen heraus erzeugen. Typischerweise kann eine derart einfache Sprache von programmiersprachlich unbelasteten Dialogdesignern schnell erlernt werden.

Teil I

Theoretische Konzepte

Kapitel 3

Aufgaben

Aufgaben und Zuständigkeit der Fenstersysteme

3.1 Ein einfaches Fenstersystem

Fenstersysteme sind als relativ komplexe Systeme bekannt. Ihre Programmierung erfordert lange Einarbeitungszeiten und gründliche Kenntnisse der Systemarchitektur.
Muß das so sein?
Die Grundanforderungen an ein Fenstersystem lassen sich eigentlich recht knapp formulieren. Ein Fenstersystem, das diese Bedürfnisse befriedigt, kann auf wenig mehr als einer Seite spezifiziert werden. Es wird ein solches minimales Fenstersystem vorgestellt und gezeigt, daß es eine Menge von Problemen in sich birgt.

erstes Beispielsystem

Danach ist die Zeit reif für eine genauere Analyse der Aufgaben eines Fenstersystems und für einen Kriterienkatalog, mit dem man existierende Fenstersysteme bewerten kann. Zuletzt wenden wir uns der Architektur von Fenstersystemen zu.

3.1.1 Aufgaben

Als Ergebnis der im ersten Kapitel beschriebenen Bedeutung von Fenstersystemen können die Minimalanforderungen an ein Fenstersystem so formuliert werden:

- Eingabeverwaltung
  Was der Benutzer an seiner Arbeitsstation mittels Eingabegeräten ausführt, muß der Applikation, die angesprochen ist (und gerade abläuft) mitgeteilt werden.

- Ausgabeverwaltung
  Die Ausgaben der Anwendungsprogramme (Text, Graphik) werden in Fenstern auf dem Bildschirm sichtbar.
- Fensterverwaltung
  Das Fenstersystem weiß, wo sich ein Fenster befindet, und so können Ausgabebefehle relativ zum Fenster spezifiziert werden.

3.1.2 Schnittstelle zu einem minimalen Fenstersystem

minimales Fenstersystem

Bevor wir nun unsere Ansprüche an ein sinnvolles Fenstersystem formulieren, lernen wir eine Schnittstelle für das denkbar einfachste System kennen. Die im folgenden beschriebene Schnittstelle ist, wie fast alle weiteren Beispiele in diesem Text, in der Programmiersprache *C* ausgeführt. Allerdings werden in den Beispielen keine Besonderheiten dieser Sprache ausgenutzt, so daß sämtliche Code-Teile auch Lesern mit PASCAL- oder FORTRAN-Vorbildung direkt verständlich sein sollten.

So beschränkt dieses System auch ist, einige Konzepte lassen sich bereits ablesen: Beispielsweise sieht man die Trennung von Eingabe und Ausgabe; das Problem *überlappender* oder übereinanderliegender Fenster ist angesprochen, und die Frage, wie man dafür sorgt, daß Ausgaben, die auf verdeckte Fenster gebracht wurden, sichtbar werden:

```
Return SetupWindowDisplay();

  /*   Es soll geprüft werden, ob der Arbeitsplatz die
       Fähigkeit besitzt, Fenster zu verwalten.
       Gegebenenfalls wird das System initialisiert.
  */
Window OpenWindow( int x,y, width,height );

  /*   Fenster erzeugen. Die Position kann beliebig gewählt
       werden. Die Fenster werden am Rand der Bildschirm-
       fläche abgeschnitten. Die Koordinaten sind bezogen
       auf den linken oberen Rand des Schirms.
  */
Return CloseWindow( Window w );

  /*   Ein Window wird bei Programmende geschlossen
       und vernichtet. Diese Funktion dient also nur der
       Übersichtlichkeit des Bildschirminhalts, indem
       man überflüssige Fenster verschwinden lassen kann.
  */
Return ClearWindow( Window w, ColorIndex idx );

  /*   Der Inhalt eines Windows wird gelöscht
       (weiß bzw. die spez. Farbe).
  */
Return RaiseWindow( Window w );

  /*   Falls das Window (teilweise oder vollständig) unter
       einem anderen lag, wird es nun zuoberst plaziert sein.
       Alle bisher verdeckten Ausgaben sind jetzt wieder zu
       sehen. Wenn das Fenster schon das oberste war, dann
       geschieht gar nichts.
  */

Return CopyRectangle( Window w, int x1,y1,
                      int x2,y2,width, height );

  /*   Der Teil des Fensters, der von (x1,y1) nach rechts die
       Breite width, nach unten die Ausdehnung height
       hat, wird an die Stelle x2,y2 übermalend kopiert.
  */
```

System-initialisierung

Fensteroperationen

Graphik-operationen

```
Return DrawLine( Window w,  int x1,y1,x2,y2,
                  int width, ColorIndex idx );

   /*   Zieht eine Linie in das spezifizierte Window.
        Die Linie braucht nicht an der Window-Umrandung
        abgeschert zu sein. Das Windowkoordinatensystem
        hat seinen Origo in der oberen linken Ecke mit
        positiver X-Achse nach rechts und positiver Y-Achse
        nach unten (Einheit: int).
   */

Return WriteText( Window w, char *info,
                   int x,y, ColorIndex idx  );

   /*   Schreibt einen Text an die Stelle x,y in ein Fenster.
        Der Text sollte ein terminierter String sein.
        Er wird gegen die Window-Umrandung geklippt.
        Die Koordinaten beziehen sich auf dasselbe
        System wie bei DrawLine.
   */
Return SelectInput( Window w, Modus modi );
```

Eingabe-operationen

```
   /*   Bestimmt, welches Fenster ab jetzt welche Eingaben
        erhalten bzw. registrieren soll.
   */
Input NextInput( Window w );

   /*   Holt eine Input-Aktivität für ein Fenster ab.
        Geliefert wird nur, was voher mit SelectInput()
        bestellt wurde.
   */
```

Es soll hier nicht auf alle semantischen Details eingegangen werden. Insbesondere die Datenstrukturen erfüllen in dieser Darstellung nur die Funktion, den Datenfluß zu verdeutlichen und sind deshalb nicht ausführlich spezifiziert (definiert).

Beispielprogramm

Eine Anwendung, die das minimale Fenstersystem benutzt, sieht ungefähr wie das nachfolgende Code-Fragment aus:

Variablen-deklaration

```
Window     einFenster;
Input      dasEreignis;
Bool       nicht_fertig = TRUE;
Return     RetCode;
ColorIndex schwarz = 0, weiss = 1;
```

Hauptprogramm (ohne Fehlerbehandlung)

Initialisierung

Fensteraufbau

```
main()
   {
   RetCode = SetupWindowDisplay();
   einFenster = OpenWindow(100,100,400,400);
   RetCode = DrawLine(einFenster,0,0,
                      400,400,schwarz);
   RetCode = WriteText(einFenster,
                 "Hallo Fenstergucker",
                  204,200,schwarz);
   RetCode = SelectInput(einFenster,
                     TastaturOderMausklick);
```

Eingaben abwarten, reagieren

Fenster löschen

Text rollen

```
   while (nicht_fertig){
         dasEreignis = NextInput(einFenster);
         switch (dasEreignis.modus) {
         case     Maus: nicht_fertig = FALSE;
                        ClearWindow(einFenster,
                                        weiss);
                        break;
         case Tastatur: CopyRectangle(einFenster,
                             0,20,0,10,400,10);

            }
         }
   }
```

Mit der vorgestellten prozeduralen Schnittstelle zu einem Fenstersystem lassen sich graphische Dialoge gestalten. Allerdings ist das System denkbar unflexibel und überläßt zudem dem Programmierer oder der Programmiererin wesentliche Verwaltungsaufgaben.

Die Gründe dafür, warum diese Programmierschnittstelle als unzureichend und unflexibel eingestuft werden muß, sind unmittelbar einzusehen, wenn man sich klarmacht, daß sich die graphische Ausgabe auf Linien und Zeichenketten beschränkt, die nur mit vordefinierten Farbindizes gemalt werden können. Es existiert ein einziger Schrifttyp und für Linien nur verschiedene Strichstärken für die Zeichnungen. Ein Programmierer muß komplexere Objekte (Kreise, Polygone) beispielsweise durch eine Reihe einfacher Linien erzeugen, um diese völlig unzureichende *Graphikschnittstelle* zu benutzen.

Graphikmodell

Das minimale Fenstersystem sieht vor, daß das Applikationsprogramm ein überlagertes Fenster sichtbar macht, wenn darauf wahrnehmbar gemalt oder geschrieben werden soll. Verschwindet jedoch eines der oberen Fenster zeitweise, so sorgt das System selbsttätig für den richtigen Inhalt der von neuem sichtbaren Teile.

Zu beachten ist, daß die Schnittstelle offen läßt, ob die Applikation auf die Datenstruktur eines Windows Zugriff hat oder ob sich die Implementierung hinter einer bloßen Identifikationsnummer verbirgt. Ähnlich einer Prozeßnummer, die einen Prozeß eindeutig identifiziert, kann man dann zwar Operationen auf dem Datentyp ausführen, diese werden allerdings durch eine priviligierte Umgebung vom direkten Programmierer-Zugriff abgeschirmt. Beim Prozeß übernimmt diese Funktion der Betriebssystemkern, beim Fenster-Analogon erledigt das eine Instanz, die wir später als den Ressourcen-Verwalter kennenlernen werden.

Für die Eingabe geht die Applikation in eine Schleife, in der sie auf ein *Eingabe-Ereignis* wartet, das sie vorher angefordert hat. Alle Eingaben werden von derselben Funktion abgeholt. Vor der Bearbeitung der Eingabe wird der Typ der Eingabe untersucht und die benötigte Aktion angestoßen.

Ereignisschleife

Diese simple Fensterumgebung liefert dem Anwendungsprogrammierer keinerlei Komfort. Als Beispiel soll die Realisierung eines einfachen, festen Menüs dienen. Mit ihm wird die Auswahl einer Aktion aus einer Anzahl von Kommandos, die durch ihren Namen angezeigt sind, durchgeführt. Auf Mausklick wird das Kommando aktiviert, dessen Zeichenkette (engl.: String) sich unter dem Maus-Cursor befindet. Es gibt zwei Realisierungsvarianten für unsere Schnittstellenbeschreibung (siehe auch Abb. 3.1):

- Man erzeugt ein Fenster, das das Menü enthält und trägt dort in einer Leiste Zeichenketten mit Kommandonamen ein, die alle an genau definierten Stellen positioniert sind.

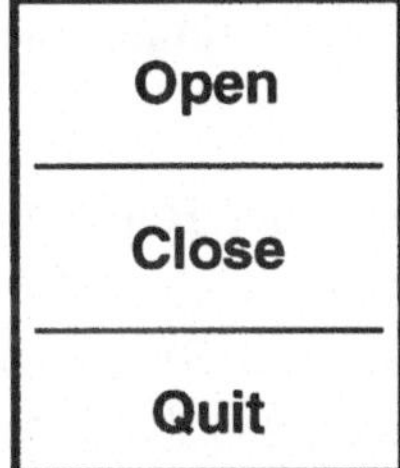

Menü mittels eines Fensters

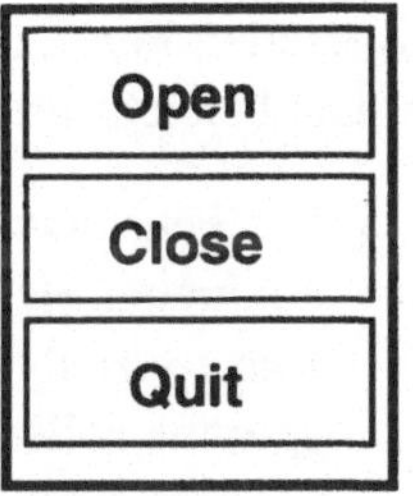

Menü mit Hilfe mehrerer Fenster

Abb. 3.1 Realisierung eines Menüs

Dann aktiviert man die Eingabe per Zeigeinstrument und überprüft nun den Ort der Eingaben im Fenster, um anhand der Position auf die selektierte Zeichenkette zu schließen. Hat man diese Zuordnung eindeutig bestimmen können, so ist klar, welches Unterprogramm zu aktivieren ist.

ein Fenster

- Etwas angenehmer erscheint auf den ersten Blick die Möglichkeit, für jeden Eintrag im Menü ein eigenes Fenster anzulegen. Dann ist eindeutig, welche Aktion mit welchem Bildschirmbereich verknüpft ist. In diesem Fall muß man aber für alle Fenster zyklisch nach Eingaben schauen, anstatt nur für ein Fenster, wie im vorigen Fall.

mehrere Fenster

Beide Methoden fordern eine Menge Zeit für die Implementierungsarbeiten, und sie sind angefüllt mit fehleranfälliger Kleinarbeit, die einfach genug ist, um von einer System-Software selbst erledigt zu werden. Dabei enthält dieses Beispiel noch nicht einmal geschachtelte Untermenüs oder visuelle Bestätigung der erfolgreichen Eingabe, wie sie für eine ergonomische Menübedienung gefordert wird.

Es ist offensichtlich, daß dieses System, abgesehen von seiner Unabhängigkeit von konkreter Hardware, nicht viel zu bieten hat. Es stellt sich jetzt eigentlich um so mehr die Frage: Was sollte man von einem Fenstersystem fordern?

3.2 Ziele und Anforderungen

Aus der Sicht des Benutzers und des Applikations-Entwicklers kommen eine Reihe von Anforderungen für das Konzept eines universellen Fenstersystems zusammen. Wir führen diese hier einmal übersichtsartig auf:

- Ein Fenstersystem sollte weder von der Hardware eines konkreten Herstellers abhängig sein, noch sollte es auf eine spezielle Betriebssoftware zugeschnitten sein. Programme sollen insgesamt unabhängig von der darunterliegenden Hardware ihren Dialog ausführen können.

- Programme, die für ein ASCII-orientiertes Terminal entworfen wurden, sollten auch in einem *logischen Terminal* (häufig auch virtuelles Terminal genannt) in einer Fensterumgebung ohne Änderungen ausführbar sein.

- Die Geschwindigkeit der Ausgabe und die Reaktion auf Eingaben muß bei trivialen Aufgaben (Editieren eines Textes, Verschieben eines Windows) ohne spürbare Verzögerung vor sich gehen (wenige Millisekunden). Das Bewegen des Maus-Cursors wird in Aktualisierungszyklen gemessen. Eine Auge-Hand-Koordination erfordert mindestens 5 Aktualisierungen pro Sekunde, um von Benutzern aktzeptiert zu werden.

- Ein Fenstersystem sollte in der Lage sein, auf verschiedene Benutzervorlieben einzugehen. Das heißt, abstrakt ausgedrückt, die Möglichkeiten der Navigation adaptierbar zu halten. Ganz konkret kann das beispielsweise bedeuten, für Linkshänder die Mausbelegung umschaltbar zu machen oder auf nationale Besonderheiten und nicht nur auf Vorlieben im Bereich der Farben und Schrifttypen Rücksicht zu nehmen (*Look and Feel*).

- *Parallelität* aus Benutzersicht meint, daß mehrere Anwendungsprogramme gleichzeitig Ausgaben auf den Bildschirm bringen und unabhängig voneinander auf Eingaben reagieren können. Die Erfüllung der Forderung führt schließlich dazu, daß der Benutzer selbst einer parallelen Arbeitsweise nachgehen kann.

- Eine Applikation kann beliebig viele Fenster benutzen. Zu diesem Zweck müssen insbesondere graphische Operationen auf Windows hohe Geschwindigkeiten erreichen, und einzelne Windows sollten das Gesamtsystem nur mit einem geringen Verwaltungsaufwand belasten.

- Neben der alphanumerischen Eingabe muß mindestens ein Typus *graphischer Eingabegeräte* ansprechbar sein (Maus, graphisches Tablett oder Lichtgriffel). Generell sollte ein Dialog jedoch auch ohne dieses Eingabegerät möglich sein.

Einige Optionen sind in bezug auf zukünftige Anwendungen interessant. Sie sind jedoch keine unabdingbaren Kriterien. Den verschiedenen Realisierungsvarianten in Bezug auf diese Optionen sind eigene Kapitel und Abschnitte gewidment.

- Netzwerkfähigkeit (Kap. 5)
- 3D-Unterstützung (Kap. 6)
- Gesten
- Audio-Ausgabe

Der praktisch verwertbare Nutzen der Anforderungen besteht darin möglichst konkrete Kriterien zu formulieren, die eine Meßlatte für Fenstersysteme bilden sollen. Zur Analyse der realen Systeme werden diese Kriterien im zweiten Teil des Buches benutzt.

3.3 Kriterien für Fenstersysteme

Von praktischem Nutzen für die Auswahl eines Fenstersystems ist die Bereitstellung eines Kataloges von Kriterien für Fenstersysteme. Um diese Aufgabe zu unterstützen, stellen wir eine Liste vor, die für den Einsatz eines Fenstersystems entscheidende Kriterien und Argumente enthält.

Nicht alle Kriterien sind so allgemein, daß man sie in jedem Fall ansetzen muß, wenn man die Tauglichkeit eines Fenstersystems zu beurteilen hat. Die wichtigsten werden hier kurz betrachtet und in der einen oder anderen Form in weiteren Abschnitten vertieft. Allerdings sind auch Kriterien aufgeführt, die zunächst exotisch oder sehr speziell anmuten.
Erst bei intensivem Einsatz von Fenstersystemen offenbart sich

häufig ein Mangel bezüglich eines der grundlegenden Kriterien. Die Tragweite eines solchen Mangels macht sich mitunter erst im Betrieb oder in der Implementierungsphase einer Software-Entwicklung schmerzlich bemerkbar, wenn sein Einfluß zu Beginn eines Projektes unterschätzt wurde.

Hardware, Betriebssystem

Verfügbarkeit: Auf welchen Architekturen steht das System zur Verfügung? Welche Systemvoraussetzungen werden an Hard- und Software gestellt? Die Hardware ist vor allem durch die Graphikleistung und durch Speichergrößen limitiert. Die meisten der heute verbreiteten Fenstersysteme sind noch ausschließlich für ein bestimmtes Betriebssystem konzipiert.

Systemebene, Anwendungsebene, Problemebene

Produktivität: In vielen Applikationen ist die Interaktion mit dem Benutzer eher lästiges Beiwerk als definiertes Designziel.
Weiterhin legt das ständige Wiederkehren ähnlicher Dialogprobleme es nahe, die Produktivität bei interaktiver Software dadurch zu erhöhen, daß man hochintegrierte, modifizierbare und dabei wiederverwendbare Werkzeuge mitliefert, die einem Entwickler diese Arbeiten erleichtern.
Trotz ausgedehnter Suche konnte keine sinnvolle Literatur entdeckt werden, die versucht, die Produktivität von Fenstersystem-Programmierschnittstellen zu quantifizieren. Angaben wie Code-Zeilen pro Aufgabenstellung bzw. Fenster sagen wenig über die Komplexität des Codes aus und sind nur bedingt nützlich.
Wir differenzieren daher nur grob die Produktivitätsklassen Betriebsmittelebene, Systemprogrammierung, Anwendungsprogrammierung und hochabstrakte problemorientierte Programmierung. Die Betriebsmittelebene, mit der geringsten Produktivität ist bei fast allen Fenstersystemen vollständig verborgen. Ein Richtwert besagt, daß zwischen der Systemprogrammierung und der Anwendungsprogrammierung bis zu einem Faktor 10 an Produktivitätssteigerung üblich ist.

Parallelität: Bei Fenstersystemen unterscheidet man zwischen *interner* und *externer Parallelität.*
Unter externer Parallelität versteht man die Tatsache, ob

und wie eine Sitzung mit einem Fenstersystem Eingaben für verschiedene Applikationen zu einer Zeit zuläßt. Diese Art der Parallelität ist bei Fenstersystemen im allgemeinen gegeben.

interne und externe Parallelität

Die interne Parallelität klärt, inwieweit es sich tatsächlich bei den verschiedenen Applikationen um eigenständige Abfolgen handelt, bzw. ob eine Anwendung beispielsweise als eigenständiger Prozeß realisiert ist oder synchron (oder asynchron) vom Fenstersystem aufgerufen wird.

Eine weitere Frage ist, wie die interne Parallelität erreicht wird. Reicht die Funktionalität des Betriebssystems aus, oder muß man aus Effizienzgründen innnerhalb der Anwendung selbst *Kontextwechsel* vollziehen?

Leistung: Wie gut ist das System auf die Leistung eines Rechners abgestimmt? Wie gut wird diese Leistung genutzt, und wo entstehen Engpässe? Insbesondere die Graphikausgabe ist häufig zeitkritisch. Noch gibt es keine *Benchmarks*, die verläßliche Vergleiche verschiedener Fenstersysteme zulassen. Das liegt auch am unterschiedlichen Funktionsumfang der einzelnen Systeme, denn Operationen müssen dann auf einem *logischen Betriebsmittel* Fenstersystem und einem logischen Betriebssystem (Zeitmessung) definiert werden und anschließend mit möglichst wenig Overhead auf ein konkretes System abgebildet werden.

Leistungsengpaß

Genaue Meßdaten sollten folgende Bereiche abdecken: Elementare Operationen auf Ressourcen, Bildmanipulationsvorgänge, gegebenenfalls Netzverzögerungen und vor allem Durchreichzeiten vom Benutzer zur Applikation und umgekehrt.

Schätzungen von Experten zufolge ist damit zu rechnen, daß bis zu 90% der Gesamtleistung aller Prozessoren eines zukünftigen Arbeitsplatzrechners für die Realisierung der (multimedialen) Benutzungsschnittstelle[1] geopfert werden müssen.

Siehe [Fär91]

Graphikgrundmodell: Wichtig an einem Graphikmodell ist das Maß der Maschinenunabhängigkeit, das es zur Verfügung stellt. Man unterscheidet zwischen zwei Modellen:

Rastermodell vs. Vektormodell

[1] Der Begriff „Benutzungsschnittstelle“ ist zwar seltener, aber wesentlich korrekter [DIN88], wenn auch nicht schöner als der Begriff „Benutzerschnittstelle“.

dem *Rastermodell* und dem pixelunabhängigen *Vektor- bzw. Schablonenmodell*.
Das Schablonenmodell bildet dabei die höhere Abstraktionsebene und erlaubt das problemlose Erzeugen von beliebig geformten Fenstern. Das Rastermodell ist besonders geeignet für schwarz/weiß Hardware und ermöglicht eine einfache Implementierung auf den gängigen Graphikprozessoren. Es ist insgesamt weniger flexibel in bezug auf die Skalierung, aber in Fällen, in denen Graphik nicht im Vordergrund steht, in seiner Funktionalität ausreichend (siehe Kap. 4).

fest vorgegeben vs. variabel

Stile: Welchen *Stil* (im Sinne von Gestaltungskonzept) eine Applikation haben soll, ist, abgesehen von den dringenden ergonomischen Bedürfnissen, eine reine Glaubensfrage.
Stile sind Wandlungen unterzogen und oft von Trends abhängig. Deshalb darf sich ein dauerhaftes und universelles Fenstersystem nicht auf einen Stil vollkommen festlegen. Es sollte mehrere Stile ermöglichen, aber es muß auch dafür sorgen, daß die Konsistenz unter den Applikationen gewahrt bleibt. So sollte zum Beispiel nur ein Stil zu einer Zeit erlaubt sein.

Quellcode-modifikation vs. dynamische Erweiterung

Erweiterbarkeit: Fenstersysteme bieten eine Funktionalität an, die bei der Implementierung mancher Applikationen nicht ausreicht. Ein Beispiel sind die graphischen Ausgabefunktionen. Muß der Funktionsumfang erweitert werden und steht dabei die Effizienz im Vordergrund, so ist es nicht sinnvoll, auf Applikationsebene die Implementierung der Erweiterung vorzunehmen. Vielmehr sollte das *Basisfenstersystem* die Möglichkeit einer nachträglichen Erweiterung bieten. Nicht bei allen Fenstersystem-Konzepten wird vorausgesetzt, daß die Programmquellen zu diesem Zweck zur Verfügung stehen müssen. Es gibt auch Ansätze (NeWS), bei denen über eine interpretierte Sprache der Befehlssatz des Fenstersystems erweitert werden kann.
Wir unterscheiden also: nicht erweiterbare, per Quellcode erweiterbare sowie dynamisch erweiterbare graphische Fenstersysteme

Anpaßbarkeit: Unter Anpaßbarkeit versteht man das nachträgliche Zuschneiden einer existierenden Applikation auf die speziellen Wünsche eines Benutzers oder einer Benutzergruppe (z.B. nationale Besonderheiten). Zu diesem Zweck darf das Layout einer Anwendung nicht nur im Code festgelegt sein, sondern bestimmte Eigenschaften müssen beispielsweise von Start-Up Dateien eingelesen werden. Dort wird dann endgültig bestimmt, mit welchem Schrifttyp ein Menü auf dem Bildschirm auftaucht und welche Funktion auf einen Mausklick erfolgen soll.

Grad der Anpaßbarkeit

Maßgeblich ist, daß nicht das gesamte Programm für die Durchführung der Änderung neu übersetzt werden muß.
Manche *User Interface Languages* (UIL) sind Beispiele für diese Methoden der *Benutzeranpassung* oder auch *Verfeinerung*. Hier werden spezielle Dateien angelegt, die den Benutzungschnittstellencode enthalten und die separat übersetzbar sind.
Von einer *späten Verfeinerung* sprechen wir, wenn der Endbenutzer ohne Einsatz von Compilern eine Fensteranwendung oder das Fenstersystem selbst modifizieren kann, und zwar zur Laufzeit (also zu einem späten Zeitpunkt) oder unmittelbar davor.

Zeitpunkt der Anpassung

Teilbarkeit der Ressourcen: Wenn ein Fenstersystem mehrere Applikationen simultan bedient, so laufen mehrere Applikationen in ihrem eigenen Kontext und evtl. Adreßraum ab. Es ist aber durchaus wünschenswert, daß diese auf ein und demselben Ausgabenfenster Ausgaben machen können. Um die Konsistenz und Zugangsberechtigung verschiedener Prozesse zu gewährleisten, muß es eine Instanz geben, die geteilte Ressourcen verwaltet.

Objekte gemeinsam nutzen?

Am Beispiel der Fonts ist die Teilbarkeit der Ressourcen am ehesten einsichtig. Fonts brauchen sehr viel Speicherplatz, sind völlig passiv und haben noch nicht einmal einen Status. Es ist nicht sinnvoll, einen bestimmten Font für jede Applikation neu zu laden.

Verteilte Fenstersysteme: Als Motivation für verteilte Fenstersysteme wird häufig das interaktive Erlernen von Programmierfähigkeiten angeführt (Computer Aided Learning, kurz: CAL). Mit Hilfe von Lernprogrammen und

verteilt vs. lokal

unter Aufsicht eines Lehrers ist ein Rechnernetzwerk vorstellbar, das als graphische Analogie zu den Sprachlabors in den Schulen zu sehen ist. Aber nicht nur Kontrolle der an einem Problem arbeitenden Schüler ist über ein verteiltes Fenstersystem möglich, sondern es fördert auch die Kooperation und den direkten und schnellen Austausch von graphischer Information unter allen Teilnehmern.
Denkbar sind auch Dienste (in Anlehnung an BTX), die mit der vertrauten Fensteroberfläche des PCs direkt kommunizieren.

objektorientert vs. prozedural

Struktur des API: Man unterscheidet zwei Möglichkeiten für die Strukturierung der *Applikationsprogrammier-Schnittstelle* (engl.: Application Programmers Interface).
Es gibt objektorientierte oder prozedurale Schnittstellen. Die Struktur der Schnittstelle ist prinzipiell unabhängig von der Sprache, für die die Schnittstelle Anbindungen liefert.

Art und Anzahl der Bausteine

Komfort des API: Wegen der großen Bedeutung der Schnittstelle für die Produktivität ist der Funktionsumfang und die Art der Verknüpfung sehr wichtig. Die Anzahl und vor allem die Komplexität der mitgelieferten *Bausteine* sind sehr unterschiedlich.
Die Tatsache allein, ob interakive Werkzeuge existieren, die Code-Skelette für die Programmierung dieser Schnittstelle liefern und damit schnell einen *Prototypen* entstehen lassen genügt nicht. Flexibilität und die Möglichkeit, eigene wiederverwendbare Grundbausteine zu erzeugen und dem Baukasten hinzuzufügen, sind maßgeblich.
Auch hierzu gibt es keine aussagekräftige Taxonomie, so daß wir uns mit pauschalen Urteilen und dem Umfang der Schnittstellen begnügen müssen.

Trennung: Applikation, Dialog

Unabhängigkeit: Eines der übergeordneten Ziele der dialogunterstützenden Software ist die konzeptionelle und codemäßige Trennung von Applikation und Interaktion. Ein Fenstersystem sollte diese Trennung weitgehend unterstützen, indem es Dienste für den Dialogteil liefert.

Kommunikation zwischen Applikationen: Der Austausch von Daten zwischen zwei verschiedenen Applikationen ist

kein primäres Problem der Fenstersysteme (Austauschdateien, Prozeßkommunikation). Es kann dann als ein solches angesehen werden, wenn dieser Austausch per Interaktion gesteuert werden soll.
Stellen wir uns einen einfachen Texteditor in einem Fenster vor und ein Zeichenprogramm in einem anderen. Es ist ein naheliegender Wunsch, entweder das entstandene Bild in den Text mitaufzunehmen oder den Text in das Bild zu integrieren.

Cut-and-Paste

Man wünscht sich also einen *Cut-and-Paste*-Vorgang mit dem Zeigeinstrument. Zu diesem Zweck müssen Daten von der einen Applikation im Format D_1 in eine andere Applikation, in der sie in der Repräsentation D_2 vorliegen sollen, transferiert werden.
Im Widerspruch zu der vorher erhobenen Forderung der Unabhängigkeit ist hier das Fenstersystem für die internen Datenformate der Anwendungen und für ihre Transformation zuständig oder zumindest für das dafür notwendige Protokoll.
Im obigen Beispiel könnte man im Extremfall fordern, daß das Bild nicht statisch in den Text hineinkopiert wird, sondern daß der Text einen Verweis auf das Bild bekommt. Auf diese Art werden Änderungen am Bild auf das im Text eingeschlossene Bild mitübernommen. Diese Technik ist unter dem Namen *Dynamischer Datenaustausch* (engl.: Dynamic Data Exchange, kurz: DDE) bekannt.
Zu den Fragen an ein Fenstersystem gehören also auch:
Ist Datenaustausch per direktem Fenster-Fenster-Transfer möglich?
Wenn ja, ist er statisch oder schließt er dynamische Relationen ein?

Selection

Beim direkten Datenaustausch unterscheidet man den sogenannten *Selection*-Mechanismus und den *Clipboard*-Mechanismus. Im ersten Fall werden die Daten, die transferiert werden sollen, von einer Applikation zur andern ohne Umweg weitergeleitet, wobei die Herkunftsapplikation die Formatwandlung macht oder anregen muß. Der Austausch erfolgt 1:1, d.h. es ist ein Datenlieferant und ein Datenabholer involviert.
Beim Clipboard-Verfahren gibt es eine spezielle Anwen-

Clipboard

dung (das Clipboard), die die Daten zunächst aufnimmt, in ein neutrales (im Sinne von normiertes) Format wandelt und dann beliebigen anderen Anwendungen das Abholen ermöglicht. Der Austausch erfolgt m:1:n.

DDE

Dynamischer Austausch ist ebenfalls an eine gerichtete 1:1 Verbindung gebunden. Die Dauer der Beziehung ist dabei üblicherweise länger angelegt. Die Abstraktion der Beziehung ist höher als bei Selection und Clipboard, aber die Daten sind vergleichbar elementar und festgelegt.

OLE

OLE (Akronym für Object Link and Embedding) ist ein Konzept, das nur bei konsequenter Objektorientierung zum Tragen kommt. Hier kennt jedes Objekt seine Erscheinungsformen selbst. Ein Datentransport im engeren Sinne ist nicht nötig. Die Objekte werden miteinander verzeigert. Wird eine Objekt von verschiedenen Orten aus benötigt, so ist mit dem Zeiger die notwendige Repräsentation gespeichert. Wandlungen geschehen online und der Abstraktionsgrad einer solchen Beziehung ist hoch, denn die Objekte sind in ihrer gesamten Funktionalität verfügbar. Prinzipiell liegt eine ungerichtete n:m Beziehung vor und eine beliebige Dauer der Beziehung ist möglich. Dieses Konzept ist mit Sicherheit das mächtigste, aber in seiner Realisierung auch das komplexeste, weswegen es bislang nur partiell verfügbar ist. Die folgende Tabelle liefert die Merkmale der einzelnen Kommunikationsmethoden auf einen Blick.

Merkmale	*Selektion*	*Clipboard*	*DDE*	*OLE*
Beziehungsdauer	kurz	kurz	mittel	lang
Datentypen	speziell	speziell	speziell	beliebig
Gerichtete Beziehung	ja	nein	ja	nein
Beteiligte Instanzen	1:1	m:1:n	1:1	m:n
Abstraktion	niedrig	niedrig	mittel	hoch

Dem Verständnis ist es sicherlich dienlich, sich anhand dieser Liste von Kriterien das vorgestellte minimale Fenstersystem noch einmal anzuschauen. Dabei ist zu beachten, daß zu einigen Punkten die gegebene Spezifikation für eine Aussage nicht ausreicht.

3.4 Komponenten eines Fenstersystems

Die für ein Fenstersystem erforderlichen Hardware-Komponenten wurden bereits angesprochen. Es sind Rasterbildschirme mit Graphikprozessoren, ein graphisches Eingabegerät und eine Tastatur. Eigentlich sollte man bei dieser Aufzählung den Drucker nicht vergessen. Aus theoretischer Betrachtungsweise ist ein Drucker nichts weiter als ein permanentes Ausgabegerät einer Dialogstation. Und, praktisch gesehen, gehört er beispielsweise unabdingbar zu verbreiteten fensterorientierten *Desktop-Publishing* Systemen.

Wie später deutlich werden wird, gehen neuere Entwicklungen (verteilte Fenstersysteme, 3D-Windows) von weiteren Hardware-Komponenten aus. Es kommen Netzwerk- und Video-Hardware hinzu. Wir wollen die Gemeinsamkeiten vor den Spezialitäten betrachten und beschränken uns deshalb hier auf das Wesentliche.

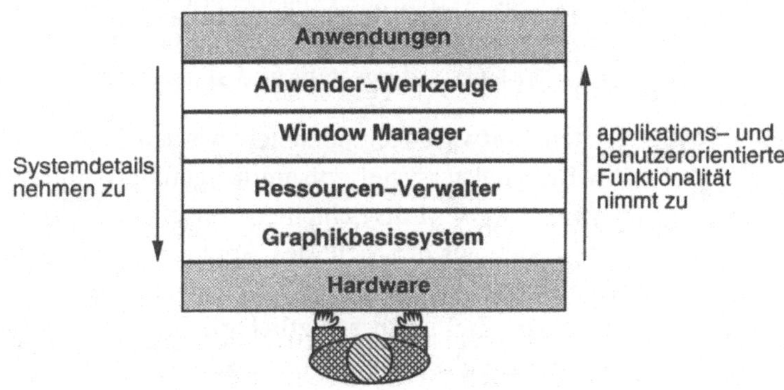

Abb. 3.2 Schichten-Modell der Fenstersystem-Komponenten

Die Software, die das eigentliche Window-System ausmacht, läßt sich zunächst gut hierarchisch gliedern:

Die **Anwender-Werkzeuge** sorgen dafür, daß die gängigen *Dialogbausteine* (Dateisystem-Anzeige oder -Auswahl) nicht für jede Applikation von neuem implementiert werden müssen. Diese Schicht ist auch unter der Bezeichnung *Toolkit* oder *Construction Set* bekannt.
Es gibt funktionsorientierte Schnittstellen, aber im zunehmenden Maße auch objektorientierte Systeme.

Das **Window Management** erledigt die Anzeige der verschiedenen Applikationen auf dem Bildschirm (d.h. teilt ihnen

Bildschirmbereiche zu) und liefert Dialogmöglichkeiten auf *Sitzungsebene* (im Gegensatz zur Applikationsebene.)

Die **Ressourcen-Verwaltung** ist dafür verantwortlich, daß beim konkurrierenden Zugriff auf *Ressourcen*, wie beispielsweise Windows oder Mausaktionen, zwischen den Applikationen synchronisiert wird. Zu den hier angesiedelten Aktionen gehören das Erzeugen und Zerstören von logischen Ressourcen.

Das **Graphikbasissystem** (im folgenden kurz: Graphikbasis) realisiert die Ausgabefunktionen für Fenstersysteme. Um die hohe Geschwindigkeit für die Ausgabe zu gewährleisten, sind die elementaren Graphikfunktionen in effizienter Weise und hardware-nahe realisiert.
Hier wird festgelegt, welches Graphikmodell ein System benutzt.
Auf dieser Ebene werden die Eingabeaktionen des Benutzers (Mausbewegung, Mausklick, Tastendruck) registriert, und es wird der Cursor dargestellt und aktualisiert.

Basisfenstersystem

Die beiden letzten Software-Komponenten werden häufig unter dem Begriff Basisfenstersystem zusammengefaßt. Sämtliche Komponenten sind in Abb. 3.2 als Schichten logischer Maschinen dargestellt, wie sie sich aus der Sicht des Applikationsprogrammierers darstellen. Der Benutzer befindet sich zwar physikalisch an der Hardware, sein Ziel ist aber letztlich die Kommunikation mit einer Applikation durch die Komponenten des Fenstersystems hindurch. Aus seiner Perspektive ist die Applikation das Werkzeug, und für dieses Werkzeug entwickelt er mit der Zeit die notwendige Modellkenntnis. Das gesamte Fenstersystem bildet bei dieser abstrakten Kommunikation nur einen Teil des Mediums.

physikalische Kommunikation

abstrakte Kommunikation

Bei älteren Fenstersystemen ist die hierarchische Gliederung nicht ablesbar. Die Systeme waren klein und überschaubar, und die Struktur wurde von anderen Anforderungen geleitet als ein klares, trennbares Konzept zu implementieren. Mit zunehmender Komplexität der Software werden solche Aspekte jedoch immer wichtiger. Das soeben vorgestellte *4-Schichten Modell* wirft zwar Probleme bei der Realisierung auf, es dient jedoch gut als *Referenzmodell*. Die Aufgaben können logisch getrennt betrachtet

4-Schichten Referenzmodell

werden, und es ist für weitere Erklärungen wichtig klarzustellen, von welchem Teil der Software die Rede ist. In der Betrachtung sowie in der Abbildung wurden andere Systemsoftware bewußt weggelassen, weil es bezüglich der Einbindung des Referenzmodells in Betriebssysteme mehrere Varianten gibt (siehe Abschnitt 4.2.3).

3.5 Zusammenfassung

Fenstersysteme können aus einer Reihe von verschiedenen Blickwinkeln heraus betrachtet werden. Wir wollen die wichtigsten noch einmal festhalten:

Das einfache Beispiel am Anfang hat gezeigt, daß der Programmierer, der ein Fenstersystem benutzt, neben der Einfachheit einer Schnittstelle vor allem ihre Mächtigkeit zu schätzen weiß. Das ist der Punkt, der ihm Arbeit erspart.

Programmierer

Der Entwicklerin einer Fenstersoftware kommt es auf ein klares Systemdesign an, mehr jedoch darauf, daß sie mit ihrem Produkt eine Vielzahl von Abnehmern anspricht, also, daß es nicht Hardware- oder Softwareabhängigkeiten unterworfen ist.

Fenstersystem-entwickler

Der Benutzer wird prinzipiell ein flexibles System bevorzugen, bei dem sich auf alle Wünsche eine Antwort findet. Gleichzeitig sollte die Übersichtlichkeit nicht verloren gehen. Was soviel bedeutet, wie: Das System funktioniert, ohne spezielle Kenntnisse vorauszusetzen. Besitzt man diese Kenntnisse jedoch, hat man detaillierten Einfluß auf Erscheinung und Umgang.

Benutzer

Einige der definierten Anforderungen und Wünsche stehen offenbar in einem *Zielkonflikt* zueinander. Ob und wie diesen Anforderungen Rechnung getragen werden kann, und wo sie realisiert sind, wird eine genauere Beschreibung der Architektur eines Fenstersystems zeigen.

Zielkonflikt

Architektur

Kapitel 4

Die Architektur von Fenstersystemen

Dieses Kapitel enthält eine Beschreibung der Systemarchitektur anhand eines hierarchischen Referenzmodells. Das Modell eines Fenstersystems spiegelt die Prinzipien „Kapseln von Details" und „Liefern von Funktionalität" wider. In den weiteren Erklärungen führt der Weg von den unteren Schichten des Modells schrittweise zu den höheren, wobei auf den einzelnen Etappen zunächst die benötigten Objekte und Datenstrukturen vorgestellt werden und danach die Aktionen, die auf diesen Objekten implementiert sind.

Referenzmodell

Ausgangspunkt bilden die Schnittstellen zur Hardware und zum Betriebssystem. Am Ende steht die Schnittstelle zum Menschen: zum Applikationsprogrammierer und zum Benutzer oder zur Benutzerin.

4.1 Graphik- und Ereignisbasis

Die Graphikbasis liefert graphische Elementaroperationen für die Ausgabe und sorgt durch die nötige Geschwindigkeit für das Funktionieren der komplexeren graphischen Ausgaben. Die Ereignisbasis holt die Eingaben bei einzelnen Geräten ab und bringt sie in eine kanonische Form.

Genaugenommen sollte diese Schicht erneut in einen geräteabhängigen und einen geräteunabhängigen Teil gegliedert werden. Der rechnerspezifische Teil wird gebraucht, um die Hardwarefähigkeiten eines Systems optimal zu nutzen. So kann man zum Beispiel die graphische Ausgabe beschleunigen, indem man

Vektorgeneratoren, Kreisgeneratoren und Füllalgorithmen einsetzt, die der jeweilige Graphikprozessor anbietet.

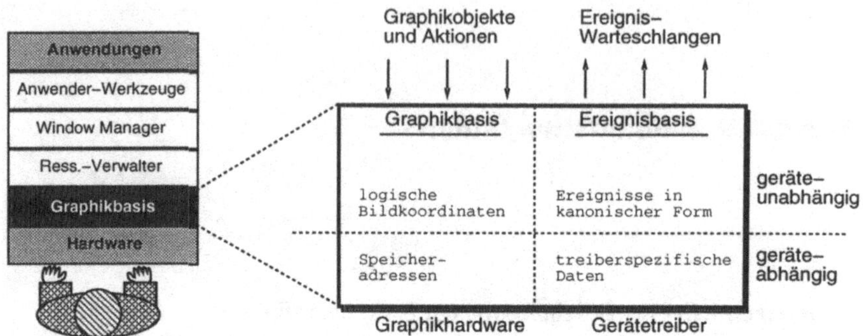

Abb. 4.1 Graphik- und Ereignisbasis

Die rechnerunabhängige Schicht ermöglicht eine Implementierung der oberen Softwarekomponenten, die weitgehend portabel ist. Die Graphiksoftware emuliert graphische Primitiv-Operationen (kurz: Primitive), die die Hardware des Rechners nicht anbietet. Für den darüberliegenden Ressourcen-Verwalter bleibt stets transparent, ob die Hardware oder die Software sein Graphikkommando abarbeiten. Die nächste Schicht kann also auf einer logischen Graphikmaschine aufsetzen. Abbildung 4.1 verdeutlicht die Einordnung in die Gesamtarchitektur und bietet bereits eine grobe Gliederung dieser Schicht.

4.1.1 Die Graphikbasis

Die Entwicklung der Graphikbasis

RasterOps

Bitblt

Geprägt durch die lineare Anordnung des Video-Bildspeichers und durch die Fähigkeiten der frühen Graphikprozessoren, die direkt auf diesem Speicherbereich arbeiteten, hat sich das Rastergraphikmodell, auch *RasterOps* (Rasteroperationen, engl.: Raster Operations) oder *Bitblt* (engl.: Bit Block Transfer) genannt, entwickelt.

Es basiert auf dem direkten Adressieren von einzelnen Pixeln im Speicher, dem schnellen Verschieben von Speicherblöcken und auf Linien- und Kreisgeneratoren mit festem Inkrement. Sämtliche Operationen werden in Bildschirm-Pixel-Koordinaten angegeben, und alle Berechnungen können in *Ganzzahl-Arithmetik* ausgeführt werden.

Solange sich die Darstellung auf Schwarz-Weiß oder auf vordefinierte feste Farben beschränkt, machen die in diesem Modell möglichen logischen Verknüpfungen von Darstellungsfläche und zu zeichnendem Graphik-Grundelement (engl.: Graphic Primitive) einen Sinn. Wird beispielsweise eine auf dem Bildschirm bereits dargestellte Gerade (schwarz) von einem Text (schwarz) gekreuzt, so kann mit Hilfe der XOR-Funktion sichergestellt werden, daß sich der Schnittbereich deutlich (weiß) abhebt.

hardware-abhängige Koordinaten

siehe Abschnitt 2.2.2

Die spezifizierten Koordinaten werden in Geräteeinheiten angegeben und sind damit hardwareabhängig. Gibt man nun einen Text oder ein Bild, das für einen großen Bildschirm konzipiert war, auf einem Bildschirm aus, der mit einer identischen Anzahl von Bildpunkten, aber vergleichsweise kleinerer Bilddiagonale (also höherer Bildpunktdichte) arbeitet, so wirkt die Ausgabe deutlich kleiner als auf dem Bildschirm, für den es entworfen wurde. Das kann zur Folge haben, daß der Text nicht mehr lesbar ist. Das Koordinatenproblem hat zur Folge, daß entweder die höheren Schichten des Fenstersystems für Geräteunabhängigkeit zu sorgen haben, oder daß für jedes Ausgabeformat in der Applikation eine Anpassung vorgenommen werden muß, sofern die Form- und Größen-Konsistenz der Ausgabe relevant ist.

Vektor- oder Schablonenmodell

Eine Weiterentwicklung im Hinblick auf die Geräteunabhängigkeit erreicht man, indem man die Schnittstelle in normalisierten Koordinaten betreibt und damit die geräteabhängige Transformation innerhalb dieser Schicht vornimmt. Realisiert ist diese zusätzliche Abstraktionsstufe beim sogenannten geräteunabhängigen Vektormodell (auch *Schablonenmodell*). Hier wird der Graphikschicht die darzustellende Geometrie in einem Koordinatensystem mitgeteilt, das über verschiedene Skalierungen auf diverse physikalische Ausgabegeräte anwendbar ist.

Da die Einheiten keine Bildelemente einer konkreten Display-Hardware mehr sind, kann man mit diesem Vorgang auch die Ausgabe auf den Drucker in konsistenter Art und Weise steuern.

Die eigentümlich anmutende Bezeichnung Schablonenmodell (engl.: Stencil/Paint) erklärt sich dadurch, daß diese Art der Geräteunabhängigkeit erstmals in einem System (PostScript, Display PostScript) realisiert wurde, das die zusätzliche Eigenschaft

Abb. 4.2 Fenster im Rastermodell (links), Schablonenmodell (rechts)

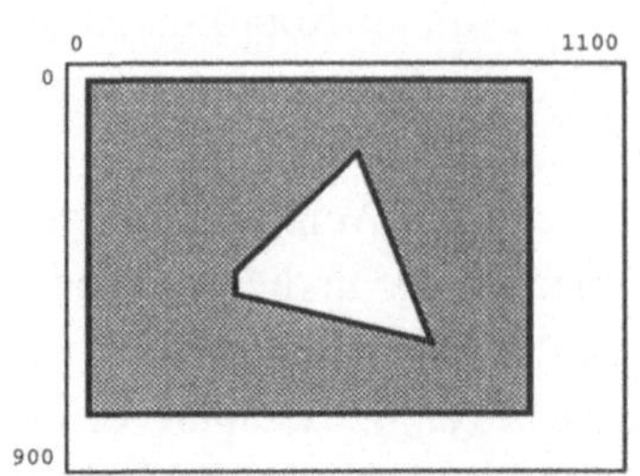

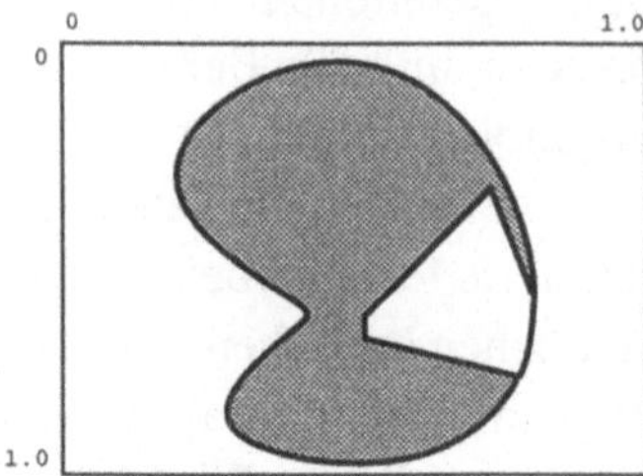

besitzt, eine Schablone als Teil eines sogenannten 'graphischen Kontextes' zu benutzen. Gegen diese beliebig geformte Schablone kann die Ausgabe geclippt werden. In Abb. 4.2 ist angedeutet, daß man mit Hilfe der Schablonentechnik beispielsweise die Form eines Fensters durch eine Randkurve beschreiben kann.

Objekte der Graphikbasis

Unter Objekten der Graphikbasis verstehen wir Datenstrukturen, die die graphischen Primitive direkt benutzen können. Folgende graphischen Objekte sind für die Realisierung eines graphischen Fenstersystems mindestens erforderlich:

Zeichenflächen:

später: Fenster

Zeichenflächen

Hinter dieser Bezeichnung verbergen sich im wesentlichen Speicherbereiche, die mit einem Koordinatensystem und einer Speicher-zu-Pixel Zuordnung versehen sind. Man kann zwar unterscheiden, ob eine Zeichenfläche Teil des Bildspeichers – und damit sichtbar – ist, oder ob sie nur als Hintergrundzeichenfläche dient. Aus der Sicht der Operationen auf diesen Objekten ist diese Unterscheidung jedoch nicht relevant.

XY-Format, Z-Format

Merkmale einer Zeichenfläche sind ihre Anfangsadresse im Speicher, ihre Ausdehnung, ihre Tiefe (in Bits) und die logische Anordnung im Speicher. Man unterscheidet zwei mögliche Anordnungen für die Speicherung von mehrstufigen Rasterbildern[1]: Das Tiefenformat (Z-Format) sieht

[1] Rasterbilder der Tiefe größer eins sind gemeint, also Graustufenbilder oder Farbbilder. Zeichenflächen oder Bildrepräsentationen mit Tiefe eins werden häufig als Bitmaps bezeichnet

eine Speicherung Byte(s)/Pixel und das Ebenenformat (XY-Format) eine Speicherung Farbebene für Farbebene (Bytes/Plane) vor. Der Vorteil des Tiefenformats liegt auf der Hand: mit jedem Byte,Wort oder Doppelwort hat man einen Bildpunkt vorliegen, den man manipulieren kann. Die Vorteile des Ebenenformats beziehen sich auf die Zuordnungen einer bestimmten Farbton-Wertigkeit zu einer Ebene. Damit enthalten alle Bildpunkte in denselben Ebenen beispielsweise ihre Blautöne.

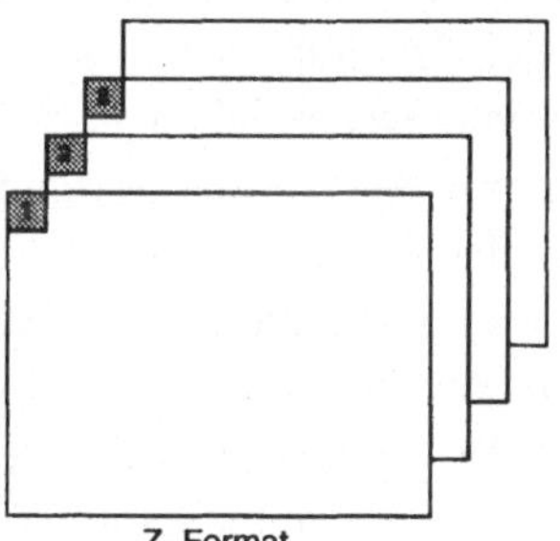

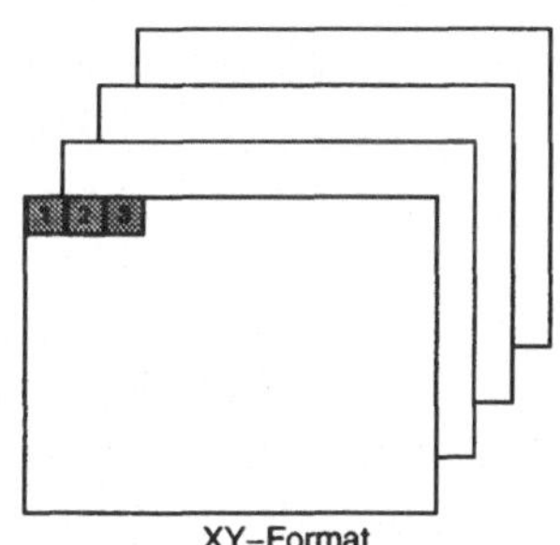

Abb. 4.3 Beide Formate für Farbtiefe 4. Die ersten drei Bit des ersten Bytes sind dargestellt

Insbesondere in Anwendungen der Bildverarbeitung ist der schnelle Zugriff, der dadurch auf einzelne Farben und Farbstufen getrennt möglich ist, wünschenswert.

Ausgabe-Objekte:

Man unterscheidet die elementaren und die komplexen Ausgabe-Objekte. Die elementaren sind dadurch charakterisiert, daß die Hardware diesen Datentyp direkt ausgeben kann (Kreis, Linie, Rasterbild). Die komplexen Ausgabe-Objekte werden, falls sie zur Verfügung stehen, durch Software in elementare Teilobjekte zerlegt und dann ausgegeben. So werden beispielsweise *Zeichensätze* (engl.: Font) für Text aus einer Vielzahl kleiner Rasterbilder (engl.: Image Font, Raster Font) oder durch ein Menge von Berandungskurven – und diese vielleicht wieder aus Linienstücken – zusammengesetzt. Letztere werden häufig auch als Outline Fonts bezeichnet. Die gerasterten Zeichensätze liegen für einige Größen fertig vor und lassen eine schnelle Verarbeitung und vor allem Darstellung zu. Die Textzeichen eines berandeten Zeichensatzes liegen in einer Größe vor. Sie müssen und können (ohne Qualitäts-

Raster Font

Vektor- oder Outline-Font

verlust) vor Ausgabe in ihrer Größe angepaßt werden. Ihre Ausgabe ist langsamer. Nicht nur wegen dieser Skalierungsoperation, sondern auch, weil die Berandungskurve mitunter noch gefüllt werden muß.

Graphischer Kontext:

Bündel graphischer Attribute

Der graphische Kontext ist ein Bündel von graphischen Attributen für die Ausgabe von Objekten (Strichbreite, Schriftart, Farbtabelle). Die praktische Bedeutung eines Graphikkontextes ist die Reduktion der Parameterzahl bei Ausgabeoperationen. Man kann sich den graphischen Kontext als Graphikprozessor-Status veranschaulichen. Dieser Status kann vor jeder Aktion mit den jeweils nötigen Parametern aktualisiert werden. Ist der Graphikkontext realisiert, so bleibt das Bündel von Attributen nach der Ausführung bestehen und muß für weitere Aktionen nur in Teilen geändert werden. Andernfalls gingen die Attribute nach der Ausführung verloren und alle relevanten Graphikparameter sind für die nächste Aktion von neuem zu laden. Einen Graphikkontext auf dieser Schicht findet man nicht in allen Fenstersystemen.

Wie wir gesehen haben, handelt es sich um ganz elementare graphische Objekte, mit denen in dieser Schicht umgegangen wird. Die Operationen auf diesen Objekten wurden zum Teil schon angesprochen, soweit die Hardware betroffen war. Eine etwas systematischere Beschreibung der Aktionen betrachten wir als nächstes.

Aktionen der Graphikbasis

Die wesentlichen Aktionen, die an der Schnittstelle zu dieser Schicht sichtbar sind, sind Darstellungs- oder Ausgabeaktionen auf unterschiedlich komplexen graphischen Objekten.

Die Tatsache, ob die Graphikbasis mit einem Graphikkontext arbeitet, ist vor allem für die Anzahl der an dieser Schnittstelle zu übergebenden Parameter interessant. Je komplexer die Operationen sind, die eine Basis verarbeitet, desto geringer ist dann die Anzahl der Objekte, die hier übergeben werden müssen.

Bei der internen Realisierung der Ausgabeoperationen ist sowohl eine objektorientierte als auch eine funktionale Vorgehensweise denkbar. Wir legen uns nicht auf eine dieser Denkweisen und sprachlichen Konzepte fest, sondern fordern: Der Zugang zu dieser Schicht sollte möglichst unabhängig von der Implementierungsentscheidung nutzbar sein.

Ausgabeoperationen

Ein wesentliches Merkmal der Aktionen dieser Schicht ist, was man als „das Gedächtnis der Ausgabe" bezeichnen könnte. Es gibt drei Modi, mit denen die Ausgabe arbeiten kann:

Gedächtnis der Ausgabe

- Bearbeiten und vergessen:
  Die Graphikbasis kann die Objekte in einen Speicherbereich in eine Rasterdarstellung konvertieren und dann ihre Herkunft vergessen (engl.: Direct Drawing, Immediate Drawing Mode), das heißt, die einzige Repräsentation der Graphik ist ihr Rasterbild.

bearbeiten und vergessen

- Kommando-gepufferte Ausgabe:
  Eine Liste der Objekte, die zu zeichnen sind, wird während der Ausgabe angelegt (engl.: Display List, Structured Drawing Mode). Sie kann eine logische Struktur aufweisen und die Objekte zu Segmenten zusammenfassen oder Prioritäten (Reihenfolge, in der gezeichnet wird) festlegen.

Kommandopuffer

- Daten-gepufferte Ausgabe:
  Jede Ausgabe, die auf ein Fenster ausgeführt wird, wird analog auf einer weiteren Hintergrundzeichenfläche durchgeführt. Diese Zeichenfläche ist quasi eine Rasterkopie des Fensters.

Datenpuffer

Dieses letzte Kriterium für die Schicht hat mit der Verantwortung für die Wiederherstellung oder *Restauration* des Bildes (engl.: Redraw) nach einer partiellen oder totalen Zerstörung (z.B. durch Überlappung) zu tun. Hier gibt es sehr verschiedene Ansätze zur Lösung des Problems. Liegt der Graphikschicht eine Objektliste vor, so kann sie diese Aufgabe übernehmen. Mit einer Rasterkopie des gesamten Fensters hat man zwar eine sehr speicheraufwendige aber wenig komplizierte Lösung des Restaurationsproblems. In jedem Fall braucht die Graphikbasis dafür einen Anstoß von einer höheren Instanz, die auch entscheidet, wie Objektlisten zusammengefaßt werden und welche Listen auszugeben sind. Es ist auch denkbar, daß die Applikation benachrichtigt und aufgefordert wird, ihre sichtbaren Graphik-Ausgaben in einem Fenster wieder in Ordnung zu bringen.

Eine bestimmte Art von Redraw findet allerdings aus Effizienzgründen meist an dieser Stelle statt: die Darstellung und die Bewegung der graphischen Repräsentation des *Zeigeinstrumentes* (engl.: Pointer Device Cursor) auf dem Bildschirm. Da die Cursorbewegungen sehr schnell sein können und der Cursor ständig einen Teil seines Hintergrundes verdeckt, muß dieser kleine Teil des Hintergrundes kurzfristig gespeichert und an einer verlassenen Position wieder gemalt werden. (Dies ist nicht der Fall, wenn für die Cursor eine eigene Ebene im Bildspeicher vorgesehen ist.) Auch für diese Aktion bekommt die Graphikbasis einen Anstoß von „außen", nämlich von der Ereignisbasis, wie wir gleich sehen werden.

Cursorbewegung

Aus Effizienzerwägungen gehört auch das Clippen oder Abschneiden der Ausgabe gegen eine Zeichenfläche (engl.: Clipping) zu den Aktionen, die hardwarenahe implementiert sein müssen.

4.1.2 Ereignisbasis

Bisher haben wir ausschließlich die Ausgabeseite betrachtet, die den Namen für die Kurzbezeichnung „Graphikbasis" dieser ersten Schicht liefert. Die Eingabeseite muß man sich auf dieser Ebene als Mittler zwischen den Treibern (Maus, Tastatur, Tablett) und der fensterbezogenen Ereignisverwaltung vorstellen. Die wesentliche Aufgabe dieser Teilinstanz besteht darin in effizienter Weise Datenobjekte, die vom Betriebssystem für die einzelnen Eingabegeräte zur Verfügung gestellt werden, für eine weitere Verwendung zu vereinheitlichen und aufzubereiten.

Objekte der Ereignisbasis

Die Ereignisbasis kommt mit zwei elementaren Datentypen aus:

Ereignisse (engl.: Event):
Man unterscheidet zwischen Treiber-Ereignissen, die eine

hersteller- und gerätespezifische Form haben und internen Ereignissen, die eine für alle Geräte gemeinsame Datenstruktur darstellen.
Die treiberspezifischen Ereignisse enthalten dabei schon alle wesentlichen Daten wie physikalische Koordinaten, Zeitstempel, gerätespezifischen Ereigniscode. Diese Datenstrukturen können allerdings von Eingabegerät zu Eingabegerät sehr unterschiedlich sein.
In der *kanonischen* Form stehen logische Bildkoordinaten, Zeitstempel und ein globaler Ereigniscode in einem fenstersystem-einheitlichen Format.

kanonische Form

Warteschlange (engl.: Queue):
Mit einer Warteschlange pro angeschlossenem Eingabegerät kommuniziert die Ereignisbasis mit dem Ressourcen-Verwalter. Die Komponenten der Warteschlange sind genau die kanonischen Ereignisse.

Aktionen der Ereignisbasis

Die Treiber liefern gerätespezifische Ereignisse (Gerätekoordinaten, Gerätecodierung) an, die sie im allgemeinen mit Hilfe der *Unterbrechungstechnik* von den einzelnen Geräten abgeholt haben. Diese Ereignisse werden gepuffert, mit einem Zeitstempel versehen und von der Ereignisbasis zyklisch gelesen, gewandelt und dann weitergereicht. Das Weiterreichen besteht im wesentlichen im Einordnen in eine Warteschlange.

Treiber

Im Gegensatz zur logischen Verarbeitung in der darüberliegenden Schicht, die im nächsten Abschnitt beschrieben wird, wird in der Ereignisbasis das Event erst von einer spezifischen in eine einheitliche, kanonische Form gewandelt. Das Ergebnis wird in einer Warteschlange pro Eingabegerät abgelegt. Wobei die Komponenten der Schlangen den gleichen Aufbau haben und die Längen- und Positionswerte beispielsweise in logischen Bildschirmkoordinaten angegeben sind.

Warteschlange

Zum Beitrag der Graphik- und Ereignisbasis zur Eingabeverwaltung gehört auch, daß die Position des Zeigegerät-Cursors ohne Kooperation mit höheren Schichten und deshalb zeiteffizient aktualisiert wird.

Cursorposition

4.1.3 Erweiterbarkeit

Eine Erweiterung bedeutet auf dieser Stufe, daß eine Graphikbasis mehr und komplexere Objekte und Aktionen an ihrer Schnittstelle zur Verfügung stellt oder daß beispielsweise ein neues Eingabegerät von der Ereignisbasis unterstützt wird.

Motivation

Bevor wir uns der Frage zuwenden, wie Erweiterungen realisiert werden können, stellen wir uns die immer berechtigte Frage: „Welche Motivation gibt es für Erweiterungen, wozu braucht man sie?"

Effizienz

Erweiterungen werden gebraucht, wenn (komplexere) graphische Darstellungen extrem schnell – zum Beispiel in Echtzeit – ablaufen sollen. Insbesondere bei der Implementierung von interaktiven Graphikapplikationen (CAD, VLSI-Design) tritt dieser Bedarf auf. Auch bei der Ausgabe von Bewegtbildsequenzen auf dem Rechner kann eine Optimierung der Ausgabe auf dieser Stufe notwendig werden. Analog können Erweiterungen auf der Eingabeseite (Ereignisbasis) notwendig werden, wenn neue Eingabegeräte installiert werden sollen.

neue Funktionalität

Realisierung

Bei der Realisierung von Erweiterungen kommt es ganz maßgeblich auf den Zugang des Programmierers zur Graphikbasis an. Bei den meisten existierenden Fenstersystemen ist die Graphikbasis dem Anwendungsprogrammierer nicht zugänglich, und damit ist eine Erweiterung von vornherein ausgeschlossen.
Bei den erweiterbaren Systemen unterscheiden wir folgende Fälle:

im Quellcode

siehe [Fis87]

- Liegen Graphik- und Ereignisbasis als Bibliotheken vor, so ist eine Erweiterung nur möglich, wenn der gesamte Quellcode zur Verfügung steht. Dieser Fall der Erweiterungsfähigkeit ist bei der X11 Implementierung gegeben.

interpretiert

- Verkehrt der Ressourcen-Verwalter über eine interpretierte Sprache mit der Graphikschicht, so kann man zur Laufzeit neue Funktionen in die Graphikbasis laden. Diese Version ist bei Display-PostScript Implementierungen und bei NeWS gegeben und macht im wesentlichen deren Flexibilität aus.

siehe [GRA89]

Die Form der interpretierenden Graphikmaschine wird wegen ihrer Vielseitigkeit immer wichtiger, und deshalb soll ein einfaches Beispiel erklären, wie eine Erweiterung in einem solchen Falle aussieht.

Ein Beispiel (Erweiterung von Display-PostScript)

Angenommen, eine Applikation hat eine Vielzahl von graphischen Ausgaben zu erledigen. Die Ausgabe-Elemente haben alle die Form von – verschieden großen – Dreiecken. Das Graphikbasissystem bietet nur einzelne Liniensegmente als Standard-Routinen an:
`x y moveto, x y lineto` (in Postscript-Notation)
Anstatt nun in der Applikation eine Funktion **ZeichneDreieck**() zu definieren und dabei für jede einzelne Linie einen Aufruf der Graphikbasis zu akzeptieren, kann man die Definition der Routine 'Dreieck' auf einfache Art und Weise in die Graphikbasis verlagern:

interpretierter Code

```
/Dreieck {
6 dict begin
/y3 exch def  /x3 exch def
/y2 exch def  /x2 exch def
/y1 exch def  /x1 exch def
x1 y1 moveto
x2 y2 lineto
x3 y3 lineto
x1 y1 lineto
stroke end } def
```

Dieses Code-Fragment stellt die Definition einer kleinen Prozedur mit Namen 'Dreieck' dar, die zunächst sechs Parameter (`x1..y3`) vom Stack holt, dann Zeichenoperationen ausführt und schließlich deren Ausgabe ('stroke') anregt. Hat die Basis diese Sequenz akzeptiert, so steht das Ausgabeprimitiv `Dreieck()` ab sofort zur Verfügung. PostScript-

Experten mögen an dieser Stelle bemerken, daß eine wesentlich kürzere Definition der Funktion möglich ist. Diese ist aber nicht so transparent wie die vorliegende, daher wurde sie aus didaktischen Erwägungen verworfen.

Vorteile

Dieses Beispiel ist so einfach, daß der tatsächliche Gewinn der Kommunikation mittels einer Sprache kaum sichtbar wird. Es sollte jedoch klar geworden sein, daß es sinnvoll ist, vor allem solche graphischen Ausgaben zu neuen Funktionen zusammenzufassen, die einfach funktional beschrieben werden können und viele Ausgabeprimitive anstoßen, wie zum Beispiel die Ausgabe eines Rastergitters oder einer Schraffur. Mehr über interpretierende Graphikmaschinen folgt im Kapitel über das NeWS-Fenstersystem.

4.1.4 Zusammenfassung

Hardware verbergen

Es wurde versucht, allgemein gültige Konzepte der graphischen Primitive und der niedrigsten Stufe der Ereignistechnik darzustellen. Die Aufgabe dieser Schicht ist es, die Besonderheiten der Hardware von darüberliegenden Implementierungen fernzuhalten und einen maßgeblichen Beitrag zur Geschwindigkeit des Systems zu leisten.

Warteschlange

Da die Graphik- und Ereignisbasis im allgemeinen im selben Adreßraum lokalisiert ist wie der Ressourcen-Verwalter, kann die Kommunikation zwischen beiden direkt über vereinbarte Speicherbereiche (Stack, FIFO) realisiert werden. Die Schnittstelle zu unterliegenden Prozessoren und dem Betriebssystem kann sehr unterschiedlich komfortabel sein. Es ist gerade Aufgabe dieser Schicht, diese Unterschiede nach oben hin zu verbergen und eine logische Graphik- und Ereignismaschine zu definieren.

Viele der Daten-Objekte, die auf dieser Schicht eingeführt wurden, haben eine Entsprechung auf der darüberliegenden weit abstrakteren Schicht. So haben beispielsweise Fenster eine Komponente vom Typ Zeichenfläche, und auch Graphikkontexte werden uns bald wieder begegnen. Auf der Eingabeseite haben wir bisher nur die gemeinsame Grundlage für einen Ereignismechanismus geliefert, der im nun folgenden Abschnitt erklärt wird.

4.2 Ressourcen-Verwaltung

Der Ressourcen-Verwalter stellt den Mechanismus für die Operationen auf den systemweiten Datenstrukturen zur Verfügung, und sorgt für die Konsistenz dieser Objekte.

Der Ressourcen-Verwalter bildet den Kern des Fenstersystems. Für die Implementierung dieser Schicht sind zahlreiche Organisationsformen möglich und in verschiedenen Systemen auch realisiert[2]. Der Ressourcen-Verwalter kann zusammen mit der Graphikbasis als Benutzerprozeß, als Teil des Betriebssystems oder als privilegierter Prozeß realisiert sein.

Systemkern

Unsere Annahmen bezüglich des Gesamtsystems beschränken sich auf folgende Beziehungen, die den allgemeinsten Fall beinhalten. Mit den Werten $k, l, m, n \geq 1$ wollen wir die quantitativen Beziehungen zwischen Fenstersystemen, Anwendungen, Rechner und Fenstern beschreiben:

1. Für jedes der k Terminals[3] (mindestens aus einem Monitor und einem Eingabegerät bestehend) gibt es zu einem Zeitpunkt genau $eine$ Instanz eines Fenstersystems.

k Terminals

2. Zu jeder Instanz eines Fenstersystems gibt es n Anwendungen, die über dieses Fenstersystem mit einem Benutzer Dialog führen wollen.

n Anwendungen

3. Im allgemeinen hat eine Anwendung Bedarf an m Fenstern oder Zeichensätze für ihren Dialog auf einem Rechner.

m Objekte

4. In verteilten Fenstersystemen kann eine Anwendung auf l Instanzen von (verschiedenen) Fenstersystemen zugreifen.

l Orte oder Instanzen

Unabhängig von der Realisierung gibt es jedoch eine Gemeinsamkeit, die die sogenannte 'System Call'-Ebene des Fenstersystems kennzeichnet: Die Allokation, die Verwaltung und Freigabe von Ressourcen, die die Anwendungsprogramme brauchen, um ihren Dialog abzuwickeln.

[2] Auch alle anderen Schichten sind in diesem Referenzmodell nicht auf eine bestimmte Organisationsform festgelegt. In der Organisationsform des Ressourcen-Verwalters gibt es jedoch die wichtigsten Unterschiede.

[3] Ein Rechner (CPU etc.) kann es mit mehreren Graphikterminals und deshalb auch mit mehreren Fenstersysteminstanzen gleichzeitig zu tun haben.

Ressourcen

Unter den „Ressourcen" oder *Betriebsmitteln* eines Fenstersystems versteht man in diesem Zusammenhang Datenobjekte wie Fenster, Zeichenflächen, graphische Kontexte aber auch Ereignisse. Manche dieser Ressourcen habe eine direkte Entsprechung in Hardware, andere liegen in Form von Datenobjekten vor.

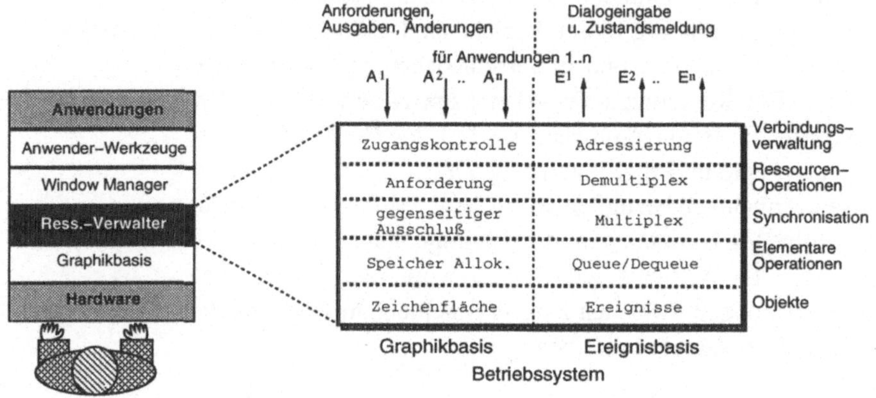

Abb. 4.4 Hauptkomponenten des Ressourcen-Verwalters

Zunächst wenden wir uns wieder den Objekten zu und erst danach den Aktionen, die auf dieser Schicht gebraucht werden. Der semantische Unterschied zu den Objekten der Graphikbasis wird vor allem über die Aktionen deutlich. Einen groben Überblick über die Funktionalität von Ein- und Ausgabeseite zeigt Abb. 4.4.

4.2.1 Objekte, reale und logische Ressourcen

Mit Ausnahme der Ereignisse sind Ressourcen also Datenobjekte, die von Applikationen explizit angefordert werden, deren Manipulation aber in der Verantwortung des Ressourcen-Verwalters liegt.

Es gibt zwei Gründe für diese Aufgabentrennung. Der erste ist die Tatsache, daß einige von diesen Ressourcen knapp sind. Insbesondere Zeichenflächen, Fonts, aber auch die Kapazität des Kommunikationssubsystems müssen möglichst effizient genutzt werden. Zu diesem Zweck ist man gezwungen, einige der Ressourcen mehreren Anwendungen gleichzeitig zur Verfügung zu

gemeinsame Nutzung

stellen. Hier kommt der zweite Grund ins Spiel. Der Zustand der Gesamtheit der Ressourcen muß konsistent sein. Das heißt zum einen, daß der Zugriff auf die Objekte geschützt und korrekt ablaufen sollte, damit nicht ein Anwendungsprogramm durch eine falsch implementierte Funktion das System zum Absturz bringt. Zum anderen muß man konkurrierende Zugriffe (quasi-)parallel laufender Applikationen synchronisieren.

Datenkonsistenz

Wir beschränken uns in dieser Beschreibung auf die wesentlichen Ressourcen eines Fenstersystems. Diese reichen aus, um die grundsätzlichen Probleme und Lösungen zu verstehen. Die realen Ressourcen, also die realen Objekte, die gebraucht und aufgeteilt werden müssen, sind der (Bild)-Speicher, das Zeigeinstrument, die Tastatur und unter Umständen auch die Kommunikationsbandbreite, die das Fenstersystem eines Rechners mit dem eines anderen Rechners oder mit einer Applikation irgendwo im Netz verbindet.

reale Ressourcen

Für eine Applikation ist es ziemlich nebensächlich, zu welchem Prozentsatz das Kommunikationssystem momentan ausgelastet ist oder für welche andere Anwendung ein Mausklick erfolgt ist. Eine Applikation interessiert sich vor allem für den eigenen Anteil am Gesamtsystem. Zu diesem Zweck wird in dieser Schicht eine Abbildung von sogenannten logischen Ressourcen auf reale vorgenommen. Die Anwendung hat durch die für sie verfügbaren logischen Ressourcen eine Sicht des Systems, die zur Abwicklung ihrer Arbeiten ausreicht. Allein der Ressourcen-Verwalter kennt den Gesamtzustand des Systems.

logische Ressourcen

Im Anschluß werden die logischen Ressourcen, repräsentiert durch abstrakte Datentypen und darauf definierten Aktionen, mit ihren Hauptkomponenten aufgeführt. Die Bedeutung der Ressourcen und der Komponenten wird kurz erläutert, und dabei kommen auch komplexe Operationen zur Sprache, die man für die Betriebsmittel braucht.

Fenster und freie Zeichenflächen

Die nun folgenden Datenobjekte werden bewußt nicht als Datentypen oder Objekte in irgendeiner konkreten Sprache dargestellt. Die gewählte, abstraktere Schreibweise läßt offen, wie einzelne Komponenten konkret aussehen, vielmehr wird ihre Bedeutung hervorgehoben.

`Objekt ,,Fenster''`
mit den Komponenten:

Grundstruktur des Objekts Fenster

- `Initiator Anwendung:` Eine Identifikation der Anwendung, die als erste Anspruch auf diese Ressource erhoben hat: eine Eigentumsbestimmung (im juristischen Sinne).
- `Referenzliste:` Ein Liste von Identifikationen aller Anwendungen, die aktuell mit dem Fenster arbeiten wollen (temporäre Mitbesitzer). Dieser Eintrag ist wichtig, um sicherzustellen, welche Applikation das Fenster benutzen darf, und wie lange seine Lebenszeit sein muß.
- `Abmessungen:` Größe, Tiefe und evtl. Rand des Fensters.
- `Fußpunkt:` Der Ort, an dem sich das Fenster auf dem Bildschirm (Bildspeicher) befindet.
- `Zustand:` Hier können die Sichtbarkeit und vieles mehr (z.B. aktiv, inaktiv) protokolliert werden.

Das Objekt „Zeichenfläche" ist ganz analog definiert, mit dem Unterschied, daß der Zustandsraum kleiner ist oder völlig wegfällt. Zeichenflächen sind im Gegensatz zu Fenstern nicht sichtbar.

Abb. 4.5 Koordinatenumsetzung dieser Schicht

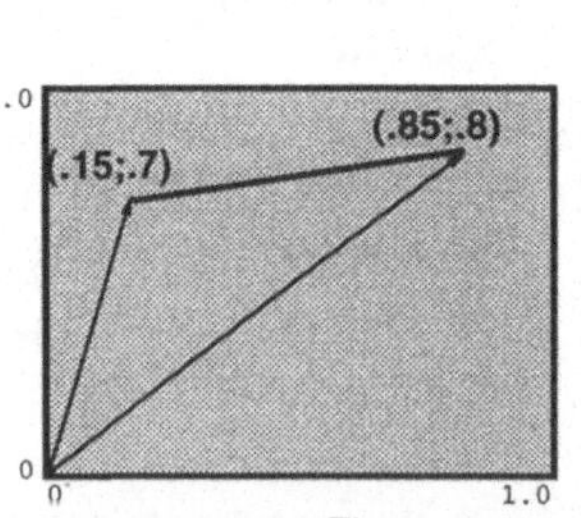

Das graphische Elementarobjekt Linie in den Fensterkoordinaten der Anwendung

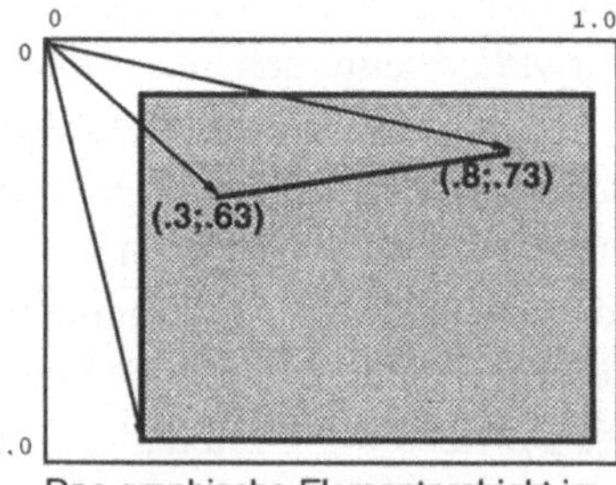

Das graphische Elementarobjekt im Bildschirmkoordinatensystem

Elementare Operationen auf Fenstern (und Zeichenflächen): Durch den Fußpunkt der Zeichenfläche kennt der Ressourcen-Verwalter also den tatsächlichen Ort, an dem sich eine Zeichenfläche oder ein Fenster befindet. Unter Benutzung dieser Information sorgt er dafür, daß die Graphikbasis aufgerufen wird, um Text im Fenster, Linien, Kreissegmente oder Splines darzustellen. Eine Applikation kann dagegen Ausgaben immer relativ zu einem Fenster anstoßen, ohne zu wissen, wo sich dieses tatsächlich befindet. In der Tat kann es sich um ein völlig anderes Koordinatensystem handeln, von dem die Applikation ausgeht. Abbildung 4.5 zeigt dies beispielhaft anhand des verschiedenen Koordinatenursprungs zwischen Fenster und Bildschirm.

relativ zum Fenster

Der Ressourcen-Verwalter führt weiterhin die Zustandsübergänge auf den Fenster- und Zeichenflächenressourcen durch. Die konkreten Zustandsmengen sind bei einzelnen Fenstersystemen unterschiedlich. Beispiele für solche Zustände (Zustandskomponenten) sind: Fenster sichtbar bzw. unsichtbar, Inhalt restauriert oder ungültig etc..

Fensterzustand

Ereignisse

Die Ereignisse in der Form, wie sie von der Ereignisbasis abgeholt werden können, sind noch nicht mit allen Daten für die Weitergabe an einzelne Applikationen versehen. Es fehlt die Zuordnung zu einer Applikation bzw. deren Fenster. Zu diesem Zweck wird jedes Ereignis entweder ergänzt oder zu einem neuen Datentyp umgebaut. In jedem Fall hat das fertige Ereignis folgende Struktur:

`Objekt ,,Ereignis''`

Grundstruktur des Objekts Ereignis

- **`Ereignistyp:`** Eine Kennzeichnung, ob es sich um eine Tastatur-Eingabe, .. oder um ein Sichtbarkeitsereignis handelt.
- **`Zeitstempel:`** Ein eindeutiger Wert, der als Ordnungskriterium herangezogen wird.
- **`Typenspezifische Daten:`** Tastencodes oder Mausklickcodes.
- **`Ort:`** Der Ort, an dem das Ereignis registriert wurde.
- **`Fenster:`** Das Fenster, dem das Ereignis zugeordnet wurde.
- **`Anwendung:`** Die Anwendung, der dieses Ereignis zugeordnet werden muß.

Abb. 4.6 Ereignis-Warteschlangen: Geräte-Multiplex, Anwendungsdemultiplex

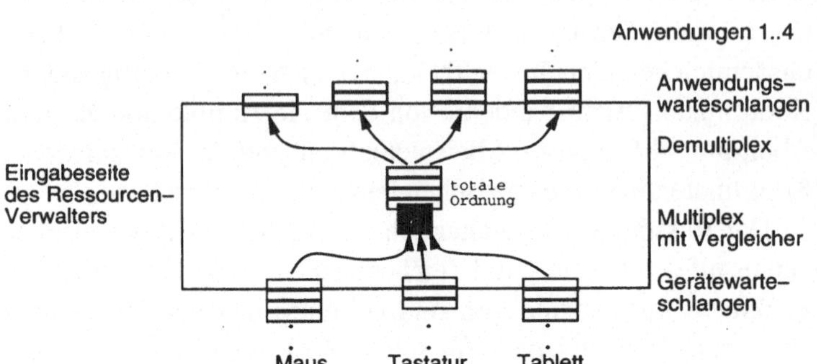

Auf der Eingabeseite gibt es Operationen, die der Verwalter selbst auslöst. Er überprüft zyklisch das Einlaufen von Ereignissen in den Gerätewarteschlangen, entnimmt die Ereignisse aus den Schlangen, unternimmt eine Zuordnung zu Fenster und Applikation und baut für jede Anwendung eine ausgehende Warteschlange auf, die nur die Eingaben für diese Applikation (aber von allen Geräten) enthält. Man spricht vom Geräte-Multiplex und vom Anwendungsdemultiplex (siehe Abb. 4.6). Das Resultat ist, daß die Anwendung ein logisches Betriebsmittel benutzt (Zeigeinstrument/Tastatur), ohne sich um die reale Zuordnung zu kümmern.

primäre Ereignisse

Der Ressourcen-Verwalter kann aus den Zuständen einzelner Fenster (z.B.: „muß restauriert werden") auch selbst Ereignisse generieren und sie in die Warteschlange für die Anwendungen einordnen. Solche Ereignisse können diese Zustände dann der Anwendung mitteilen. Wichtig ist dabei, daß alle Ereignisse die gleiche Struktur haben, die bezüglich den Ereignissen der Ereignisbasis um einige Informationen (Fenster, Applikation) angereichert ist. Man spricht auch von einer zweiten kanonischen Form.

sekundäre Ereignisse

zweite kanonische Form

Weiterhin kann ein Ressourcen-Verwalter beispielsweise den *Doppelklick*[4] technisch umzusetzen. Ob ein Doppelklick akzeptiert wird, muß eine höhere Instanz (Applikation oder der Window Manager) entscheiden. Der Ressourcen-Verwalter verfügt über die Möglichkeiten, zwei gleichartige Ereignisse mit ausreichend

[4] Zweimaliges – kurz nacheinander – durchgeführtes Drücken einer Maustaste innerhalb des gleichen Kontextes (Fenster, Icon).

kleinem Zeitversatz zu einem Ereignis zusammenzufassen und nur dieses als neues Ereignis weiterzureichen.

Zeichensätze für Text

Zeichensätze, für die sich auch im deutschen der Begriff Fonts verbreitet hat, können auf sehr verschiedene Art und Weise verwaltet werden. Man kann versuchen, sie komplett im virtuellen Speicher zu halten, man kann sie komponentenweise vom Hintergrundspeicher einlesen, oder sie können sogar als Ganzes geladen werden. Ob das Bereitstellen direkt von der Graphikhardware unterstützt wird – was zunehmend der Fall ist – oder, ob diese Funktionalität in der Graphikbasis per Software realisert ist, ist nur leistungsmäßig von Bedeutung. In jedem Fall findet auf dieser Ebene eine Verwaltung der existierenden Fonts statt. Diese Verwaltung muß besonders dann ökonomisch gestaltet werden, wenn die erste, speicheraufwendige Methode gewählt wurde. Unsere Datenstruktur ist für diesen Fall gerüstet.

Speicheraufwand

`Objekt ,,Font''`

Grundstruktur des Objekts Font

- `Initiator Anwendung:` Eine Identifikation der Anwendung, die als erste Anspruch auf diese Ressource erhoben hat.
- `Referenzliste:` Eine Liste von Identifikationen für sämtliche Applikationen, die aktuell mit dem Font arbeiten wollen.
- `Bezeichnung:` Ein exakter und allgemein gültiger Name für den Font. Die Bezeichner von Fonts enthalten daher oft bestimmte Mindestmerkmale des Fonts: z.B. seine Familie, seinen Typ, seine Größe und seine Codierung.
- `Abmessungen:` Die Schrift- und Zeichengröße, Eigenschaften wie Proportionalschrift und gegenseitiger Abstand (engl.: Kerning), gegebenenfalls Ligaturen etc...
- `Datenfeld:` Ein Eintrag pro Zeichen mit seiner graphischen Darstellung.

Bei den Schriftsätzen ist die gemeinsame Nutzung der Ressourcen der Regelfall. Eine Anwendung, die eine neue Ressource von diesem Typ anfordert, wird als Initiator dieses Objekts eingetragen. Da alle Schriftsätze über genormte Namen angesprochen werden, ist eine Mitbenutzung durch andere Anwendungen möglich, ohne daß sie ausdrücklich verlangt wird. Alle mitbenutzenden Anwendungen werden in die Referenzliste eingetragen, um feststellen zu können, wann die Ressource überflüssig wird. Da es sich bei Schriftsätzen um „nur lesbare" (engl.: read-only) Ressourcen handelt, ist eine Unterscheidung zwischen Eigentümer und Besitzer künstlich nur durch eine uniforme Objektbehandlung (siehe Fenster und Zeichenflächen) gerechtfertigt.

passive Ressource

Graphikkontext und Farbtabelle

Wie man graphische Ausgaben am besten bündelt, um die Spezifikation der graphischen Aktionen einfach und doch flexibel zu gestalten, ist nicht restlos geklärt. Wir schlagen folgende einfache Bündelung vor:

`Objekt ,,Grapikkontext''`

Grundstruktur des Objekts Graphikkontext

- **`Initiator Anwendung:`** Eine Identifikation der Anwendung, die als erste Anspruch auf diese Ressource erhoben hat: eine Eigentumsbestimmung.
- **`Referenzliste:`** Eine Liste von Identifikationen für alle Applikationen, die aktuell mit dem Kontext arbeiten wollen.
- **`Graphikattribute:`** Linienbreite, Farbindex, Kopierfunktion ...
- **`Textattribute:`** Farbe, Buchstabenneigung, Schreibrichtung, Schreiborientierung, Bündigkeit, Kopierfunktion ...
- **`Farbtabelle:`** Verweis auf die gültige Farbtabelle.

Anders als bei der Graphikbasis existieren im allgemeinen mehrere graphische Kontexte gleichzeitig auf dieser Ebene des Fenstersystems. Obwohl also zu einer Zeit immer nur einer aktiv

mehrere Graphikkontexte

sein kann (also in die Graphikbasis geladen), kann jede Applikation beliebig viele Graphikkontexte für sich beanspruchen. Der Ressourcen-Verwalter sorgt dafür, daß jeweils der richtige Kontext geladen ist, wenn für eine Applikation Ausgaben angestoßen werden.

Farbtabellen sind in mancherlei Hinsicht herausgehobene Teile eines graphischen Kontextes. In manchen Fensterystemen werden Farbtabellen nicht separat verwaltet, sondern als Bestandteil des Graphischen Kontextes. In anderen wiederum werden sie mit Fenstern oder Applikationen verknüpft, und dann sind sie eigenständige Objekte. Es ist zwar mitunter wenig sinnvoll, Farbtabellen beim Übergang von einer Applikation zur nächsten auszutauschen. Das kann zu einer inkonsistenten Farbdarstellung führen, aber prinzipiell gibt es die Möglichkeit meist, um anwendungsspezifische Farbtabellen zu erhalten.

`Objekt ,,Farbtabelle''`

Grundstruktur des Objekts Farbtabelle

- **`Initiator Anwendung:`** Eine Identifikation der Anwendung, die als erste Anspruch auf diese Ressource erhoben hat: eine Eigentumsbestimmung.

- **`Referenzliste:`** Eine Liste von Identifikationen für alle Applikationen, die aktuell mit der Farbtabelle arbeiten wollen.

- **`Datenfeld:`** Die RGB-Werte für jeden Farbeintrag (oder HLS-, YIQ-, HSV-Werte). Die genaue Ausprägung der Farbtabellen ist selbstverständlich abhängig vom Farbmodell, das verwendet wird. Das ändert jedoch, die Verwaltung betreffend, wenig an den Eigenschaften dieses Datenobjekts.

Bei allen bisher besprochenen Ressourcen sollte man sich vergegenwärtigen, daß der Ressourcen-Verwalter Voreinstellungen (engl.: Default Values) bereithält, wenn eine Anwendung nur Teile der Datenobjekt-Eigenschaften spezifiziert. Er sollte auf falsch spezifizierte Komponenten fehlertolerant reagieren und beispielsweise bei der Benutzung eines nicht geladenen Fonts oder Graphikkontextes mit Ersatz-Objekten arbeiten.

Kommunikationsbandbreite

nur für verteilte Fenstersysteme

An moderne Fenstersysteme wird in zunehmendem Maße die Forderung gestellt, über ein Netz mit anderen Software-Paketen zu kommunizieren. Der Aufsetzpunkt auf dem Kommunikationssubsystem liegt dabei auf einer verläßlichen End-zu-End-Verbindung zwischen den beiden Kommunikationspartnern. In der Sprechweise des *ISO/OSI-Basis-Referenzmodells* handelt es sich dabei meist um Schicht 4; eine praktische Implementierung der Transportschicht ist beispielsweise die TCP/IP Software.

Allerdings werden einige Annahmen über das Verhalten der Kommunikationssteuerungsschicht (Schicht 5) notwendig, um eine sinnvolle Realisierung zu ermöglichen. Es sind dies Annahmen bezüglich der *Dringlichkeit* (für das Durchreichen einer Eingabe), die befriedigt werden muß und Annnahmen über mindestens garantierte *Übertragungsraten.* Neben diesen Leistungsparametern wird die Verbindung noch durch folgende Parameter charakterisiert: Sie läuft vollduplex, es existiert meist ein eigenes Protokoll, das mit einer effizienten Codierung arbeitet, und die Verbindung wird asynchron, synchron (d.h. im Quittungsbetrieb) oder wechselweise betrieben.

Ausführlich werden die Parameter dieser Kommunikation in den späteren Kapiteln (5, 10, 11) diskutiert. Wir haben die Leistungsdaten nur deshalb herausgehoben, weil bei Fenstersystemen neben der zeichenorientierten Kommunikation vor allem auch rasterorientierter Datenaustausch stattfindet, was zu einem erheblichen Datenaufkommen führt, und weil das Kommunikationsaufkommen sehr starken Schwankungen unterliegt.

n logische Verbindungen

Als Resultat aus dem vorher Erläuterten folgt, daß der Kommunikationskanal als ein knappes Gut anzusehen ist. Wir gehen aber davon aus, daß uns n logische Verbindungen – also für jede Applikation eine eigene – zur Verfügung gestellt werden, die sparsam genutzt werden müssen.

`Objekt ,,Verbindung''`

Grundstruktur des Objekts Verbindung

- **`Partner Id:`** Eine eindeutige Identifikation der Anwendungsinstanz mit dem die Kommunikation besteht (z.B. Maschinennummer plus Prozeßnummer).

- `Kommunikations Id:` Eine eindeutige Identifikation der Verbindung selbst oder des Kommunikationsobjekts.

- `Verbindungsparameter:` welcher Dienst und welche Leistungsparameter können benutzt werden.

- `Informationsdarstellung:` wie die Information codiert, komprimiert und geschützt wird.

- `Nachrichtentyp:` notwendige Klassifizierung, Priorität etc.

Elementare Operationen:
Es sind gegebenfalls Kompressions- und Dekompressionsverfahren für die eingehenden und auslaufenden Datenmengen zu realisieren. In diesem Zusammenhang ist auch die Decodierung und Plausibilitätsprüfung der Daten zu sehen.

Sicherheit und Effizienz

Je nach Implementierung der Verbindung sind auch die komplexeren Aufgaben der Verbindungsverwaltung und Adressierung im Ressourcen-Verwalter notwendig.

4.2.2 Aktionen auf den Ressourcen

Einige der elementaren Operationen auf den einzelnen Betriebsmitteln sind bereits zur Sprache gekommen. Es gibt eine Reihe von Aktionen, die für alle Datenobjekte grundlegend sind. Dabei handelt es sich um die *Allokation*, die Initialisierung, die Modifikation der Komponenten und die *De-allokation*. Der Ressourcen-Verwalter führt eine Allokation nur durch, wenn eine Anwendung Bedarf anmeldet. Die Anwendung, die den Bedarf anmeldet, wird automatisch Eigentümer einer Ressource.

Allokation

De-allokation

Diese Trivialaktionen können von einer Anwendung beim Ressourcen-Verwalter angefordert werden und sind für sich genommen nicht von besonderem Interesse. Triviale oder elementare Operationen, die nur die Eingabeseite betreffen, sind das Lesen und Schreiben der Warteschlangen.

Das ressourcenbezogene Problem der Eingabeseite ist die Zuordnung eines Ereignisses zu bestimmten Anwendungen, das Ausfiltern der von der Anwendung explizit unerwünschten Ereignisse und gegebenenfalls das Generieren von Ereignissen, die

sekundäre Ereignisse

Mitteilungen über die Sichtbarkeit eines Fensters an Anwendungen weiterleiten.

Die meisten Ressourcen-Verwalter haben die Gesamtheit aller realen Fenster in einer einfachen Hierarchie realisiert. Diese Baumstruktur aller Fenster wirkt sich für Anwendung und Benutzer meistens dadurch aus, daß die Fenster gemäß dieser Struktur ineinander geschachtelt auf dem Bildschirm erscheinen. Der Sinn dieser Anordnung ist einmal die eindeutige Klärung der Sichtbarkeitsfrage und damit verbunden die Lokalisierung von Überdeckungen zwischen Fenstern. In manchen Systemen wird die Überdeckung oder die Beendigung einer Überdeckung durch Ereignisse, die der Ressourcen-Verwalter selbst generiert, an Anwendungen gemeldet.

Fensterhierarchie

zu Fensterereignissen siehe [SG86]

Gemeinsame Ressourcen

Es wurde bereits angesprochen, daß Ressourcen aus zwei verschiedenen Gründen von Anwendungen gemeinsam benutzt werden. Der erste Grund ist, daß das Betriebsmittel knapp ist (Kommunikationsbandbreite) und der zweite, daß Applikationen das gemeinsame Nutzen explizit fordern (CAL, Spiele). Daraus ergibt sich ein Zugriffs- und Konsistenzproblem.

Konkurrenz

Konsistenz

Die Lösung besteht wieder aus einer Objekt- und einer Aktionsseite. Bei der Vorstellung der Datenobjekte haben wir bei den meisten Objekten in einer Referenzliste angegeben, welche Untermenge der aktiven Applikationen mit dieser Ressource arbeiten möchte. Zu den Trivialaktionen kommen nun solche Aktionen hinzu, die einen Anspruch auf ein Betriebsmittel prüfen, die Referenzliste mit einer Anwendung ergänzen oder eine Anwendung daraus löschen. Führt der Löschvorgang zu einer leeren Referenzliste, oder setzt das Eigentümerprogramm (einer der Besitzer ist der Ressourcen-Verwalter, weitere Besitzer sind die mitbenutzenden Anwendungen) eine Löschung der Ressource durch, so ist das Datenobjekt zu de-allokieren.

An diesem Punkt stellt sich die Frage, in welcher Art und Weise die Anforderungen der Anwendungsprogramme vom Ressourcen-Verwalter verarbeitet werden, ob sie serialisiert werden, oder ob paralleles Arbeiten möglich ist.

interne Parallelität

Interne Synchronisation

Mehrere Applikationen fordern unter Umständen zur gleichen Zeit Aktionen (Ausgaben, neues Fenster) vom Ressourcen-Verwalter, und dieser muß entscheiden, in welcher Reihenfolge die Einzelaktionen, aus denen die verschiedenen Anforderungen bestehen, ausgeführt werden.

Beendet der Ressourcen-Verwalter beispielsweise eine komplexe Aktion nicht, bevor er sich einer anderen Anforderung zuwendet, so kann es passieren, daß das System in einen unerwünschten, inkonsistenten Zustand gerät, der für das gesamte System gefährlich werden kann.

Problembeispiel

Abbildung 4.7 skizziert eine solche Situation. Eine Anwendung (A1) bestellt ein neues Fenster und bekommt einen Verweis auf dieses (als F1). Diesen Verweis reicht sie sofort an eine andere Anwendung (A2) weiter, die anschließend F1 mitbenutzt. Diese Mitbenutzung kann schiefgehen, wenn das Objekt F1 noch nicht vollständig initialisiert ist. Es gibt also zusammengesetzte, komplexe Aktionen, die als atomar, also nicht unterteilbar, anzusehen sind. Haben mehrere Anwendungen gleichzeitig Bedarf an solchen Aktionen, so muß eine strikte Serialisierung gewährleistet werden. Auf der anderen Seite müssen n Anwendungen ständig und schnell bedient werden.

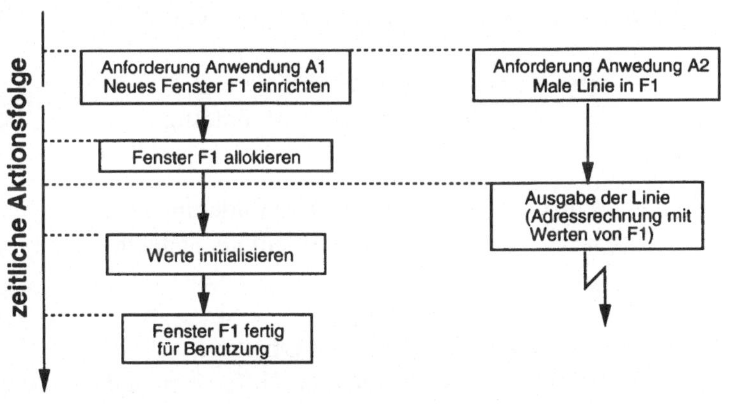

Abb. 4.7
Ein Konflikt bei konkurrierenden Anforderung

Die Lösung dieses internen Synchronisationsproblems legt das Maß an Parallelität, das der Ressourcen-Verwalter zuläßt, fest. Die folgenden Lösungsmöglichkeiten sind weitgehend unabhängig davon zu sehen, wie das System konkret realisiert ist.

Die Betrachtungen hängen nicht davon ab, ob die Applikationen durch eigene Prozesse vertreten sind, oder ob der Fenster-Betriebsmittelverwalter als Teil des Betriebssystems implementiert ist.

siehe z.B. [Sch83] und [Wet93]

kritische Abschnitte

Semaphore, Monitore

Das Synchronisationsproblem ist ein grundsätzliches Problem der Systemarchitektur und kann mit bewährten Methoden angegangen werden. Man definiert sich kritische Abschnitte, während derer ein Kontextwechsel ausgeschlossen werden muß. Die Hilfsmittel sind Semaphore, Monitore und Nachrichten-Warteschlangen, (engl.: Message Queue).

Man kann durch die Feinheit der kritischen Abschnitte unterschiedliche Realisierungen von Fenstersystemen klassifizieren. Die Vor- und Nachteile der Realisierungen sind in einer kurzen Bewertung beigefügt.

Synchronisation durch Eintritt (in den Ressourcen-Verwalter)

Der Zutritt zum Ressourcen-Verwalter ist in dieser Realisierung zu einer Zeit nur einer Anwendung gestattet. Die Aktions-Anforderung dieser Applikation wird vollständig bearbeitet, bevor eine andere abgeholt wird.

von Vorteil

+ Diese Variante ist einfach realisierbar;
eine interne Synchronisation ist hinfällig.

von Nachteil

– Wenn die Behandlung einer Anforderung lange dauert, verzögert sich der Ablauf der anderen Anwendungen.

Synchronisation auf den einzelnen Objekten

Sofern intern, zum Beispiel mit Hilfe einer Zeitzuteilung, zwischen den Anforderungen einzelner Anwendungen weitergeschaltet werden kann, ist dafür zu sorgen, daß die komplexeren Operationen auf den Objekten nicht unterbrochen werden können und daß sie die Objekte in einem Zustand hinterlassen, der unkritisch für die Sicherheit des Systems und seiner Applikationen ist.

Implementierbar ist dieser gegenseitige Ausschluß mit dem sogenannten Monitorkonzept. Jedes Objekt ist als Monitor realisiert, und beim Betreten eines Monitors wird überprüft, ob er schon belegt ist.

von Vorteil

+ Es kann ein hohes Maß an interner Parallelität erreicht werden.

von Nachteil

– Die Realisierung ist aufwendig.
– Es entsteht ein gewisser Overhead, denn Kontextwechsel kosten Zeit.

Als Gedankenexperiment könnte man sich vielleicht einen Ressourcen-Verwalter vorstellen, bei dem die elementaren Aktionen beliebig unterbrechbar sind, ohne daß ein Risiko für die Systemsicherheit entsteht. Damit könnte man für Aktionen hoher Priorität schnelle Reaktionen garantieren und unter Umständen die Nebenläufigkeit mehrerer Applikationen erreichen. Allerdings stehen diese Vorteile der Tatsache gegenüber, daß bei einer Vielzahl von Unterbrechungen ein unübersichtlicher Systemzustand (insbesondere bei geteilten Ressourcen) zu befürchten ist.
Die Realisierung ist praktisch nicht sinnvoll, denn auch der Aufwand für Verifikation und Wartbarkeit eines solchen Systems wären unverhältnismäßig hoch.

Die Konzepte legen es nahe, sie aus der Sicht der Systemarchitektur zu untersuchen und die Mechanismen, die dort bekannt sind, zur Unterstützung der Implementierung zu verwenden.

4.2.3 Einbettung in das Betriebssystem

drei Aspekte

Die Möglichkeiten, einen Ressourcen-Verwalter zu implementieren, werden nach folgenden Kriterien analysiert. Ausgerichtet wird unsere Aufzählung an der Frage nach der (1) Adreßraumaufteilung. Damit verbunden ist die Frage nach der (2) Kommunikation der Teilkomponenten und ihrer Realisierung als eigenständige (3) Prozesse. Ein Teil dieser Klassifizierungsaussagen ist für real existierende Fenstersysteme in Abb. 9.1 zu sehen.

Ein Adreßraum

Sowohl alle Applikationen als auch das Fenstersystem sind Bestandteil des Adreßraumes, in dem auch der Betriebssystemkern residiert. Diese Anordnung findet sich in den allerersten Fenstersystemen von Xerox (Xerox Star), ist aber auch heute noch in den Macintosh Systemen von Apple präsent. Ähnlich verhält es sich mit MS-Windows 3.x.

Realisierung mit Prozeduren

Es gibt kein Prozeßkonzept, denn alle Abläufe des Systems werden von der Gesamtheit der Komponenten gleichzeitig kontrolliert. Getrennte Abläufe ("Fenster-Multitasking") gibt es also nur in Form von Unterprogrammwechseln. Die Kommunikation erfolgt per Procedure Call, also durch Kooperation auf dem gemeinsamen Stack.

Fenstersystem im Kernadreßraum

Prozeßkonzept für Anwendungen

Die Applikationen werden als eigenständige Prozesse oder Subprozesse (engl.: Tasks) im Benutzeradreßraum ausgeführt. Der Ressourcen-Verwalter und die Ereignis-/Graphikbasis sind Bestandteile des Kerns und liegen im Adreßraum des Betriebssystems.

Ressourcen-Verwalter im Kern

Die Folge ist, daß für jede Anforderung der Applikation an das Fenstersystem ein Kernübergang durchgeführt werden muß. Das ist aufwendig, aber dafür laufen alle Fensteraktionen mit der Priorität des Betriebssystemkerns und damit besonders schnell ab. Die Anforderung besteht in einem Aufruf der Funktionen der Laufzeitbibliotheken, und die Kommunikation kann über einen vereinbarten Speicherbereich erfolgen. Ein weiterer Vorteil besteht darin, daß die Synchronisation bereits durch den gegenseitigen Kernausschluß gewährleistet ist.

Fenstersystem im Benutzeradreßraum

Fenstersystem als Prozesse

Der Ressourcen-Verwalter verliert alle Privilegien, wenn er im Benutzeradreßraum neben den Anwendungen als eigener Prozeß realisiert wird. In der Sprechweise der Systemarchitektur ist er von den Anwendungen noch insofern abgehoben, als er den *Dienstgeber* darstellt und die Anwendungsprozesse als *Dienstnehmer* auftreten (Client/Server-Modell).

Der Datenaustausch mit den Anwendungen erfolgt im allgemeinen über die Interprozeß-Kommunikationsmöglichkeiten

(IPK) des Betriebssystems. Ob es sich bei dieser Kommunikation also real um eine vom Betriebssystem verborgene Kooperation auf gemeinsamen Daten handelt oder nicht, bleibt ohne Bedeutung. Ebenso die Tatsache, ob sich die Applikation auf demselben Rechner befindet wie der Fensterverwalter oder nicht.

Für die Realisierung eines Dienstgebers haben sich eine Reihe von Konzepten als sinnvoll erwiesen.

Sekretär: Es existieren gleichzeitig n Verbindungen zu n verschiedenen Anwendungen. Der Ressourcen-Verwalter hat einen Eintrittspunkt mit anschließender n-facher Programm-Verzweigung.
Eine Anforderung (pro Anwendung) nach der anderen wird eingelassen und vollständig bearbeitet.

keine interne Parallelität

Diese Vorgehensweise entspricht einer Synchronisation durch den Eintritt. Der Ressourcen-Verwalter an sich bildet den kritischen Abschnitt.

Team: Auch in dieser Realisierung gehen wir von dem allgemeinen Fall aus, daß n Verbindungen gleichzeitig mit n Anwendungen existieren. Das Team ermöglicht durch n getrennte Eintrittspunkte (engl.: Entry Points) und n verschiedene Unterprozesse, daß alle Anforderungen quasiparallel bearbeitet werden können.
Die Unterprozesse sind dabei Spezialisten für bestimmte Aktionen und Anforderungen.

interne Parallelität möglich

Beim Team ist eine Synchronisation auf den Objekten notwendig. Die Benutzung von Monitoren für den Schutz gemeinsam verwalteter Daten bietet sich an.

siehe [Wet93]

Mehrserver-Fenstersysteme

Eine ausführliche Beschreibung dieser Konzepte findet sich in der Literatur. In der letzten Zeit ist eine zunehmende Tendenz zu Multiserver-Architekturen (im Benutzeradreßraum) zu verzeichnen. So gibt es neben dem zentralen Fensterserver einen separaten *Fontserver*. Ein solcher Fontserver stellt für eine ganze Reihe von anderen Servern die recht voluminöse Ressource der Schriften zur Verfügung. Fonts können bei Bedarf stückweise oder vollständig an den Ort der Ausgabe transportiert werden. Der Vorteil: die Daten müssen nur einmal physikalisch aufbewahrt werden.

Im Zusammenhang mit Spracheingabe und Spracherkennung

sind auch *Voiceserver* vorstellbar. Ein dedizierter Rechner (Neuronales Netz) ermöglicht die Umwandlung von digitalisierter Sprache in ASCII-Zeichenketten. Dieser Service sowie die Sprachsynthese können für andere Systeme im Netz verfügbar gemacht werden. Entsprechend erweiterte Fenstersysteme können dann ihre Spracheingabe dort wandeln lassen und müssen weder über entsprechende Algorithmen noch über kostspielige Hardware verfügen. Der Ort der Wandlung ist von untergeordneter Bedeutung. Allerdings greifen wir damit dem Thema 'verteilte Fenstersysteme' vor, das in einem späteren Kapitel behandelt werden soll.

4.2.4 Zusammenfassung

Der Ressourcen-Verwalter ist mit Hilfe von Abstraktionen realisiert, die geräteunabhängig und auch betriebssystemunabhängig sind. Zwar kommuniziert er beispielsweise mit dem Dateisubsystem und dem Kommunikationssubsystem, die beide vom Betriebssystem verwaltet werden, die Annahmen über diese Betriebsmittel sind jedoch von so allgemeiner Natur, daß sie auf (fast) allen realen Systemen zur Verfügung stehen.

Sicherheit

Der Ressourcen-Verwalter leistet einen wichtigen Beitrag zur Sicherheit des Systems, indem er kritische Operationen selbst ausführt und damit Datenobjekte gekapselt werden. Er leistet weiterhin die Abbildung von n Applikationen mit Bedarf an (logischen) Ressourcen auf *eine* Hardware und hat dabei Aufgaben der Synchronisation und Kooperation zu übernehmen.

Synchronisation

Programmierschnittstelle

Für die höheren Schichten des Fenstersystems bietet der Fenstersystemkern eine einfache, low-level Programmierschnittstelle, die mit unserem Fenstersystem-Beispiel in Kap. 3 vergleichbar ist. Wozu wir noch höhere Schichten in einem Fenstersystem brauchen wird deutlich, wenn man sich vor Augen führt, daß wir bisher nur Fenster, Fonts und etwas Graphik als Komponenten auf dem Bildschirm sehen können. Was wir jedoch brauchen, um verschiedene Dialogtechniken zu unterstützen, sind Menüs, Masken, Piktogramme und viele Hilfsmittel mehr, die den Dialog-Entwurf einfacher machen.

4.3 Window Manager

Der Window Manager sorgt für die Positionierung und die Ausstattung der Fenster, und er liefert die Philosophie und die Standardtechniken, mit denen der Benutzer in das System aufgenommen wird.

Gleichberechtigt mit dem englischen Begriff Window Manager stehen in diesem Text mitunter die Bezeichnungen *Fenstermontierer* und *Sitzungsverwalter*.

Bisher haben wir ausschließlich darüber geredet, wie eine Applikation mit Hilfe des Fenstersystems in die Lage versetzt werden kann, Kontrolle über den Bildschirm und die Eingabegeräte zu erlangen. Aber eigentlich liegt uns bei graphischen Oberflächen und Fenstersystemen besonders der Benutzer und die Benutzerin am Herzen. Ihm bzw. ihr soll der Eindruck vermittelt werden, die Kontrolle im System auszuüben.

im Vordergrund: der Benutzer, die Benutzerin

Mit dem Systemkonzept, das wir bisher betrachtet haben, kann er nur die Interaktion mit einzelnen Anwendungen durchführen, soweit sie es ihm anbieten. Jede Anwendung kann nun wieder eine völlig unterschiedliche Dialogtechnik benutzen, und damit macht das System als Ganzes einen recht inhomogenen Eindruck auf den Benutzer oder die Benutzerin.

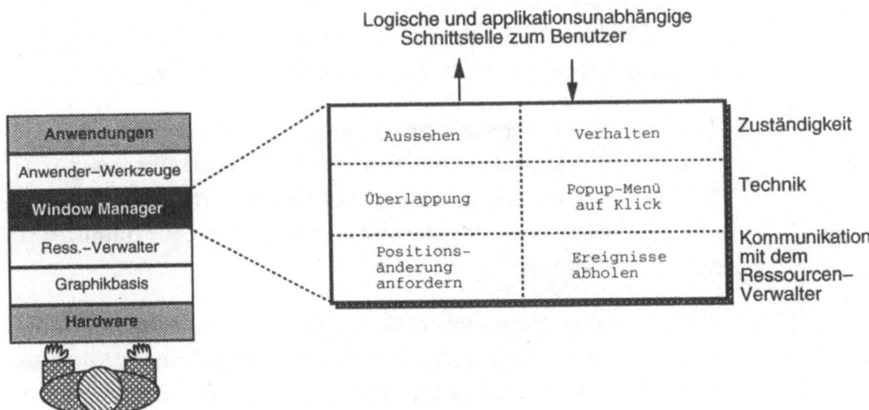

Abb. 4.8 Grobansicht des Fenstermontierers

Der Grund dafür ist die Tatsache, daß das System über keine Instanz verfügt, die sich um die Ergonomie und den Benutzer als Teil des Gesamtsystems kümmert. Dem Window Manager soll diese Aufgabe zufallen.

Zu den Techniken, die durch ein Fenstersystem möglich werden, gehört ein roter Faden, der einem Menschen eine einheitliche Schnittstelle während einer Sitzung gewährt.

roter Faden

Welche Aufgaben übernimmt der Window Manager nun genau?

4.3.1 Zuständigkeit

Die Zuständigkeit des Fenstermontierers muß umso exakter definiert werden, weil eine Reihe von Systemen diese Komponente in den Ressourcen-Verwalter integriert haben und die Gesamtheit als den "Window Manager" bezeichnen. Die Trennung zwischen dem Ressourcen-Verwalter und dem Window Manager ist definiert durch die passive Rolle des Ressourcen-Verwalters (Mechanismus) und durch die aktive, gestaltende Rolle des Window Managers (Politik).

siehe [Mye88]

Ausführung vs. Entscheidung

Bildschirmaufteilung

Hier geht es um die gestalterische Frage „Wer bestimmt, was sich wo auf dem Bildschirm befindet?" und um die damit verbundenen praktischen Fragen „Wo ist noch Platz auf dem Bildschirm?", „Welche Anwendungen sind ikonifiziert?". Am Beispiel der Fensterposition wird die Relevanz der Fragestellung deutlich:

- Die **Anwendung** verlangt ein Fenster an einer Position (x, y) auf dem Bildschirm. Danach interessiert sich die Anwendung nicht mehr für den Ort, an dem das Fenster liegt, sondern erledigt seine Ein/Ausgabe nunmehr fensterbezogen.
- Der **Ressourcen-Verwalter** muß die Position eines Fensters zu jeder Zeit kennen, denn er erledigt die Aufgaben der Koordinatenumrechnung, Ereigniszuordnung und verwaltet allgemein das Datenobjekt Fenster.
- Nun möchte aber ein **Benutzer** den Platz ändern, an dem sich das Fenster befindet, weil zum Beispiel an der Stelle,

an der das Fenster ursprünglich plaziert war, eine andere Anwendung Platz beansprucht.

- Oder: An dem Platz, an dem die Anwendung das Fenster wollte, ist schon ein anderes aktives Fenster, und es wäre nur eines der beiden sichtbar. Der **Fenstermontierer** hat ein Lösungsschema für diesen Fall.

Wenn man einmal vom Ressourcen-Verwalter absieht, der eine rein passive Rolle spielt, existieren also drei konkurrierende Instanzen, die auf die Position eines Fensters Einfluß nehmen wollen. Der Benutzer, das Programm und der Fenstermontierer kämpfen auch um die Kontrolle weiterer Ressourcen wie Farbtabellen und Fonts. Diese Konkurrenz läßt sich am einfachsten durch die Vergabe von Prioritäten an die einzelnen Instanzen lösen. Eine plausible Prioritätenliste wäre folgende: Die Priorität des Anwendungsprogramms (P) ist die niedrigste, dann kommt die Priorität des Window Managers, und schließlich hat der Benutzer die höchste Priorität, oder kurz:

konkurrierende Instanzen

$$Priorität(P) < Priorität(WM) < Priorität(Benutzer)$$

Der Window Manager kann in diesem Fall jederzeit die vom Anwendungsprogrammierer (repräsentiert durch das Programm) vorgegebenen Werte des Ressourcen-Verwalters ändern. Dem Benutzer wiederum steht es zu, den Fenstermontierer zu korrigieren oder völlig abzuschalten.

Obwohl der Window Manager die zentrale Überwachungsinstanz („es gibt zu viele Fenster", „..zu wenig freien Platz") darstellt, hat letztlich der Benutzer zu entscheiden, ob er die Aufteilungsvorschläge akzeptiert. So hat sich beispielsweise gezeigt, daß Benutzer auch kunstvolle Bildschirmaufteilungen dann nicht als angenehm empfinden, wenn dadurch einzelne Fenster ihren Platz häufig ändern. Das Konzept des Fenstermontierers ist als „beratende Überwachungsinstanz" am anschaulichsten beschrieben.

siehe [Mye88]

Sitzungsverwaltung

Es gibt Eingaben (z.B.: „verschiebe Fenster", „starte eine Anwendung", „ikonifiziere Fenster"), die nicht in den Aufgabenbereich der Anwendungen gehören, weil sie für alle Fenster und alle Anwendungen zur Verfügung stehen müssen und über alle hinweg konsistent sein sollen. Die Dialogfolge (Eingabe-Verarbeitung-Ausgabe) sollte von einer von den Anwendungen unabhängigen und dem Ressourcen-Verwalter übergeordneten Instanz erledigt werden.

Um Ein- bzw. Ausgaben des Benutzers, die der Navigation zwischen den Applikationen und dem Verlauf der Sitzung dienen, abwickeln zu können, bedient sich der Window Manager mehrerer Techniken.

- Menütechnik
  Es gibt eine Vielzahl von Ausprägungen. Verbreitet sind *feste Menüs* mit *Pulldown-Untermenüs* (wie man sie vom Mac her kennt) oder *Pop-Up-Menüs* mit *kaskadierten Untermenüs* (Motif).

siehe auch Glossar

- Fensterrahmen
  Der Fenstermontierer (und hier wird der Name anschaulich) versieht das Fenster mit einem Rahmen, der eigene Dialogfunktionen hat, zum Beispiel feste (oder verborgene) Menüs, Ikonifizier-Buttons, Vergrößerungs-Buttons, aber auch eine *Kopfleiste* mit einer „Bildüberschrift" (engl.: Title).

Kopf und Rand

- Direktmanipulation
  Mit dieser Dialogtechnik ist es möglich, ein auf dem Bildschirm sichtbares Objekt durch graphische Eingaben zu manipulieren. Die Wirkung der Eingabe ist am Objekt direkt und in Echtzeit zu beobachten. Eine formale Spezifikation entfällt genauso wie die Eingabe von Parametern. Ein Beispiel ist das Drucken einer Datei durch das Schleppen eines Datei-*Piktogramms* auf das Drucker-Symbol.
  In den Kontext der Direktmanipulation gehört auch der Komfort für das Starten einer Applikation und allgemein das Ausführen elementarer Betriebssystemfunktionen. Man unterscheidet Systeme, die eine Metapher unterstützen, zum Beispiel die Desktop-Metapher, und solche, die einen Kommandointerpreter (Shell) benutzen, um das Betriebssystem anzusprechen. Das Arbeiten in Analogie zu einer Schreibtischumgebung zu gestalten, kann auch Aufgabe

Feedback

Objektsymbole

Metapher

des Window Managers sein. Aktionen wie beispielsweise „Datei kopieren" funktionieren dort graphisch und weitgehend intuitiv, solange keine Optionen angegeben werden müssen. Kommandosprachen bieten weniger Komfort, sind jedoch flexibler und mächtiger. Eine Verbindung beider Techniken ist durchaus sinnvoll und erstrebenswert.

- Ikonentechnik (engl.: Icon Technique)
  Die Funktionalität des Ikonisierens und De-Ikonisierens muß bereitgestellt werden. Darunter versteht man den graphischen Austausch eines Fensters gegen seine symbolische Darstellung in Form eines kleinen Piktogramms (engl.: Icon) bzw. die Umkehrung dieser Aktion. Die Position nicht nur des Fensters, sondern auch des Icons (selbst ein Fenster) muß definiert und überwacht werden.
  Genaugenommen ist die Ikonentechnik Teil einer umfassenderen Technik, die man mit „Visueller Kodierung" bezeichnen könnte. Im Fall der Ikone ist ein Zustand des Fensters (einer Applikation) durch ein spezielles Symbol kodiert. Allgemein versteht man darunter die Auswahl graphischer Merkmale und deren Zuordnung zu Attributen eines Objekts. Einigen Window Managern obliegt deshalb auch die Aufgabe, einzelne Farben für bestimmte Assoziationen zu reservieren. Einige Konventionen bezüglich der visuellen Kodierung durch Farben sind relativ verbreitet. So zum Beispiel ist die Farbzuordnung, die für Fensterrahmen mehrere Farbtöne (blau) vorsieht und das Fenster, das eine aktive Eingabe hat, hervorhebt (dunkelblau). Diskutiert wird die Konvention, unkritische Eingabebereiche grün und besonders gefährliche (Menüpunkte) rot zu markieren. Ist die Farbfähigkeit eines Rechners nicht ausreichend, so muß eine andere visuelle Kodierung gewählt werden, die sich möglichst analog zur Farbkodierung verhält.

siehe auch Glossar

- Anordnungstechnik
  Die beiden grundsätzlichen Techniken der Bildschirmaufteilung sind die *Überlappung* und das *Kacheln* (engl.: Tiling) der einzelnen Fenster. Die meisten der heute gängigen Sitzungsverwalter unterstützen Fenster, die einander teilweise oder sogar vollständig überlappen. Das Kacheln von Fenstern gibt es dagegen kaum noch. Man versteht

Kacheln vs. Überlappung

darunter eine räumlich disjunkte Anordnung von Fenstern auf dem Bildschirm. Diese Technik hat natürlich unmittelbare Auswirkungen auf jedes Fenster (Größe und Platz) und erfordert eine dynamische Veränderbarkeit der Anordnung.

Obwohl der kachelnde Window Manager eigentlich mehr Verantwortung und Arbeit während einer Sitzung übernimmt, so hat sich doch in Experimenten herausgestellt, daß Benutzer bei gekachelten Fenstern mehr Zeit (bis ca. 30%) für die Anordnungsaktionen (Korrektur, Suchen) verbrauchen, als das bei überlappenden Fenstern der Fall ist.

- Lauschtechnik (engl.: Input Focus)

  Man unterscheidet drei wesentliche Lauschmodi: Beim *Real Estate Mode*[5] oder *Focus-Follows-Pointer* gehen alle Eingaben (Maus, Tastatur, Lichtgriffel) an das Fenster, in dem sich der (ein bestimmter) Zeigegerät-Cursor gerade befindet.

  Real Estate

  Beim *Listener Mode* werden alle Eingaben (Maus, Tastatur) an ein Fenster geleitet, das vorübergehend eine herausgehobene Stellung hat. Auch wenn dann die Maus das Fenster verläßt, werden Tastatur- und Maus-Eingaben an das ausgezeichnete Fenster gesandt.

  Listener

  Mit *Click-to-Type* bezeichnet man einen speziellen Listener Modus, bei dem durch eine definierte interaktive Spezifikation (Klick in einem Fenster) vom Benutzer oder von der Benutzerin festgelegt wird, wohin sich die folgende (Tastatur-) Eingabe wendet.

  Click-to-Type

- Logische Bildschirme

  Von einem logischen Bildschirm (engl.: Virtual Screen) in einem Fenstersystem spricht man, wenn der sichtbare Teil der Fenster auf dem physikalischen Bildschirm nur einen Ausschnitt aus der gesamten Darstellungsfläche des Fenstersystems bietet.

  Arbeitsfläche größer als der Bildschirm

  Üblicherweise definiert sich der Benutzer mehrere logische Bildschirme, die jeweils eigene Fenster enthalten, und von denen zu einer Zeit nur einer (vollständig) sichtbar und

[5] Etwas frei aber anschaulich übersetzt, könnte man diesen Modus als den Grund- und Bodenbesitz Modus bezeichnen.

die anderen höchstens in Form von Icons zu sehen sind. Auf diese Art und Weise erweitert man die Arbeitsfläche für mögliche Fenster, was vor allem bei kleinen Bildschirmen häufig notwendig ist.

Beim Einsatz von logischen Bildschirmen gibt es weitere Unterscheidungsmerkmale. Zum Beispiel die Möglichkeit den physikalischen Bildschirm genau einem bestimmten logischen zuzuordenen oder beliebig über eine gedachte Fläche von logischen Bildschirmen zu schieben. Die Art und Weise wie auf andere Bereiche umgeschaltet wird und wie diese visuell kodiert werden, sind ebenfalls unterschiedlich. Abbildung 4.9 zeigt ein Beispiel. Es sind drei logische Bildschirme definiert, die man an verschiedenen Hintergrundtapeten unterscheiden kann. Anhand dieser Übersicht erkennt man: Jeder logische Bildschirm enthält zwei oder drei große und einige kleinere Fenster. Der selektierte Bereich ist der in der Mitte, dessen Hintergrund invertiert dargestellt ist.

diskret vs. kontinuierlich

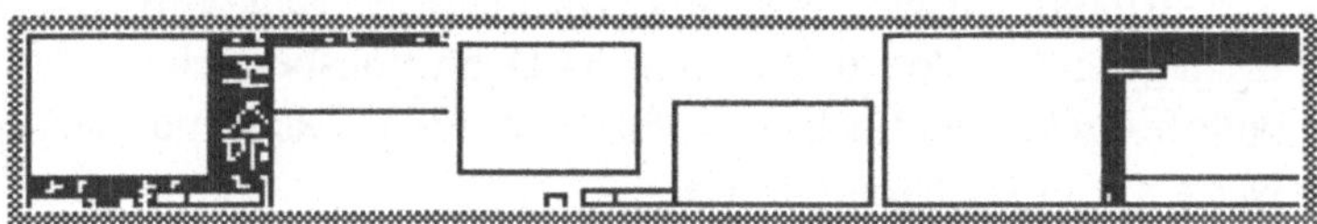

Abb. 4.9 Der Window Manager stellt sämtliche logischen Bildschirme in Form von Miniaturen dar.

Eine Untermenge dieser Techniken beschreibt den Stil der Sitzungsabwicklung. Die Techniken entwickeln sich ständig und mit ihnen die Gestaltungsmöglichkeiten für den Stil. Es kommen neue Aspekte hinzu (Audio-E/A) und veraltete Hilfsmittel (Funktionstastaturen) verschwinden aus der Liste der aktuellen Techniken. Damit schiebt sich der Stil als ein dynamischer Ausschnitt (Fenster) über die ebenfalls dynamische Menge von Techniken.

Ein Beispiel dafür ist die zunehmende Verbreitung der $2\frac{1}{2}$D- oder auch Pseudo-3D-Fenster. Dabei wird der Rahmen ausgewählter Fenster durch einfachen 'Schattenwurf' erweitert, so daß ein hervortreten oder zurückweichen dieser Fenster vorgespiegelt werden kann. Diese Eigenschaft muß nicht Teil der Fensterbeschreibung sein, sondern kann zusätzlich – eben vom Window Manager – vergeben werden. Zu beachten ist, daß anspruchsvolle Darstellungen, wie etwa Schattenwurf, rechen- und

$2\frac{1}{2}$D-Fenster

graphikintensive Aktivitäten erfordern und unter Umständen das System deutlich verlangsamen.

Späte Verfeinerung

Der Fenstermontierer begleitet die Sitzung und erlaubt dem Benutzer, unter anderem das Aussehen, den Zustand und die Position von Fenstern zu verändern. Allgemeiner gefaßt kann man sagen, daß durch den Window Manager die Möglichkeit realisiert ist, zur Laufzeit der Anwendung das Erscheinungsbild einer Anwendung zu manipulieren.

Anpassung während der Sitzung

Das Ziel der späten Verfeinerung ist es, eine Applikation erst zur Laufzeit oder Startzeit des Programms zu konfigurieren. Dahinter steht folgender Vorgang: der Anwendungsprogrammierer entscheidet zunächst, wie die Anordnung der Fenster und die Wahl der Fonts und Farben auszusehen hat. Danach sollte eine vom Benutzer geforderte Überschreibung dieser Werte möglich sein.

Dazu müssen als erstes einige Attribute als nachkonfigurierbar freigegeben werden, und es muß der Definitionsbereich der Attribute festgelegt und bekanntgemacht werden. Dann muß geklärt werden, wer nachkonfiguriert:

Wer konfiguriert?

(1) Die Anwendung selbst kann sich (durch Startup-Dateien) auf den Benutzer einrichten. (2) Der Fenstermontierer kann bestimmte Eigenschaften einer Anwendung gespeichert halten und beim Start dieser Anwendung als Parameter oder Optionen zur Verfügung stellen.

Der Vorteil der ersten Lösung ist eine anwendungsspezifische und deshalb durchschaubare Konfigurierung. Der Nachteil ist, daß sich jede Anwendung eine eigene Syntax für die Spezifikation der Verfeinerung ausdenken kann. Das entspricht nicht der Forderung nach einem gemeinsamen roten Faden für den Benutzer. Aus diesem Grund schaltet sich der Fenstermontierer zumindest in einen Teil der Verfeinerung direkt ein, und weiterhin können mit demselben Ziel anwendungsübergreifende Konventionen definiert sein.

Arbeitsteilung vs. Prioritäten

Falls mehrere Stufen der Verfeinerung und/oder mehrere Konfigurationsinstanzen existieren, stellt sich die Frage: Arbeitsteilung oder Prioritäten?

Arbeitsteilung bedeutet, daß der Fenstermontierer einen bestimmten Teil der Attribute beisteuert und die Anwendung den Rest. Wird die endgültige Verfeinerung mit Hilfe von Prioritäten geregelt, so können beide Instanzen beliebige Attribute beisteuern; aber im Falle, daß ein Attribut doppelt spezifiziert wurde, entscheidet die Priorität der Instanz, welche Ausprägung zur Wirkung kommt.
Um die Verwirrung vollständig zu machen, kann diese Priorität entweder statisch sein oder (zum Beispiel vom Benutzer) verändert werden.

Folgende Verfeinerungsstufen sind denkbar und auch in modernen Fenstersystemen (insbesondere in X) realisiert:

Verfeinerungsstufen

sitzungsbezogen, benutzerunabhängig: Realisiert durch eine systemweite Tabelle (z.B. eine Datei im Systembereich eines Betriebs- oder Fenstersystems) für den Window Manager.

anwendungsbezogen, benutzerunabhängig: Für jede Anwendung eine Konfigurationsbeschreibung, die zusammen mit den Systemdaten (System-Partition) zugänglich ist.

anwendungsbezogen, benutzerabhängig: Eine Datenbank in Form einer einfachen Tabelle für jeden Benutzer, in der er jede ihm bekannte Anwendung beschreibt, wie er sie sehen möchte; zum Beispiel in Form einer Datei im eigenen Verzeichnis.

anwendungsbezogen, aufrufabhängig: Beim Aufruf kann man durch Optionen oder durch Verweis auf eine konkrete Datenbasis (z.B. eine Datei im Verzeichnis des Kollegen) die Anwendung noch einmal endgültig konfigurieren.

Es ist zu beachten, daß die Verfeinerung keine Aufgabe ist, die ausschließlich dem Window Manager zufällt. Wir haben bereits die Beteiligung der einzelnen Anwendungen klargestellt und werden darauf im Abschnitt über Anwender-Werkzeuge noch einmal zurückkommen.

Verfeinerungstechnik

Wie lassen sich diese Verfeinerungsstufen verwirklichen? Eine Reihe von Realisierungsmöglichkeiten sind offensichtlich:

Syntax = Semantik

Tabellen-Dateien: In Form von Dateien, die jeweils Paare der Art (Attribut : Ausprägung) enthalten, könnte man die Konfiguration beschreiben und speichern. Existieren mehrere (evtl. widersprüchliche) Dateien, weil es mehrere Verfeinerungsstufen gibt, so existiert zumeist eine Prioritätenregelung oder eine Hierarchie. Diese Dateien sind für die Benutzer häufig lesbar; benutzerbezogene sind üblicherweise sogar editierbar.

komplexere Semantik möglich

Fenstermontierer-interne Datenbank: Anstatt mit sichtbaren und lesbaren Dateien, könnte man auch im Window Manager eine Datenbank realisieren, die als eine Art internes Gedächtnis fungiert. Der Zugriff ist dann nur über spezielle Definitions- und Editierprogramme möglich. Der Vorteil, der sich dadurch ergibt: Die Eingaben können einen Syntax-Check durchlaufen, bevor sie akzeptiert werden. Der Nachteil: Das System ist weniger transparent. Die Frage: „für welche Benutzer sind Attributbündel zu verwalten und wann kann man sie vergessen" führen einen vollkommen neuen Verantwortungsbereich ein.

Rückschritt möglich

Delta-Technik: Das System wird beim ersten Aufruf in einem Grundzustand (K_0) gestartet. Die interaktiven Änderungen der Grundkonfiguration können abgespeichert werden und zwar als eine zeitliche Folge von Eingabeströmen. Bei jeder Sitzung kommt so eine Teilfolge von Eingaben zusammen, die den Zustand der Konfiguration um ein Δ fortschaltet. Diese Teilfolgen Δ_i kann man auf unterschiedliche Arten speichern. Wichtig ist die Tatsache, daß der aktuelle Konfigurationszustand (K_i) durch Hintereinanderausführen der einzelnen Sequenzen erzeugt werden kann ($K_i = K_0 + \Delta_1 + \Delta_2 .. + \Delta_i$) und daß das aber auch für jeden früher eingenommenen Zustand K_{i-l}, $(l \leq i)$ jederzeit gilt (Undo, virtuelles Undo [6]).

Die Delta-Technik läßt sich in leicht modifizierter Form auch in Kombination mit den Tabellen- oder Datenbanken-Konzepten anwenden. Sie ist aus dem Bereich der Versionskontrolle von Software-Projekten bekannt.

[6] Virtuell ist hier im Sinne von „scheinbar" gebraucht (s. Glossar).

4.3.2 Organisationsstruktur

Zur Organisationsstruktur des Fenstermontierers sind ein paar Vorüberlegungen notwendig. Der Window Manager tritt als Dienstnehmer gegenüber dem Ressourcen-Verwalter auf, weil er bei den Änderungen, die er an den Ressourcen einer Anwendung vornimmt, die gekapselten Aktionen der Fensterbasis benutzen muß, um die Stabilität des Systems nicht zu gefährden. Auf der anderen Seite ist er Dienstgeber bezüglich einiger Anwendungen, die ihm das Recht zubilligen, sie in ihrer Erscheinung zu manipulieren.

mehrere Varianten

Diese Bestandsaufnahme läßt folgende Architekturen sinnvoll erscheinen:

Der Fenstermontierer als übergeordneter Teil des Ressourcen-Verwalters. Mit dieser Organisationsstruktur spart man sich Kommunikationsoverhead zwischen den beiden Schichten, denn sie teilen sich dann sinnvollerweise auch einen gemeinsamen Adreßraum.

gemeinsame Instanz

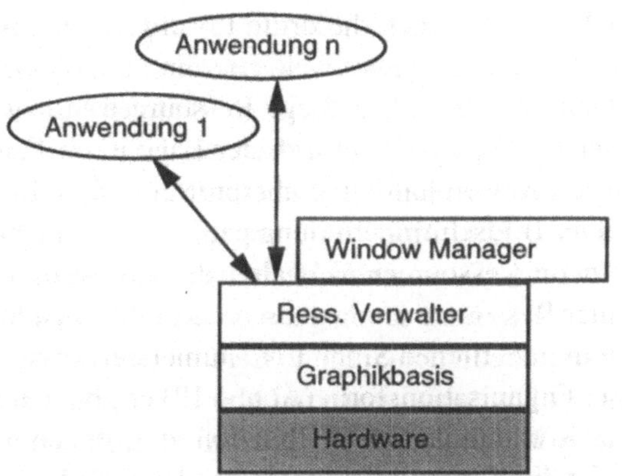

Abb. 4.10 Fenstermontierer und Ressourcen-Verwalter als gemeinsame Instanz

Bei diesem Konzept leidet die Übersichtlichkeit deutlich. Denn die Aufgabentrennung spiegelt sich bestenfalls in einer Modulhierarchie wieder. In Abb. 4.10 ist diese Organisationsstruktur skizziert. Der Fenstermontierer muß mit den Anwendungen über denselben Kommunikationskanal Daten austauschen wie der Ressourcen-Verwalter.

Stellt man dagegen die Dienstgebereigenschaften des Window Manager in den Vordergrund der Struktur, so ist die Realisierung

eigener Server

als getrennter Server-Prozeß denkbar. Die Veranschaulichung der Realisierung in Abb. 4.11 zeigt, daß die Anzahl der Kommunikationsverbindungen zugenommen hat. Diese zweite Variante

Abb. 4.11 Der Fenstermontierer als eigener Dienstgeber-Prozeß

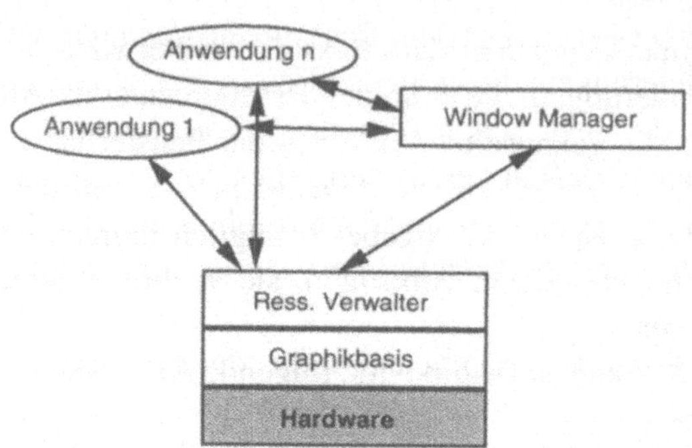

legt die Trennung des Window Managers offen und ermöglicht es, ihn unabhängig vom Basisfenstersystem auszutauschen, sofern einheitliche Schnittstellen für die Kommunikation definiert sind.

eigene Instanz, kein Server

Diesen Vorteil hat auch die dritte Lösungsmöglichkeit. Hier ist der Fenstermontierer nichts weiter als ein Anwendungsprozeß, der sich zunutze macht, daß einige Ressourcen teilbar sind. Er erkundigt sich beispielsweise nach der Lage eines Fensters (einer beliebigen Anwendung) und überprüft, ob diese Lage in sein Konzept einer Bildschirmaufteilung paßt. Ist dem nicht so, dann meldet er beim Ressourcen-Verwalter die Änderung dieses Attributes einer Ressource an, genauso wie die Anwendung es tun würde, die im rechtlichen Sinne Eigentümer der Ressource ist.

In dieser Organisationsform (Abb. 4.12) ergibt sich zwar eine zusätzliche Kommunikation in Relation zum ersten Vorschlag, allerdings ist die Kommunikationsform (das Protokoll in verteilten Systemen) identisch mit dem zwischen Anwendungen und Ressourcen-Verwalter. Eine direkte Verbindung zwischen Fenstermontierer und Anwendung ist nicht nötig.

4.3.3 Freiheiten und Konventionen

Die Freiheit des Sitzungsverwalters besteht darin, die Erscheinung und Handhabung des Fenstersystems nach ergonomischen

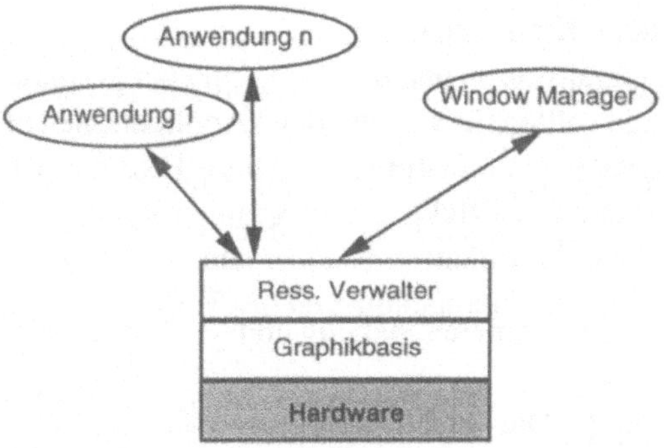

Abb. 4.12 Der Fenstermontierer als Dienstnehmer-Prozeß

Gesichtspunkten mitzugestalten. Da die Meinungen darüber, wie eine ergonomische, graphische Oberfläche aussieht, auseinandergehen, ist mit dieser eigenständigen und unabhängigen Instanz die Möglichkeit gegeben, verschiedene Konzepte zu verwirklichen und der Entwicklung auf diesem Gebiet ein Stück weit zu folgen, ohne die gesamte darunterliegende Hierarchie neu zu realisieren.

vgl. Abschnitt 2.1

Liegt das ergonomische Konzept einmal fest, so bleibt die Frage, mit welchen Dialogtechniken sich das Ziel am besten erreichen läßt. Lautet das Konzept zum Beispiel: jedes aktive Fenster (oder graphische Objekt) muß zu jeder Zeit mindestens zu 20 % sichtbar sein, so kann die Technik im Ikonisieren nicht aktiver Fenster bestehen, oder darin, daß man alle Fenster geeignet verschiebt oder keine neuen Fenster mehr erlaubt.

Zur Anpassung an verschiedene Benutzer hat der Fenstermontierer ein einfaches Modell des Benutzers mit Hilfe der Konfigurationsdaten. Die realisierten Benutzermodelle gehen auf dieser Schicht – wie wir sehen werden – heute kaum über einfache Präferenzlisten hinaus. Hier ist noch Raum für intelligente Lösungen der Anpassungsprobleme an verschiedene Benutzergewohnheiten und -kenntnisse.

übergeordnete Qualitätsmerkmale

Einige Qualitätsmerkmale der Dialoggestaltung, die allgemein akzeptiert sind, sollen hier zur Sprache kommen. Sie lassen sich zu einer Liste von Konventionen zusammenfassen, auf die auch die Anwendungen und Anwender-Werkzeuge zurückgreifen sollen, damit eine einheitliche Erscheinung gewährleistet werden kann.

1. Visuelle Konsistenz
   Die Organisation und die Codierung der graphischen Information sollten für verschiedene Applikationen und Objekte erkennbar übereinstimmen. Diese Forderung hat für den Benutzer den Effekt, daß er weniger lernen muß, wenn er von einer Applikation zu einer anderen wechselt.

2. Konsistenz der Handhabung und des Verhaltens (engl.: Behaviour)
   Beispiel: Die wichtigsten Aktivitäten sollten immer mit derselben Mausaktion verbunden sein (Doppelklick, ggf. mit der linken Maustaste), und Abkürzungen (engl.: Hotkeys, Accelerators) sollten ableitbar und konsistent sein.

3. Einheitliche Beschreibungstechnik
   Syntax und Semantik der Dateien bzw. das Datenbankenmanagement sollten über sämtliche Ausprägungen der späten Verfeinerung identisch sein. Gegebenenfalls muß eine eigene Sprache definiert werden.

Das häufig zitierte „Look and Feel" umfaßt neben den eben angegebenen Randbedingungen auch Dokumente, die dem Anwendungsprogrammierer Richtlinien und Konventionen zum Umgang mit dem Window Manager bieten und dem Benutzer Aussehen und Verhalten erklären.

4.3.4 Zusammenfassung

Mit dem Window Manager wenden wir uns endlich dem Benutzer zu, der mit seinen persönlichen Forderungen an das Fenstersystem herantritt. Der Window Manager verwirklicht zwar selbst einige Dialogtechniken, der Schwerpunkt liegt jedoch auf den software-ergonomischen Zielen, die das zentrale Konzept hinter den Aktivitäten auf dieser Schicht sind.

Ergonomie

Der Fenstermontierer begleitet den Benutzer während einer gesamten Sitzung am Rechner; die Anwendungen wechseln während dieser Zeit beliebig. In wenigen Fenstersystemen ist der Window Manager so eigenständig realisiert, daß man von Sitzung zu Sitzung mit verschiedenen Ausführungen arbeiten kann. Er ist aus der Sicht der Anwendungen und aus der Sicht des

Sitzung

Basis-Fenstersystems weitgehend austauschbar. Es ist allerdings ein Austausch, der Benutzer oder Benutzerinnen mit einem neuen Erscheinungsbild und einem neu zu erlernenden Verhalten konfrontiert.

Window Manager nicht isoliert

Für die Realisierung von benutzerangemessenen Dialogschnittstellen ist das Zusammenspiel dieser Schicht mit den Anwendungen notwendig. Das ist eines der Argumente für die Benutzung von Anwender-Werkzeugen, die nach demselben ergonomischen Konzept entworfen wurden wie der Fenstermontierer. Eine Reihe von weiteren Argumenten werden zusammen mit den Werkzeugen in der nächsten Schicht vorgestellt.

4.4 Anwender-Werkzeuge

Die Anwender-Werkzeuge liefern eine Programmierschnittstelle für Applikationen. Diese Schnittstelle ist problem- und benutzerbezogen und nicht maschinen- oder fenstersystemabhängig.

Schätzungen von Experten zufolge, liegt der Aufwand zur Programmierung der Benutzerschnittstelle bei kommerzieller Software bei 50-70% des gesamten Implementierungsaufwandes. Deshalb ist eine Erhöhung der Software-Produktivität in diesem Bereich ein sehr lohnendes Ziel. Allerdings ist die *Quantifizierung* der Produktivität, genauso wie die der Konsistenz, ein Problem, das noch nicht befriedigend gelöst werden konnte.

Produktivität

Der Stand der Technik dieser Werkzeuge sieht ein Grundkonzept vor, das im wesentlichen aus zwei Teilen besteht.

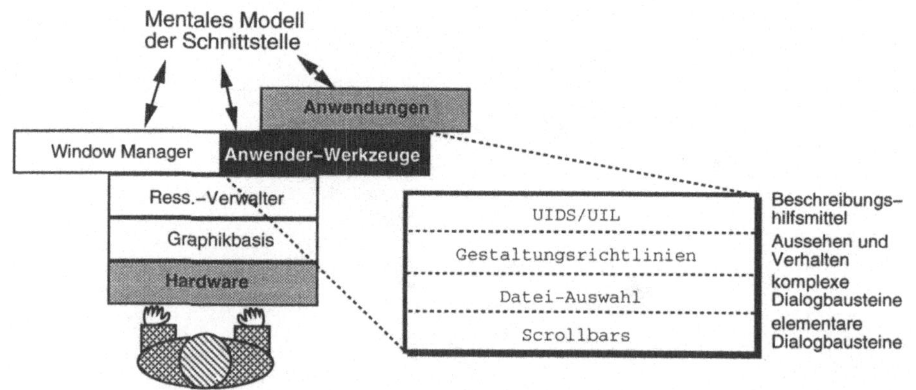

Abb. 4.13 Eine hierarchische Gliederung der Anwenderprogrammierwerkzeuge

Zum einen benutzt man vorgefertigte Programmteile und Bibliotheken unterschiedlicher Dialogkomplexität, sogenannte *User Interface Toolkits* oder kurz Toolkits. Diese Software-Werkzeuge in Form von Dialogbausteinen sind in Abb. 4.13 mit den beiden unteren Ebenen angedeutet. Diese Ebenen stehen noch in enger Verbindung zum Fenstersystem und erhöhen in erster Linie den Programmierkomfort.

Dialogbausteine

Zum anderen ist die Spezifikation des Dialogs ein Problem, das eigene Lösungsmöglichkeiten braucht. Dazu hat man erst in neuester Zeit interaktive, automatische und sprachorientierte Ent-

UIDS

wurfsysteme (engl.: User Interface Design Systems, kurz: UIDS) entwickelt, die den reinen Dialogentwurfsvorgang unterstützen.

Das zweite Problem wird zunehmend als völlig eigenständig angesehen und ist im Idealfall unabhängig von einem konkreten Fenstersystem. Aus diesem Grund konzentrieren wir uns vorwiegend auf die Baustein-Thematik.

Im vorigen Abschnitt ging es vor allem um den Komfort, den ein Benutzer vom System erwarten kann. Jetzt wollen wir den Komfort für Anwendungsprogrammierer genauer betrachten.

Prämissen

Zunächst müssen jedoch zwei Grundannahmen gemacht werden, die zumeist vorausgesetzt werden, ohne konkret ausgeführt zu werden:

1. Jede komplexe Dialogaufgabe läßt sich durch eine zeitliche (Dialogabfolge) und eine räumliche Zerlegung (Bildschirm) in einfache Dialogbausteine lösen.

2. Jeder Dialogbaustein oder jedes Dialogobjekt kann mit Hilfe der Fenstertechnik (Fenster, Teile von Fenstern, Ereignisabfrage) verwirklicht werden. Das bezieht sich vor allem auf Dialogobjekte, die Spezialhardware wie z.B. Regler, Meßgeräte etc. ersetzen.

nicht eindeutig

Es ist wichtig festzuhalten, daß zwar die Existenz der Zerlegung, nicht aber ihre Eindeutigkeit vorausgesetzt wird. Das läßt den Schluß zu, daß verschiedene Toolkits dasselbe Problem völlig verschieden lösen können, und es läßt offen, auf welcher Ebene der Zerlegung Dialogbausteine sinnvollerweise anzusiedeln sind.

4.4.1 Struktur von Anwender-Werkzeugen

Bedingungen

Die Anforderungen an die Struktur der Dialogbausteine ergeben sich aus den Anforderungen der Anwendungen, des Benutzers und des Anwendungsprogrammierers. Wir betrachten folgende Liste von Randbedingungen :

- Parallele Arbeitsweise des Benutzers und die dadurch bedingte Nebenläufigkeit der Anwendungen.

- Abstimmung der Dialogbausteine aufeinander. Sie müssen kombinierbar sein und Daten (z.B. die relative Fensterposition) untereinander austauschen.

- Die Wiederverwendbarkeit von Programmen, die die Dialogbausteine benutzen oder selbst definieren, soll durch die Struktur unterstützt werden.

Programmierparadigmen

Die Strukturierung der Schnittstelle ist entscheidend für die Art und Weise wie auf diese Bedingungen eingegangen werden kann. Wir unterscheiden zwei Strukturen oder Programmierparadigmen für Software-Werkzeuge.

siehe z.B. [Wis90]

Modell: endlicher Automat

prozedural oder funktionsorientiert: Graphische Benutzerschnittstellen wurden lange Zeit mit einer prozeduralen Programmierschnittstelle versehen. Das kam nicht nur der Anbindung an verschiedene, aber vorwiegend prozedurale Programmiersprachen entgegen, sondern es ist auch vorteilhaft für die *Zustandsbeschreibung* des Gesamtsystems. Mit Hilfe eines *endlichen Automaten* kann man die Zustände, die das Anwendungsprogramm annehmen kann, im Quellcode direkt nachvollziehen, denn funktionsorientierte Programmierung impliziert eine definierte, zeitliche Reihenfolge der Zustandswechsel. Diese zeitliche Linearität erwies sich bei parallel ansprechbaren Benutzerschnittstellen als Hindernis.
Vorteilhaft ist, daß die Werkzeuge mit der Anwendung über gemeinsame Speicherbereiche in Form von Funktionsparametern kommunizieren und daß damit die gewünschte Lokalität der Daten verwirklicht ist. Die Wiederverwendbarkeit von Programmen mit diesen Werkzeugen hängt dagegen sehr stark von der konkreten Realisierung ab, wird aber als eher schwierig eingestuft.

objektorientiert: Die objektorientierte Vorgehensweise basiert auf dem Ansatz, daß jeder Dialogbaustein selbst eine Reihe von Operationen für seine Benutzerinteraktion übernimmt, ohne die Anwendung zu aktivieren. In der objektorientierten Sprechweise sind das die *Methoden*, die den Objekten zugeordnet sind. Erst Benutzereingaben, die für das Dialog-Objekt selbst nicht definiert sind, werden asynchron[7] an die Anwendung weitergereicht. Das entspricht der Parallelität der externen Steuerung, die vorspiegelt, daß jedes sichtbare Objekt ein definiertes Eigenleben im System hat.

[7] Gemeint ist asynchron aus der Sicht des Anwendungsprogrammierers (siehe folgende Abschnitte) und nicht im Sinne einer Programmunterbrechung.

Der objektorientierte Ansatz hat, programmiersprachlich gesehen, einige Vor- und Nachteile. Für die Erzeugung neuer Dialogbausteine kann das *Vererbungskonzept* der Klassen herangezogen werden. Dieser Vorgang wird später noch genauer betrachtet. Der Nachteil besteht in der Sprachanbindung. Entweder muß man die Anwendung in einer Sprache implementieren, die die Konzepte der Anwender-Werkzeuge unterstützt (Smalltalk, C++, Object-PASCAL), oder man muß eine funktionsorientierte Sprache mit (umständlichen) Konstrukten erweitern, um die Vorteile der Konzepte benutzen zu können.

vgl. Abschnitt 2.3

Ein weiterer Nachteil dieses Ansatzes ist, daß aufgrund der asynchronen Aktivierung von Anwender-Unterprogrammen der Gesamtzustand des Systems schwer nachvollziehbar wird und daß die Kommunikation der Unterprogramme untereinander über globale Variablen realisiert sein muß (Aufruf aus Sicht der Anwendung asynchron). Zur formalen Darstellung der Vorgänge müssen Beschreibungsformen gefunden werden, die Nebenläufigkeiten berücksichtigen, wie beispielsweise *Petri-Netze*.

Modell: Petri-Netze

Die Tatsache, daß der objektorientierte Ansatz der ereignisgesteuerten Eingabe direkt entspricht, gab bei modernen Toolkits zumeist den Ausschlag, so daß diese überwiegend mit objektorientierter Struktur verwirklicht sind. Die externe Parallelität findet eine Entsprechung in der von einem Objekt realisierten Eigenaktivität, die die Programmierung einfach, das Fehlersuchen in Anwendungsprogrammen jedoch schwierig gestaltet.

Problem Fehlersuche

Dieses Problem ist nicht zu unterschätzen. Es macht in der Praxis erhebliche Mühe. Liegen sämtliche Module – auch die Bibliotheken – mit symbolischer Information vor, so ist Fehlersuchen gut möglich, gleichzeitig leidet darunter jedoch die Laufzeiteffizienz des Systems. Ist andererseits kein symbolisches Fehlersuchen möglich, so bieten die meisten Werkzeuge zur Fehlersuche (engl.: Debugger) keine Hilfe.

Wir sollten an dieser Stelle einmal deutlich machen, daß sich die Programmierparadigmen des Toolkits und das der Anwendung sehr wohl unterscheiden können. Der häufigste Fall ist, daß das Toolkit objektorientiert realisiert ist, die Anwendung jedoch nicht. Man spricht dann häufig von einem 'Kommando'-

Kommando- vs. Objektübergang

siehe [Ols91]

orientierten Übergang vom Toolkit zur Applikation, weil letztlich Funktionen aufgerufen werden (siehe Callbacks unter X/Motif). Ist sowohl das Toolkit als auch die Anwendung an Objekten ausgerichtet, so spricht man von 'Objekt'- oder 'Daten'-orientiertem Übergang.

4.4.2 Zusammenspiel mit der Applikation

Im folgenden Abschnitt wird der Kontroll-Transfer zwischen der Applikation und dem Toolkit betrachtet und erklärt, warum auch innerhalb des Toolkits eine gegenseitige Einflußnahme notwendig ist.

Um die vorgefertigten Programmteile des Toolkits für die Applikation arbeiten zu lassen, muß das Anwendungsprogramm Teile des Toolkits mit Parametern versorgen und ihren Ablauf anstoßen. Danach liegt die Steuerung temporär oder auf Dauer beim Toolkit. Bei der funktionsorientierten Realisierung wechselt die Steuerung zeitlich sequentiell zwischen den beiden Instanzen, weil das Toolkit nach Beendigung eines Teildialoges den Rücksprung in die Anwendung veranlaßt. In Abb. 4.14 ist dieser Steuerungswechsel in der linken Hälfte angedeutet.

Abb. 4.14 Kontrollfluß beim funktionsorientierten und beim objektorientierten Toolkit

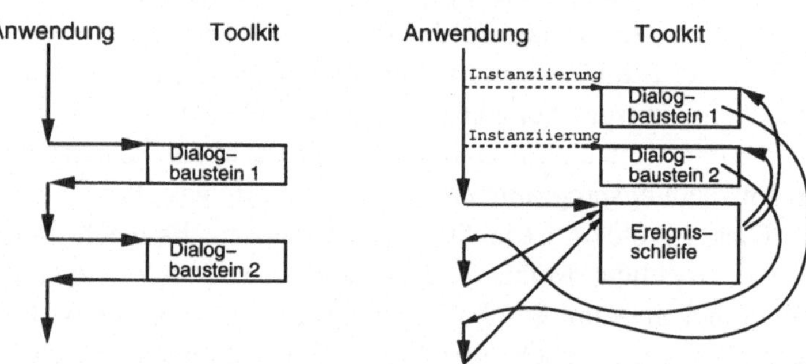

Kontrollfluß

Völlig anders sind die Verhältnisse bei einer objektorientierten Implementierung. Zunächst werden nacheinander Dialogbausteine initialisiert und angestoßen, danach überwacht das Toolkit, welche Dialogbausteine aktiviert wurden und behält somit die Steuerung. Da in jedem Dialogprogramm die Notwendigkeit besteht, mit anwendungsspezifischen Programmstücken (Berechnungen) auf Benutzereingaben zu reagieren, ist ein Mechanismus verfügbar, der als *Rückruf* (engl.: Callback) oder als *Benachrichtigung* bezeichnet wird. Dabei werden in der Initialisierungsphase Anwendungsroutinen festgelegt, die von Dialogbausteinen aus zu aktivieren sind, sobald vorher festgelegte Eingaben eintreffen. Der konkrete Aufruf einer Routine der Anwendung erfolgt aus der Sicht des Anwendungsprogramms asynchron. Diese Möglichkeiten ist in Abb. 4.14 rechts veranschaulicht.

Ein Kontrollfluß der Dialogbausteine untereinander wird im objektorientierten Toolkit gebraucht, um Dialogaufgaben, die mehrere Bausteine betreffen, aber ohne Benachrichtigung der Anwendung erledigt werden können, auszuführen. Als typisches Beispiel soll die Änderung der Fenstergrößen eines Dialogbausteins angeführt werden: es sind mehrere Dialogbausteine betroffen, aber die Anwendung bleibt unberührt.

4.4.3 Sammlung der vorgefertigten Dialogbausteine

abstrakte Definition

Wir definieren einen Dialogbaustein (DB) als ein Gestaltungselement für Dialogschnittstellen, er besteht

- ausgabeseitig aus Fenstern $(F = (f_1..f_k))$ – einem oder mehreren – und zumeist graphischen Eigenschaften $(E = e_1..e_l))$,
- und auf der Eingabeseite durch definierte Aktionen $(A = (a_1..a_m))$, durch die auf Benutzereingaben $(B = (b_1..b_n))$ reagiert wird.

Dabei seien $(k, l, m, n \in N)$.
Man erhält somit ein Tupel von Vektoren, der Form $DB = (F, A, B, E)$, das einen Dialogbaustein eindeutig beschreibt. Dabei gehört zu der Aufzählung der Benutzereingaben die Zuordnung zu den Aktionen. Diese Zuordnung ist dynamisch und kann auch zur Laufzeit noch verändert werden. Die Aktionen können Dialogbaustein-spezifisch oder Prozeduren der Anwendung sein. Ein Beispiel eines Dialogbausteines und seiner möglichen Komponenten ist in Abb. 4.15 zu sehen. In einigen UI-Toolkits ist für Dialogbausteine das englische Kunstwort *Widget* üblich.

elementares Dialogbedürfnis

Ein vorgefertigter Dialogbaustein befriedigt ein mehr oder weniger elementares Dialogbedürfnis wie zum Beispiel: Eingabe eines Zahlenwertes, editierbare Eingabe einer Zeichenkette, Auswahl eines Kommandos aus einem Menü von angezeigten Kommandos. Es bleibt die Frage, welche elementaren Dialogbedürfnisse existieren, wie sie am besten befriedigt und auf welche Art und Weise elementare Dialogbausteine kombiniert werden können.

Einfache Dialogbausteine

Es gibt zwei Typen einfacher Dialogbausteine: *elementare Dialogbausteine* und *Behälter-Dialogbausteine* (engl.: Container).

elementare Dialogbausteine

Elementare Dialogbausteine sind universelle, anwendungsunabhängige und sinnvolle Gestaltungselemente für die atomaren Bedürfnisse einer Anwendung, mit dem Benutzer in Dialog zu treten. Zu diesen gehören mindestens folgdende: „Werte- und Zeichenketten-Anzeigen", „Optionen und Eigenschaften Selektieren", „Werteingabe", „Funktionen starten". Eine Liste mit Namen und Funktionen der zugehörigen Dialogbausteine stellt eine unvollständige Reihe von notwendigen Werkzeugen vor.

Funktion (sinng.)	*Name (engl.)*	*Dialogfunktion*
Aktivierungsknopf	Command Button	Funktionsaufruf durch Klicken
Anzeige	Label	Textuelle Wert- und Zeichenkettenanzeige
Menü	Menu	Auswahl 1 aus n Kommandos
Schiebebalken	Scrollbar	analoge Anzeige und Änderung eines Zahlenwertes
Stationstaste	Radio Button	Auswahl 1 aus n Attributen

Beispiel

Wenn man sich die Kurzschreibweise (DB_e) des einfachen Aktivierungsknopfes einmal veranschaulicht, so erhält man zum Beispiel folgende Komponenten: Es muß mindestens ein Fenster f_1 existieren, das die Aktivierungsmöglichkeit anzeigt. Wenn eine Pseudo-3D Darstellung den Knopf umrahmen soll, kommen noch weitere Fenster f_i hinzu. Die Eigenschaften umfassen eine Reihe von graphischen Merkmalen wie Schrifttyp (e_1), Größe

(e_2) und ob der Knopf überhaupt aktiv ist (e_3). Als Benutzeraktionen soll möglich sein, daß beim einfachen Mausklick im Fenster eine farbliche Invertierung des Knopfes stattfindet (b_1), und daß auf Doppelklick (b_2) die Aktivierung ausgelöst werden soll. Die zu aktivierende Aktion(en) wie beispielsweise Prozeduren oder Funktionen stehen in $(a_1..a_m)$ zur Verfügung.

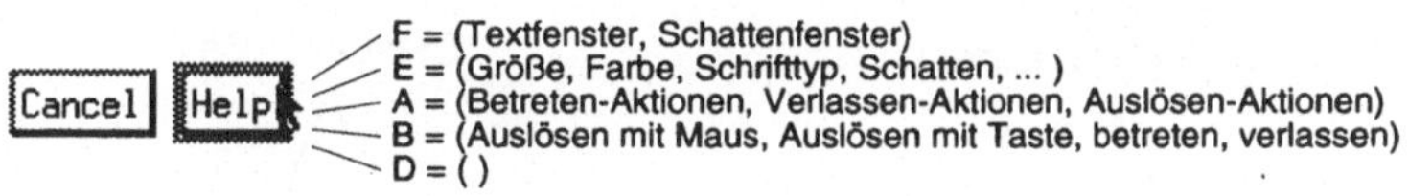

Abb. 4.15 Zwei Aktivierungsknöpfe und ihre Komponenten

Behälter-Dialogbausteine

Die Behälter-Dialogbausteine übernehmen im wesentlichen die *Anordnung* von verschiedenen einfachen Dialogbausteinen und deren *Koordination*. Ihre Spezifikation enthält zusätzlich eine Liste $(D = (d_1..d_p))$ der von ihnen koordinierten Dialogbausteine beliebigen Typs. Damit wird ein Behälter-Dialogbaustein definiert durch: $DB_b = (F, A, B, E, D)$.

Üblicherweise braucht man mehrere Behälter-Dialogbausteine, die verschiedene Strategien der Anordnung und Koordination realisiert haben (starre Platzzuweisung, dynamische Platzzuweisung).

Aus der Sicht der Werkzeugbereitstellung haben wir das Dialogprogrammierproblem damit gelöst. Allerdings kommt den vorgefertigten Dialogbausteinen die bereits angesprochene Aufgabe zu, die Konsistenz der Dialogsoftware zu garantieren. Zu diesem Zweck müssen die einfachen Bausteine den Einheitlichkeitsanforderungen an der Benutzerschnittstelle und an der Programmierschnittstelle genügen. Da sie die Grundelemente komplexer Dialogsoftware sind, hat man damit die Basis für eine Bottom-Up Gewährleistung der Konsistenz hergestellt.

Komplexe Dialogbausteine

Von Anwendung zu Anwendung sind die realen Dialogbedürfnisse natürlich sehr verschieden (Textverarbeitung, CAD-3D), so daß durchaus nur eine Untermenge der existierenden einfachen Bausteine zur Anwendung kommt. Andererseits kann es aus Gründen der Produktivität sinnvoll werden, komplexere (höherintegrierte) Dialogbausteine zu verwenden, die eher anwendungsspezifische Charakteristika haben.

Ein komplexer Dialogbaustein besteht graphisch aus $1..n$ einfachen Dialogbausteinen verschiedener Arten. Man findet einfache Datei-Browser genauso wie vollständige Text-Editoren unter den Werkzeugen dieser Kategorie.

Abb. 4.16 Komposition und Verfeinerung von Dialogbausteinen

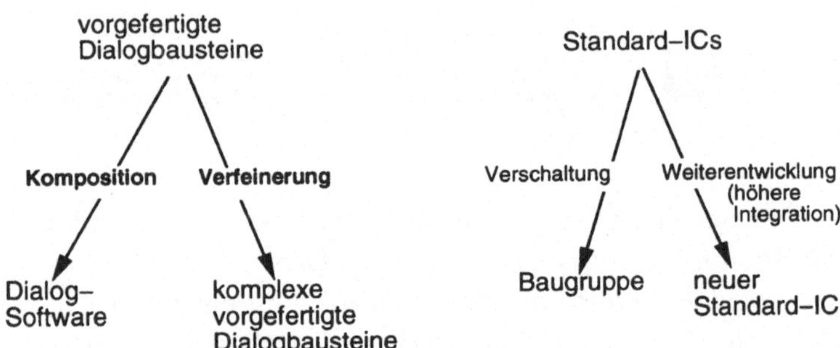

Komposition

Verfeinerung

Es gibt zwei Verfahren, um aus den elementaren Dialogbausteinen komplexere Dialogwerkzeuge zu erzeugen. Die *Komposition* ist das eine Verfahren. Es basiert auf einer Programmierschnittstelle der vorgefertigten Dialogbausteine und verwendet die Bibliotheken des Toolkits wie sie geliefert werden. Das zweite Verfahren benutzt den Quellcode einzelner Bausteine und ändert sie zugunsten benötigter Dialogeigenschaften ab. Diesen Vorgang, den wir *Verfeinerung* nennen wollen, gibt es nur bei einigen wenigen verfügbaren Toolkits. Denn um die Programmierschnittstelle und die Bibliotheken erweitern zu können, muß der Quellcode der Bausteine dem Programmierer zugänglich sein oder dynamische Bibliotheken müssen das Überladen existierender erlauben.

Beide Verfahren werden in den folgenden beiden Abschnitten behandelt. In Abb. 4.16 sind die beiden Verfahren und ihre Analogie zur Verwendung und zur Fortentwicklung integrierter Schaltkreise angedeutet.

4.4.4 Kompositionsmethoden

Unter Komposition von Dialogbausteinen versteht man die Verschaltung verschiedener vorgefertigter Dialogbausteine zu einem

Softwaremodul, das genau die Dialogeigenschaften besitzt, die man im Auge hat. Dazu stellt man mit Hilfe der Behälter-Dialogbausteine von einem Programm aus eine dynamische Hierarchie von Bausteinen zusammen.

Die dynamische Dialogbausteinhierarchie *entsteht aus der Schachtelung der Dialogbausteine, die für eine Anwendung sichtbar sind. Sie läßt sich zumindest teilweise (manche Behälter sind unsichtbar) an der Anordnung der Dialogbausteine ablesen.*

In den meisten Systemen beginnt man bei der Wurzel des dynamischen Dialogbausteinbaumes und setzt sukzessive Behälter und Strukturdialogbaustein ineinander, bis die gewünschte Struktur vorliegt. Die aktiven Dialogbausteine gehören dann meist zu den Blättern dieses Baumes und können sehr unterschiedliche Abstände zur Wurzel haben. Diese Hierarchie heißt dynamisch, weil sie zur Laufzeit (auch ausgelöst durch Benutzeraktionen) verändert werden kann. So erscheinen Menüs als Teil dieser Hierarchie und verschwinden wieder. Naturgemäß gibt es einige Dialogbausteine in der Hierarchie, die permanent sind, d.h. sie werden nie verändert. Deshalb sind sie aber dennoch Teil der dynamischen Hierarchie.

dynamische Hierarchie

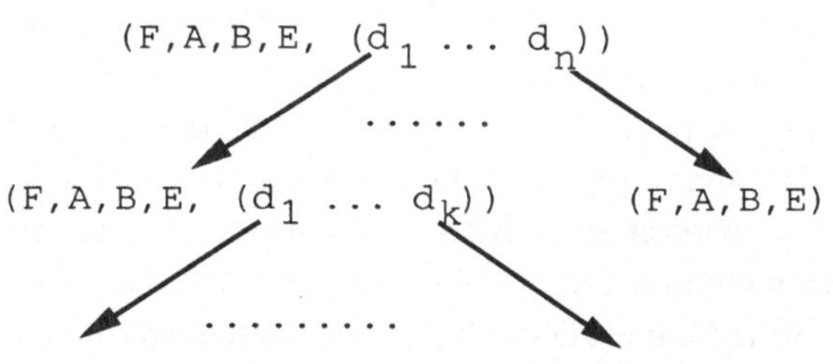

Abb. 4.17 Die dynamische Bausteinhierarchie, die durch Komposition zur Laufzeit entsteht

Diese Hierarchie drückt sich bei den meisten Toolkits in der *Enthaltensein*-Relation der zugehörigen Fenster graphisch aus. Die dynamische Dialogbausteinhierarchie ist nicht direkt abbildbar auf die Fensterhierarchie, von der beim Ressourcen-Verwalter die Rede war. Zwar existiert zu jeder dynamischen Bausteinhierarchie eine Fensterhierachie im Ressourcen-Verwalter (falls er damit arbeitet), aber da ein Dialogbaustein aus mehreren Fenstern bestehen kann, existiert im allgemeinen keine 1 : 1 Zuordnung

auch Enthaltensein-Relation

zwischen Dialogbausteinen und Fenstern. Viel mehr entspricht jeder Dialogbaustein einem Teilbaum in der Fensterhierarchie.

Wichtiger als diese graphische Konsequenz der Hierarchie ist die Auswirkung auf die Aktionen der einzelnen Dialogbausteine. Die Aktionen eines DB sind auf dem ganzen Territorium dieses Bausteins gültig, bis auf die Bereiche, die durch enthaltene Dialogbausteine überdefiniert werden.

Ähnlich wie mit den Aktionen kann man auch mit den Eigenschaften (E) der Bausteine verfahren. Eigenschaften, wie die Größe eines konkreten Bausteins, können ebenfalls mit Hilfe von Prioritäten zwischen dem Baustein selbst, seinen hierarchischen Nachbarn, Vorfahren oder Nachfahren ausgehandelt werden.

4.4.5 Verfeinerung

Unter Verfeinerung eines Dialogbausteins wollen wir die Erzeugung eines neuen Dialogbausteins durch Modifikation eines bestehenden verstehen. In der objektorientierten Programmierung bietet sich dafür das Klassenkonzept mit seinen Einfach- und Mehrfachvererbungsmöglichkeiten an. Dieses Verfahren wendet man an, wenn man neue vorgefertigte Dialogbausteine erzeugen will, die dieselbe Anwendungsprogrammierschnittstelle besitzen wie die einfachen Bausteine.

Durch stufenweise Komposition von Dialogbausteinen gehen leicht Qualitätsmerkmale der Programmierschnittstelle und der Ergonomie-Aspekte (Konsistenz) verloren. Bei der Verfeinerung eines Dialogbausteins wird die Forderung gestellt, daß die Wiederverwendbarkeit eines Bausteins genauso realisiert ist wie die eines elementaren Dialogbausteins, und daß die *Stilrichtlinien* (engl.: Style Guides, Guidelines) eingehalten werden.

Die Möglichkeit der Verfeinerung existiert nicht bei allen Toolkits. Dagegen sind Kompositionsmethoden eine Voraussetzung für flexible Dialog-Programmierung.

statische Hierarchie

Protokolliert man die programmtechnische Herkunft aller Dialogbausteine, so entsteht eine statische Hierarchie, *die sich bei objektorientierter Programmierung an der Vererbungshierarchie ablesen läßt.*

Um den Unterschied zur Komposition (Abb. 4.17) deutlich zu machen, wird der Vorgang der Verfeinerung auf die (ausführliche) Tupel-Schreibweise für einen Baustein angewendet, der keine Behältermöglichkeiten hat:

Komposition abstrakt

$$\left(\begin{pmatrix} f_1 \\ \vdots \\ f_s \\ f_{s+1} \\ \vdots \\ f_k \end{pmatrix}, \begin{pmatrix} a_1 \\ \vdots \\ a_t \\ a_{t+1} \\ \vdots \\ a_l \end{pmatrix}, \begin{pmatrix} b_1 \\ \vdots \\ b_u \\ b_{u+1} \\ \vdots \\ b_m \end{pmatrix}, \begin{pmatrix} e_1 \\ \vdots \\ e_v \\ e_{v+1} \\ \vdots \\ e_n \end{pmatrix}\right)$$

$$\overrightarrow{Quelltext} \left(\begin{pmatrix} f_1 \\ \vdots \\ f_s \\ f'_{s+1} \\ \vdots \\ f'_o \end{pmatrix}, \begin{pmatrix} a_1 \\ \vdots \\ a_t \\ a'_{t+1} \\ \vdots \\ a'_p \end{pmatrix}, \begin{pmatrix} b_1 \\ \vdots \\ b_u \\ b'_{u+1} \\ \vdots \\ b'_q \end{pmatrix}, \begin{pmatrix} e_1 \\ \vdots \\ e_v \\ e'_{v+1} \\ \vdots \\ e'_r \end{pmatrix}\right)$$

Mit dieser Darstellung soll deutlich werden, daß die Veränderung Art und Anzahl der Komponenten des Dialogbausteins betreffen und unter Umständen einen völlig neuen Dialogbaustein erzeugen. Die Verfeinerung bedeutete bislang immer eine Weiterentwicklung oder Überlagerung des Quellcodes.

Beispiel

Hierzu soll ein Beispiel betrachtet werden. Angenommen, es existiert bereits ein Dialogbaustein, der unformatierten Text anzeigen kann, so wäre eine weitere Verfeinerungstufe ein Dialogbaustein, der Text mit verschiedenen Schrifttypen anzeigt. Diese Weiterentwicklung würde sich fast ausschließlich auf die graphischen Eigenschaften E des Dialogbausteins auswirken. Entwickelt man diesen Dialogbaustein weiter, so daß er *Hypertext*-Merkmale aufweist[8], so sind davon zusätzlich B und A betroffen.

[8] Das bedeutet, daß einzelne Textsequenzen oder Wörter hervorgehoben sind und angeklickt werden können. Dieses Anklicken bewirkt beispielsweise, daß Querverweisen oder Begriffsdefinitionen nachgegangen werden kann.

4.4.6 Anpassung (Späte Verfeinerung)

Dem Anwendungsprogrammierer haben wir die Kompositionsmethoden an die Hand gegeben, der *Widget-Programmierer*[9] gestaltet mit Hilfe der stufenweisen Verfeinerung immer neue spezialisierte Werkzeuge, sofern die Quell-Dateien vorliegen.

Der Benutzer aber hat bislang keinen Einfluß auf das Verhalten und das Aussehen einer Anwendung, zumal er im allgemeinen weder Zugang zum Quelltext der Programme hat, mit denen er arbeiten muß, noch Interesse daran, sich mit deren Details auseinanderzusetzen.

vgl. Window Manager

Ist trotz dieser zuletzt genannten Bedingungen eine Einflußnahme des Benutzers zur Laufzeit des Programms erwünscht, so ist es sinnvoll, den Mechanismus, der diese späte Verfeinerung vornimmt, mit in das Toolkit zu übernehmen. Der Grund dafür ist, daß der Anwendungsprogrammierer diese Funktionalität benutzen kann (d.h. Einschalten und Ausschalten), ohne sich mit der Realisierung zu beschäftigen.

Die Realisierungsvarianten der späten Verfeinerung wurden im Zusammenhang mit dem Window Manager ausführlich besprochen. An dieser Stelle soll, der Vollständigkeit halber, auch dieser Vorgang in einer Tupel-Schreibweise für ein DB_e festgehalten werden:

späte Verfeinerung abstrakt

$$\left(\begin{pmatrix} f_1 \\ \vdots \\ f_s \\ f_{s+1} \\ \vdots \\ f_k \end{pmatrix}, \begin{pmatrix} a_1 \\ \vdots \\ a_t \\ a_{t+1} \\ \vdots \\ a_l \end{pmatrix}, \begin{pmatrix} b_1 \\ \vdots \\ b_u \\ b_{u+1} \\ \vdots \\ b_m \end{pmatrix}, \begin{pmatrix} e_1 \\ \vdots \\ e_v \\ e_{v+1} \\ \vdots \\ e_n \end{pmatrix}\right)$$

$$\overrightarrow{Laufzeit} \left(\begin{pmatrix} f_1 \\ \vdots \\ f_s \\ f'_{s+1} \\ \vdots \\ f'_k \end{pmatrix}, \begin{pmatrix} a_1 \\ \vdots \\ a_t \\ a'_{t+1} \\ \vdots \\ a'_l \end{pmatrix}, \begin{pmatrix} b_1 \\ \vdots \\ b_u \\ b'_{u+1} \\ \vdots \\ b'_m \end{pmatrix}, \begin{pmatrix} e_1 \\ \vdots \\ e_v \\ e'_{v+1} \\ \vdots \\ e'_n \end{pmatrix}\right)$$

[9] Dieser Begriff stammt aus der X Toolkit-Programmierung und hat weitgehende Akzeptanz erfahren.

Die Eigenschaften eines Dialogbausteins (also auch ihre Anzahl) sind durch den programmierten Baustein festgelegt, aber die Ausprägungen können teilweise vom Benutzer überschrieben werden. Meist beschränkt sich die späte Verfeinerung auf Layout-Fragen wie: Farben, Geometrien und Schriftsätze. Oder anders ausgedrückt, die dynamische Hierarchie kann nicht geändert werden. Der Grund dafür ist, daß Programminterna (Variablen- und Prozedurnamen) ansonsten sichbar sein müßten.

Umfang der Anpassung

4.4.7 Stile und Richtlinien

Hier muß noch einmal das Thema Konsistenz zur Sprache kommen. Wir wollen zusammenfassen, mit welchen Hilfsmitteln wir diese kostbare Qualität einer Dialogsoftware unterstützen können.

Hilfsmittel

1. Dokumentierte Gestaltungsrichtlinien und Disziplin
   Wenn man Vertrauen in den Programmierer hat, reicht es, ihm die Gestaltungsrichtlinien anhand eines Dokumentes zu übergeben. Mit dieser Vorgehensweise (und kommerziellem Druck) hat die Firma Apple es geschafft, daß alle offiziell für den Mac angebotenen Anwendungen ein und dasselbe *Navigationsprinzip* verwenden.

   Dokumente

   Apple's Richtlinien in [App87]

2. Bedingungen für Verfeinerung und Komposition der Dialogbausteine
   Die Veränderungsmöglichkeiten von Komponenten eines Dialogbausteins (Verfeinerung) werden stark eingeschränkt. Das Zusammenspiel einzelner Dialogbaustein kann vom Anwendungsprogramm nicht mehr beeinflußt werden, nur die Behälter-Dialogbausteine kontrollieren die konsistente Erscheinung. Der Nachteil dieser Methode ist der Verlust der Flexibilität des Toolkits.

   begrenzte Flexibiltät

3. UIDS = User Interface Design Systems
   Die vollständige Trennung des reinen Dialog-Designs von den verfügbaren Werkzeugen und Anwendungen wird in den UI-Design Systemen verwirklicht, die mehr und mehr angewendet werden. Es gibt drei grundsätzliche Vorgehensweisen, den Dialog zu spezifizieren.

   siehe [Rum90]

Sprachorientiert: Durch eine spezielle Sprache (engl.: User Interface Language, kurz: UIL) wird die Komposition von Dialogbausteinen bestimmt. Die Einschränkungen, die einen konsistenten Stil gewährleisten, müssen in den Compiler oder Interpreter dieser Sprache mit aufgenommen werden. Das Problem mit dieser Variante ist, daß eine weitere Syntax und Semantik erlernt werden muß.

Interaktiv: Durch Programme, die komplexen Zeichenprogrammen gleichen, wird das Aussehen der Benutzerschnittstelle festgelegt. Das Verhalten der Dialogsoftware ist schwieriger zu definieren und wird meistens durch eine graphische Spezifikation mit Hilfe von Verbindungslinien und -graphen zwischen graphischen Symbolen von Benutzereingaben und Aktionen realisiert. Diese interaktiven Programme bieten nur Möglichkeiten an, die mit den Richtlinien konform sind.

Automatisch: Dieses Ziel, zu einer Anwendung per Programm eine passende und konsistente Benutzerschnittstelle zu realisieren, ist ein aktuelles Forschungsgebiet.

Wir greifen diese Problematik im Zusammenhang mit UIMS (Kapitel 7) erneut auf. Interaktive UIDS haben zu einer Entwicklungspraxis geführt, die allgemein als *Rapid Prototyping* bekannt ist. Hier wird nach Vorstellung des Kunden eine Benutzungsoberfläche erstellt, die keinerlei anwendungsbezogene Funktionalität besitzt. Der Vorteil, schnell sichtbare Resultate vorweisen zu können, wird häufig durch zahlreiche Entwurfswiederholungen und mangelnde Flexibilität (vor allem was das dynamische Verhalten angeht) des entstehenden Codes relativiert. So wird häufig ein graphisches Layout hinterher in einer vollständigen Implementierung nachvollzogen.

z.B. Rapid Prototyping

4.4.8 Zusammenfassung

Stand der Forschung

Das Thema dieses Abschnitts ist Teil laufender Forschungsarbeiten, die bei der Industrie auf großes Interesse stoßen. Der Grund dafür ist die höhere Ausbeute an Produktivität, die zu erwarten ist, sobald die Probleme überwunden sind und sobald die angestrebte Verwirklichung von Standards erreicht ist.

Trotz der Verschiedenheit der Anwendungen, die sich eines Fenstersystems bedienen, kann man gemeinsame Mengen von Dialogbausteinen definieren, die die elementaren Dialogaufgaben erfüllen. Indem man dem Anwendungsprogrammierer die Möglichkeit gibt, die einzelnen Dialogbausteine durch Komposition zu einer komplexen Dialogsoftware zusammenzuschalten, ist es möglich, die anwendungsspezifischen Dialoge schnell zu realisieren.

Dialogbausteine als gemeinsamer Nenner

Mit der Verfeinerung kann der Anwendungsprogrammierer eine bewährte Dialogsoftware aus neuen vorgefertigten, komplexen Dialogbaustein mit der fürs Toolkit standardisierten Schnittstelle zur Verfügung stellen. Nicht zuletzt müssen noch einige ergonomische Richtlinien für das gesamte Erscheinungsbild der Fensteroberfläche verwirklicht werden.

Produktivität und Ergonomie

Kapitel 5

Verteilte Fenstersysteme

Die wichtigsten Aspekte

Verteilte graphische Fenstersysteme gibt es erst seit Mitte der 80er Jahre. Das Fenstersystem X und die Einführung des 'Network, extensible Window System' (kurz NeWS) brachten diese Entwicklung ins Rollen. Zumindest X trägt sie bis heute.

siehe auch [KW89]

5.1 Verteilte Fenstersysteme

Von einem verteilten Fenstersystem spricht man,

(1) wenn eine Anwendung auf einem Rechner R_1 eine Fenstereingabe bzw. -ausgabe auf einem Rechner R_2 vornimmt, oder

(2) wenn ein Teil des Fenstersystems auf einen anderen Rechner ausgelagert ist, so daß mehrere Rechner zusammenarbeiten müssen, um die Dialogdienstleistung zu erbringen (beispielsweise könnte das Toolkit oder der Window Manager getrennt vom Rest des Fenstersystems sein).

Die Tatsache, daß eine Anwendung *hier* das Fenstersystem *dort* benutzen kann, bedeutet im allgemeinsten Fall, daß eine Anwendung parallel auf beliebig vielen Fenstersystemen die Ein-/Ausgabe durchführen kann und daß ein Fenstersystem von Anwendungen verschiedener Rechner benutzt werden kann. Das Rechnernetz kann dabei vollkommen *heterogen* sein, das heißt die einzelnen Arbeitsplätze müssen nicht von einem Hersteller sein oder die gleiche Architektur besitzen.

heterogenes Gesamtsystem

5.2 Motivation und Anwendungen

Moderne Supercomputer stellen eine Fülle an Rechenleistung zur Verfügung, die nur sinnvoll genutzt werden kann, wenn viele Benutzer gleichzeitig sich der Leistung des Systems bedienen. Am besten geschieht das derart, daß man den PC auf dem eigenen Schreibtisch als Zugang zu einem Vektorrechner verwenden kann. Die graphische Ein- bzw. Ausgabe der Anwendungen, die auf dem Großrechner ablaufen, muß die Hardware des PCs oder der Workstation ansprechen können, um vor Ort Interaktion mit dem Benutzer durchführen zu können.

Teilnehmersysteme, siehe [Sch83]

früher textorientiert, jetzt graphikorientiert

Das Problem vieler dezentraler Dialogteilnehmer an einer zentralen Einrichtung ist keineswegs neu. Unter der Bezeichnung *Teilnehmersysteme* faßte man die dafür erforderlichen Hardware- und Softwarekomponenten zusammen. Was früher durch eine Reihe von Text-Terminals mit logischer Terminalschnittstelle üblich war, hat heute durch den graphischen Dialog über verteilte Fenstersysteme eine neue Qualität gewonnen. Der Arbeitsplatzrechner, genauer seine Dialogsoftware, bildet das Fenster zum Hochleistungsrechner oder – noch allgemeiner – zu einer ganzen Menge von spezialisierten Rechenanlagen.

Beispiele

CAL

Andere Beispiele, bei denen die Nutzung räumlich getrennter Hardware mit Hilfe gemeinsamer Graphik-Software möglich sein sollen, sind das computerunterstützte Lernen, aber auch das verteilte computergestützte Konstruieren. Das Szenario besteht entweder aus einem Klassenzimmer mit einer großen Zahl von vernetzten Arbeitsplatzrechnern, die von den Schülern bedient werden. Man kann sich auch vorstellen, daß jeder Schüler zuhause an seinem persönlichen (Netz-)Rechner an Aufgabenprogrammen arbeitet, die ihm interaktiv vom Lehrer aufgegeben und von diesem kontrolliert werden.

CSCW = Computer Supported Cooperative Work

Wem diese Beschreibung aus verständlichen Gründen wenig sympathisch erscheint, der sei an die Kontrollräume der Raumfahrtzentren erinnert, die insbesondere bei spektakulären Ereignissen immer wieder eindrucksvoll demonstrieren, wie eine Vielzahl von Experten durch gemeinsamen Dialog mit Rechnern und Kommunikationseinrichtungen die verstrickten Probleme lösen. Auch hier ist eine Verknüpfung der graphischen Fähigkeiten der einzelnen Arbeitsplätze eine wichtige Voraussetzung.

Festhalten sollte man, daß es Probleme gibt, die sich nur (oder am leichtesten) durch räumlich *verteilte Dialogsysteme* lösen lassen. Die Zahl dieser Probleme nimmt zu, und aus Benutzersicht sollte sich die Art des Dialoges nicht wesentlich von der in einem lokalen Rechnersystem unterscheiden. Deshalb liegt es nahe, die Software, die wir zur Lösung der lokalen Dialogprobleme kennengelernt haben, auf eine verteilte Aufgabenstellung zu erweitern.

5.3 Kommunikation

Das Hauptproblem aller verteilt residierender Software ist das Kommunizieren der Teilkomponenten. Wir wollen zunächst die *Kommunikationspartner* identifizieren, mögliche *Kommunikationsformen* (Daten, Synchronisation, Instanzen) untersuchen und dann praktische Probleme wie *Geschwindigkeit* und *Adressierung* betrachten.

5.3.1 Kommunikationspartner

Dazu sollen zunächst einige vereinfachende Annahmen gemacht werden:

Oberbegriff Kommunikation

- „Kommunikation" soll in diesem Zusammenhang als Oberbegriff der „Kooperation" und der „Kommunikation" [1] dienen. Ob eine Kommunikation von der Transport-Software real als Kooperation (weil lokal) abgewickelt wird oder nicht, soll nicht interessieren.

Schichten unteilbar

- Die Verteilung kann sich nur auf Komponenten beziehen, die wir in der Architektur der Fenstersysteme als Schichten kennengelernt haben, d.h. Anwender-Werkzeuge und Ressourcen-Verwalter können voneinander getrennt werden, die Schichten an sich sind unteilbar.

Prozesse

- Eine weitere realistische Einschränkung besteht darin, die kommunizierenden Instanzen als Prozesse zu betrachten.

[1] Verbreitet ist auch der Begriff 'Interaktion' als Oberbegriff' [Wet93]. Diese Bezeichnung benutzen wir bewußt nicht, da ihr im Zusammenhang mit Benutzungsschnittstellen bereits eine andere Bedeutung beigemessen wird.

Kommunikationsplattform

- Die Verbindungen der Kommunikation sind verläßlich und bidirektional. Insbesondere kümmern wir uns im folgenden nicht um Bitsicherheit und setzen gleichzeitig voraus, daß Dialog immer einen Rückkanal braucht.

Abb. 5.1 Beispiel eines verteilten Fenstersystems mit räumlicher Trennung

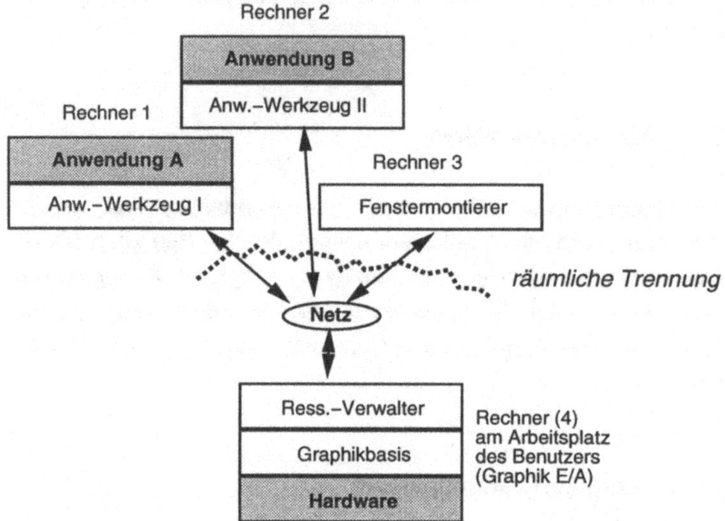

In den Abb. 5.1 und 5.2 sind mögliche Aufteilungen der Instanzen aufgezeigt. Sie unterscheiden sich vor allem darin, wo sich der Window Manager in Relation zum Gesamtsystem befindet. In Abb. 5.1 hat der Window Manager eine Netzverbindung zum Basissystem. Abbildung 5.2 zeigt eine Variante bei der der Window Manager am gleichen Ort wie der Ressourcen-Verwalter und die Graphikbasis sitzt. Dies entspricht schließlich auch den verschiedenen Varianten, die es für die Organisation des Window Managers gibt.

Beide Konfigurationen haben Vor- und Nachteile. Ist der Window Manager ortsfest mit dem Ressourcen-Verwalter verbunden, so ist ihre Kommunikation sehr effizient realisierbar. Ist dies nicht der Fall, so hat man zwar einen Kommunikationsoverhead zu befürchten, man kann aber andererseits die Rechenlast des Gesamtsystems auf verschiedene Rechner verteilen.

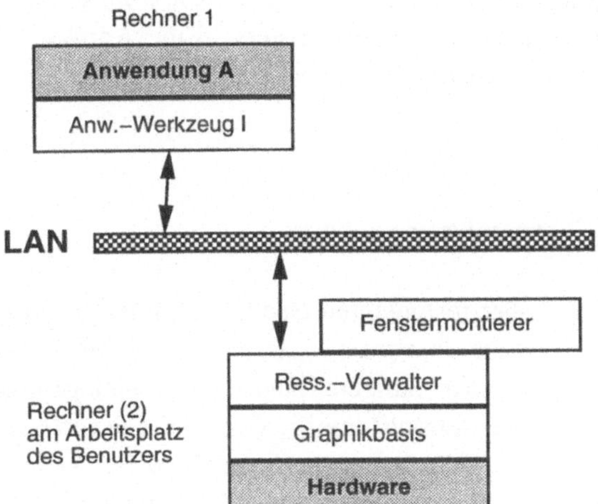

Abb. 5.2 Fenstersystem, das über ein Local Area Network gekoppelt ist

5.3.2 Kommunikationsbeziehung

Die Kommunikationsart und das Kommunikationsbedürfnis richten sich danach, in welcher logischen Beziehung die Kommunikationspartner zueinander stehen. Es bedeutet keine Einschränkung der Allgemeinheit, wenn man davon ausgeht, daß Instanzen temporär in einer Dienstnehmer/Dienstgeber-Relation stehen. Im Schichtenmodell ist diese Beziehung nur zwischen zwei direkt vertikal benachbarten Komponenten möglich, wobei die untere die Dienstgeber-Funktion ausübt. Die hierarchische Beziehung im Fensterreferenzsystem hat zunächst nichts mit den Schichten des Kommunikationssystems zu tun. Insbesondere kommunizieren Dienstnehmer und Dienstgeber im allgemeinen mittels der gleichen Kommunikationsebene, meist sogar mit symmetrischer Ausprägung (engl.: Peer-to-Peer) miteinander.

Client/Server

Unter dieser Voraussetzung gibt es im wesentlichen Kommunikationsbedürfnisse in Form von *Aufträgen*, zum Beispiel Anforderungen an den Ressourcen-Verwalter und *Antworten* (Ergebnisse, Werte). In diesem Beispiel (Ressourcen-Verwalter ist Dienstgeber) müßten dann die Ereignisse, die eigentlich auf Veranlassung des Dienstgebers auf den Weg gebracht werden, in einem vorausgegangenen Auftrag angefordert worden sein – sie sind also nur asynchrone Antworten. Der Dienstnehmer kann eine Anwendung oder ein Fenstermontierer sein.

Auftrag

Antwort

Ereignisse

Ganz konkret bewirkt ein Auftrag beispielsweise das Erzeugen oder Sichtbarwerden eines Fensters. Eine Antwort könnte die Meldung sein, daß der Benutzer eine Tastatureingabe abgeschlossen hat.

5.3.3 Kommunikationsebene

Nach den bisher festgelegten Bedingungen ist die Kommunikation als einfache *Interprozeßkommunikation* (IPK) anzusehen, die allerdings noch einigen Randbedingungen genügen sollte. Multiprozeß-Betriebssysteme bieten eine Reihe von Netz-Mechanismen an, derer sich ein Fenstersystem bedienen kann. Sie unterscheiden sich im wesentlichen durch ihre Zuordnung zu Schichten in der *ISO/OSI Kommunikationshierarchie* und damit durch die Gewährleistung einer bestimmten Funktionalität.

ISO/OSI-Hierarchie

	Modell	Realisierung
7	Anwendungsschicht	RPC
6	Darstellungsschicht	RPC
5	Kommunikations-steuerung	RPC
4	Transportschicht	TCP
3	Vermittlungsschicht	IP
2	Sicherungsschicht	
1	Bitübertragung	
	PHYSIKALISCHES MEDIUM	PHYSIKALISCHES MEDIUM

Abb. 5.3 Kommunikationsebenen im ISO/OSI 7-Schichten-Modell

Die einzelnen Realisierungsvarianten auf den verschiedenen Schichten werden zusammen mit ihren Vor- und Nachteilen kurz aufgelistet.

Realisierungsvarianten

Schicht 5 (bis 7) – Fernprozeduraufruf (engl.: Remote Procedure Call) (RPC):

Als Fernprozeduraufruf bezeichnet man einen Dienst, der es ermöglicht, Funktionen und Prozeduren, deren Namen registriert sind, auf einem anderen Rechner zu benutzen und aufzurufen. Das Verwalten der Namen, das Weiterleiten der Parameter und der Resultate übernimmt der Dienst. Durch sogenannte Stummel-Prozeduren oder Stummel-Prozesse (engl.: Stubs) wird der Applikation die Benutzung der Routinen angeboten.

von Vorteil

+ Mechanismus mit definierter Programmierschnittstelle und *Quittung*
+ Sprachanbindung an eine gängige Programmiersprache liegt vor
+ Datenformat und Codierung sind wie beim Aufruf einer lokalen Funktion
+ Verwaltung der Kommunikationsbeziehung kann man der RPC-Software überlassen
+ Da auch Kommunikationssteuerung Teil von RPC ist, ist Verbindsaufbau und Verbindungsende durch ihn gewährleistet und sicher.

von Nachteil

– Streng synchron, deshalb Wartezeiten
– Keine systemeigene Optimierung des Kommunikationsaufkommens durch kompakte Datendarstellung (z.B. kompakte Quellcodierung)
– Bislang arbeiten RPC-Server weitgehend gedächtnisfrei, so daß alle Parameter eines Aufrufes im Aufruf enthalten sein müssen
– Haupthinderungsgrund: Es gibt noch keine einheitliche herstellerunabhängige Norm, d.h. die Implementierung in *heterogenen Netzen* ist problematisch.

zu RPC siehe auch [MS92]

Schicht 4 – Datenströme (engl.: Streams):

Wie die Ein-/Ausgabe-Ströme in UNIX, kann man die Daten und Aktionen als eine Sequenz in einer einfachen linearen 'Sprache' interpretieren und diese Ströme unverändert von einem Prozeß zum anderen schleusen. Es existiert eine verläßliche, logische Verbindung, auf der der Zugriffsschutz (Leser/Schreiber) von der Kommunikationssoftware bereitgestellt wird.

von Vorteil

+ Daten und Aktionen bleiben in Sequenz
+ Man kann ein eigenes Protokoll und eigene Codierung implementieren

+ Heterogene Netze sind kein unüberwindbares Problem (Systemanforderungen gering)
+ Höhere Protokolle sind mit oder ohne Quittung realisierbar.

von Nachteil

- Das Protokoll muß zu beiden Seiten der Kommunikation selbst implementiert werden
- Eigene Programmierschnittstellen müssen definiert werden.

Schicht 3 – Datenpakete: Die direkte Kontrolle der Datenpakete im Netz (keine End-zu-End Verbindung) kann auf dieser Schicht vorgenommen werden. Dabei können einzelne Datenpakete auf verschiedenen (optimierten) Wegen vom Sender zum Empfänger dirigiert werden.

von Vorteil

+ Die *Flußkontrolle* kann von beiden Instanzen beeinflußt werden – vor allem in Form von Parametern für die Wegeauswahl
+ Man kann die Pakete optimal bündeln und mit wenig Verwaltungsinformation pro Paket auskommen
+ Die Heterogenität eines Netzes ist wenig problematisch, weil es sich um einen sehr elementaren Dienst handelt.

von Nachteil

- Wegen der verschiedenen Wege durch das Netz kommen Pakete beim Empfänger nicht notwendigerweise in der gleichen Reihenfolge an, wie sie gesendet wurden.
- Halbwegs abstrakte Programmierschnittstellen sind aufwendig zu realisieren.

Die Kommunikationsform der Schicht 4 erlaubt mehr Flexibilität als eine Implementierung auf einer höheren Schicht, vor allem was die Codierung der Daten angeht. Da auf dieser Schicht weit verbreitete Standards (TCP/IP) zur Verfügung stehen, setzen die meisten realen Systeme auf dieser Schicht auf. Die Abb. 5.3 zeigt das ISO/OSI 7-Schichten-Basis-Referenzmodell und die diskutierten konkreten Dienste.

5.3.4 Geschwindigkeit

Die in der Beschreibung der Interprozeßkommunikation erwähnten Randbedingungen betreffen vor allem die Geschwindigkeiten. Reagiert ein übers Netz betriebenes Fenstersystem zu langsam auf Eingaben des Benutzers oder Ausgaben von Text und Graphik, so ist eine sinnvolle Nutzung nicht möglich. Wir halten fest, daß die Übertragungszeit für Aufgaben wie „Ausgabe einer Textzeile" oder das „Durchreichen eines Ereignisses" im Bereich von 0.01 s ablaufen muß.

Daraus folgt, daß die Fenstersoftware und die Netzsoftware konkrete Dringlichkeiten befriedigen muß: diese liegen für eine Aktion bei ungefähr 0.01 s; nur dann kann gewährleistet werden, daß sich keine unangenehme Verzögerung im Verhältnis zu einem lokalen Fenstersystem ergibt.

konkrete Dringlichkeiten

Um die Geschwindigkeitsanforderungen genauer zu formulieren, betrachtet man das Aufkommen des Datenaustausches. Er besteht aus Aktionen (Aufträge) und Daten. Die Aktionen sind einfach zu codieren, denn es gibt nur endlich viele, die zur Laufzeit feststehen: *Operator-Identifikator* (Oid). Die Daten sind weniger leicht zu fassen; insbesondere deshalb, weil es solche gibt, die nur über eine Ressource-Identifikator (Rid) (schmalbandig) angesprochen werden, und andere, die als reine Daten (breitbandig) transferiert werden müssen, wie zum Beispiel ein Rasterbild. Diese Problematik gilt nicht nur für Aufträge, sondern im allgemeinen auch für Antworten. Ereignisse – als Spezialfälle von Antworten – haben allerdings meist ein festes Format.

schmalbandig vs. breitbandig

Zwei Beispiele sollen ein Gefühl für die Größenordnungen vermitteln.

Beispiel (schmalbandige Übertragung)

Ein Auftrag (Größe maximal 1 KByte) komme innerhalb von 0.01 s beim Kommunikationspartner an. In einem Auftrag stehen 80 ASCII-Zeichen (eine Zeile) zur Ausgabe auf einem logischen Terminal. Mit dem implementierten Verfahren lassen sich also maximal 8000 Zeichen pro Sekunde übertragen, ohne Einbeziehung der Aufbereitung und der graphischen Ausgabe.

Text

Mit der angenommenen Übertragungsleistung können höchstens 100 Zeilen pro Sekunde ausgegeben werden, was an der unteren Grenze der heute geforderten Ausgabegeschwindigkeiten liegt.

Beispiel (breitbandige Übertragung)

Rasterbild

Im Anwendungsprogramm sei ein Schwarz/Weiß-Rasterbild der Größe 512x512x1 zusammengestellt worden, das nun komplett (im korrekten Format) auf einem entfernten Fenstersystem ausgegeben werden soll. Der Auftrag, der die Ausgabe veranlaßt, hat wegen der zu transportierenden Daten eine Größe (32768 Byte), bei der die Sendezeit und die Empfangszeit nicht mehr vernachlässigt werden können, sondern proportional zum Datenaufkommen wachsen.

Der Einfachheit halber nehmen wir an, daß wir für je 1KB die durchschnittliche Zeit von 0.01 s berechnen müssen, um die Kommunikation durchzuführen (LAN). Das bedeutet aber, daß es über 0.3 s dauert, bis das Bild vollständig beim Fenstersystem vorliegt.

Ein Farbbild (Farbtiefe 8) hätte bereits die achtfache Zeit beansprucht und wäre mit spürbarer Verzögerung (2.6 s) zu sehen gewesen.

Diese Beispiele sollten darlegen, was man vom Kommunikationssubsystem fordern muß, um darauf verteilten Fensterdialog realisieren zu können.

5.3.5 Optimierungsmöglichkeiten der Kommunikation

Einige Anregungen, wie man das Datenaufkommen optimieren kann, sollen die Betrachtungen zur Geschwindigkeit abschließen. Der Grund für diese Betrachtungen liegt darin, daß immer mehr Bedarf an Zugriff mit geringer Datenrate auf entfernte Applikationen besteht. Hier ist also auch an den *WAN*-Bereich gedacht und an Datenraten unter 100 kbit/s.

Kompression

- Man bedient sich der *Datenkompression*, insbesondere für Rasterbilddaten, um das Datenaufkommen zu reduzieren.

Zum Beispiel durch die sogenannte *Lauflängenkodierung* (engl.: Run Length) von Schwarz/Weiß- oder Farbbildern. Das Problem dabei ist, daß die Zeit, die für die Kompression und Dekompression verloren geht und die proportional zur Datenmenge wächst, nur sehr einfache Kompressionsmethoden zuläßt. Im allgemeinen sind nur verlustfreie Kompressionsmethoden von Interesse, denn sonst würde das Kommunikationssystem ein Bild beispielsweise inhaltlich verändern.

quittungsfrei

- Man kann die Kommunikation grundsätzlich ohne Quittung ablaufen lassen. Das bedeutet, daß eine Anwendung nicht weiß, wann die Ausgabe, die sie veranlaßt hatte, abgeschlossen ist. Man spricht dann vom *One Way*-Auftrag im Gegensatz zum *Round-Trip*, der mit einer längeren Transportzeit verbunden ist. Diese Art der Optimierung wurde erstmals beim verteilten Fenstersystem X angewandt.

Aufträge sammeln

- Die Verwaltungsinformation pro Auftrag oder pro Ereignis, die für die Kommunikation angefügt werden muß, kann minimiert werden, wenn man mehrere Anforderungen oder Ereignisse zu einem Auftrag bzw. zu einer Antwort zusammenfaßt. Damit erhöht sich zwar unter Umständen die Datenrate des Gesamtsystems; es kann aber bedeuten, daß einzelne Kommunikationsbedürfnisse nicht tolerierbare Verzögerungen erleben. Bei X können auf diese Art und Weise mehrere Aufträge zusammengefaßt werden.

dynamisches Protokoll (vgl. 4.1.3)

- Die eleganteste Methode ist die dynamische Erweiterung des Protokolls mittels interpretierter Sprachen. Man spricht auch vom Laden (engl.: Download) von Funktionalität in den Kommunikationspartner. Beispielsweise können interpretierbare Programme in einen Dienstgeber übertragen werden, die dann über einen einfachen Funktionsnamen (Oid) aktiviert werden können. Auf diese Art und Weise werden aus einem Teil der Daten aufrufbare Generatorprogramme.
  Generell wird zwar das Starten der Verbindung dadurch etwas langsamer, allerdings ist zur Laufzeit eine Reduktion der Kommunikation möglich. Dieses Konzept wurde bislang nur im Fenstersystem NeWS verwirklicht.

Eine einfache Form der Minimierung der Zahl der expliziten Parameter ist die Verwendung von impliziten Größen. Es werden also Werte, die über längere Zeit konstant sind, nicht jedesmal mitgeliefert, sondern dem Gedächtnis des Dienstgebers entnommen. Der früher besprochene Graphikkontext ist von diesem Typ. Zahlreiche Tricks und Kniffe in Bezug auf Optimierung der Kommunikation sind für serielle X-Terminals für das X-Protokoll entwickelt worden.

siehe [FK93]

5.3.6 Adressierung

Die Adressierung besteht aus zwei Teilproblemen. Beide Teilprobleme sind nicht spezifisch für Fenstersysteme, sondern treten in allen verteilten Systemarchitekturen mit dynamischer Dienstleistungsbeziehung auf. Es handelt sich zum einen um die Adressierung des Netzknotens (im allgemeinen der CPU), auf der der Dienstgeber angesprochen werden soll. Diese Aufgabe ist durch die Netzdienste oberhalb der Schicht 4 des ISO/OSI-Modells ausreichend abgedeckt (z.B. Internet-Adressierung). Im Gegensatz zu den vielen anderen Dienstnehmer-Aufträgen ist es bei Dialoganwendungen keineswegs egal, von welchem Dienstgeber der Auftrag angenommen wird. Denn der Rechner des Dienstgebers (in Form des Ressourcen-Verwalters) ist schließlich der Ort, an dem sich der Benutzer befindet. Bei einem Mail-Programm als Dienstgeber ist es nebensächlich, auf welcher Maschine der Server tatsächlich resident ist, es kommt nur darauf an, daß irgendeiner im Netz antwortet. Bei einem Fenstersystem ist natürlich nicht egal, an welchem Server-Rechner ein Ausgabewunsch ausgeführt wird, denn der Ort der Ausgabe sollte der Arbeitsplatz sein, an dem der Benutzer oder die Benutzerin auf die Graphik wartet. Das macht eine direkte (explizite) Adressierung der Hardware, an der sich der angesprochene Teilnehmer befindet, notwendig.

Ort des Dienstgebers

Wenn man davon ausgeht, daß auf einem Netzknoten nur ein Dienstgeber verfügbar ist, ist auch das zweite Problem gelöst. Gibt es jedoch auf einem Rechner mehrere Dienstgeber oder Dienstnehmer, so reicht die Netzadresse (Nid) für eine logische Verbindung zwischen den beiden Instanzen nicht aus. Eine Identifikation der Instanz, z.B. die Prozeßnummer (Pid), muß die Netzadresse ergänzen.

Nid = Netzknotenidentifikator
Pid = Prozeßidentifikator

Bislang sind wir immer davon ausgegangen, daß eine oder n Applikation(en) einen Dienstgeber adressieren wollen (n:1). Umgekehrt kann es jedoch nützlich sein, daß eine Applikation simultan mehrere oder gar alle erreichbaren Dienstgeber anspricht, zum Beispiel um globale Meldungen zu verschicken oder um Meinungen für eine Abstimmung einzuholen. Der erste Fall wird als *Multicasting* (1:m) bezeichnet und führt zur Einführung von Adreßgruppen, der zweite Fall ist unter dem Namen *Rundruf* (engl.: *Broadcasting*) bekannt (1:∞). Problematisch ist in beiden Fällen vor allem die Handhabung und Synchronisation der Rückkanäle der Kommunikation durch die Anwendung. Sowohl Multicast als auch Broadcast sind in heutigen Fenstersystemen noch nicht (oder nur in Ansätzen) verfügbar. Überläßt man das Vervielfältigen oder die Adreßzuordnung allgemein einem Kommunikationsobjekt , so adressiert man nur dieses, ohne sich um den weiteren Weg Gedanken zu machen.

Multicast

Broadcast

Kid = Kommunikationsidentifikator

Im Fall einer Realisierung mit Fernprozeduraufruf entfallen die meisten Adressierungsprobleme, denn sie werden vom Kommunikationssystem des RPC übernommen. Die Multicast- bzw. Broadcast-Problematik bleibt allerdings bestehen.

Obwohl es heute noch keine Fenstersysteme auf RPC-Basis gibt, haben wir hier einige Gedanken darauf verwendet. Der Grund dafür ist, daß die Theorie dafür zwar noch in der Entwicklung steckt, wir aber bereits jetzt verstehen wollen, wo die Vorteile und Problem einer solchen Realisierung liegen.

5.4 Sicht der Anwendung

Wir betrachten nun die Schnittstelle, die sich durch die Vernetzung für die Anwendung ergibt, denn als Software-Entwickler wollen wir die Anwendungsimplementierung immer im Auge behalten. Die Problematik ist allerdings weitgehend dieselbe für alle anderen denkbaren Zerlegungen des Gesamtfenstersystems. Alle anderen betreffen jedoch nur die (Weiter-) Entwickler der Fenstersystem-Software und sollen daher an dieser Stelle nicht weiter ausgeführt werden.

Die Anwendung hat also die Möglichkeit, sowohl lokale als auch über Netz erreichbare Fenstersysteme zu benutzen. Die Idee, diesen Unterschied so klein wie möglich zu halten, bezeichnet man als *Netztransparenz* der Schnittstelle.

Netz möglichst unsichtbar

Die Transparenz sieht vor, daß die Anwendung nichts von der Implementierung des Protokolls sieht, sondern daß die Schnittstelle, abgesehen von einer Adresse (Nid+Pid), aus lokalen Softwarebefehlen und Parametern besteht. Ziel ist es, eine Dienstgeber-Ersatzinstanz – in Form einer Programmbibliothek – anzubieten, in der die Aspekte der Verteilung verborgen sind.

Es kommt nun auf die Kommunikationsebene an, welchen Aufwand man bei der Implementierung der Schnittstelle treiben muß. Der Fernprozeduraufruf-Dienst (RPC) beispielsweise verfügt über die Fähigkeiten, diese Transparenz selbst zu garantieren.

5.5 Spezielle Probleme

Die Probleme der Verteilung, die Fenstersysteme mit anderen verteilten Architekturen gemeinsam haben, sind bisher betrachtet worden. Die weiteren Themen dieses Kapitels sind spezifisch für das Schichtenmodell eines Fenstersystems.

5.5.1 Systemkonsistenz

Konsistenzproblem

Wir betrachten der Einfachheit halber und weil es praxisrelevant ist den Spezialfall, daß der Dienstgeber der Ressourcen-Verwalter ist. Die Konsistenz der Datenobjekte war bei lokalen Fenstersystemen die alleinige Aufgabe des Ressourcen-Verwalters. Auf Anforderung einer Anwendung *A* werden Datenobjekte (z.B. Fenster) angelegt und verwaltet (unter Umständen auch geteilt).

verwaiste Objekte

Verschwindet nun die Anwendung *A*, indem sie zu einem regulären Ende kommt, so muß sie entweder selbst (Schicht 4) oder per RPC (Schicht 5-7) dies dem Server mitteilen. Beendet sie sich unvermittelt durch einen Programmabsturz oder gar Rechnerausfall, so ist sie im allgemeinen nicht in der Lage, den Ressourcen-Verwalter davon zu unterrichten, daß die Freigabe (Eigentümerrechte) der virtuellen Ressource veranlaßt werden kann. Deshalb behält der Betriebsmittel-Verwalter das Datenobjekt, solange er existiert, ohne daß noch Verwendung für dieses verwaiste Objekt besteht (engl.: Orphans). Das würde bei einer ausgedehnten

Lebensdauer (d.h. ständige Präsenz des Fenstersystems) den gesamten virtuellen Adreßraum des Rechners konsumieren.

Die eigentliche Ursache des Problems ist die besondere Client/Server Beziehung, die mit dem Ressourcen-Verwalter besteht. Zwischen einzelnen Anforderungen an ihn hält er in Form eines Gedächtnisses die anwendungsspezifischen Daten parat.

Lebenszeichen

Handelt es sich um eine lokale Anordnung (Anwendung und Ressourcen-Verwalter auf demselben Rechner), so kann der Ressourcen-Verwalter anhand einer Prozeßliste von Zeit zu Zeit prüfen, ob die Anwendung, für die er Daten anlegt und verwaltet, noch am Leben ist. Handelt es sich um ein verteiltes Fenstersystem, so muß man zu einer allgemeineren Lösung greifen, bei der Dienstnehmer und Dienstgeber einander ihre Existenz versichern, indem sie in bestimmten Intervallen Lebenszeichen austauschen, wenn sonst keine Kommunikation anfällt.

Man kann die Konsistenz des Gesamtsystems dann gewährleisten, wenn man beherzigt, daß der Dienstgeber dem Dienstnehmer und den von ihm gelieferten Daten nicht einfach trauen darf. Der Dienstgeber sollte sich entweder über den Zustand des Dienstnehmers vergewissern oder mit sinnvollen Default-Einstellungen arbeiten, falls Parameter unvollständig oder falsch sind.

5.5.2 Sicherheitsaspekte

Zunächst folgt eine klassische Zweiteilung des Problems. Ist der erste Teil gelöst, dann ist der zweite nur noch ein Frage der Implementierung:

Authentizität

who is who?

Die Identität eines Benutzers muß netzweit sichergestellt werden. Sie muß dem Kommunikationspartner als erste Information mitgeteilt werden.

Autorisation

wer darf was?

Welcher Benutzer und welche Instanz sind befugt, welcher anderen Instanz Aufträge zu erteilen? Die Kontrollinstanz ist der Dienstgeber.

Autorisationslisten

Entweder erfolgt die Autorisation über Listen, die dem Dienstgeber mitteilen, welche Instanz von wo aus gestartet werden darf oder man vereinbart ein Anmeldeprotokoll, das zum Beispiel die Benutzung von Kode- oder Schutzwörtern (engl.: Password) vorsieht.

Verschlüsseln

Einen bedingten Schutz gegen das Belauschen einer Verbindung bietet nur die verschlüsselte Übermittelung der Informationen (engl.: Data Encryption). Man spricht auch von kryptifizierter *Quellcodierung*. Hierzu gibt es Lösungen (private/öffentliche Schlüssel), die Teil des Kommunikationssubsystems sind (z.B. Kerberos bei RPC) oder solche, die auf Ebene der Kommunikationspartner realisiert sind.

ein Lehrbuch hierzu: [MS92]

Das Ziel ist, daß bestimmte Fenstersysteme (temporär) keinen Zugriff über das Netz zulassen, indem bestimmten Instanzen oder Benutzern keine Aufträge abgenommen werden. Dieser Schutz kann auch für die Instanzen auf einem Rechner verwendet werden, er muß aber für Netzzugriffe entsprechend erweitert werden. Bei Ferninstanzen außerhalb einer LAN-Umgebung (gemeinsame Benutzernummern) ist die Authentizität kein triviales Problem.

5.6 Zusammenfassung

Verteilte Dialogsysteme können in Form von verteilten Fenstersystemen realisiert werden.

Echtzeit

Die Kommunikation zwischen den Komponenten eines verteilten Fenstersystems muß allerdings den von der Ergonomie geforderten Echtzeitbedingungen genügen. Das wirft Probleme auf, wenn Rasterbilddaten als explizite Parameter in Fernaufträgen vorkommen.

dynamisches Protokoll

In konkreten Realisierungen sind die Schwierigkeiten mit den in diesem Kapitel aufgeführten Optimierungsmaßnahmen erfolgreich gelöst worden. Bei dem verteilten System NeWS kommunizieren die Anwendungen mit einem Ressourcen-Verwalter über eine interpretierte Sprache (extended PostScript). Ein Reihe von Aktionen können so dem Dienstgeber in Form von Programmen übermittelt werden, die dann dort gespeichert werden, um für die Zukunft verfügbar zu sein. In X benutzt man ein weitgehend statisches Protokoll auf der Basis eines Paketaustausches. Um den Kommunikationsaufwand zu minimieren, werden Ressourcen und Aktionen über Identifikatoren (Oid, Rid) angesprochen, und mehrere Anforderungen an den Server werden zu einem Paket zusammengefaßt. Dadurch wird der Verwaltungsaufwand, der pro Nutzinformation entsteht, reduziert.

Wegen dieser Optimierungsmöglichkeiten und wegen der Probleme in heterogenen Umgebungen, setzen alle heute verfügbaren verteilten Fenstersystem auf Schicht 4 des Referenzmodells auf. Die Realisierung mit Fernprozeduraufrufen ist wesentlich einfacher und wird wohl in Zukunft zu den angestrebten Konstruktionen gehören.

zukünftige Entwicklung

Graphische Standards

Kalitel 6

Fenstersysteme und graphische Standards

Graphische Standards haben ihren Ursprung Ende der 70er Jahre. Sie entstanden mit der Absicht, Programmierern eine Möglichkeit zu bieten, geräteunabhängige Anwendungsprogramme (CAD/CAE) zu schreiben, die interaktive Graphik als Dialogschnittstelle benutzen. Damit sind diese Programmierumgebungen fast ein Jahrzehnt älter als die meisten der heute verbreiteten Fenstersysteme.

CAD = Computer Aided Design

CAE = Computer Aided Engineering

In diesem Kapitel werden die Konzepte vorgestellt, mit denen die *Graphik-Standards* arbeiten, und es wird im weiteren vor allem darum gehen, welche Unterschiede und Gemeinsamkeiten zwischen diesen existieren.

6.1 Graphische Standards

Ein Graphik-Standard ist die funktionale Spezifikation einer Programmierschnittstelle für graphische Ein-/Ausgabe, die eine genormte Anwendungsprogrammierschnittstelle anbietet. Diese ist unabhängig von konkreten Programmiersprachen und konkreten Geräten.
Der Graphik-Standard gewährleistet damit eine portable Implementierung von Anwendungen.

Wie Abb. 6.1 zeigt, unterscheidet man 2D-Graphik-Standards, wie GKS (Graphisches Kernsystem) und CGI (Computer Graphics Interface), und 3D-Standards.

Da es uns um einen Vergleich zwischen Fenstersystemen und Graphikprogrammierung geht, ist nur GKS von Interesse, denn

2D-Graphik

die CGI-Norm bietet keine ausreichende Funktionalität an, um mit Fenstersystemen vergleichbar zu sein. Es ist vielmehr eine Schnittstelle, die für die Definition des Graphikbasissystems herangezogen werden kann.

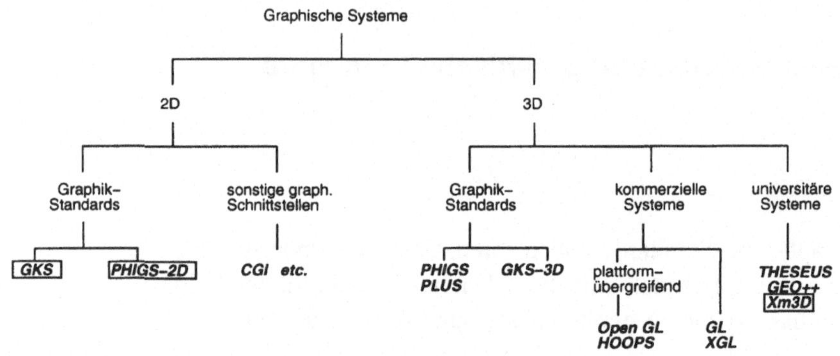

Abb. 6.1 Graphische Systeme und Graphik-Standards. Die hier besprochenen Systeme sind mit Rähmchen versehen.

Der 2D-Standard GKS kennt, ähnlich wie Fenstersysteme, ausschließlich zweidimensionale, also *ebene*, Ausgabe-Elemente, allerdings in größerer Vielfalt und mit mehr Freiheitsgraden als wir das bei den Ausgabeprimitiven der Fenstersysteme kennengelernt haben. Aus diesem Grund ist GKS besonders geeignet, als Konkurrenz zu den ebenfalls zweidimensionalen Fenstersystemen betrachtet zu werden.

3D-Graphik

Bei den dreidimensionalen Standards GKS-3D und PHIGS (Programmer's Hierarchical Interactive Graphics System) definiert das Anwendungsprogramm Ausgabeobjekte in einem 3D-Koordinatensystem und bestimmt die Ansicht, die davon auf dem 2D-Monitor zu sehen sein soll. Nach dem Prinzip einer *synthetischen Kamera* wird ein 3D-Bereich abgebildet. Die neueste Entwicklung ist eine Erweiterung der Modellschnittstelle von PHIGS zu PHIGS PLUS[1] durch Hinzunahme von Beleuchtung, Schattierung und einer Reihe neuer Darstellungselemente.

synthetische Kamera

realistische Beleuchtung

Alle Graphik-Standards gleichen sich in ihren Konzepten soweit, daß es sinnvoll ist, ohne weitere Fallunterscheidung vorzugehen. Da GKS-3D nur eine Verallgemeinerung (Obermenge) vom ursprünglichen 2D-Standard ist, verfolgen wir – wo Unterschiede auftreten – die GKS-Linie.

[1] PHIGS PLUS steht für: Programmer's Hierarchical Interactive Graphics System Plus Lumière Und Shading.

Besonderheiten der PHIGS-Standards sind im Text in Anmerkungen zu finden. Es wird dann jeweils ausdrücklich darauf hingewiesen.

6.1.1 Kapitelübersicht

Fenstersystem vs. 2D-Graphik-Standard

In diesem Kapitel sollen zunächst 2D-Graphik-Standards (PHIGS-2D, GKS) den Fenstersystemen gegenüber gestellt werden. Die Funktionalität dieser Graphik-Standards entspricht ungefähr der Schnittstelle, die der Ressourcen-Verwalter bei Fenstersystemen realisiert. Daher bietet sich ein Vergleich an.

Integration

Anschließend wird gezeigt, wie sowohl 2D- als auch 3D Graphik-Standards in Fenstersysteme integriert wurden. Dieser Vorgang ist weitgehend vollzogen und umfaßt neben den Standards (GKS, GKS-3D, PHIGS, PHIGS-PLUS) auch fast alle kommerziellen Systeme (HOOPS, GL, Open GL, XGL). Das wichtigste Merkmal: Hier bleiben die originären APIs der graphischen Systeme erhalten.

Innovation

In einem Zwischenstadium befinden sich neuere Ansätze, die Graphik- und Fensterprobleme von einer innovativen Seite angehen. Zu diesen Ansätzen gehören GEO++ und Xm3D. Diese Forschungsschwerpunkte werden an Hand von Xm3D exemplarisch vorgestellt. Es entstehen dabei völlig neue Programmierschnittstellen, die objektorientiert sind und auf hohe Programmierproduktivität ausgerichtet sind.

6.1.2 Motivation

Normungsdruck

Nachdem in den 70er Jahren zunehmend Anwendungen mit graphischer Ausgabe und einfachen graphischen Eingabebedürfnissen implementiert wurden, wuchs der Bedarf für eine API-Plattform, auf der diese Programme aufbauen konnten, die zudem dauerhaft verläßlich und weit verbreitet war. Die Abkehr von einer Vielzahl herstellerspezifischer Schnittstellen hin zu einer international anerkannten Norm war ein Fortschritt, vor allem für die kleinen Software-Hersteller. Man spricht deshalb auch von einem wirtschaftlich begründeten Normungsdruck.

Graphische Standards boten für die Programmierung eine logische und virtuelle[2] Graphikmaschine, die flexibel war und gleichzeitig eine – für den Entstehungszeitraum – komplexe Funktionalität lieferte. Sie lösten eine Reihe von Problemen, die bis dato von den Anwendungsprogrammierern übernommen worden waren. Zum Beispiel werden Koordinatensysteme vorgegeben und Transformationen zwischen diesen Koordinatensystemen vom Graphiksystem berechnet. Weiterhin werden eine Reihe von Eingabegeräten definiert, die ohne Gerätekenntnisse aktivierbar sind.

Koordinatensysteme

Transformation

Abb. 6.2 Schichtenmodell des GKS

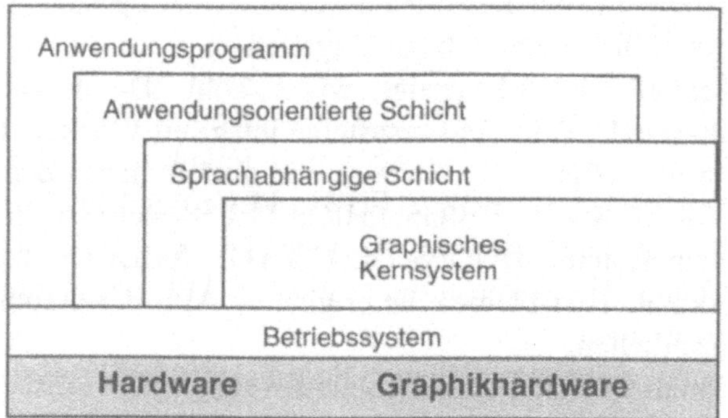

Abbildung 6.2 zeigt, inwiefern GKS schichtenweise gegliedert ist. Es zeigt sich deutlich, wie das Entwurfsziel „sprachunabhängig“ verwirklicht wurde.

6.1.3 Konzepte graphischer Standards

Ein grundsätzliches Konzept der Festlegung der Schnittstellen war das Verbergen von Details, insbesondere von Gerätedetails. Aus diesem Grund wird mit einer Abstraktion des Ausgabegerätes gearbeitet, die es erlaubt, in einem Koordinatensystem zu malen, das nichts mit der Auflösung des Bildschirms zu tun hat. In einer kurzen Übersicht kommen nur die allerwichtigsten Konzepte von Graphik-Standards (GKS) zur Sprache.

Einführungen bieten [EK+83] und [Pfa90]

[2] Gemeint ist virtuell in dem Sinne, daß exklusive Nutzung gegeben war.

Koordinatensysteme

Darstellungselemente werden in einem *Weltkoordinatensystem* (WK) spezifiziert, das entsprechend der anwendungsbezogenen Geometriedaten (VLSI-Entwurf, Architektur) gewählt werden kann. Das kann jedes beliebige zweidimensionale kartesische Koordinatensystem sein.

Weltkoordinaten

VLSI = Very Large Scale Integration (im Chip Design)

Um die Festlegung auf ein konkretes Ausgabegerät und dessen Koordinaten zu umgehen, wird die Ausgabe dann in ein normalisiertes *Gerätekoordinatensystem* (NGK) übertragen. Es hat – unabhängig vom Gerät – den Wertebereich [0, 1] x [0, 1], und in diesem System werden die ausgegebenen Objekte als sogenannte *Segmente* gespeichert. Mit dieser Zwischenspeicherung hält man sich die Ausgabe auf verschiedene Hardware-Konfigurationen und Geräte offen.

Segmente

Der endgültigen Darstellung auf einem Bildschirm oder einem Drucker geht noch eine Wandlung in die Gerätekoordinaten (GK, Einheit: Meter) voraus[3]. Die beiden Transformationen (Skalierung, Translation und Clipping) zwischen diesen Systemen übernimmt das GKS vollständig, und zwar Hin- und Rücktransformation (für die Eingabe). In Abb. 6.3 ist am Beispiel eines gefüllten Dreiecks die dreistufige *Ausgabe-Pipeline* angedeutet. Unter einer Ausgabe-Pipeline versteht man dabei die Schritte, die während der Ausgabe durchlaufen werden müssen zwischen der Ausgabe des Modells und der tatsächlichen Anzeige auf dem Bildschirm.

Gerätekoordinaten

Schnittstellen

Die Implementierungen der graphischen Standards ist geprägt durch eine *prozedurale Anwenderschnittstelle* für die Anwendungsprogramme. Die Schnittstelle, die der Implementierer des Standards für verschiedene Ausgabegeräte realisieren muß, wird als *Arbeitsplatzschnittstelle* bezeichnet.

API prozedural

Arbeitsplatzschnittstelle

Zum Austausch von Bildern zwischen verschiedenen Arbeits-

[3] Dem Kenner wird nicht entgangen sein, daß wir die Segmenttransformation unterschlagen haben. Da diese Transformation kein neues Koordinatensystem einführt, sondern von NGK nach NGK führt, ist es für die anstehende Erklärung nicht förderlich und wird einfach weggelassen.

Abb. 6.3
Koordinatensysteme von GKS

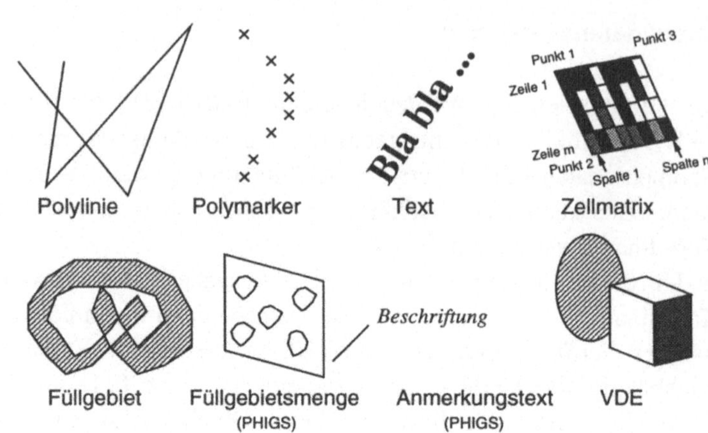

Modellschnittstelle

plätzen gibt es eine *Modellschnittstelle* in Form von Funktionen zum Schreiben und Einlesen von Graphik-Dateien. Diese Bilddateischnittstelle, GKS-Metafile (GKSM) genannt, ist eine Ausprägung von graphischen Zwischendateien (engl.: Computer Graphics Metafiles, kurz: CGM). Diese Zwischendateien sind mehr als eine Rasterbeschreibung der Graphik. Sie beschreiben vielmehr die Graphikoperationenen (Editierfunktionen), die zum Erstellen der Graphik benutzt wurden. Damit kann diese Graphik nach dem Wiedereinlesen weitereditiert werden.

Exklusive Betriebsmittel

Eine GKS- oder PHIGS-Implementierung verwaltet gleichzeitig mehrere sogenannte Arbeitsstationen (engl.: Workstations). Damit sind im Gegensatz zur heutigen Benutzung dieses Begriffs Ein-/Ausgabe-Geräte gemeint und nicht verschiedene Rechner.

Arbeitsplatz

Neben dem Rasterbildschirm, dem Vektorbildschirm und verschiedenen Druckern gehören auch die Meta-Dateien zum abstrakten Typ „Arbeitsplatz". Die Graphiksoftware hält alle damit verbundenen Betriebsmittel exklusiv für eine Anwendung bereit. Es kommt nicht zur Aufteilung des Bildschirms oder der Maus beispielsweise für mehrere nebenläufige Applikationen.

Ausgabe

Die Ausgabeprimitive werden in GKS auch als *Darstellungselemente* bezeichnet. Die folgende Liste ist eine vollständige Aufzählung dieser Ausgabeobjekte (siehe auch Abb. 6.4):

Darstellungselemente

- Polygon,
- Polymarker,
- Text,
- Füllgebiete (gefüllte Polygone),
- Zellmatrix (für Rasterbilder), und das
- Verallgemeinerte Darstellungselement (VDE) für Erweiterungen.

Die Ausgabe erfolgt durch das Zeichnen in Weltkoordinaten auf einer oder mehreren Arbeitsstationen gleichzeitig. Die betroffenen Arbeitsstationen werden vorher explizit geöffnet, und die Ausgaben gehen parallel zu allen Geräten, die auf diese Weise initialisiert worden sind.

Zeichnen in Weltkoordinaten

Die Darstellungselemente können gruppiert werden. In GKS nennt man eine Gruppe von graphischen Primitivobjekten, die so mit einem eigenen Namen (Id) versehen werden, *Segmente.* Über ihren Segmentnamen sind komplexe Objekte löschbar und skalierbar (etc.), aber nicht mehr editierbar. Bei PHIGS ist diese Struktur der Ausgabe-Objekte ein gerichteter Graph (Baum, zyklenfreies Netz), der die hierarchischen Beziehungen zwischen den Teilobjekten festlegt.

GKS: einstufige, lineare Gruppen

PHIGS: hierarchische Struktur

Bei allen Graphik-Standards sind beliebige Bildschirmausschnitte als (getrennte) Ausgabebereiche definierbar. Einen solchen Bereich nennt man *Gerätedarstellungsfeld*, und es können mehrere solche Felder unabhängig voneinander und gleichzeitig zur Ausgabe genutzt werden (verschiedene Transformationen). Der Begriff „Fenster“, den wir in Fenstersystemen mit einem Teil des Bildschirms verknüpften, taucht in graphischen Standards in einer ganz anderen Bedeutung auf. In GKS-Terminologie ist ein **Fenster** ein Ausschnitt aus dem Anwendungskoordinatensystem, definiert also den sichtbaren Teil der Welt (definiert in Weltkoordinaten). In Abb. 6.3 ist links ein GKS-Fenster zu sehen.

Andere Bedeutung von „Fenster“

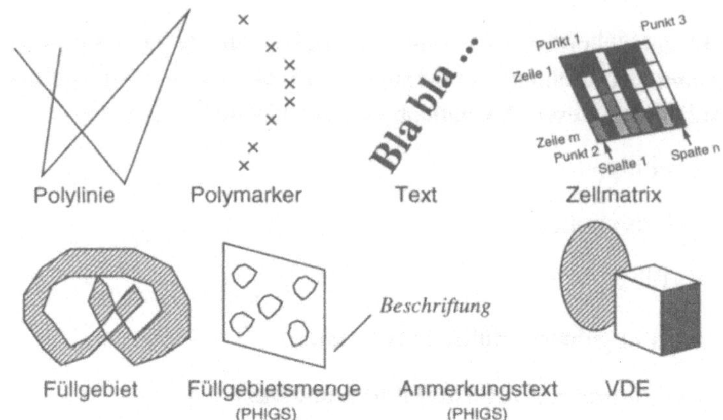

Abb. 6.4 Darstellungselemente von GKS und PHIGS

Die Restauration des Bildes erledigen Graphik-Standards intern, ohne Hilfe der Applikationen. Die Segmente sind dazu im Graphikpaket in einer Liste gespeichert und mit einer Ausgabereihenfolge (Sichtbarkeitspriorität) versehen.

Attribute

Den Begriff des Graphikkontextes selbst gibt es in GKS nicht. Das Konzept dagegen ist auch hier verwirklicht. Man unterscheidet *globale Attribute*, die für alle Ausgabegeräte gelten und *arbeitsplatzspezifische Attribute*. Pro Arbeitsplatz wird eine Farbtabelle, eine Bündeltabelle und eine Mustertabelle (Füllmuster) von GKS verwaltet. In den Bündeltabellen werden sogenannte Attributsbündel gehalten, die über Indizes angesprochen werden. Bemerkenswert sind die Freiheitsgrade bei den Ausgabeelementen, die sich in einer großen Zahl von Attributen niederschlägt. Für Text beispielsweise gibt es neben den üblichen Parametern wie Zeichenhöhe und -breite auch noch die Schreibrichtung, die Textausrichtung (rotierter Text für Beschriftung) und den Zeichenvergrösserungsfaktor.

Schriftzüge

Eingabe

Graphische Standards verwalten beliebig viele, verschiedene physikalische Eingabegeräte. Es gibt jedoch eine Beschränkung der tatsächlich verfügbaren Geräte durch die Tatsache, daß es in GKS

und PHIGS genau sechs logische Eingabeklassen gibt, wobei die Zuordnung, welches Eingabegerät welche Eingabeklasse unterstützt im Graphiksystem festgelegt wird und statisch ist.
Es folgt eine knappe Beschreibung der Eingabeklassen:

sechs logische Eingabeklassen

Lokalisierer (engl.: Locator): liefert 2D-Weltkoordinaten eines Punktes,

Strichgeber (engl.: Stroke): liefert eine Folge von Punktkoordinaten,

Wertgeber (engl.: Valuator): liefert einen numerischen Wert (ähnlich einem Potentiometer oder einem Schieberegler),

Picker (engl.: Pick): liefert die Bezeichnung eines durch den Bediener (das ist der Benutzer in GKS-Terminologie) identifizierten Ausgabe-Segmentes,

Auswahl (engl.: Choice): liefert *eine* bestimmte aus n Möglichkeiten,

Texteingabe (engl.: String): liefert eine Zeichenfolge.

Es existieren eine Reihe von Betriebsmodi, unter denen die Eingabeklassen benutzt werden können. Eine logische Eingabeklasse kann in allen drei Modi betrieben werden. Die Zuordnung des Modus, der für eine konkrete Eingabe benutzt wird, liegt beim Applikationsprogrammierer. Die Eingabemodi des GKS/PHIGS lauten:

3 Eingabemodi

Anforderungsmodus (engl.: Request Mode): Das Graphik-System wartet (synchrone Eingabe) bis die verlangten Eingabedaten an dem angegebenen Arbeitsplatz eingegeben werden.

Abfragemodus (engl.: Sample Mode): Abfrage aktueller Eingabewerte einer Eingabeklasse ohne Warten (z.B. auf Benutzeraktionen).

Ereignismodus (engl.: Event Mode): Ausgeführte Eingaben werden in einer Warteschlange zwischengespeichert. Ereignisse können nacheinander, aber zu beliebigen Zeiten (asynchron) für einen bestimmten Arbeitsplatz abgearbeitet werden. Wir kennen diesen Modus bereits von der Architektur der Fenstersysteme.

Pull Modell

Insgesamt kontrolliert das Anwendungsprogramm die (zeitliche) Abarbeitung der Anwendung sehr stark dadurch, daß es Eingabeklassen und -Modi zu bestimmten Zeitpunkten festlegt. Man spricht von *interner Steuerung* oder auch vom Pull Modell im Gegensatz zu Systemen, bei denen der Benutzer frei entscheiden kann, wann und durch welches Eingabegerät die Eingabe erfolgen soll. Solche Systeme bezeichnet man als Systeme mit *externer Steuerung* oder mit Push Modell .

Push Modell, nach [Cra89]

6.1.4 Vergleich: Graphische Standards vs. Fenstersysteme

Die Liste der Kriterien für graphische Fenstersysteme aus dem 3. Kapitel bewährt sich auch bei Evaluation von Softwarepaketen für die Realisierung graphischer Benutzungsoberflächen allgemein. Aus diesem Grund wird sie herangezogen, um einen Vergleich zwischen den graphischen Standards und den graphischen Fenstersystemen durchzuführen.

Diese Bewertung ist im Vergleich zu den später folgenden Untersuchungen an konkreten Fenstersystemen aber auch direkt als Analyse der Stärken und Schwächen von graphischen Standards zu sehen.

für PHIGS & GKS hoch

Verfügbarkeit: Die Verfügbarkeit graphischer Standards ist relativ hoch. Dazu hat neben der Normung vor allem die Tatsache beigetragen, daß eine Unabhängigkeit von Betriebssystemen und konkreter Hardware realisiert werden mußte.
Die Sprachanbindung wird durch die Architektur direkt unterstützt, indem GKS beispielsweise eine sprachabhängige Schale um den eigentlichen Kern des Graphiksystems legt.
Im Vergleich dazu sind Fenstersysteme im allgemeinen stärker mit der Hardware und vor allem mit dem Betriebssystem verwoben. Ausnahmen bilden die Fenstersysteme X, Andrew (gezielt portabel) und NeWS.

Systemebene

Programmier-Produktivität: Die Produktivität der Anwendungsprogramme war keines der Entwurfsziele graphischer Standards. Bedingt durch die anwendungsunabhängige, primitive Schnittstelle (vergleichbar dem Ressourcen-Verwalter) ist die Produktivität gering.

Parallelität: Die externe Parallelität ist insofern gegeben, als daß verschiedene Bildschirmbereiche gleichzeitig und voneinander unabhängig Ausgaben darstellen können. Bereits bei der Eingabe stößt man mit graphischen Standards auf enge Grenzen. Es gibt zwar eine bildschirmbereich-bezogene Eingabe, diese dient jedoch nur dem Zweck, die Koordinaten-(Rück)-Transformation festzustellen, so daß die Eingabewerte in Weltkoordinaten bei der Applikation abgeliefert werden.

kein Multitasking

Die vom Benutzer getroffene Wahl der Eingabegeräte und ihre Zuordnung zu bestimmten Eingabekontexten (Fenstern/Anwendungen) wird jedoch nicht unterstützt, zumal eine gleichzeitige Ausführung mehrerer Anwendungen garnicht vorgesehen ist. So ist die Semantik einer Eingabe global definiert und nicht spezifisch für einen Ein-/Ausgabebereich.

keine externe, keine interne Parallelität

Leistung: Die Leistung der Graphik-Standard-Software kann nicht pauschal bewertet werden, da es sehr unterschiedliche Implementierungen und Hardwaregrundlagen gibt.

Im Vergleich zur Graphik von Fenstersystemen ist allerdings zu berücksichtigen, daß vor allem die mehrfachen (mindestens zwei) Transformationsstufen der Ausgabe und die damit verbundene Fließkomma-Arithmetik eine erhebliche Belastung des Gesamtsystems verursachen.

mehrere Transformationen, Fließkomma-Arithmetik

Wegen des breiten Einsatzes in der Industrie vor allem im Bereich CAD, gibt es Hardware-Unterstützung sowohl für PHIGS PLUS als auch für GKS.

Graphikmodell: Die für sämtliche Graphik-Standards vorgesehene Vektorgraphik ist aus der Sicht der Anwendung sehr angenehm. Durch dieses Graphikmodell ist es jeder Applikation möglich, Werte in einem eigenen Koordinatensystem zu spezifizieren.

ursprünglich reine Vektorgraphik

Die für die Restauration gepufferten Ausgabeobjekte (auch Segmente) können ebenfalls in Vektordarstellung gespeichert werden. Das ist vorteilhaft wegen der verschiedenen Ausgabegeräte, die am System gleichzeitig verfügbar sein können.

Stile: Zur Entstehungszeit der graphischen Standards gab es

keine Unterstützung

Stile nur in rudimentärer Form. Die Tatsache, daß graphische Standards nicht auf einen konkreten Stil festgelegt sind, ist zunächst nicht nur als Nachteil zu betrachten. Damit stehen dem Anwendungsprogrammierer alle Möglichkeiten offen. Die geringe Unterstützung eines ergononischen Stils hingegen, hat dazu geführt, daß die Benutzungsschnittstellen zwar sehr ähnlich elementar, aber auch sehr umständlich waren. Es gibt insbesondere keine Instanz, in der Stilkonzepte und anwendungsübergreifende Techniken lokalisiert sind, wie es im Window Manager bei den Fenstersystemen der Fall ist. Es existieren auch keine Dokumente, die als Richtlinien einen guten Stil beschreiben.

spezielle Objekte

Erweiterbarkeit: Bei der graphischen Ausgabe hat man bei GKS die Möglichkeit, mit dem verallgemeinerten Darstellungselement das Graphik-System zu umgehen und Hardware-spezifische Optimierungen oder neue Ausgabeobjekte zu definieren (GKS: VDE = Verallgemeinerte Darstellungselemente, PHIGS: GDP = Generalized Drawing Primitive). Die Erweiterbarkeit ist damit in eng begrenztem Rahmen möglich. Die Portabilität geht wegen der Nähe zur Hardware durch Erweiterung weitgehend verloren.

kein Entwurfsziel

Anpaßbarkeit, späte Verfeinerung: Diese Thematik wurde zu dem Zeitpunkt, an dem die Standards festgeschrieben wurden, nicht als relevant erachtet, weil nicht der Benutzer sondern das Anwendungsprogramm im Vordergrund des Interesses stand.
Bei Graphiksystemen ist somit keine Unterstützung des Systems für Stilfragen und anwendungsübergreifende Verfeinerung bei Graphiksystemen zu erwarten. Auf Anwendungsebene ist die Anpassung in jedem Fall vom Anwendungsprogrammierer realisierbar.

nur eine Applikation

Teilbarkeit der Ressourcen: Der gleichzeitige Zugriff mehrerer Anwendungen auf Datenobjekte, die vom graphischen Standard verwaltet werden, ist nicht vorgesehen. Allerdings ist es möglich und erwünscht, Ausgabeobjekte einer Anwendung für mehrere Graphikgeräte nur einmal auszugeben (aber mehrfach zu speichern).

Verteilte Dialogsysteme: Wegen des hohen Datenaufkommens bei graphischem Dialog wurde die Möglichkeit, verteilte Graphiksysteme zu installieren, bis vor wenigen Jahren nicht ernsthaft erwogen. Daher sind auch Graphik-Standards gänzlich ohne Verteilung realisiert.
Die Verfügbarkeit von ausreichend schneller Netzhardware war zum Normungszeitpunkt zwar bereits beträchtlich, allerdings fehlten effiziente und verläßliche Implementierungen der unteren OSI-Schichten.

kein Entwurfsziel

Struktur der API: Nur eine prozedurale Anbindung wird unterstützt. Es gibt insbesondere bei GKS mehrere Ausbaustufen, die sich im Programmierkomfort und der Anzahl der verfügbaren Funktionen unterscheiden. Eine Besonderheit von GKS: Es gibt eine große Anzahl von Abfragefunktionen, die der Anwendung die Möglichkeit geben, den Gesamtzustand des Systems zu erfragen.

prozedural

Komfort der API: Der Komfort der Programmierschnittstelle muß als minimal eingestuft werden. Es gibt keine verbreiteten anwendungsunabhängigen Dialogbausteine. Der Grund hierfür dürfte in der Struktur der API und in der daraus resultierenden Struktur der Anwendung zu suchen sein. Die prozedurale Vorgehensweise mündet in endlose Abfragen, was das System zur Verfügung stellt und Reaktionen darauf. Systemübergreifende Dialogbausteine waren damit praktisch nicht realisierbar.

niedrig

Kommunikation zwischen Anwendungen: Die Bilddateischnittstelle bietet die Möglichkeiten eines Bild-Datenaustausches zwischen zwei Anwendungsprogrammen. Es handelt sich dabei jedoch nicht um eine interaktive Methode (Fenster-zu-Fenster-Kopie), denn die andere Anwendung kann nicht parallel (wg. GKS/PHIGS) laufen.
Prinzipiell ist ein Ausgabefeld-zu-Ausgabefeld-Transport innerhalb einer Anwendung von Daten möglich („Pick Segmentnamen und kopiere das Segment auf einen anderen Arbeitsplatz"). Er ist aber uninteressant, da es sich ohnehin um dieselbe Anwendung handelt, die beide Ausgabefelder kontrolliert.
Zudem sind die unterschiedlichen Weltkoordinatensysteme

nur über Dateien

in diesem Fall eher hinderlich, denn das Erscheinungsbild (GK) läßt keine Rückschlüsse auf die Originalgröße (WK) graphischer Objekte zu.

6.2 Integration graphischer Standards

Graphische Standardsysteme oder graphische Systeme und Fenstersysteme zu kombinieren und zu einer neuen Applikationsprogrammierschnittstelle zu vereinen, ist vor allem für existierende graphische Anwendungen sehr interessant. Der Grund dafür sind einerseits die hohen Investitionskosten, die in der Realisierung der Anwendungssoftware stecken, zum anderen die Forderung der Benutzer nach mehr Flexibilität und Parallelität. Benutzer wollen in zunehmendem Maße mehrere Anwendungen nebeneinander betreiben. Diese Forderung treibt die Entwicklung im Bereich der interaktiven Graphik voran.

6.2.1 Ziele der Integration

Vorteile verbinden?

Ein Ziel der angestrebten Integration von beiden Software-Paketen ist, die Vorteile der Fenstersysteme – in bezug auf die Benutzerschnittstelle – mit den Vorteilen der graphischen Normen – vor allem wegen der strukturierten Ausgabe – zu verbinden. Zum anderen sollen bestehende GKS- oder PHIGS-Anwendungen ohne Änderungen in einer Fensterumgebung lauffähig sein.

6.2.2 Integration mit Hilfe der Ressourcen-Verwalter-Ebene

siehe u.a. [Rost88], [TF89], [LH+88], [LM90], [RSK90]

prototypisch GKS

Die Integration von GKS und PHIGS in verschiedene Fenstersysteme ist bereits relativ erfolgreich durchgeführt worden. Bei der Integration mit Hilfe der Ressourcen-Verwalter Ebene beziehungsweise „auf“ Fensterebene spielen Anwendungswerkzeuge keine Rolle und werden deshalb weggelassen. Wir betrachten wiederum GKS prototypisch für alle graphischen Systeme.

Integrationsprinzip und Probleme

Das Prinzip der Integration zwischen Fenstersystemen und graphischen Standards ist, daß das Fenstersystem wegen seiner Fähigkeit zum Multitasking die Ressourcen-Verwaltung übernimmt. Der Graphik-Standard bedient sich des Fenstersystems und spiegelt seinerseits der Anwendung vor, daß eine GKS-Ressource exklusiv verfügbar ist. Dabei bleibt auch der Fenstermontierer voll funktionsfähig und erlaubt eine bedienergesteuerte Dynamik, die graphische Standards nicht kennen.

Multitasking

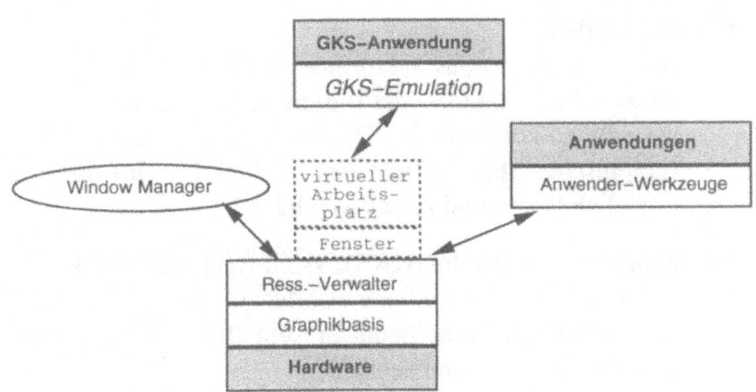

Abb. 6.5 Integration von GKS in ein Fenstersystem

Technisch realisiert wurde die Integration, indem der graphische Standard oberhalb eines Fenstersystems (ohne Werkzeuge) angeordnet wurde. Aus der Sicht des Graphiksystems ist dabei ein Fenster des Fenstersystems eine gerätespezifische Darstellungsfläche. Das Fenster ist jetzt ein logischer Arbeitsplatz in GKS-Terminologie.

Graphisches System auf dem Fenstersystem

GKS ist ein Prozeß oder eine Bibliothek, der/die Aufgaben zwischen dem Ressourcen-Verwalter von Fenstersystemen und ursprünglichen GKS-Anwendungen wahrnimmt. Die Instanz ist Dienstnehmer bezüglich des Basisfenstersystems. Die Änderungen, die an der Programmierschnittstelle durch die Integration für den GKS-Programmierer sichtbar werden, sind minimal. Die Implementierung des graphischen Standards – insbesondere der Arbeitsplatzschnittstelle – ist für diesen Spezialfall hingegen äußerst aufwendig, wie eine kurze Beschreibung der Anpassung von Ausgabe und Eingabe zeigt.

Auf der Ausgabeseite sind Konvertierungs- und Effizienzprobleme maßgeblich und auf der Eingabeseite die vielseitigen Eingabemodi der graphischen Standards, die durch die Fenstersysteme emuliert werden müssen.

Ausgabe

Folgende Problempunkte der Ausgabeanpassung sind offensichtlich, wenn man sich mit den Konzepten von Fenstersystemen und graphischen Standards vertraut gemacht hat:

Graphikmodelle

Graphik langsamer

Ausgabeseitig ist das Vektormodell der graphischen Standards auf die Vektor- oder Rastergraphikwelt der Fenstersysteme zu konvertieren. Die effektive Ausgabe-Pipeline (graphischer Standard und Fenstergraphik) wird dadurch erheblich länger und zeitaufwendiger.

Gerätedarstellungsfläche (GKS), Window (Fenstersystem)

Sofern der Fenstermontierer es erlaubt, kann jedes Fenster in seiner Größe vom Benutzer verändert werden. Zwei Vorgehensweisen sind denkbar:

1. Die Änderung des Darstellungsbereichs führt zu einem größeren Viewport in GKS.
2. Die Änderung führt zu einer geänderten NGK-GK-Transformation

Arbeitsplatz dynamisch

Da der erste Fall nicht im Sinne des Applikationsprogrammierers sein kann (er will nur einen definierten Ausschnitt zeigen), bleibt nur die Modifikation der Transformation. Das hätte für den GKS-Arbeitsplatz zur Folge, daß er eine dynamische physikalische Darstellungsfläche verwalten muß und nicht mehr nur eine statische. Damit ist die Gerätetransformation vom Benutzer (Bediener) beeinflußbar.

Neben der Möglichkeit, generell keine Größenveränderungen zuzulassen (bei manchen Fenstermontierern über Prioritäten möglich), kann nur die Realisierung einer dynamischen Datenhaltung innerhalb der GKS-Implementierung dieses Problem lösen. Die Programmierschnittstelle ändert sich dadurch nicht.

Farbtabelle

Weil graphische Standards nur eine Farbtabelle fester Größe zulassen, gehen sie davon aus, daß die (einzige) Anwendung sinnvoll mit dieser Farbtabelle umgeht. Bei Fenstersystemen hat man es aber mit einer Reihe von Anwendungen zu tun, und unter Umständen hat jede eine eigene Farbtabelle, oder aber man teilt sich eine Farbtabelle, die dynamisch vergeben wird.

dynamische Farbtabelle

Da man weder Anzahl noch Farbbedarf der einzelnen Anwendungen im vorhinein kennt, kann man keine statische Aufteilung der Farbtabelle vornehmen. Man ist gezwungen mittels einer GKS-Erweiterung die Größe der Farbtabelle pro GKS-Instanz (d.h. pro Anwendung) dynamisch zu halten.

Eingabe

Auf der Eingabeseite muß mit dem einfachen Ereignismodell und trotz der vom Window Manager bestimmten Lauschtechnik (Listener Mode) eine Eingabe mit drei verschiedenen Modi realisiert werden.

Das Hauptproblem besteht darin, daß, im Gegensatz zu graphischen Standards, bei Fenstersystemen keine exklusive Zuordnung eines Eingabegerätes zu einem Programm möglich ist. Die Zuordnung ist temporär und wird zudem durch die Lauschtechnik mitbestimmt. Das bedeutet, daß ein Window, während eine Anwendung Eingaben erwartet, von einem Cursor verlassen werden kann und damit die Eingabezuordnung (den Fokus) verliert[4].

Wir betrachten die Realisierung der drei Eingabemodi im Detail:

Realisierung der 3 Modi

Anforderungsmodus:

In diesem Fall (synchrone Eingabe) muß der Benutzer aktiv werden, damit die Anwendung (und das Graphiksystem) weiterlaufen kann. Durch entsprechende Lauschtechnik

[4] Dieses passiert im Real Estate Mode, siehe Kapitel 4 zum Thema Fenstermontierer.

kann gewährleistet werden, daß die Anwendung eine Eingabe bekommt, oder aber man bricht bei Verlust des Fokus den Eingabevorgang erfolglos ab.

Abfragemodus:

In GKS sind Abfragen von Eingabegerät-Daten zu jeder Zeit möglich. Die Abfrage eines Meßwertes bei einem Eingabegerät ist nicht sinnvoll, wenn das Gerät eben einer anderen Applikation zugeordnet wurde und keine (neuen) Werte mehr liefert (Lauschtechnik). Die Lösung des Problems liegt in einer Erweiterung (Änderung der Anwendungsschnittstelle) des Sampling-Mechanismus um

1. Gültigkeitsanzeiger oder in einer
2. Fehlertoleranz der Anwendung gegenüber veralteter Meßwerten.

Die zweite Lösung ist nicht besonders sinnvoll, da die Anwendung nicht entscheiden kann, welche Werte veraltet sind und welche nicht. Die erste Lösung führt zu einer Unstetigkeit der Meßwertfunktion (beim Umschalten von ungültig auf gültig) oder der Benutzerschnittstelle (Zeiger springt). Die letztgenannte Unstetigkeit ist zwar gewöhnungsbedürftig, sie kann jedoch in den meisten Applikationen toleriert werden.

Ereignismodus:

Diese Eingabeart entspricht im wesentlichen den Ereignissen der Fenstersysteme und erfordert keine aufwendigen oder sichtbaren Modifikationen. Allerdings sollte klar sein, daß ein Ereignis im Sinne des Fenstersystems im allgemeinen weniger Semantik enthält als die, die graphischen Standards kennen. Unter Umständen müssen also mehrere Ereignisse zusammengefaßt weitergereicht werden.

Die Restauration der Fensterinhalte wird mit Hilfe der GKS-üblichen Segmentlisten vom Graphikpaket übernommen, auch wenn das Fenstersystem Hilfsmittel für diese Aufgabe zur Verfügung stellt. In jedem Fall bleibt die Applikation von diesen Aufgaben verschont, wie das bei Graphik-Standards so üblich ist.

Die vorgestellte Integration stellt eine Lösung für existierende Applikationen dar, die mit GKS arbeiten.

Probleme der Integration auf Ressourcen-Verwalter-Ebene

Wir tragen hier noch einmal alle Nachteile der Integration zusammen.

Zunächst ist eine geringe Effizienz auf der Ausgabeseite zu verzeichnen, die durch die verlängerte Ausgabewandlung verursacht wird. Weiterhin ist ein Mangel an Stil zu beklagen. Selbst wenn die Fensteroberfläche einen definierten Stil verfolgt, kann der Umgang mit Graphikapplikationen, die veralteten Techniken folgen, die Konsistenz stark beeinträchtigen.

überwiegen die Nachteile?

Die Integration krankt konzeptionell an mindestens zwei Stellen. Zum einen ist in punkto Produktivität der kleinste gemeinsame Nenner anzusetzen, und der ist, einfach ausgedrückt, sehr niedrig. Zum zweiten ist die API durch die Schnittstellen zu Fenster- und Graphiksystem sehr inhomogen geworden.

6.3 Innovative Graphikprogrammierung

Bei der Integration, die auf der Ressourcen-Verwalter-Ebene aufsetzt (wie im vorigen Abschnitt beschrieben) ist das Graphikfenster für das Fenstersystem eine Black-Box. Also eine Applikation wie jede andere, die keinerlei spezieller Behandlung bedarf. Nimmt man nun Dialogbausteine hinzu, so ist denkbar, daß dann statt eines Fensters ein Dialogbaustein diese Rolle übernimmt. Dieses ist in der Tat realisierbar, stellt jedoch nur einen geringen Fortschritt dar. Eine solche Integration auf Dialogbaustein-Ebene unter Beibehaltung der Graphik-Programmierschnittstelle löst einige Probleme bezüglich der niedrigen Programmierproduktivität, nicht aber das Problem der inhomogenen Schnittstellen. Gibt man dagegen maßgebliche Teile der ursprünglichen Graphik-API auf, so kann sowohl Produktivität als auch Homogenität verbessert werden, dafür sind bestehende Applikationen nicht mehr ohne Änderung lauffähig.

1. Schritt: Integration auf Toolkit-Ebene

hohe Produktivität, aber inhomogen

An dieser Stelle soll nur kurz eine Möglichkeit skizziert werden, die Funktionalität des Graphik-Standards PHIGS PLUS (3D) in 3D-Dialogbausteinen zu realisieren. Der Kern der Idee besteht darin, daß die Eingabeseite der Programmierung vollständig dem Paradigma der Dialogbausteine unterworfen wird, und daß die Ausgabeseite auf homogene Weise in dieses meist objektorientierte Programmierschema aufgenommen wird. Zunächst wird aus Gründen der einfacheren Portierbarkeit zusätzlich eine PHIGS-konforme Ausgabeprogrammierung erhalten, die aber intern auf das Dialogbaustein-Konzept abgebildet wird. In einem letzten Schritt wird diese API aufgegeben und die Ausgabeobjekte selbst wie Dialogbausteine programmiert.

2. Schritt: neue API

6.3.1 Vorüberlegungen

Nicht alle Anwendungsprogrammierer, die ein Fenstersystem mit Hilfe von Dialogbausteinen programmieren wollen, brauchen 3D-Graphik oder beispielsweise rotierte Texte und Beleuchtungssimulationen. Andererseits ist es für den Programmierer eines Graphik-Standards sicherlich eine Erleichterung sich für die elementaren 2D-Interaktion (Dateiselektion, Menüs, Schalter) der in Abschnitt 4.4 vorgestellten Dialogbausteine zu bedienen. Daher erscheint eine Realisierung der Funktionalität der graphischen Systeme als anwendungsabhängige Dialogbausteine sinnvoll. Abbildung 6.6 zeigt die Beziehungen dieser spezialisierten Dialogbausteine zum Gesamtsystem (konkrete Konfiguration).

immer auch 2D-Interaktion

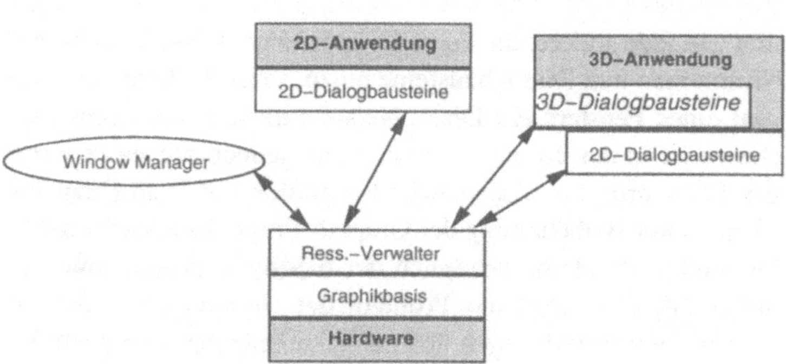

Abb. 6.6 Dialogbausteine mit 3D-Funktionalität. Die separate Schnittstelle der 3D-Dialogbausteine zum Ressourcenverwalter erklärt sich aus Effizienzerwägungen.

Das gesamte Gebiet der 3D-Dialogbausteine liegt zum Zeitpunkt der Erstellung dieser Abhandlung in einem Forschungsgebiet, das rasante Entwicklungen verzeichnet. Die vorgestellte Integration ist nicht zwangsläufig diejenige, die sich langfristig am Markt durchsetzen wird. Der Grund dafür dürfte bei den hohen Verarbeitungszeiten für die Graphikausgabe liegen. Allerdings ist sie, was ihren Entwurf angeht, ein sehr sauberes Konzept und verdient daher eine etwas nähere Betrachtung. Im Projekt Xm3D an der Universität Karlsruhe wurde das nachfolgende Konzept weitgehend verwirklicht, indem PHIGS PLUS in das Motif-Toolkit für X integriert wurde.

Projektbeschreibung in [BKS92]

6.3.2 3D-Dialogbausteine (1. Schritt)

Dialogbausteine wurden in einem der früheren Kapitel formal definiert. Wir greifen diese Definition wieder auf und erweitern sie um vier Komponenten, die jeweils wieder als Tupel zu verstehen sind. Ein 3D-Dialogbaustein hat abstrakt betrachtet folgendes Aussehen:

$$DB = (F, A, B, E, D, S, V, R, Z)$$

Bevor wir die neuen Komponenten erklären, soll der Hauptgedanke vermittelt werden. Hinter dem Formalismus steckt die Idee, die Systemsoftware, wie bereits in PHIGS PLUS angedeutet, in einen Darstellungs- und in einen Modellierungsteil zu trennen. Die Darstellung wird vollständig in die Verantwortung des 3D-Dialogbausteines gelegt, die Modellierung nur teilweise, da auch die Applikation selbst Modellmodifikationen vornehmen muß. Das heißt, die zu modellierenden Objekthierarchien sind in der Verantwortung des Dialogbausteines; die Schnittstelle, mit der diese Hierarchien manipuliert werden können, ist zweigeteilt. Einmal können PHIGS-Strukturen wie Dialogbausteine erzeugt und manipuliert werden. Darunter versteht man, daß dieselbe Syntax und eine verwandte Semantik Verwendung findet, daß also objektorientierte Datenkapselung in Objekten stattfindet, die statische Vorfahren zusammen mit den Dialogbausteinen besitzen. Alternativ dazu wird ein gewisser Mindestumfang von herkömmlichen PHIGS-Editier-Funktionen unterstützt, so daß von der Applikation (scheinbar direkt) auf die Objekte zugegriffen werden kann. Im letzten Fall entspricht – vereinfacht ausgedrückt – ein Dialogbaustein einem Graphik-Standard-Arbeitsplatz, und man übergibt diesem die Geometrien, die Perspektive und die Farbverwaltung (prozedurale Schnittstelle). Der Dialogbaustein erscheint in Form des Workstationparameters. Im ersteren muß eine neue Klasse von Dialogbausteinen abgeleitet werden, die PHIGS-Ausgabeobjekte verwaltet.

Ausgabe: PHIGS-API

In jedem Fall besteht ein Unterschied zur reinen PHIGS-Programmierung darin, daß der Dialogbaustein versucht eine Reihe von Eingaben bereits intern abzuhandeln (wir sprechen auch von geschlossenen Kontakten, engl.: Closed Loop) und alle restlichen (offene Kontakte, engl.: Open Loop) der Applikation übergibt. In einer Vielzahl von geschlossenen Kontakten besteht der Produktivitätsgewinn, den wir durch Einsatz der Dialogbausteine zu erlangen versuchen.

Cloosed Loop

Open Loop

Nun zu den Komponenten, die hier nicht vollständig erörtert werden können, weil dies den Rahmen einer Übersicht und Einführung sprengt. Einige Problem, die in den Details verborgen liegen, bleiben dadurch leider unerwähnt.

Benutzereingabe-Aktionstabelle B-A

Diese Tabellen exisitieren auch bei den „herkömmlichen" Dialogbausteinen. Sie koppeln Eingaben mit internen und externen Aktionen.

Zu den eigenen Aktionen gehören beispielsweise Änderungen von 3D-Ansichten mit verschiedenen Metaphern mit dem 2D-Eingabegerät Maus zum Beispiel über Gesten, die Selektion von Objekten, interaktive Positionierung des Augenpunktes, evtl. sogar das Löschen von Objekten u.v.a.m. Die Suche nach und die Erzeugung von sinnvollen Metaphern ist eigenständiger Forschungsbereich. Ein Beispiel aus dem angesprochen Projekt zeigt Abb. 6.7. Hier wird das bekannte Modell einer Weltkugel benutzt, um die Position zum – im Zentrum liegenden – Objekt zu spezifizieren. Diese Metapher läßt sich nur mit einem Closed Loop-Modell realisieren, sofern die Szenenbeschreibung zum Dialogbaustein gehört.

komplexe Eingaben

Stand der Forschung in [BH93]

3D-Metaphern

Struktur S

Graphische Modelle werden in Form von Strukturen aus einfachen Objekten erzeugt. Diese Strukturen wurden bereits erwähnt. In PHIGS sind dies baumartige Graphen. Die Struktur des Modells bzw. der darzustellenden Objekte umfaßt sämtliche PHIGS-Hierarchien sowie Koordinatensysteme:

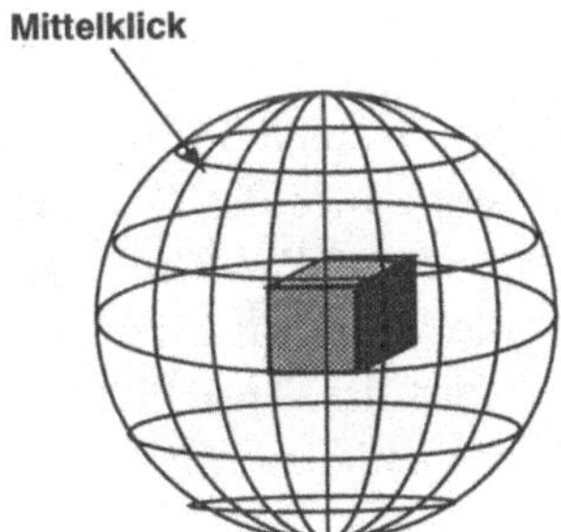

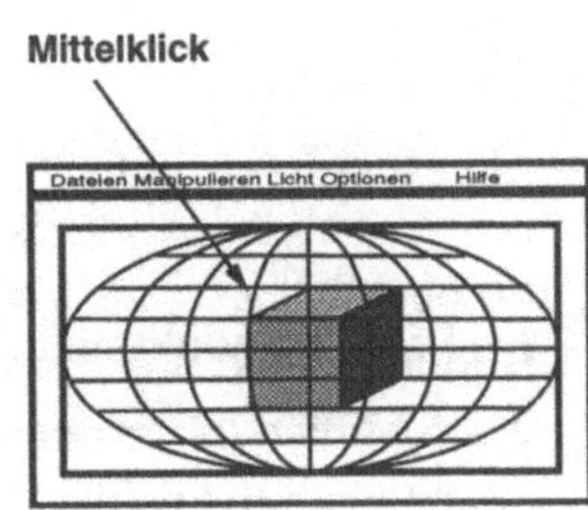

Abb. 6.7 Globusmetapher als Closed Loop-Realisierung der 3D-Dialogbausteine

- die Modellstruktur bestehend aus elementaren oder zusammengesetzten PHIGS–Objekten jeweils mit Verknüpfungsmethoden und Transformationsmatrizen,
- die Koordinatensysteme für Modell- und Weltkoordinatensystem.

Bei den Modellstrukturen handelt es sich meist um sehr große Datenmengen. Die bei jeder Aktualisierung teilweise oder komplett durchlaufen werden müssen. Dieses ist notwendig, um beispielsweise eine Hidden-Line-Darstellung sämtlicher Objekte auszugeben, nachdem ein Objekt entfernt wurde. Dabei sind eine Vielzahl von arithmetischen und logischen Elementaroperationen zu tätigen, wie zum Beispiel Koordinatentransformationen und Projektionen. Zum Zwecke der Ausgabe ist die resultierende Menge von PHIGS-Elementarobjekten in das Fenstersystem (den Ressourcen-Verwalter) zu schleusen. Dies ist vor allem bei verteilten Fenstersystemen unökonomisch, so daß man dazu übergeht die Strukturen in Erweiterungen des Ressourcen-Verwalters unterzubringen, was zumindest den Kommunikationsaufwand klein hält. Ein Beispiel dafür ist PEX (a PHIGS Extension to X) .

große Datenmengen

Effizienzprobleme

siehe [Rost88], [Rost89], [TF89]

Die technische Realisierung der Struktur kann, aus Gründen der homogenen Programmierung, in Form von spezialisierten Dialogbausteinen vorgenommen werden. Jedes Ausgabeobjekt, das relativ zu anderen plaziert werden muß, wird wie ein eigener Dialogbaustein behandelt, so daß aus der

Struktur eine dynamische Widgethierarchie entsteht (siehe Abschnitt 6.3.3).

Blickparameter V

synthetische Kamera

Zu den Blickparametern gehören die Kameraposition einer gedachten synthetischen Kamera sowie die Projektionsebene (incl. Ausdehnung). Weiterhin Parameter wie Bildobenpunkt und, kurz gesagt, alle Werte zur Definition der Sichtbarkeitspyramide. Hier wird das Ansichtskoordinatensystem und das normalisierte Gerätekoordinatensystem definiert.

Realitätsgrad R

Licht und Schatten

Der Realitätsgrad definiert und behandelt Problemstellungen und Algorithmen, die in der Computer Graphik Stand der Technik sind, die PHIGS voraussetzt und die vom Dialogbaustein zur Verfügung gestellt werden sollten.

Schattierungsart

Unter der Schattierungsart versteht man die Qualität, mit der die Darstellung der 3D-Objekte ausgeführt werden soll. Ein Dialogbaustein sollte sämtliche Methoden zur Verfügung stellen: Hidden-Line, Depth-Cueing, Flat-Shading, Gouraud- und Phong-Shading, Raytracing und möglichst auch Radiosity.

Lichtarten

Bei den qualitativ besseren Schattierungsarten gehört zur Simulation natürlicher Lichtverhältnisse auch die Möglichkeit, verschiedene Lichtarten zu definieren. Zu nennen sind beispielsweise ambientes Licht, diffuses Licht, Spotlicht und ausgedehnte Lichtquellen.

Farbtabelle

Insbesondere im Zusammenhang mit realistischen Darstellungen (viele Schattierungsstufen) ist die Verwaltung dialogbausteineigener Farbtabellen erforderlich. In diesem Zusammenhang ist auch die Form der Codierung (HLS, RGB, CIE) relevant.

Zustand Z

In Form einer Liste von Zustandsmerkern kann man „Geräteeigenheiten“, die in PHIGS abgefragt werden können bereitstellen. Als da wären: Gerätekoordinatensysteme, Geräteklassifikationen, vordefinierte PHIGS-Attribute in reicher Zahl.

Unter einer Aktualisierung versteht man in PHIGS das Durchlaufen der Struktur zum Zweck der neuerlichen Darstellung nach einer Manipulation (löschen, erzeugen). Die Aktualisierungspolitik beschreibt zu welchen Zeitpunkten und letztlich auch wie häufig das geschehen soll. Da der Vorgang aufwendig ist und damit möglichst selten passieren soll, hat man sich einige heuristische Kriterien einfallen lassen: *As Soon As Possible, Before Next Interaction .., At Some Time, When The Application Requests...*

Aktualisierungszeitpunkt

Eine Applikation kann nun entscheiden wie für sie selbst der PHIGS-Dialogbaustein die Aktualisierung durchführt. Insbesondere wenn nichts relevantes passiert ist, können bei PHIGS mehrere Editierfunktionen gesammelt werden, bevor das Durchwandern der Strukturen erneut angestoßen wird.

Das ist nur eine kleine Auswahl der nötigen Zustandsmerker, die man braucht, um eine PHIGS-Workstation zu simulieren.

Den Gewinn der Realisierung auf Dialogbausteinebene sieht man vorrangig darin, daß wir die Mechanismen der Komposition und Verfeinerung erneut benutzen können. Das heißt, es können neue Dialogbausteine erzeugt werden, die zusätzliche Eigenschaften, Objekte und Aktionen kennen (statische Hierarchie) und durch Behälter kann man mehrere PHIGS-Workstations (mehrere Ansichten, Qualitäten) benutzen und in den Widget-Baum (dynamische Hierarchie) einer Applikation einbauen.

Komposition und Verfeinerung

Die späte Verfeinerung bringt zusätzliche Flexibilität für den Endbenutzer, indem er beispielsweise eine Metapher, die vom Programmierer für die linke Maustaste bestimmt war, auf eine Funktionstaste umlegen kann. Die intern realisierten Metaphern leisten einen Beitrag zur Produktivität.

späte Verfeinerung

Wir wollen auch die Nachteile nicht übersehen. Die abschließende Diskussion kann aber erst nach den folgenden drei Abschnitten beginnen, weil hier noch einige Fakten vermittelt werden müssen.

6.3.3 Beispielhafte Realisierung

Projekt Xm3D

Im erwähnten Projekt ist eine statische Motif-Widget Hierarchie entstanden, die in Abb. 6.8 zu sehen ist.

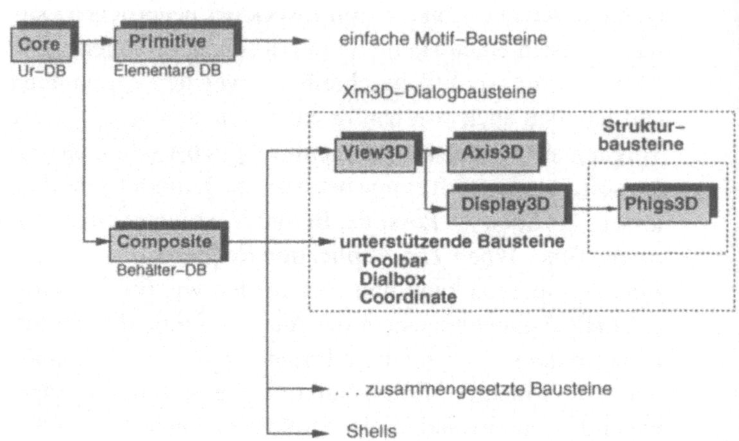

Abb. 6.8 Statische Dialogbausteinhierarchie in Xm3D *als Teil der Dialogbausteine von Motif*

statische Hierarchie

Es handelt sich bei Motif um eine objektorientierte, statische Hierarchie. Links in Abb. 6.8 befinden sich die Metaklassen `Core` und `Primitive` (elementare Dialogbausteine genannt) sowie die `Composite`- oder Behälter-Klasse. Nach rechts schreitet die Verfeinerung weiter fort und endet in 2D-Dialogbausteinen, die Motif zur Verfügung stellt (siehe dazu Kapitel 10). Dazwischen befindet sich der neue Ast mit den 3D-Dialogbausteinen.

Auch hier gibt es zunächst eine Metaklasse in Form des `View3D`-Dialogbausteines. Dieser verfügt über alle besprochenen Komponenten außer der Struktur. Von ihm abgeleitet sind zwei 3D-Dialogbausteine: `Axis3D` und `Display3D`.

Abbildung 6.9 zeigt rechts oben die Instanziierung eines `Axis3D`-Bausteins und unten die eines `Display3D`. Der Dialogbaustein `Axis3D` dient zur Darstellung eines Koordinatensystems, als Hilfsmittel der Orientierung und dazu, ein möglichst schnelles Feedback auf Eingaben darstellen zu können. Der Dialogbaustein `Display3D` dient zur Darstellung der eigentlichen 3D-Graphik. In realen Anwendungen sind Instanzen beider Klassen mittels einer direkten Kopplung verknüpft, so daß von außen betrachtet – aus der Sicht der Applikation – eine Closed Loop vorliegt und beide beispielsweise simultan ihre Perspektive ändern.

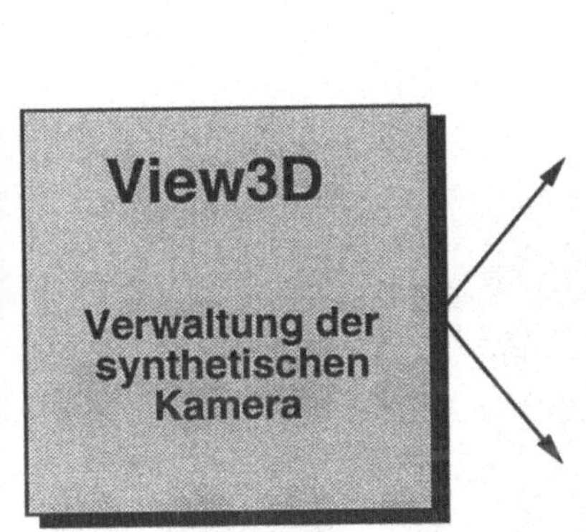

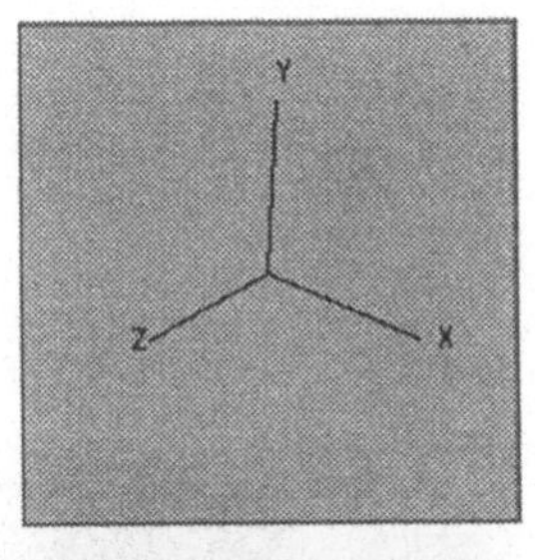

Abb. 6.9 Dialogbausteine **Axis3D** *und* **Display3D** *erben z.B. die Kameraeinstellung von ihrem statischen Vorfahren:* **View3D**.

Strukturbausteine

Abgeleitet von der Klasse **Display3D** ist die Klasse **Phigs3D**, die nun im engeren Sinne kein reiner Dialogbaustein ist, sondern ein *Strukturdialogbaustein*, kurz: *Strukturbaustein*. Solche Strukturbausteine verwalten Ausgabeobjekte und positionieren diese relativ zu anderen Strukturbausteinen. Daher auch ihre Verwandtschaft zu den Dialogbausteinen. Allerdings sind hier 3D-Modellkoordinaten bzw. 3D-Transformationsmatrizen als Positionsangaben erforderlich.

Kompositionen spezialisierter Dialogbausteine

Die weiteren in der statischen Hierarchie aufgeführten Dialogbausteine im Ast Xm3D sind 2D-Dialogbausteine, die 3D-Metaphern unterstützen und komplexe Dialogbausteine darstellen. Einige davon zeigt Abb. 6.10; sie alle zeichnet aus, daß sie Schnittstellen besitzen, mit denen sie direkt mit anderen Xm3D Dialogbausteinen kommunizieren können. In der Zusammenarbeit dieser direkten Kopplung lassen sich verschiedene Metaphern für ein und dasselbe Ausgabefenster realisieren. Wir versuchen das anhand von Abb. 6.10 deutlich zu machen. Die Abb. zeigt eine Applikation, die 3D-Objekte in Hidden-Line Darstellung präsentiert. Die Manipulation der Kamera und die Bewegungen der Objekte sind auf drei verschiedene Arten möglich. Einmal mit Hilfe einer Stringeingabe der Koordinaten, einmal über Drehwertgeber und schließlich noch über eine direkte Metapher (Globus, siehe oben) in den 3D-Fenstern selbst.

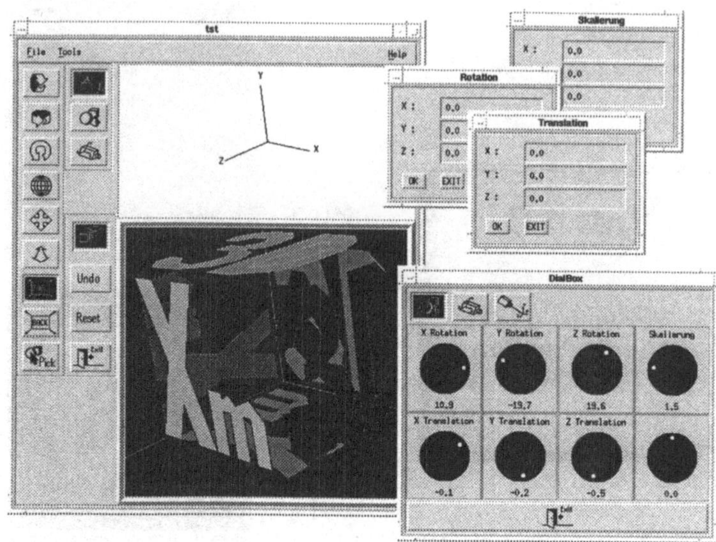

Abb. 6.10 Anwendung, mit **Xm3D** *realisiert: u.a.* **`Axis3D`**, **`Display3D`** *und spezielle 2D-Dialogbausteine, die alle untereinander gekoppelt sind, ohne daß dies in der Anwendung zu sehen ist.*

Die 2D-Dialogbausteine (links) sind Teil der statischen Hierarchie aus Abb. 6.8, die hier allerdings weitgehend unterschlagen wurden (siehe Kapitel 10, Abschnitt über Motif). Die Kommunikation zwischen den Dialogbausteinen nennt man auch direkte Kopplung. Sie ist für den Programmierer nur durch die gegenseitige Bekanntgabe der Dialogbaustein-Identifikatoren (Did) sichtbar, ansonsten sieht er eine Closed Loop.

Eingabe

Closed Loop

Durch die Realisierung der Metaphern in Form von Closed Loops ändert sich die Programmierung der Eingabe gegenüber PHIGS drastisch. Im Prinzip ist die Tatsache, daß nicht alles neu erfunden werden muß, als Gewinn zu verbuchen. Zwei wichtige Probleme gibt es dabei: erstens Metaphern müssen ausreichend flexibel sein und zweitens allgemein anerkannt sein. Flexibilität ist wichtig, um auf Vorlieben (kein Doppelklick) und Eigenheiten (Linkshänder) von Benutzern einzugehen. Die Akzeptanz einer Metapher ist ihre wichtigste Eigenschaft.

kein PHIGS-Eingabemodell

Die Eingabeklassen und -modi, die in PHIGS existieren, werden nicht mehr unterstützt und dadurch ergeben sich natürlich

Anpassungsprobleme für bestehende PHIGS-Anwendungen.

Ausgabe (2. Schritt)

Ausgaben können über die traditionelle PHIGS Schnittstelle abgewickelt werden. Diese wird jedoch auf die langfristig bevorzugte objektorientierte Dialogbausteinschnittstelle abgebildet.

Gemeinsamkeiten mit Dialogbausteinen

Die Gründe, warum aus Darstellungsobjekten nun Strukturbausteine werden, sind nicht offensichtlich, aber in der homogenen Programmierung begründet. Dazu betrachten wir die Analogie zwischen Dialogbausteinen und Darstellungsobjekten.

Erzeugen, Vernichten

Grundoperationen Dialogbausteine sowie Darstellungsobjekte müssen erzeugt in eine dynamische Hierarchie eingebunden werden und aus dieser wieder gelöscht werden.

Baumstruktur

Komposition Beide Hierarchien sind dynamisch und definieren die relative Lage (2D vs 3D) der Objekte zueinander. Was bei Dialogbausteinen die „Enthaltensein-2D"-Relation ist, lautet bei Strukturbausteinen: „IstBestandteilVon-3D". Attribute, insbesondere Eigenschaften, die nicht explizit definiert werden, können in beiden Fällen vom dynamischen Vorfahren übernommen werden.

z.B.: enter, leave, select

Eingabe Zu den typischen Benutzereingaben (B) eines Dialogbausteines, die an Aktionen (A) gekoppelt werden können, gehören „Zeigegerät betritt Dialogfenster" (F) oder „verläßt es". Diese Funktionalität wird den Strukturbausteinen vererbt. Damit läßt sich leicht das Selektieren und Manipulieren der Struktur realisieren.

generische Parameter und Funktionen

Homogenität In jeder dynamischen Teilhierarchie gibt es maximal einen Übergang zwischen Dialogbausteinen und Strukturbausteinen. Dieser Übergang wird durch die Aufnahme eines `Phigs3D`-Bausteins in die dynamische Hierarchie vorgenommen.
Strukturbausteine können nur wieder Strukturbausteine enthalten.

private Methoden

Objektorientierung Bestimmte Aktionen kann ein Objekt für sich definieren und ohne Austausch mit den Nachbarn oder der Applikation ausführen. Beim Dialogbaustein wie beim Strukturbaustein ist das farbliche Herausheben des selektierten Objekts ein gutes Beispiel.

Verfeinerung Es ist einfacher, den Verfeinerungsmechanismen der Dialogbausteine zu übernehmen, als einen neuen zu definieren. Dies ist zudem eine Homogenität von der nicht nur der Anwendungsprogrammierer, sondern auch der Weiterentwickler der Systemsoftware profitiert.

späte Verfeinerung Bei Motif gibt es ausgeprägte Möglichkeiten der späten Verfeinerung über sogenannte Resource-Files, die beim Programmstart geladen werden. Dieser Mechanismus steht ohne Aufwand auch für die Strukturbausteine zur Verfügung.

Die Nachteile einer Integration der PHIGS-Struktur in Form der Strukturbausteine hingegen sind überschaubar: Der Mehrfachnutzung einzelner Objekte in PHIGS in mehreren Strukturen wird in diesem Konzept (bisher) nur auf eine sehr primitive Art Rechnung getragen[5]. Weiterhin ist ein Overhead durch ererbte, aber nicht benötigte Komponenten möglich. So braucht für einen Strukturbaustein i.a. kein Fenster allokiert zu werden, und somit gilt für alle: $F = \emptyset$.

6.3.4 Diskussion der neuen API

homogene API

Durch Einsatz von Stukturbausteinen als Objekt-Ergänzung zu den 3D-Dialogbausteinen wird die Sicht des Applikationsprogrammierers homogen. Verloren sind weite Teile der PHIGS-Schnittstellenbeschreibung. Auf der Eingabeseite ist das eher ein Gewinn als eine Belastung, stellt jedoch die Frage: Neuimplementierung oder Portierung.

Ineffizienz

Die Ineffizienz der Graphik ist mit dieser Lösung unter Umständen sogar erhöht worden. Riesige 3D-Datenstrukturen liegen applikationsseitig und müssen bei Aktualisierung/Restauration zum Ressourcen-Verwalter transportiert werden. Da aber eine Hardware-Unterstützung für das Durchwandern der Hierarchie nur

[5] Strukturteilbäume können mehrfach verwendet werden.

in Reichweite kommt, wenn Teile der Strukturbausteine in den Ressourcen-Verwalter oder die Graphik- und Ergeignisbasis verlegt werden, ist eine vollständige Isolierung des Problems auf Toolkit-Ebene sehr unökonomisch.

Stil geklärt

Die Fragen des Stils und der Anpaßbarkeit, die bei einer Integration auf Ressourcen-Verwalter-Ebene offen waren, sind mit Hilfe der Motif-Mechanismen befriedigend beantwortet.

Offen ist noch die Frage, ob eine neue API einer Integration vorzuziehen ist. Die Frage läßt sich nur langfristig beantworten.

6.4 Zusammenfassung

Die Vorteile der Graphik-Standards beziehen sich auf eine Reihe von Punkten, die hier noch einmal zusammengefaßt werden.

Vorteile der Graphik-Standards

PHIGS und GKS stellen einen umfangreichen Graphikbefehlssatz zur Verfügung und benutzen zur Ausgabe strukturierte Objekte – bestehend aus einer Vielzahl von Primitiven – die als Ganzes verwaltet werden. Im Zentrum der Ausgabe steht diese Struktur (Segmente, Hierarchie). Graphische Standards gehen davon aus, daß eine Vielzahl von Geräten mit einem Rechner verbunden sein können, und optimieren die simultane Beauftragung dieser Geräte.

Die Eingabeseite geht von Eingaben *am Stück* aus, wobei eine semantische Interpretation der Eingabe auf Bedarf bereits beim Graphiksystem vorgenommen wird (z.B. String). Das ist möglich, weil die Anwendung das System auf die zu erwartende Eingabe exakt vorbereitet (Modus, Klasse).

Der weltweite Austausch von Graphikdaten ist über eine vereinbarte Dateischnittstelle möglich, die inzwischen auch 3D-Daten umfaßt.

Es gibt einige Punkte, in denen Graphiksysteme nicht mehr zeitgemäß sind. Diese Nachteile der Graphiksysteme bildeten den Ansatzpunkt der Fenstersysteme.

Nachteil der Graphik-Standards

Es existiert keine Unterstützung für Multitasking, und eine Netzwerkfähigkeit ist genausowenig realisiert wie universelle und allgemein verbreitete Anwender-Werkzeuge. Im Zentrum der Ausgabe steht bei Fenstersystemen das einheitliche Objekt „Fenster", das Grundlage aller komplexeren Dialogbausteine ist.

Wir unterscheiden bei der Integration von Graphiksystemen in

Fensterumgebungen zwei grundsätzliche Methoden. Die Black-Box Methode geht davon aus, daß ein Fenster zum Arbeitsplatz im Sinne der Graphiksysteme wird.

Integration

Der gegenläufige Ansatz sieht die Graphik als im Toolkit lokalisierte Spezialisierung und geht davon aus, daß 3D- und 2D-Werkzeuge sehr verwandte Probleme lösen und daher homogen programmiert werden sollten.

Es bleibt die Frage, ob die Integration von graphischen Standards in die Architektur von Fenstersystemen die Kombination der Vorteile der beiden Systeme gebracht hat, oder ob nunmehr die Nachteile beider Systeme alle weiteren Entwicklungen der Benutzungsoberflächen hemmen. Mit der Integration weiterer Medien in die Benutzerschnittstelle werden sich zwangsläufig neue Programmierschnittstellen entwickeln, so daß sowohl Graphik-Standards als auch Fenstersysteme als Zwischenschritte betrachtet werden müssen.

Innovation

UIMS

Kapitel 7

User Interface Management Systems mit Fenstersystemen

Wir wenden uns in diesem Kapitel zunächst einem völlig neuen und wichtigen Themengebiet zu: den *User Interface Management Systems* [1]. Anschließend wird gezeigt, wie sie mit Fenstersystemen in Verbindung gebracht werden können.

Ausgangspunkt ist die Forderung, komfortable (z.B. graphische), elegante (z.B. Direktmanipulation) und effiziente *(z.B. Beschleunigungstasten (engl.: Accelerator Keys))* Benutzungsschnittstellen zur Verfügung zu stellen. Die Folge ist, daß bei unveränderter Unterstützung durch die Systemsoftware die Komplexität der Benutzungsschnittstellen-Programmierung stark wächst.

komfortable Schnittstelle

hohe Komplexität

Abhilfe ist in Sicht, wenn eine klare personelle und logische Trennung zwischen Benutzungsschnittstellen-Software und Applikationssoftware besteht. Die personelle Trennung kann soweit führen, daß ein eigener Berufszweig entsteht, der benutzergerechte Kommunikationsmethoden als Schwerpunkt hat. Es muß sich dabei nicht notwendigerweise um Programmierer handeln, sondern das können auch Designer sein, die in der Industrie üblicherweise die Erscheinungsform und das Verhalten des Produktes mitbestimmen. Die logische Trennung führt über ein Stadium der modularen Problemzerlegung schließlich zu der Forderung nach einheitlichen Werkzeugen für die Erstellung von graphischen Benutzungsschnittstellen. Man unterscheidet zwei Klassen von Werkzeugen:

Problemzerlegung

- Bibliotheken und Unterprogramme wie zum Beispiel die im letzten Kapitel besprochenen funktionalen Graphik-

Bibliotheken

[1] Eine deutsche Bezeichnung hierfür hat sich nicht durchgesetzt.

standards gehören zu dieser ersten Klasse von Werkzeugen. Man spricht auch von der „API im engeren Sinne“, weil es sich hier im wesentlichen um *eine* Schnittstelle klassischer Art handelt.

UIMS

- User Interface Management Systems – kurz *UIMS* – sind die moderne Alternative zu den Bibliotheken. Diese neueren Systeme sollen in diesem Kapitel besprochen werden.

7.1 User Interface Management Systems

Aussehen und grundlegende Interaktionstechniken der Benutzungsschnittstelle werden mit Hilfe von UIMS auf hohem Abstraktionsniveau definiert. Die Beschreibungsmethoden des UIMS erlauben die Definition von Dialogen ohne Kenntnis der Applikation.

Dialog

Unter einem Dialog versteht man in diesem Zusammenhang Vorgänge, die durch eine vom Benutzer ausgelöste Aktion eingeleitet werden, und die früher oder später wieder zu Ausgaben des Systems führen.

Es ist hilfreich, sich zu verdeutlichen, daß das Ziel des Vorgangs sowohl eine Änderung der Benutzungsschnittstelle selbst sein kann, als auch eine Aktion der Applikation unter Verwendung von Parametern, die der Benutzer spezifiziert hat.

7.1.1 Begriffsbestimmung und Abgrenzung

Die Begriffe werden hier überwiegend gemäß den übersichtlichen, leicht vereinfachten Definitionen aus [FG90] verwendet.

Definitionsversuch

So bezeichnen wir als User Interface Management Systems Werkzeuge zur Erstellung einer Benutzungsschnittstelle. Die folgenden vier Eigenschaften sind von diesen Werkzeugen zu erfüllen:

1. Ein UIMS erlaubt die Beschreibung von Benutzungsschnittstellen auf hoher Abstraktionsebene und wandelt diese Beschreibung *automatisch* in Graphik- oder Fensteroperationen für ein zugrundeliegendes Programmiersystem um.

2. Das UIMS begutachtet sämtliche Benutzereingaben, und ihm fällt die *Entscheidung* zu, welche Eingaben vom UIMS behandelt werden und wie mit den übrigen Eingaben verfahren wird (z.B. Weiterleiten an eine Applikation).

3. Ein UIMS erlaubt *Veränderungen der Benutzungsschnittstelle* ohne Auswirkung auf das Funktionieren der Applikation. Im Extremfall erlaubt es sogar den Austausch der gesamten Benutzungsschnittstelle, wie beim Wechsel zwischen textorientierten Benutzungsschnittstellen und graphikorientierten.

4. Ein UIMS unterstützt sowohl die *Entwicklung* der Benutzungsschnittstelle als auch ihre *Ausführung* (siehe auch Abb. 7.1), d.h. zur Laufzeit oder beim Test.

Der Begriff UIMS geht auf den Seeheim Workshop 1983 zurück, bei dem eine logische Gliederung von interaktiver Software und ihrer Werkzeuge angestrebt wurde. Der Name verdeutlicht die Analogie, die man zu den damals bereits existierenden Database Management Systems (DBMS) gesehen hat.

analog zu DBMS

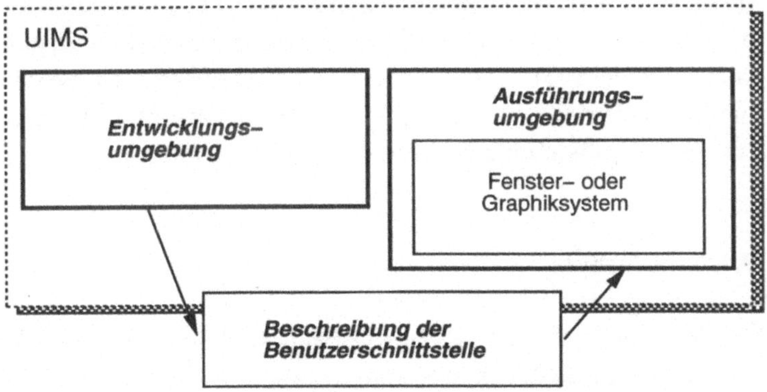

Abb. 7.1 Bestandteile eines UIMS (Die Beschreibung muß nicht UIMS-spezifisch sein)

7.1.2 Zielsetzung

Der Einsatz eines UIMS verspricht eine Reihe von Vorteilen für den Anwendungsprogrammierer.

Vorteile

Bei der Defintion der Benutzungsschnittstelle mit Hilfe abstrakter Beschreibungen entsteht eine Benutzungsschnittstelle

Wunschvorstellung

Qualität, Homogenität

von hoher Qualität und hoher Homogenität. Es werden nur die Werkzeuge benutzt, auf die das UIMS die abstrakten Beschreibungen abbilden kann.

geringer Aufwand

Der Aufwand für die Spezifikation der Benutzungsschnittstelle wird gering gehalten, weil die automatische Überführung in eine reale Implementierung eine Reihe von Details verbirgt. Das ermöglicht eine hohe Programmier-Produktivität (schnelles Programmer's Feedback) und erlaubt damit den Einsatz von Rapid Prototyping-Methoden bei der Softwareentwicklung.

Korrektheit

Wegen des automatischen Abbildungsvorganges ist die Zuverlässigkeit der Benutzungsschnittstelle als hoch einzustufen, wenn unterliegende Werkzeuge und der Automatisierungsschritt korrekt arbeiten. Man hat den Begriff der *'Korrektheit per Konstruktion'* (engl.: Correctness by Construction) dafür geprägt.

Benutzungsschnittstelle austauschbar

Schließlich können Abbildungen auf verschiedene Graphiksysteme und Werkzeuge vorgenommen werden. Das bedeutet, daß die Benutzungsschnittstelle austauschbar ist. Bei vergleichbaren Werkzeugen ist es sogar möglich, aus ein und derselben Beschreibung Benutzungsschnittstellen mit unterschiedlichem Aussehen zu gewinnen. Indem man die Abbildung ersetzt, kann man so Aussehen und Verhalten für die gesamte Schnittstelle verändern. Selbst bei extrem unterschiedlichen Werkzeugen (textuelle Schnittstelle vs. Fenstersystem) kann man ohne Veränderung der Applikation eine Umschaltung vornehmen.

7.1.3 Konzepte

Steuerung..

Programmiersysteme zur Unterstützung der Benutzungsschnittstellengestaltung lassen sich danach klassifizieren, in welchem Maß die Anwendung die Steuerung des Dialogs an die Ausführungsumgebung der Benutzungsschnittstelle abgibt. Die Begriffe 'extern' und 'intern' sind also aus der Sicht des Anwendungsprogrammes zu sehen. Anhand eines Beispiels, das für alle drei Realisierungen vorgeführt wird, werden die theoretischen Erklärungen vielleicht verständlicher.

Externe Kontrolle: Das UIMS besitzt die Kontrolle und bestimmt, in welchem Dialogzustand sich das Gesamtsystem befindet. Dieses Konzept ist übersichtlich, aber es verlangt, daß das UIMS genau über die Semantik der Eingabe Bescheid wissen muß – wie beispielsweise ihre Zuordnung zu einem bestimmten Dialog.

.. im UIMS

Beispiel:
Selektieren eines Dateinamens unter der Regie eines Anwender-Werkzeugs. Falls im Dialog ein Fehlerzustand erreicht wird (fehlerhafte Eingabe oder Eingabekombination), der für die Applikation gefährlich ist, ist es Aufgabe und Initiative des UIMS, den Benutzer darauf hinzuweisen.

Interne Kontrolle: Die Funktionalität des UIMS wird als Unterstützung der Applikation angesehen. Diese Sichtweise ist bei allen Werkzeugen, die als Unterprogramme oder Bibliotheken realisiert sind, gegeben.

.. in der Anwendung

Beispiel:
Der Aufruf einer Dateinamenselektion wird vom Anwendungsprogramm in Form eines Unterprogrammaufrufes angestoßen. Ein Fehlerzustand wird von der Applikation erkannt, wenn der Funktionswert oder einer der Rückgabeparameter des Unterprogrammes ungültig ist. Ein Fehlermeldungsdialog wird von der Anwendung initiiert.

Geteilte Kontrolle: UIMS und Applikation kontrollieren im Wechsel den Dialogverlauf. Das UIMS behält bei trivialen Aufgaben die Oberhand und aktiviert gegebenenfalls Teile der Applikation. Diese Applikationsroutinen können ihrerseits bei Bedarf neue Dialoge anstoßen.

.. in beiden Teilen

Beispiel:
Der Standarddialog verläuft unter der Kontrolle des UIMS-Laufzeitsystems. Entdeckt die Anwendung oder das UIMS einen Fehlerzustand, so können sie jederzeit mit dem Benutzer kommunizieren.

Die mächtigste Variante ist die Teilung der Kontrolle zwischen Applikation und der Benutzungsschnittstelle – also die dritte. Sie erfordert allerdings komplexe Spezifikationsmethoden (Daten- und Kontrolltransfer) für den Dialog.

7.1.4 Realisierungsmodelle

Betrachtet man das UIMS aus einer sehr abstrakten Sichtweise, so läßt sich das Gesamtsystem, insbesondere aber die Ausführungsumgebung, auf mehrere Arten gliedern.

thematische Zerlegung

Zum einen kann man die Gesamtaufgabe (beliebig fein) in Teilaufgaben zerlegen, diese mit eigenständigen *Abläufen* identifizieren und ihren Kommunikationsbedarf festlegen.

räumliche Zerlegung

Andererseits kann man die *Repräsentation* des Systems auf dem Bildschirm vorgeben und diese in logische Einzelteile zerlegen, ähnlich wie wir das mit den Dialogbausteinen in Kapitel 4 vorgenommen haben.

zeitliche Zerlegung

Schließlich ist eine Unterteilung in Form einer Angabe von gültigen Dialogsequenzen möglich.

Zu diesen Gliederungsmöglichkeiten haben sich Realisierungsmodelle entwickelt, die kurz vorgestellt werden sollen.

Seeheim- oder Prozeß-Modell

thematische Zerlegung

Die Aufgaben, die die Ausführungsumgebung eines UIMS zu erledigen hat, bestehen aus einer (vielfachen) Anwendungsschnittstelle zu mehreren Anwendungsprozessen, einer Schnittstelle zu den Geräten, die unter Umständen durch das erwähnte Graphik- oder Fenstersystem übernommen werden kann und einer nicht exakt definierten Dialogsteuerung.

Legt man nun je einen Prozeß für eine dieser Aufgaben fest, dann ergibt sich eine Konfiguration wie in Abb. 7.2. Man kann die folgenden Prozesse identifizieren: *Darstellungskomponente*, *Dialogsteuerung* und *Applikationsschnittstelle.* Die Anzahl der kommunikativen Schnittstellen (dargestellt durch Doppelpfeile) ist relativ hoch.

Wird ein UIMS nach diesem Modell realisiert, so ist der Aufwand für die Implementierung der Kommunikation groß. Der Zeitverlust durch den Kommunikationsoverhead erlaubte es bislang nicht, daß so ein System effizient arbeitet. Darunter würde das Gesamtsystem derart leiden, daß eine vollständige Zerlegung nach diesem Vorbild in der Vergangenheit als nicht sinnvoll erschienen ist. In existierenden Systemen, die nach dem *Seeheim-Modell* vorgehen, wurde ein Weg gewählt, bei dem die

Anzahl der Prozesse (gegenüber dem Betriebssystem) verringert wurde, indem beispielsweise eigene Kontextwechsel in Form von sogenannten leichtgewichtigen Prozessen (Thread-Konzept) eingeführt wurden.

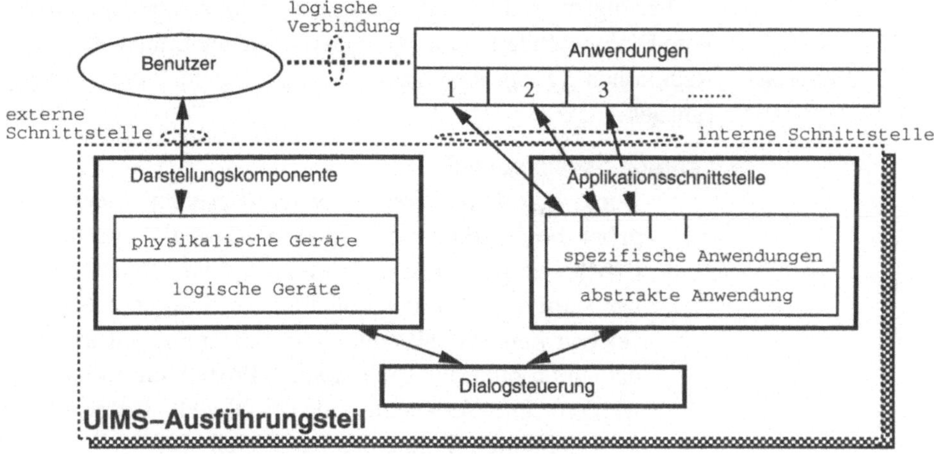

Abb. 7.2
Das Seeheim- oder Prozeß-Modell

Geräte- oder Dialogbaustein-Modell

räumliche Zerlegung entspricht Dialogbaustein-Konzept

Die Benutzungsschnittstelle kann als Menge von abstrakten Geräten angesehen werden. Diese Geräte sind repräsentiert durch Objekte, die einer bestimmten Objektklasse angehören. Jede der vordefinierten Objektklassen verfügt über eine spezielle Art der graphischen Darstellung (seiner Funktionalität), bestimmtes Eigenverhalten und eine spezifische Art und Weise, mit der Applikation zu kommunizieren.

Die Bereitstellung dieser Geräte – bei den Anwender-Programmierwerkzeugen hatten wir dafür den Begriff Dialogbausteine gebraucht – ist Aufgabe des UIMS. Neben der Bereitstellung sind auch die Spezifikation des Zusammenspiels und die Ausführungsunterstützung durch das UIMS zu realisieren.

Dialog-Modell

zeitliche Zerlegung

Indem man alle möglichen, syntaktisch korrekten Eingaben festlegt und die zugehörigen Reaktionen (also die Semantik) zuordnet, kann man eine Benutzungsschnittstelle eindeutig definieren.

3 Varianten

Verfolgt man diese Zerlegung des Problems, so spricht man vom Dialog-Modell. Abhängig davon, wie die Eingaben und ihre Reaktionen beschrieben werden, unterscheidet man folgende Formen:

Dialog-Sprachmodell

Durch eine *kontextfreie Grammatik* werden Benutzereingaben beschrieben. Die Terminalsymbole sind die vom UIMS interpretierten Ereignisse, die von Benutzereingaben stammen. Auf den einlaufenden Strom der Terminalzeichen werden die Produktionen der Grammatik angewendet. In Produktionsregeln können Prozeduraufrufe erzeugt werden. Die Verwendung dieses Modells bietet sich bei textorientierten Benutzungsschnittstellen an.

Dialog-Zustandsmodell

In vielen Bereichen der Informatik werden Zustandsübergangsgraphen benutzt, um komplexe Abläufe darzustellen und zu verifizieren. Man unterscheidet folgende Typen von *gerichteten Graphen.*

Einfaches Zustandsübergangsdiagramm
(engl.: Simple Transition Network, kurz: STN)

STN

Es gibt Zustände (Knoten im Graphen), die durch alle Kombinationen der globalen Zustandsvariablen festgelegt sind. Jede Änderung einer Zustandsvariablen bedeutet einen Zustandswechsel, und im Graph führt eine Kante zu einem neuen Zustand. Die Kante ist durch die Änderung markiert. Die Knoten sind durch den Zustand gekennzeichnet (Abb. 7.3). Die Zustandsmenge wächst exponentiell mit der Anzahl der Zustandsvariablen, was schnell zu sehr unübersichtlichen Graphen führen kann.

Beispiel Clipboard-Operationen

Beispiel: STN

Man betrachte Abb. 7.3 als Beispiel für ein STN. ASO ist das **a**ktuell **s**elektierte **O**bjekt – beispielsweise ein graphisches Objekt oder ein Textabschnitt. Es gibt

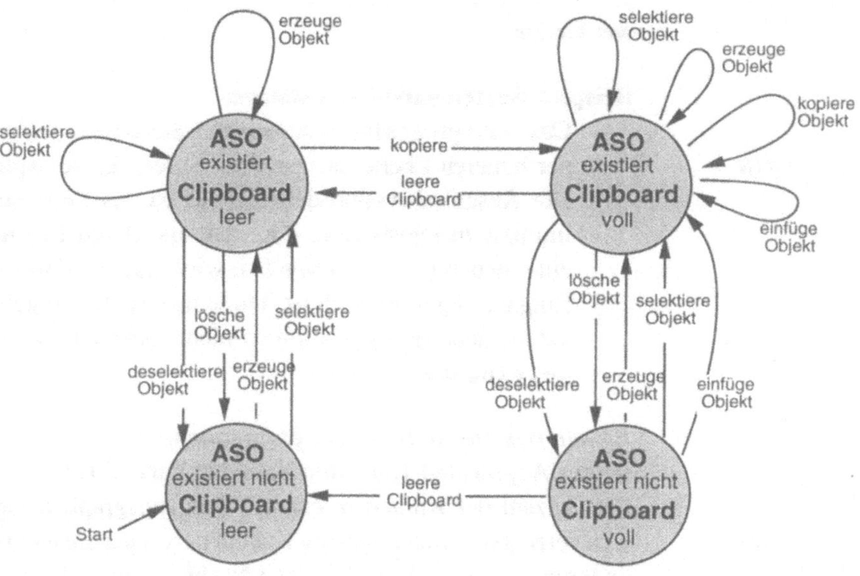

Abb. 7.3 Einfaches STN zur Darstellung des Clipboard-Mechanismus

die binäre Zustandsvariable 'ASO existiert' und den Zustand des Clipboards. Als Beispiel betrachtet man die Operation 'einfügen Objekt' und den mit ihr verbundenen Zustandswechsel. Sie setzt ein nichtleeres Clipboard voraus und erzeugt automatisch ein ASO.

Rekursives Zustandsübergangsdiagramm
(engl.: Recursive Transition Network, kurz: RTN)

RTN

Bestimmte Knoten, die in einem Netz als ein Zustand anzusehen sind, können intern lokale Zustandsübergänge besitzen, die aber für das äußere Netz nicht von Interesse sind. Verfeinert man Graphen auf diese Weise hierarchisch und läßt dabei Rekursionen zu[2], so spricht man von rekursiven Übergangsdiagrammen. Sie besitzen gegenüber dem STN den Vorteil, daß sie mit weniger globalen Zustandsvariablen auskommen, und daß sie für wiederkehrende Teildialoge eine kompaktere Darstellung erlauben. Technisch werden Teildialoge häufig als Unterprogramme realisiert. Dabei können Parameter übergeben werden und Rücksprungbedingungen spezifiziert werden. Ein weiteres Problem ist zu

[2] Auch wenn keine Rekursion, sondern nur Hierarchie sinnvoll oder zulässig ist, bezeichnet man einen Graphen häufig als RTN.

bewältigen, wenn der Rücksprung durch eine Aktion ausgelöst wird, die erst vom aufrufenden Programm verarbeitet werden kann.

Beispiel Werteingabe-Operationen

Beispiel: RTN

Das Unterprogramm `IntegerEingabe` wird von einer höheren Ebene aufgerufen. Sofern keine explizite Abschluß-Aktion definiert ist, ist das Ende nur implizit zu registrieren, d.h. daß erst durch Beginn einer neuen Eingabeaktion klar wird, daß die Zahlen-Eingabe abgeschlossen ist. Diese neuerliche Eingabe gehört aber strenggenommen nicht mehr zu `IntegerEingabe`

Erweitertes Zustandsübergangsdiagramm
(engl.: Augmented Transition Network, kurz: ATN)

ATN

Die Anzahl der Knoten in einem Übergangsgraphen läßt sich verringern, wenn man die Kanten neben der Zustandsänderung auch noch mit Vor- und Nachbedingung für diesen Übergang behaftet.

Beispiel Clipboard-Operationen

Beispiel: ATN

Man betrachte nun Abb. 7.4 als Beispiel für ein ATN. ASO ist wiederum das **a**ktuell **s**elektierte **O**bjekt. Der Füllgrad des Clipboards ist keine Zustandsvariable mehr, sondern eine Vor- bzw. Nachbedingung, die für einige Operationen eingehalten werden muß.

Zwar haben alle drei Beschreibungsmöglichkeiten STN, RTN und ATN dieselbe Mächtigkeit bezüglich der Menge der beschreibbaren Abläufe, sie unterscheiden sich jedoch maßgeblich in der Übersichtlichkeit der Darstellung.

Dialog-Ereignismodell

Mit Hilfe eines Wenn-Dann Regelwerks werden Benutzer-Aktionen mit Aufrufen weitgehend zustandsfrei verknüpft. Es ist geeignet zur Beschreibung parallel ablaufender Teildialoge. Dabei entsteht jedoch eine schwer durchschaubare

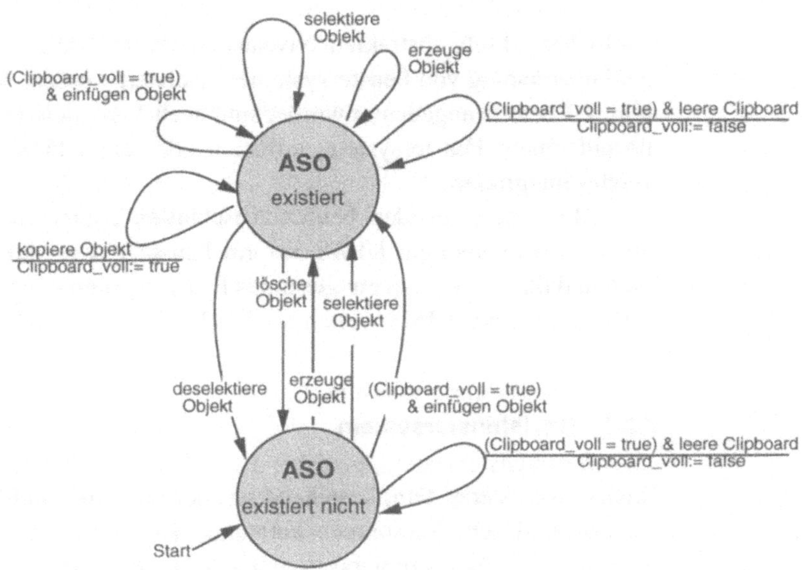

Abb. 7.4
Dieses ATN zeigt ebenfalls die Zustände des Clipboard-Mechanismus.

Gesamtstruktur zur Laufzeit. Ein Grund: Bei der Kommunikation unter den Teildialogen ist man auf die Verwendung globaler Größen angewiesen, die dann beinahe die Rolle von Zuständen erhalten.

Die Definition von Dialogen mit dem Dialog-Sprachmodell und dem Dialog-Zustandsmodell ist relativ mühsam und in ihren Beschreibungsformen ineinander überführbar. Liegt die Definition in einer der beiden formalen Beschreibungen vor, so ist es möglich, das zugehörige System automatisch erzeugen zu lassen. Man kann also die Vorzüge des *Transformationsmodells* bei der Softwareentwicklung nutzen.

Definition des Modells in [Fai85]

Beim Dialog-Ereignismodell ist es aufgrund der dezentralen Beschreibung einfach, partielle Korrektheit zu erzielen und vom System unterstützen zu lassen. Die globale Korrektheit (z.B. das Zusammenspiel der Teildialoge) hingegen ist schwer nachweisbar.

Diskussion der Modelle in [Ols91]

7.2 UIMS mittels Fenstersystemen

Das bisher auf sehr abstraktem Niveau diskutierte UIMS-Konzept kann unabhängig von Fenstersystemen realisiert werden. Wie in Abb. 7.1 bereits angedeutet wurde, sind auch Varianten denkbar, die auf einem Fenstersystem aufbauen oder ein UIMS in ein solches integrieren.

In den nachfolgenden beiden Abschnitten untersuchen wir zunächst, wie man ein UIMS auf ein Fenstersystem aufsetzen kann und dann, wie man ein gesamtes Fenstersystem konsequent in Richtung eines UIMS weiterentwickelt.

7.2.1 Basisfenstersystem

Das Basisfenstersystem, bestehend aus der Graphik- und Ereignisbasis und dem Ressourcen-Verwalter, kann das dem UIMS unterliegende Programmiersystem bilden (vergl. Abb. 7.1).

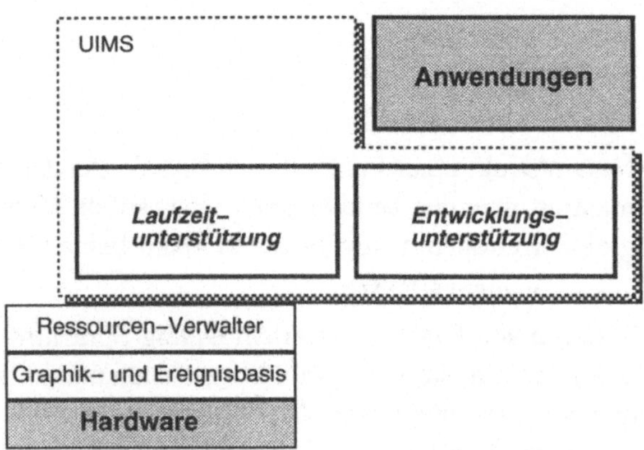

Abb. 7.5 Relative Lage von Applikation, UIMS und Basisfenstersystem

Das UIMS benutzt die Programmierschnittstelle des Ressourcen-Verwalters, um die Hardware anzusprechen. Dabei wird die Window Manager-Funktionalität (Sitzungsverwaltung, Bildschirmaufteilung etc.) von der UIMS-Software übernommen. Die Abb. 7.5 zeigt das Zusammenspiel zwischen den Systemkomponenten.

7.2.2 Höhere Schichten

Ein Fenstersystem als geschlossenes System kann als eine Verwirklichung des UIMS-Konzeptes angesehen werden, sofern die höheren Schichten im Architekturmodell bestimmten Bedingungen genügen.

Diese Bedingungen beziehen sich vor allem auf die Definition einer Benutzungsschnittstelle und fordern eine Unterstützung der Entwicklung. Sie sind am schwierigsten zu erfüllen und werden in Systemen, die unter der Bezeichnung UIMS vorgestellt werden, häufig nicht ausreichend berücksichtigt.

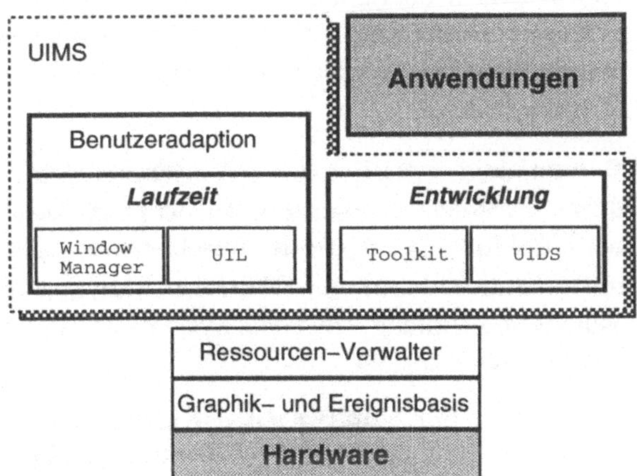

Abb. 7.6 UIMS-Realisierung mit einem Fenstersystem

Es geht darum, das von einem UIMS geforderte hohe Abstraktionsniveau der Benutzungsschnittstellen-Spezifikation zu realisieren. Mit Hilfe sogenannter *User Interface Design Systeme* (*UIDS*) versucht man das zu erreichen. Wir unterscheiden dabei:

UIDS

- UIDS in Form von speziellen UI-Sprachen (User Interface Language, UIL). Diese deklarativen Sprachen werden zur Zeit benutzt, um beispielsweise dynamische Dialogbausteinhierarchien zu beschreiben. Im Unterschied zur Anpassung oder späten Verfeinerung werden UIL zur Übersetzungszeit ausgewertet und können das gesamte Verhalten (B, E, A, D) der Dialogbausteine maßgeblich verändern (Bsp.: Motif UIL).

Sprachen

Editoren

- Benutzerschnittstellen-Editoren ermöglichen es, das Layout (damit die dynamische Hierarchie) und einige Aktionen (A) und Benutzereingaben (D) – vergleichbar mit Zeichenprogramm – zu editieren. Das Resultat kann in einer Zwischensprache (ähnlich wie UIL, Tcl) abgespeichert werden und später weiter editiert werden, oder aber es kann in Code-Teile einer höheren Programmiersprache (C++, Objective-C) transformiert werden. Dieser Code kann als Gerüst für eine zu entwerfende Applikation dienen.
  Man kann noch feiner in graphisch-interaktive (Bsp.: InterfaceBuilder von NeXT) und rein interaktive (Bsp.: XF) unterscheiden. Wobei graphisch-interaktive Editoren mittels graphischer Direktmanipulation zum Ziel führen, wohingegen rein interaktive vor allem mit Schablonen und (Text-) Masken arbeiten.

Automatik

- Den automatisierten Entwurf graphischer Benutzungsoberflächen versucht man seit einigen Jahren in Forschungslabors. Die Idee: Die Applikation meldet ihren Dialogbedarf in deklarativer Form an. Den Rest – Layout, zeitlichen Verlauf und Umfang – legt eine Systemsoftware nach definierten Regeln fest.

Laufzeitunterstützung

Die Unterstützung zur Laufzeit auf der anderen Seite umfaßt mehr als die Abbildung der komplexen Benutzungsschnittstelle auf das konkrete Fenstersystem, vertreten durch den Ressourcen-Verwalter. Vielmehr muß durch ein flexibles Window Management die Möglichkeit gegeben sein, Aussehen und Verhalten der Benutzungsschnittstelle kurzfristig umzustellen. Dazu gehören sowohl Werkzeuge als auch ein vom Benutzer steuerbares Verhalten. Folgende in der Architektur von Fenstersystemen erwähnte Komponenten sind mindestens zu fordern:

- Späte Verfeinerung für Window Manager und Dialogbausteine,
- UIL (User Interface Language) sowie
- austauschbare oder programmierbare Window Manager

Eine häufig anzutreffende Realisierungsform eines UIMS mit Hilfe eines Fenstersystems zeigt die Abb. 7.6. Eine zusätzliche Forderung, die im Zusammenhang mit UIMS eine wichtiger

Rolle spielt und die bisher unerwähnt geblieben ist, ist die *Adaption* (z.B. durch späte Verfeinerung) des Systems an bestimmte Benutzergruppen oder an die Aufgaben des Benutzers. Bei der Adaption an Benutzergruppen kann nach dem Grad der Vertrautheit mit dem System (Novize, gelegentlicher Benutzer, Expertin) oder nach einer vom Gesamtsystem vorgegebenen Einordnung vorgegangen werden. Adaption geht über Möglichkeiten der späten Verfeinerung hinaus insofern, als daß unter Umständen

- verschiedene Navigationsmodelle nebeneinander angeboten werden müssen,
- die Auswahl zwischen mehr oder weniger „Hilfe" möglich sein sollte,
- bestimmte Optionen und Abkürzungen der Übersicht halber verborgen bleiben sollten.

So offensichtlich und wohlbekannt diese Forderungen auch sind, berücksichtigt werden sie nur in sehr wenigen Systemen.

Auch hier gibt es eine noch feinere Klassifizierung. Man nennt ein System adaptierbar, wenn eine Adaption grundsätzlich möglich ist, aber vom Benutzer selbst durchzuführen ist. Adaptiv heißt ein System, wenn bereits systemseitig die Adaption in die Wege geleitet wird. So kann zum Beispiel der Benutzer gemäß seines Verhaltens in eine Gruppe eingeordnet werden oder die Hilfestellung seinem Wissensstand automatisch angepaßt werden.

adaptierbar

adaptiv

7.2.3 Beispielsysteme

Mit einer kurzen Liste von Systemen, die als UIMS-Realisierungen auf Fenstersystemen vertrieben werden, schließen wir die Betrachtungen zum Thema. Diese Liste stellt weder eine Wertung dar, noch erhebt sie den Anspruch, in irgendeiner Weise vollständig zu sein. Es bleibt dem Leser oder der Leserin überlassen, die vorgestellte Spezifikation eines UIMS auf ein ihm oder ihr bekanntes System zu übertragen.

Beispiele

Zu den meisten Systemen gibt es in der Literatur Programmbeispiele, die die Möglichkeiten und Grenzen aufzeigen.

siehe [BC89]

Systemname	*Hersteller/ Unterstützung*	*Programmier-schnittstelle*	*Fenstersystem*
MacApp	Apple	(Smalltalk), C++ Object-Pascal	MacOS
Open Look	SUN	C, C++	X/NeWS
iCpak	Stepstone/ SUN, DEC, HP	Objective-C	verschiedene (z.B. X) aber auch direkt auf Graphikbasis
Actor	Whitewater/ Microsoft	Pascal, C objektorientiert	MS-Windows, OS/2 PM, UNIX, MacOS
Dialog Manager	HP	C, Fortran Cobol	OS/2 PM, MS-Windows, Motif
Motif	OSF/ SUN,IBM HP	C, C++	X

Einige der Systeme können nach unserer Definition keine UIMS sein. Das wird deutlich, wenn man sich die Architektur der Systeme genauer betrachtet. Bei der MacApp-Umgebung ist zum Beispiel die späte Verfeinerung nicht berücksichtigt und die Adaption nicht unterstützt. Motif dagegen bietet als Abstraktionsmodell nur eine UIL an, die gegenüber einer API-Programmierung mit später Verfeinerung kaum Vorteile bietet.

7.3 Zusammenfassung

Eines der übergeordneten Ziele der UIMS-Idee ist die Trennung der Anwendung von der Benutzungsschnittstelle. Diese Trennung kann soweit gehen, daß spezielle *Dialogdesigner* in einer eigens für ihre Bedürfnisse gestalteten Sprache, ohne Kenntnis der Implementierung der Anwendung eine Benutzungsschnittstelle nach ergonomischen Grundsätzen entwerfen können. Ein *Graphik-Programmierer* (engl.: Widget-Programmer) stellt die dafür erforderlichen Instrumente, die wir Dialogbausteine genannt hatten, zur Verfügung. Unabhängig von beiden geht ein *Applikationsprogrammierer* daran, die Verweise auf anwendungsspezifische Programmteile aufzulösen.

Dialogdesigner

Graphik-Programmierer

Applikations-programmierer

7.3 Zusammenfassung

Fenstersysteme können zur Realisierung eines UIMS herangezogen werden, sofern sie bestimmten Bedingungen genügen, die vor allem die Flexibilität und die Unabhängigkeit der oberen Schichten der Fenstersystemarchitektur betreffen. Bei weitem nicht alle Systeme, die den Anspruch erheben, ein UIMS darzustellen, verdienen diese Bezeichnung.

Neben den zahlreichen wissenschaftlichen Veröffentlichungen zu diesem Thema gibt es mittlerweile auch Lehrbücher, die sich dem Thema in leicht verständlicher Form nähern.

siehe beispielsweise [Ols91]

Teil II

Praktische Realisierungen

Windows

Ein Fenster- und Betriebssystem

Das Produkt Windows der Firma Microsoft ist im engeren Sinne kein eigenständiges Fenstersystem. Obwohl der Name das vielleicht suggerieren mag, enthält dieses System soviele Komponenten, die üblicherweise Betriebssystemen zugeordnet werden, daß man eigentlich von einem Betriebssystem reden sollte. Dagegen spricht allerdings, daß Windows jahrelang auf dem etwas antiquierten DOS (als Betriebssystem) aufsetzte und insofern auch der Betriebssystembegriff nicht zutreffend erscheint.
Erst mit einer neuen Betriebsplattform, die gewissermaßen vom DOS-Verdacht freizusprechen ist, hat sich das geändert. WindowsNT ist ein voll- und eigenständiges Betriebssystem, das allerdings als eine Obermenge auch das Fensterkonzept von Windows unterstützt. Darf man dem Hersteller glauben, so soll auch das Fensterkonzept von X bald für diese Betriebssystemplattform verfügbar sein.

WindowsNT

siehe [Cus93]

Der Terminus Windows alleine bezeichnet im allgemeinen das Fenster- und Betriebssystem MS-Windows. Betrachtet man jedoch die Systeme MS-Windows, WindowsNT sowie das gerade erscheinende Windows95, so stellt nur die Windows-API einen gemeinsamen Nenner dar. Die internen Realisierungen – also die Systemarchitekturen – sind kaum vergleichbar.

MS-Windows

Windows-API, auch Win32 genannt

Während man bei Windows als Betriebssystem einige fortschrittliche Konzepte vermißt, zeigt WindowsNT fast alle wünschenswerten Eigenschaften. So muß man sich beispielsweise bei Windows bezüglich des Multitasking mit einem kooperativen System behelfen und hat keine Möglichkeiten zum Mehrbenutzerbetrieb. WindowsNT realisiert als Betriebssystem dagegen diese Optionen.

Um uns ein wenig einzuschränken, konzentrieren wir daher den Blick auf die Windows-API und auf die wichtigsten Architekturaskpekte von MS-Windows.

8.1 Historie

Als Reaktion auf die erfolgreiche Einführung der von Apple hergestellten Macintosh-Rechner, die mit einem graphischen Fenstersystem ausgestattet waren, beschloß Microsoft die Entwicklung einer Plattform, die ähnliches vermochte. Ende des Jahres 1985 erschien Windows 1, ein System mit automatischer Fensteranordnung. Version 2 folgte ein paar Jahre später. Keine der beiden Versionen fand große Verbreitung, und so wurde die Markteinführung von Windows 3.0 1990 von den PC-Experten eher skeptisch verfolgt. Diese Skepsis verflog mit zunehmender Anzahl verkaufter Lizenzen und gehört nun bei einigen Millionen verkaufter Exemplare vollständig der Vergangenheit an.

Markteinführung

Die Entwicklungsumgebung, also die Windows-API, ist weitgehend in Übereinstimmung mit IBM definiert, so daß es zu einer Vielzahl an Ähnlichkeiten mit dem Presentation Manager von OS/2 kommt. Trotzdem hat man dafür gesorgt, daß der Programmierer zahlreiche Bezeichner neu lernen muß, wenn er von der einen Welt in die andere wechselt. Nicht ganz von ungefähr hat man als Informatiker mitunter das Gefühl, daß die Giganten auf unseren Füßen stehen.

8.2 Windows als Betriebssystem

Windows ist also gleichzeitig Fenster- und Betriebssystem. Als Betriebssystem realisiert es unter anderem folgende Aufgaben:

Betriebssystem-funktionen

- ein allgemeines Nachrichtenkonzept, das auch für Ereignisse nutzbar ist,
- Semaphore und DDE,
- kooperatives Multitasking,
- und es expandiert den adressierbaren Speicher über eine virtuelle Speicherverwaltung.

Weiterhin ist Windows als System zuständig für die Verwendung dynamischer Bibliotheken (*Dynamic Link Libraries, DLL*) und für das Code-Sharing zwischen den Applikationen.

8.3 Die Architektur von Windows

Die Architektur von Windows kennt keine strenge hierarchische Gliederung. So sind die Objekte der Graphikbasis und die des Ressourcen-Verwalters nicht strikt getrennt. Dennoch unterscheiden wir hier, wenn auch künstlich, zum Zweck der Übersicht. Einige Komponenten der Architektur sind dem Presentation Manager so ähnlich, daß die zugehörigen Begriffe nur einmal definiert sind und beim jeweils anderen System ein Verweis auf die Definition zu finden ist.

8.3.1 Graphik- und Ereignisbasis

Ausgabeseite

Windows arbeitet intern mit reiner Rastergraphik. Die Einheiten sind die Bildschirm- bzw. die Druckerkoordinaten. Die Graphiken werden zu Bitmaps zusammengebaut, die Z-Format haben, d.h. die Bildpunkte sind zeilenweise abgelegt. Wie später zu sehen sein wird, bietet die Windows-API ein beliebiges Koordinatensystem für den Programmierer.

Das Gedächtnis der Ausgabe, also der Ausgabemodus, hängt von dem gerade aktiven Gerätekontext ab. Wie beim Presentation Manager ist die Graphikbasis in einen gerätespezifischen Treiber-Anteil und einen geräteübergreifenden Gerätekontext aufgespalten. Letzterer wird je nach angesprochenem konkreten Gerät dynamisch geladen.

bearbeiten und vergessen

Die Gerätekontexte **`Display`**, **`Information`** und **`Memory`** sind dabei gedächtnisfrei. Für Ausgabe auf **`Printer`** und **`Metafile`** ist keine Restauration von Nöten. Allerdings kann die Druckerausgabe gepuffert werden, und auch die Meta-Datei ist wieder abspielbar.

Die Ausgabe-Objekte der Basis sind Bitmaps, Linien (Brush

oder Pen), die systemweite RGB-Farbtabelle (Palette), Formen (Shape), Zeichenflächen (Region) sowie Schriftzeichen (Fonts).

Fonts spielen dabei eine besondere Rolle. Raster-Fonts werden benutzt, wenn es auf Geschwindigkeit ankommt. Vektor- und Outline-Fonts (sogenannte True-Type Fonts) können bei Bedarf in Rasterbildchen umgesetzt werden.

kein Graphikkontext

Graphikkontexte werden in Windows nicht als eigenständige Objekte verwendet. Vielmehr speichern alle Ausgabe-Objekte ihre Einstellung. Solange man einen Stift unverändert benutzt, ist ein bestimmter Linientyp gemeint. Man kann die Ausprägung dieser Ausgabe-Objekte umdefinieren. Diese Denkweise entspricht also umgebungsspezifischen Attributsbündeln.

Eingabeseite

Nachrichtenkonzept

Die Eingabeseite generiert (als Betriebssystem) bzw. holt die Maus- und Tastaturereignisse und puffert diese. Dazu muß z.B. ein Tastendruck, der in DOS nur als ASCII-Code repräsentiert wird, mit einigen Informationen angereichert werden. Das Ergebnis dieser Operation ist ein Ereignis, das in das Nachrichtenformat (engl.: Message) von Windows paßt.

hier: „Window Handle" genannt

Das Format sieht die Einträge Window-Id (Wid), Meldungstyp, typenspezifische Parameter sowie Zeitstempel und Position vor. In der Ereignisbasis kann alles bis auf die Wid eingetragen werden.

Nachrichten werden in Windows für viele Aufgaben benutzt, und die speziellen Nachrichten, die von der Ereignisbasis kommen, werden Hardwarenachrichten genannt.

Da der Übergang zum Ressourcen-Verwalter sehr fließend ist, wird gleich eine Meldungswarteschlange für alle Geräte verwaltet, die nach dem Zeitstempel geordnet ist.

Erweiterbarkeit

Zu den konkreten Ausgabegeräten hin kann man die Basis über DLLs einfach erweitern. Diese Erweiterungsmöglichkeiten werden vor allem von Graphikkartenherstellern stark genutzt. Weitergehende Modifikationen, wie die Erweiterung der Funktionalität, sind in Windows nicht vorgesehen.

Ähnlich verhält es sich mit der Eingabeseite. Hier können sogar zur Laufzeit neue Treiber, nicht aber erweiterte Funktionalität nachgeladen werden. De-installieren kann man solche Treiber jedoch nicht mehr.

8.3.2 Ressourcen-Verwaltung

Die Objekte, die der Ressourcen-Verwalter zu verwalten hat, sind einmal die klassischen Ressourcen wie Fenster, Zeichenflächen und Farbtabellen. Andererseits gibt es eine Reihe von graphischen Objekten der Graphikbasis (Pen, Brush etc.), die ebenfalls wie Ressourcen sichtbar sind.

Da das Modell der Graphikbasis auf den Ressourcen-Verwalter abfärbt, gibt es auch auf dieser Schicht keinen Graphikkontext als eigenes Objekt, sondern nur wiederum Attributsbündel, die mit graphischen Objekten gekoppelt sind.
Die Ressourcen in einer Kurzübersicht:

Bitmaps
Als Bitmaps bezeichnet man die Zeichenflächen, die ausschließlich im Z-Format vorliegen und die als Rasterbilder behandelt werden.

Cursor
Applikationen können das Aussehen des Cursors ändern, indem sie den Ressourcen-Verwalter veranlassen, eine Cursorform bereitzustellen. Diese Form muß aber explizit angefordert werden. Letztlich verbirgt sich auch hinter diesem Objekt eine Bitmap.

Fonts
Fonts werden als sogenannte logische Fonts allokiert. Man kann sich vorstellen, daß man die Eigenschaften eines Wunschfonts spezifiziert. Entsprechen keine der immer präsenten Rasterfonts dieser Beschreibung, wird ein Font geladen. Geladen wird, genauer gesagt, immer eine ganze Fontfamilie und zwar die, welche einen Font enthält, der dem gewünschten am nächsten ist.

Icons
Icons werden als eigenständige Ressourcen, also nicht als Fenster oder Zeichenflächen, verwaltet.

Fenster
Bemerkenswert ist das Koordinatensystem eines Fensters, dessen Ursprung links oben ist. Der Fensterrahmen gehört zum Fensterkoordinatensystem, das eine Applikation sieht. Ein Fenster ist unterteilt in den Arbeitsbereich (Client Area) und den Rahmen (Nonclient Area). Neben dem voreingestellten Koordinatensystem in Pixelkoordinaten lassen sich beliebige Einheiten für die Ausgabe definieren.

Unterschied zum Presentation Manager

Farbtabellen
Der Ressourcen-Verwalter bietet sogenannte logische RGB-Farbtabellen (logical Palettes) an. Eine Applikation kann solch eine Farbtabelle anfordern und benutzen. Die Applikation wird vom Ressourcen-Verwalter benachrichtigt, ob und wann die eigene Farbtabelle eingeblendet wird.
Der Ressourcen-Verwalter bietet zudem einer Applikation die Möglichkeit, wenn die Farbtabelle einer anderen Applikation in die Systemtabelle geladen ist, daß die eigenen Farben mittels „Best Fit" auf die besten aktiven Farbwerte abgebildet werden. Das ist natürlich nur dann notwendig, wenn bereits alle Einträge der aktiven Farbtabelle verbraucht sind. Ansonsten wird auch die eigene Farbtabelle zusätzlich in die Systemtabelle eingeblendet.

Es gibt in Windows einige Ressourcen, die laut Referenzarchitektur den Anwenderprogrammierwerkzeugen zuzuordnen sind. Sie sind jedoch keine eigenständigen Objekte, sondern bestimmte Klassen, in die man reguläre Fenster beim Instanziieren einordnen kann. Die Klassen **`Menü`**, **`Dialogbox`**, **`Controls`** und **`Stringtabellen`** stehen zur Verfügung. Sie sind bereits Dialogbausteine und werden im Abschnitt über die Anwendungsprogrammierwerkzeuge kurz erläutert.

siehe 8.3.4

Die gemeinsame Nutzung von Ressourcen beschränkt sich auf statische Ressourcen. Über die Laufzeit veränderliche Ressourcen können nur von einer Applikation aktiv genutzt werden. Eine Teilung beschränkt sich dabei auf das Beobachten und passive Mitbenutzen dieser Ressource.

Aktionen

Drei Dinge fallen besonders auf bei der Art, wie Windows mit den Ressourcen verfährt.

Ausgabeseite

Einmal ist da die Möglichkeit, Ressourcen mehr über eine Beschreibung der Eigenschaften als über exakte Namen und Spezifikationen anzufordern (Fonts, Farbtabellen).

Zum zweiten gibt es keinen Graphikkontext in Form eines eigenständigen Objekts.

Drittens werden Ereignisse (bzw. Nachrichten) nicht als Ressourcen betrachtet, weil sie in jedem Fall ausgeliefert werden und nicht angefordert werden müssen.

Eingabeseite

Die Systemwarteschlange für die Nachrichten wird um Fensternachrichten und Betriebssystemnachrichten ergänzt. Eine Spezialität von Windows als System ist, daß diese Nachrichten verschieden hohe Prioritäten haben können. Daher ist nicht mehr das zeitliche Auftauchen allein für die Ordnung zuständig. Ein Beispiel: Restaurationsnachrichten haben i.a. die geringste Priorität.

Fenstersystem-nachrichten

Die Hardwarenachrichten werden um die Wid ergänzt, und alle Nachrichten werden – wie im Referenzmodell – nach Applikationen aufgetrennt und in applikationsspezifische Warteschlangen umsortiert. Die Anzahl der gepufferten Hardwarenachrichten kann zu einem Zeitpunkt maximal 120 betragen, das entspricht 60 Textzeichen.

Nachrichten von Applikationen

Auch Nachrichten, die von anderen Applikationen veranlaßt wurden, werden in den Strom der eigentlichen Ereignisse für die Anwendungen einsortiert.

Im Vergleich zu X wird die Datenkapselung bei Windows nicht so konsequent betrieben. Wenn man beispielsweise eine Nachricht auswertet, muß man die Daten auf Byte-Ebene analysieren.

Einbettung

ein Adreßraum

Die Einbettung des Ressourcen-Verwalters und aller anderen Bestandteile des Windows-Fenstersystems kann einfach erklärt werden: Es handelt sich um ein Ein-Adreßraum-System; das heißt, Window Manager und Basissystem liegen in einem Adreßraum mit dem Betriebssystemkern und den Anwendungen. Anschaulich ist das Betriebssystem in Form von Unterprozeduren realisiert. Dabei gibt es allerdings zwei Ausnahmen:

Adreßraumbarriere

Zum einen kann man durch die Benutzung des sogenannten „Protected Mode“ eine Adreßraumbarriere zwischen einzelnen Applikationen sowie zwischen den Applikationen und dem Fenstersystem errichten. Das sollte einen nicht darüber hinwegtäuschen, daß es dennoch gemeinsam genutzten Speicher gibt. Aber diese Maßnahme führt dazu, daß nicht bei jedem Anwendungsabsturz das Fenstersystem ebenfalls verloren geht. Zum anderen können durch Verwendung der dynamischen Bibliotheken zur Laufzeit noch Dialogbausteinpakete dazugebunden werden.

dynamische Bibliotheken

8.3.3 Window Management

Wie bereits erwähnt, ist der Window Manager eng mit dem Rest des Systems gekoppelt. Er gehört nicht nur untrennbar zum Ressourcen-Verwalter, sondern ist auch immer präsent; zum Beispiel in Form des „Programm-Managers“, der die Lebenszeit des gesamten Fenstersystems begleitet. Es ist geschickter, von dem Window Management zu sprechen, als von einem Window Manager als einer Instanz.

Wir betrachten nun die einzelnen Zuständigkeiten des Window Managements bei Windows noch etwas genauer.

Bildschirmaufteilung

Der Programm-Manager koordiniert zunächst den Platz auf dem Bildschirm und merkt sich die Plazierung zwischen den Sitzungen auf Wunsch. Er ist als Fenster auf dem Bildschirm präsent und enthält logische Gruppen von Programmen (Icons), dic ebenfalls ein vergleichbares Fenster mitbringen.

Allerdings mischt er sich wenig in die Plazierung geöffneter (also nicht iconisierter) Anwendungen ein. Werden einmal gestartete Anwendungen iconisiert, so werden sie am unteren Bildrand angeordnet. Sie sind stets mit Bildchen und Titel versehen.

Aufgrund der passiven Haltung des Programm-Managers und des Window Managements allgemein reduziert sich das Prio-

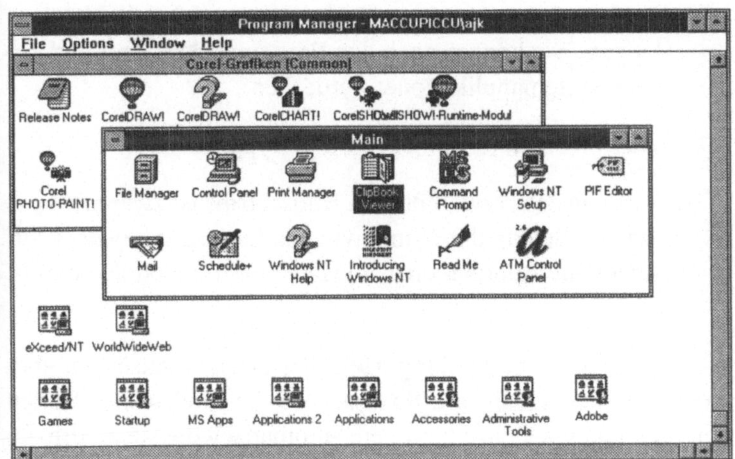

Abb. 8.1 Programm-Manager in Aktion

ritäten-Problem auf die Frage, ob Anwendungswerte oder der Benutzer das letzte Wort haben sollen. Der Benutzer kann alle Anwendungen und Icons beliebig positionieren.

siehe Abschnitt 4.3.1

Sitzungsverwaltung

Der Programm-Manager übernimmt gleichzeitig manche Aufgaben der Sitzungsverwaltung. So kann man durch ihn auch die Sitzung beenden und Windows verlassen.

Im Sitzungsverlauf kommen folgende Techniken zur Anwendung:

vergl. Abb. 8.1

Die Menütechnik beschränkt sich auf PullDown-Menüs im Fensterrahmen oben links und auf Maximize- und Minimize-Symbole auf den Fensterrahmen oben rechts.

Der Fensterrahmen und die erwähnten Symbole enthalten Schattenwurf mit Pseudo-3D Eigenschaften. Weiterhin enthält der Fensterrahmen ein Textfeld, in dem der Name der Applikation zu finden ist.

Die Direktmanipulation umfaßt die übliche Fenstervergrößerung und das Verschieben der Fenster. An dieser Stelle soll Windows95 zahlreiche neue Qualitäten bieten.

Applikations-Hauptfenster und Icons können sich beliebig überlappen. Sie können auch den Programm-Manager und andere Systemapplikationen verdecken.

Die Lauschtechnik ist immer Click-to-Type.

Die Funktion des vervielfältigten Bildschirms ist zwar nicht gerade als Standard in Windows enthalten. Es gibt jedoch zuschaltbare Applikationen, die diese Funktionalität ermöglichen.

Insgesamt ist die Desktop-Metapher zwar in Ansätzen, aber nicht konsequent realisiert. So lassen sich beispielsweise Dateien durch Doppelklick dazu bewegen, automatisch die sie modifizierende Anwendung zu starten. Man vermißt jedoch einige Objekte (Diskettensymbole, Papierkorb) als permanente Repräsentanten von wichtigen Datenobjekten auf der Oberfläche.

Späte Verfeinerung

Die Initialisierung einer Sitzung über die Initialisierungsdateien beschränkt sich auf Größe und Plazierung einzelner Anwendungen. Detaillierter kann man nicht auf das Layout Einfluß nehmen.

wie beim Presentation Manager

Technisch funktioniert das so, daß man die gewünschten Änderungen am Bildschirm vornimmt und dann diesen Zustand abspeichert. Diese Operation ist bei MS-Windows immer systembezogen, weil es keinen Mehrbenutzerbetrieb kennt. Bei WindowsNT ist dies dann benutzerbezogen. Die dabei entstehenden sogenannten INI-Dateien sind lesbar und grundsätzlich auch änderbar. Die Dateien bestehen aus Folgen von Zuweisungen und sind grob nach Themen gegliedert.

8.3.4 Anwendungs-Programmierwerkzeuge

Es gibt folgende immer vorhandene elementare Dialogbausteinklassen:

BUTTON: Aktivierung eines Kommandos

LISTBOX: Anzeige und Auswahl von zeilenorientierten Tabellen

EDITCONTROL: Eingabe einer Zahl oder eines Textes

COMBOBOX: Kombination aus Auswahlkästchen und Eingabefeld

CHECKBOX: Schalterstellung plus Bezeichnertext

RADIOBOX: Schalter, die sich gegenseitig ausschließen

GROUP: Umrahmung um eine Gruppe anderer Bausteine

SCROLLBAR: Rollbalken

STATIC: Passives Anzeigefeld

MENU: Feld mit beliebig vielen Menüeinträgen

Die Klassen sind alle einfach und sogar elementar. Alle Klassen stehen zur Verfeinerung zur Verfügung, und tatsächlich bilden die bestehenden Klassen bereits eine flache statische Hierarchie.

statische Hierarchie

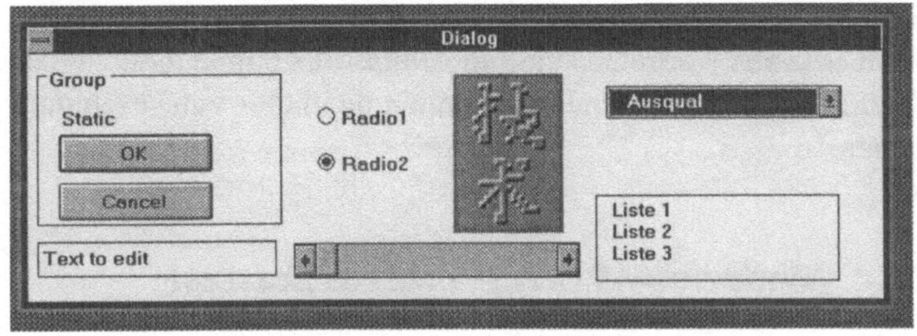

Abb. 8.2 Elementare Dialogbausteine von Win32

Es gibt keine ausgezeichneten Behälterdialogbausteine. Auch der Group-Baustein ist kein Behälter, sondern nur graphische Dekoration. Die Komposition kann grundsätzlich mit jedem Fenster durchgeführt werden. Allerdings machen nur Kompositionen einen Sinn, die unmittelbar auf dem Arbeitsbereich eines Applikationsfensters (hinterstes Fenster) liegen. Damit wird die dynamische Hierarchie der Komposition extrem flach; meist hat sie sogar nur zwei Ebenen.

dynamische Hierarchie

Die einzelnen Controls untereinander haben keine geometrischen Zwangsbedingungen (engl.: Constraints), mit denen sie aneinander gesetzt werden. Ihre Position wird statisch festgelegt.

Die Verfeinerung durch ein sogenanntes Resource-Definition-File beschränkt sich auf wenige Punkte. Diese Verfeinerung ist keine **späte** Verfeinerung, denn der Source-Code der Anwendung muß genauso vorliegen wie der Compiler (siehe hierzu Abb. 8.3).

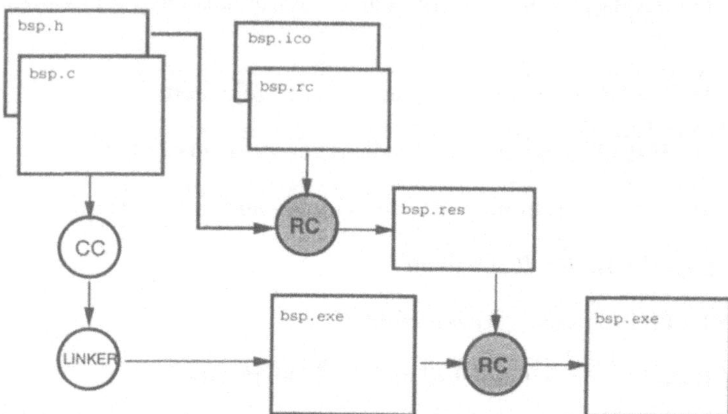

Abb. 8.3 Verwendung von Resource-Definition-File und Resource-Compiler (RC)

Es gibt zahlreiche weitere komplexe Dialogbausteine, die durch Komposition und Verfeinerung entstanden sind. Diese sind jedoch bereits abhängig von Baukästen, die man zusätzlich benutzt. Ein bekannter Vertreter sind die Microsoft Foundation Classes (kurz: MFC), die für die Programmierung in C++ zur Verfügung stehen.

8.4 Windows-API und Programmbeispiel

Die Windows-API ist überwiegend prozedural. Das Programmiermodell ist identisch mit dem Modell des Presentation Manager. In beiden Fällen steht die Fensterprozedur als applikationsweite oder fensterbezogene Senke für Ereignisse im Vordergrund.

siehe 9.3.3

Das Hauptprogramm reduziert sich auf eine Initialisierung der Nachrichtenschlange und des Hauptfensters sowie auf die Ereignisschleife.

Da alle Ereignisse für eine Applikation auch bei ihr bearbeitet werden müssen, kommt der Fensterprozedur eine zentrale Bedeutung zu. Für Fensterklassen, die unverändert übernommen werden, muß keine solche Prozedur geschrieben werden. Oft wird überhaupt nur eine Fensterprozedur für das Hauptfenster gebaut, wie nachfolgendes Beispiel zeigt.

Wie bereits erwähnt, filtert der Ressourcen-Verwalter die Ereignisse nicht. Jede Applikation bekommt alle Nachrichten überreicht, die mit ihrer Adresse in der Systemnachrichtenschlange liegen. Der sogenannte *Hook-Mechanismus* von Windows bietet hier Abhilfe. Der Applikationsprogrammierer kann an Ereignisse eines bestimmten Typs einen Hook (engl., Haken) anbringen, genauer gesagt, werden diese Hooks an die Nachrichten-Warteschlangen angehängt und vom Ressourcen-Verwalter bearbeitet. Ein Hook ist die Beschreibung, wie mit dem Ereignis umzugehen ist. Entweder enthält der Hook eine Funktion, die für jedes Ereignis eines Typs abgearbeitet werden soll, oder er enthält einen Filter, der Ereignisse eliminiert.

Das Programmieren mit Hooks entspricht nicht dem eigentlichen Programmiermodell von Windows oder des Presentation Managers, wonach die Fensterprozeduren das Nachrichtenverarbeiten sichtbar machen sollen. Auch wegen der gewaltigen Geschwindigkeitseinbußen ist der Hook-Mechanismus nur für Debug-Zwecke und Playback von interaktiven Sitzungen sinnvoll.

Das folgende einfache Programmbeispiel erfüllt nur den Zweck, einige eher typische Probleme anzusprechen, die bei der Programmierung auftreten:

siehe auch Abschnitt 9.3.3

- Definieren einer Fensterklasse
- Erzeugen und Öffnen eines Frame-Windows
- Erzeugen und Öffnen von vorgefertigten Dialogbausteinen
- Reagieren auf die Betätigung von Stationstasten
- Arbeiten mit einem Graphikkontext

```
#include <windows.h>
```

Präambel

```
HINSTANCE hinst;
HWND      windFrame;

/*********************************************
*       Projekt: mmd
*          Modul: win32_drawline.c
*          Datum: 1.2.95
*********************************************
```

hausgemachte Fensterprozedur, benutzt in WinMain() als Parameter

```
LRESULT CALLBACK
WndProc(HWND hwnd, UINT message,
        WPARAM wParam, LPARAM lParam)

{
char *boxNames[] = {
     "Color","Type"};
```

globale Felder

```
char *colorNames[] = {
     "Black","Dark Red","Dark Green",
     "Brown","Dark Blue","Purple",
     "Dark Cyan","Pale Grey","Dark Grey",
     "Red","Green","Yellow","Blue",
     "Pink","Cyan","White"    };
char  *lineTypes[] = {
      "Solid", "Dash","Dot",
      "Dash Dot","Dash Double Dot",
      "Invisible","Framelike" };
```

Fenstervariable und Zustandsmerker

```
static    HWND    groupBox[2],colorButton[16],
                  typeButton[7];
static    SHORT   sCurrentColor = 4;
static    SHORT   sCurrentType = 4;
```

Windows-Objekte

```
  POINT       polygon[5];
  HDC         hdc;
  TEXTMETRIC  tm;
  PAINTSTRUCT lps;
```

```
SHORT       s;
HWND        id;
HPEN        myPen;


switch (message) {
case WM_CREATE:


     hdc = GetDC(hwnd);
     GetTextMetrics(hdc,&tm);
     cxChar = tm.tmAveCharWidth;
     cyChar = tm.tmHeight;
     ReleaseDC(hwnd,hdc);


     for (s=0; s<2;s++)
        groupBox[s] = CreateWindow("BUTTON",
             boxNames[s],
             WS_VISIBLE|WS_CHILD|BS_GROUPBOX,
             (4+38*s)*cxChar,1 * cyChar,
             (24+12*(1-s))*cxChar,14*cyChar,
             hwnd, (HMENU) NULL,
             GetWindowLong(hwnd,GWL_HINSTANCE),
             NULL);


     for (s=0; s<16;s++)
        colorButton[s] = CreateWindow("BUTTON",
             colorNames[s], WS_VISIBLE|
             WS_CHILD|BS_RADIOBUTTON,
             (6+(s>7 ? 16 :0))*cxChar,
             (26 - 3 * (s%8))*cyChar/2,
             14 * cxChar, 3*cyChar/2,
             hwnd, (HMENU) NULL,
             GetWindowLong(hwnd,GWL_HINSTANCE),
             NULL);


     for (s=0; s<7;s++)
        typeButton[s] = CreateWindow("BUTTON",
```

Die Bearbeitung der Nachrichten

erzeuge die zwei umrahmenden Fenster

links die Fenster für die Farbentscheidung

rechts die Fenster für den Linientyp

```
                lineTypes[s],WS_VISIBLE|WS_CHILD|
                BS_RADIOBUTTON, 45 * cxChar,
                (26 - 3 * s)*cyChar/2, 20* cxChar,
                3 * cyChar/2,hwnd,
                (HMENU) NULL, (HINSTANCE)
                GetWindowLong(hwnd,GWL_HINSTANCE),
                NULL);

        SendMessage(colorButton[sCurrentColor],
          BM_SETCHECK,(WPARAM)(1),(LPARAM) NULL);
```

Selektion im Anfangszustand

```
        SendMessage(typeButton[sCurrentType],
          BM_SETCHECK,(WPARAM) 1,(LPARAM)NULL);
```

das gezeichnete Polygon

```
        polygon[0].x = polygon[3].x =
        polygon[4].x = 2*cxChar;
        polygon[1].x = polygon[2].x = 68* cxChar;
        polygon[0].y = polygon[1].y =
        polygon[4].y = 1*cyChar-5;
        polygon[2].y = polygon[3].y = 16* cyChar;
        break;
```

De- und Neuselektion gemäß Radio-Semantik

```
    case WM_COMMAND:
        id = (HWND)lParam;
        SendMessage(colorButton[sCurrentColor],
                    BM_SETCHECK, (WPARAM) (0),
                                 (LPARAM) NULL);
        for (s=0; s<16; s++)
            if (colorButton[s] == id)
                sCurrentColor = s;
        SendMessage(colorButton[sCurrentColor],
                    BM_SETCHECK, (WPARAM) (1),
                                (LPARAM) NULL);
        SendMessage(typeButton[sCurrentType],
                    BM_SETCHECK, (WPARAM) (0),
                                (LPARAM) NULL);
        for (s=0; s <7; s++)
           if (typeButton[s] == id)
```

```
        sCurrentType = s;
    SendMessage(typeButton[sCurrentType],
                BM_SETCHECK, (WPARAM) (1),
                            (LPARAM) NULL);
```

Fenster neu malen

```
    InvalidateRect(hwnd,NULL,FALSE);
    break;

case WM_PAINT:
```

Neu-Zeichnen des Polygons

```
    hdc = BeginPaint(hwnd,&lps);
    if (sCurrentColor < 8)
       myPen = CreatePen(sCurrentType,1L,
                PALETTEINDEX(sCurrentColor));
    else
       myPen = CreatePen(sCurrentType,1L,
                PALETTEINDEX(sCurrentColor+4));
    SelectObject(hdc,myPen);
    Polyline(hdc,polygon,5L);
    EndPaint(hwnd, &lps);
    break;

case WM_RBUTTONDOWN:
    PostQuitMessage(0);
    break;
```

Aufruf der Default-Prozedur

```
default:
return DefWindowProc(hwnd, message,
                        wParam, lParam);
 }
 return 0;
}
```

Hauptprogramm

```
int APIENTRY WinMain(HINSTANCE hInstance,
                     HINSTANCE hPrevInstance,
                     LPSTR     lpszCmdLine,
                     int       nCmdShow )
```

Informationen zum Window Management

```
{
MSG msg;
WNDCLASS wc;

if (!hPrevInstance)
   wc.style         = 0;
   wc.cbWndExtra    = 0;
   wc.lpfnWndProc   = (WNDPROC) WndProc;
   wc.cbClsExtra    = 0;
   wc.hInstance     = hInstance;
   wc.hbrBackground = GetStockObject
                       (WHITE_BRUSH);
   wc.lpszClassName = "HauptKlasse";

if (!RegisterClass(&wc)) return FALSE;

hinst = hInstance;
```

das Hauptfenster

```
windFrame = CreateWindow("HauptKlasse",
                         "DrawlineNT",
                         WS_OVERLAPPEDWINDOW,
                         50, 50, 500, 300, NULL,
                         NULL, hinst, NULL);

   ShowWindow(windFrame, nCmdShow);
   UpdateWindow(windFrame);
```

die Ereignisschleife und Aufräumaktionen

```
   while (GetMessage(&msg, (HWND) NULL, 0, 0))
          DispatchMessage(&msg);
   return msg.wParam;
}
```

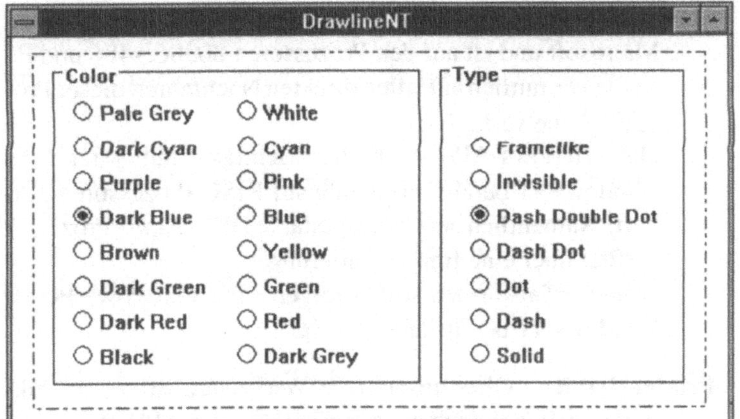

Abb. 8.4
Beispielprogramm

Das vorangegangene Bild zeigt, wie sich die Applikation zur Laufzeit darstellt. Genauso wie der Programm-Code sind auch für alle anderen Fenstersysteme vergleichbare Bilder verfügbar.

Die kleine Beispielanwendung erzeugt eine dynamische Fensterhierarchie, die extrem flach ist. Wie Abb. 8.5 zeigt, kann man diese Hierarchie in Form der Instanzen, aber auch anhand der Klassen darstellen. Bemerkenswert ist, daß die Fensterhierarchie für das Beispielprogramm bis auf die Klassennamen identisch mit der vom PM ist.

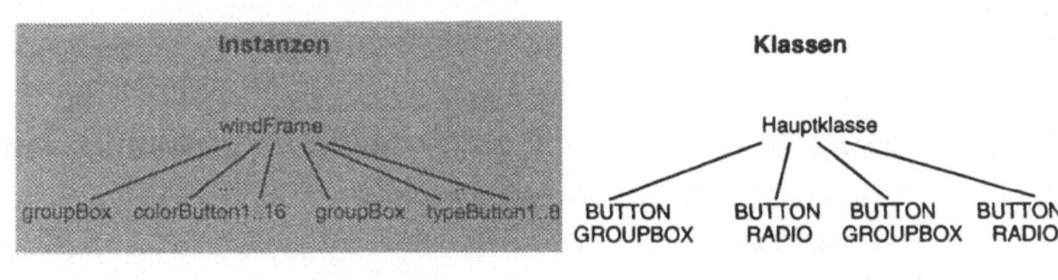

Abb. 8.5
Dynamische Hierarchie der Win32-Dialogbausteine für das Drawline-Beispiel

8.5 Einordnung

Die nun folgenden Kriterien sollen das bislang Gesagte noch einmal kurz zusammenfassen und die Möglichkeit bieten, Systeme zu vergleichen. Speziell der Vergleich der Programmierung von X und MS-Windows ist auch Gegenstand eines Buches.

siehe [Sal93]

Verfügbarkeit: MS-Windows 3.x ist ein Produkt der Firma Microsoft und ist auf den Prozessoren 80386, -486 und P5 sowie vermutlich auf allen direkten Nachfahren dieser Prozessorreihe verfügbar.

sehr hoch

Die Windows-API ist als das wichtigste Subsystem von WindowsNT bereits zusätzlich auf RISC Prozessoren portiert. Namentlich der leistungsstarke DEC-Alpha Prozessor verfügt über eine Implementierung.

Weitere Plattformen sollen folgen. Für den PowerPC ist WindowsNT bereits angekündigt.

Produktivität: Ohne zusätzliche Werkzeuge ist die Produktivität auf Systemebene angesiedelt. Die API ist von der gleichen Struktur wie die des Presentation Managers. Die Aussagen bezüglich der Komplexität der Nachrichtenstrukturen dort gelten auch hier.

Systemebene

Sicher ist allerdings, daß die Anzahl der verfügbaren Werkzeuge bei der Windows-API höher ist als bei allen anderen Fenstersystemen. Es gibt zahlreiche graphische Editoren, die den Entwurf einer Dialogschnittstelle unterstützen.

viele Werkzeuge

Parallelität: Zunächst gibt es keine echte Parallelität der Applikationen durch Multitasking, da die Prozessorzuteilung keine Verdrängung kennt.

bislang kein echtes Multitasking, keine interne Parallelität

Die externe Parallelität leidet daher beträchtlich. Windows95 liefert in mancher Hinsicht Abhilfe, allein WindowsNT bietet echte Lösungen für dieses Problem. Grundsätzlich ist also externe Parallelität möglich, mitunter sind Verzögerungen aber unvermeidbar.

Interne Parallelität wird nicht unterstützt. Auch diesbezüglich ist WindowsNT ein Fortschritt.

Leistung: Der Flaschenhals Graphik und Bildausgabe kann durch entsprechende Graphikhardware flexibel umgangen werden und stellt kein unüberwindliches Hindernis dar.

günstige Hardware

Allerdings zeigen erste Tests mit plattform-unabhängigen Benchmarks, daß die Graphikhardware von der Graphikbasis nur selten ausgenutzt wird. So ist bei elementaren Operationen (Linien, Kreise etc.) die Graphikbasis von X der von Windows deutlich überlegen. Auf der Ebene der Dialogbausteine holt Windows dagegen diesen Vorsprung wieder ein. Beobachtete Verzögerungen (z.B. bei der Restauration) haben ihre Ursache meist im Prozessorzuteilungskonzept und nicht in der reinen Graphikleistung.

Graphikgrundmodell: Intern wird das Rastermodell verwendet. Den Ursprung bildet die linke obere Fensterecke. An der Programmierschnittstelle werden verschiedene Koordinatensysteme und Outline-Fonts angeboten.

Rastermodell

Stil: Geprägt vom Programm-Manager und den CUA-Spezifikationen. Diese Spezifikation wurde nach Ideen von HP und IBM zusammengestellt und hat auch den Motif-Style teilweise geprägt. Der Austausch des Window Managements ist nicht vorgesehen.

gemäß CUA

Erweiterbarkeit: Ohne über den Quellcode zu verfügen, lassen sich durch DLLs Treiber für verschiedene Ausgabegeräte dynamisch laden und weitere Dialogbausteine bereitstellen. Diese Option ist geeignet und auch notwendig bei der Anzahl der Dialogbausteine, die zum System gehören.

durch DLLs

Anpaßbarkeit: Beim Starten von Windows wird eine Initialisierungsdatei (`win.ini`) gelesen. Diese kann Verweise auf applikationsspezifische Initialisierungsdateien enthalten. In den Initialisierungsdateien kann das verändert werden, was der Programmierer zum Ändern freigegeben hat. Dazu gehören Vorbelegungen von Variablen, aber auch globale Layoutparameter. Leider ist eine intensive Nutzung für Fonts, Nationalitäten und persönliche Präferenzen eine seltene Ausnahme.

applikations-, aber nicht benutzerbezogen

Teilbarkeit der Ressourcen: Nur passive, also unveränderliche Ressourcen sind teilbar. Fenster als grundsätzlich aktive Objekte sind also von gemeinsamer Nutzung ausgeschlossen.

wenige Möglichkeiten

Verteilung: Verteilung ist in Windows nicht vorgesehen.

keine

Struktur der API: Die grundlegende Schnittstelle zum Verfassen von Applikationen ist prozedural. Allerdings werden zunehmend C++ Schnittstellen populär, die langfristig eine bessere Annäherung an objektorientierte Paradigmen

bislang prozedural

erlauben. Das Erzeugen von Nachrichten innerhalb der nachrichtenempfangenden Fensterprozeduren ist ein Beispiel für die objektorientierten Ansätze, die derzeit enthalten sind.

Komfort der API: Es gibt wenige Dialogbausteine, dafür ist die Verfeinerung sehr flexibel und zügig erlernbar.

weitere Bausteine vorhanden

Schlimmer als der Umstand, daß es sich weder um eine konsequente prozedurale noch um eine solide objektorientierte API handelt, ist wohl die Tatsache, daß so wenige Details vor dem Programmierer verborgen sind. Die Struktur der Dialogbausteine selbst spiegelt das Dilemma wider, das beim Versuch, objektorientierte Grundsätze mit Hilfe einer prozeduralen Sprache wie C zu realisieren, entsteht. Ein Umstieg auf C++ liegt nahe und erhöht den Komfort dieser API deutlich, zumal dafür weitere Dialogbausteine zur Verfügung gestellt werden (z.B. die Microsoft Foundation Classes).

Unabhängigkeit: Die semantische Schnittstelle zwischen Applikation und Interaktionsteilen liegt in den Fensterprozeduren. Die Trennung des Codes ist damit nicht einfach, weil zeitraubend. Es kommt also letztlich auf den Programmierer an, wieviele solcher Prozeduren er modifizieren muß und welchen Grad an Entkopplung er dadurch erhält.

Kommunikation: Es gibt folgende Varianten der Kommunikation zwischen zwei interaktiven Applikationen:

Metafile, Clipboard, DDE, OLE

Neben einer möglichen offline-Verbindung über Metafiles, die auf Graphik reduziert ist, gibt es das Clipboard. Es kann zu einer Zeit nur ein Objekt oder Datum enthalten. Weiterhin gibt es ein Protokoll für den dynamischen Datenaustausch (DDE) und, mit Blickrichtung auf Multimedia-Anwendungen, ansatzweise das OLE.

8.6 Zusammenfassung

Auch wenn die zahlreichen Ankündigungen von Nachfolgesystemen den Verdacht aufkommen lassen, daß das Windows-Konzept bald überholt sein wird, kann man dennoch sicher sein, daß die

Windows-API und das hier vermittelte Wissen einige Zeit wichtig bleiben. Beleg dafür ist einmal die Tatsache, daß WindowsNT ein Win32-Subsystem anbietet und daß auch Windows95 weiter die Programmierschnittstelle unterstützt. Die hohe Zahl an bestehenden Applikationen läßt keine abrupten Änderungen zu.

siehe [Sch93] u. a.

Gleichzeitig werden jedoch die zahlreichen und zum Teil auch wirkungsvollen graphischen UIDS einen höheren Stellenwert einnehmen. Man kann davon ausgehen, daß damit auch die C++-API für Windows immer mehr Freunde gewinnt.

Presentation Manager

Kapitel 9

Ein lokales Multiprozeß-Fenstersystem

Lokale Multiprozeß-Fenstersystemarchitekturen sind dadurch gekennzeichnet, daß sie die Möglichkeit bieten, mehrere Anwenderprozesse parallel zu bedienen, aber nicht über die Fähigkeiten verfügen, über Netz von Anwendungen benutzt zu werden.

Klassifizierung realer Fenstersysteme

Man unterscheidet anhand der Einbettung in das Gesamtsystem bei den lokalen Fenstersystemen solche, die immanent im Betriebssystem enthalten sind (MacOS, MS-Windows) und solche, die kernbasiert sind (SunWindows). Bei kernbasierten Systemen ist das Fenstersystem als eigenständiges Stück Software Teil des Betriebssystemkerns und ist während des Betriebs nachladbar.

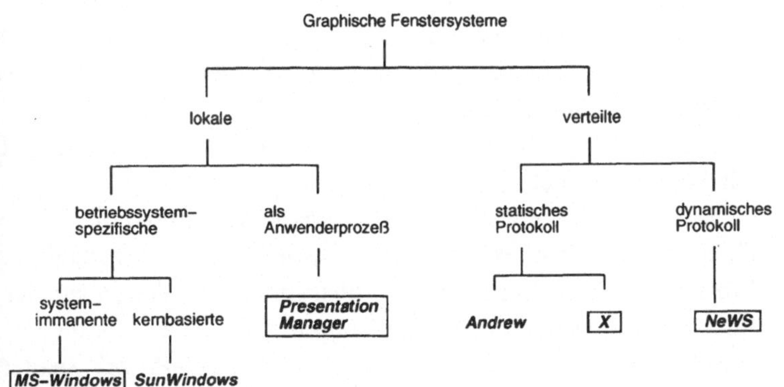

Abb. 9.1 Klassifizierung graphischer Fenstersysteme

Die immanenten Fenstersysteme zeichnen sich dadurch aus, daß man als Benutzer keine Wahl hat: mit dem Betriebssystem wird das Fenstersystem festgelegt. Schließlich gibt es diejenigen, die nach dem Client/Server-Prinzip als eigenständige Prozesse arbeiten. Eine grobe Klassifizierung einiger wichtiger Fenstersysteme in bezug auf diese Kriterien findet man in Abb. 9.1 im linken Ast. Der rechte Ast zeigt verteilte graphische Fenstersysteme. Das Unterscheidungsmerkmal liegt hier in der Frage, ob das Kommunikationsprotokoll zur Laufzeit erweiterbar ist oder ob es statisch ist.

Als Vertreter der lokalen Fenstersysteme wenden wir uns nun dem System mit dem fortgeschrittensten Konzept zu. Es handelt sich um den *Presentation Manager*, der als Dienstgeber-Prozeß im Anwender-Adressraum arbeitet und physisch unabhängig vom Betriebssystem gesehen werden kann.

9.1 Der Presentation Manager

Der Presentation Manager ist ein Produkt der Firma IBM. Der Presentation Manager und das zu ihm gehörende Betriebssystem OS/2 wurden ursprünglich (1983) von Microsoft und IBM entwickelt, in der Hoffnung ein Multitasking-System für PCs zu etablieren. Nach anfänglichen Problemen des Systems in Version 1.x mit der Kompatibilität, der damals stark wachsenden Zahl an DOS-Applikationen, scherte Microsoft aus dem Verband aus und widmete sich der Windows-Verbreitung. IBM verfolgte den Weg weiter, erweiterte die Zielsetzung auf RISC- und andere Rechnerarchitekturen und erzielte nach einigen Versionen (2.x) und zahlreichen Gerichtsverhandlungen die geforderte Kompatibilität zu Windows- und DOS-Applikationen. Die folgende Beschreibung basiert auf der OS/2-Version 2.x, die auch mitunter als 32 Bit-Version bezeichnet wird.

zur Historie siehe z.B. [OS/2-89]

Der Presentation Manager ist charakterisiert durch die *lokale* Client/Server-Architektur. Der Dienstgeber als eigenständiger Prozeß mit Anwenderpriorität übernimmt die Aufgaben des Ressourcen-Verwalters und der Graphikbasis, aber auch die des Window Managers. Der Presentation Manager Prozeß spaltet sich dazu in mehrere nebenläufige *Threads* auf, die dedizierte Aufgaben im Gesamtsystem übernehmen. Sowohl für den Anwendungsprogrammierer als auch für den Benutzer ist diese Aufspaltung unsichtbar. Dem Betriebssystem ist sie dadurch zugänglich, daß auf Thread-Basis Prozessorzuteilungen und Prioritäten vergeben werden. Der Presentation Manager ist auf diese Weise und auf Grund einer engen Bindung an das Prozeßkommunikations-

Client/Server-Konzept

Threads

system mit dem unterliegenden Betriebssystem stark verknüpft. Trotz dieser Kopplung sind Betriebs- und Fenstersystem soweit unabhängig, daß das Betriebssystem auch ohne den Presentation Manager in der sogenannten 'Fullscreen'-Sitzung gefahren werden kann. Dann ist der direkte Zugriff auf Bildschirm, Tastatur und Maus möglich.

Presentation Manager abschaltbar

9.2 Das Umfeld

Der Presentation Manager ist bisher integraler Bestandteil des Betriebssystems OS/2, weil er die spezifischen Möglichkeiten des Systems weitgehend nutzt. Es handelt sich dabei um ein Betriebssystem mit virtueller Speicherverwaltung, Mehrprozeß- aber Einbenutzerbetrieb. Hervorstechende Merkmale dieses Systems, in bezug auf die Verwirklichung von Systemsoftware:

Eigenschaften von OS/2

aus [DK89]

- *Multithreading*
  Der klassische Prozeß umfaßt den geladenen Programmcode, die Daten, die System-Ressourcen wie Files, Pipes, Queues und Daten. Dieses Konzept wird in OS/2 um den sogenannten *Thread* (deutsch: Faden, Gewinde) erweitert. Der Adreßraum, der in herkömmlichen Systemen den Prozeß beheimatet, beherbergt hier mehrere Threads, mindestens aber einen. Sie ermöglichen eine prozeßinterne Nebenläufigkeit. Ein Thread ist gekennzeichnet durch einen Status (Registersatz), eine Priorität und einen eigenen Stack für lokale Daten, die zusammen das Fortschreiten des Threads vollständig beschreiben. Durch das parallele Weiterschreiten der Threads wird eine interne Parallelität erreicht. Diese kann beispielsweise für die Implementierung eines Fenstersystem-Servers genutzt werden, aber auch für einzelne Applikationen.

nutzbar für interne Parallelität

- *Scheduling*
  Der Scheduler schaltet nun nicht zwischen Prozessen, sondern zwischen den einzelnen Threads um, so daß jeder für eine bestimmte Zeit (time-slice) den Prozessor belegen kann. Dazu werden Prozesse in eine der vier Prioritätsklassen (time critical, fixed high, regular, idle) aufgenommen.

Presentation Manager regular

Die interaktiven Applikationsprozesse sowie der Presentation Manager sind in der Klasse regular. Dynamisch kann dann, während der Prozeß läuft, ein Thread - innerhalb seiner Klasse - verschiedene Dringlichkeitsstufen einnehmen (32 pro Klasse). Diese Dringlichkeit entscheidet, wie häufig der Prozessor einem Thread zugeteilt wird. Das Scheduling ist für die Programmierung einer interaktiven Applikation besonders wichtig, wenn man Threads benutzt, um interne Parallelität zu erzielen.

- *Interprozeßkommunikation*
  Zwischen den einzelnen Prozessen gibt es eine Reihe von Kommunikationsmöglichkeiten, die der Synchronisation und dem Datenaustausch dienen: Signals, Pipes, Named Pipes, Queues, *Private Semaphore* und sogenannte *Shared Semaphore.*

- *Semaphore*
  nutzbar für Team-Realisierungen
  Beide Semaphor-Typen Private und Shared sind nicht-flüchtig und vollständig sicher, d.h. sie werden beim verschwinden des aktuellen Semaphorbesitzers korrekt beseitigt bzw. weiterbenutzt. Denn je nach Semantik und aktuellem Zustand eines Semaphors, darf dieses nicht einfach verschwinden. Die Erzeugung und Zuordnung von Semaphoren findet auf Thread-Basis statt. Private Semaphore dienen dabei den Threads in einem Speicherbereich zur Koordination, und Shared-Semaphores können Threads verschiedener Prozesse koordinieren.
  Man unterscheidet für beide Typen noch je drei Aufgabenbereiche. Ein Semaphor, das kritische Abschnitte schützt, wird als „Mutual Exlusive" eingerichtet. Daneben kann man sie als „Event Semaphore" benutzen oder, indem man mehrere Semaphore verknüpft, als „Muxwait Semaphore".
  Semaphore für Threads
  Da Semaphore zwischen den verschiendenen Threads einer Presentation Manager-Applikation verwendet werden können, sind sie für die API von Bedeutung.

- *Dynamisch-gebundene Programmbibliotheken*
  Die Dynamic Link Libraries (DLL) ermöglichen das Laden von Code zur Laufzeit. Insbesondere bei der Benutzung umfangreicher Programmiersysteme, wie es bei-

spielsweise Fenstersysteme sind, erlaubt das nachträgliche Bibliothekscode-laden einen sparsamen Umgang mit Haupt- und Hintergrundspeicher. Die ausführbaren Programmdateien bleiben kleiner und nur der Code, der tatsächlich ausgeführt wird, ist im Hauptspeicher resident.

nutzbar für Erweiterungen

Die DLLs des Presentation Managers lassen zusätzlich noch die gemeinsame Nutzung von einmal geladenem Code (engl.: Shared Libraries) zu. Wenn also mehrere Applikationen denselben Teil der Systemsoftware benötigen, muß dieser nur bei der ersten Anforderung geladen werden.
Bemerkenswert ist die Tatsache, daß der Presentation Manager selbst mit Hilfe des DLL-Mechanismus in OS/2 realisiert ist.

Diese Kurzübersicht über das Betriebssystem wird der Komplexität der Materie eigentlich nicht gerecht. Es sind hier nur Konzepte erwähnt, die aus Sicht des Presentation Managers oder aus Sicht einer interaktiven Applikation relevant sind.

9.3 Architektur

Nach dem Vorbild des Kapitel 4 wird nun eine kurze Bottom-Up Übersicht der Systemarchitektur des Presentation Managers vorgenommen.

Genaue Einblicke in den internen Aufbau sind schwierig, weil die Informationen darüber mit den kommerziellen Interessen der Hersteller kollidieren. Ein weiteres Problem der Gliederung nach der Vorbildarchitektur ist, daß der Presentation Manager weder logisch noch real trennbare Teile (Window Manager, Werkzeuge) vorgibt, sondern als monolithischer Block gesehen werden muß.

monolithisches Fenstersystem

Allenfalls die Graphikbasis läßt sich softwaretechnisch abgesetzt erkennen. Sie wird häufig als Graphics Engine (deutsch: Graphikmaschine) bezeichnet. Wegen dieses Aufbaus der Architektur ist die folgende Gliederung eher künstlich und nur mit der Übersichtlichkeit der Darstellung zu rechtfertigen. So konzentrieren wir uns anschließend vor allem auf die Programmierbarkeit des Systems, die eine auffallende Ähnlichkeit zur Windows-API offenbart.

9.3.1 Die Graphik- und Ereignisbasis

Der Presentation Manager arbeitet intern mit reiner Rastergraphik. Einheiten sind die Bildschirm- bzw. die Druckerkoordinaten. Die Graphiken werden zu Bitmaps zusammengebaut, die Z-Format haben, d.h. die Bildpunkte sind zeilenweise abgelegt. Die Graphikbasis arbeitet mit einer Hardware-Farbtabelle, die bedingt durch Graphikhardware in der PC-Welt die 262144 möglichen Farben der VGA-Konvention unterstützt. Daraus werden in der Farbtabelle 256 konkrete Farben bereitgestellt. Grundsätzlich ist die Graphikbasis jedoch nicht darauf beschränkt, sondern ihr Farbmodell erlaubt auch Echtfarben-RGB.

VGA-zentriert

Um die (teilweise exklusiven) Farbtabellen des Ressourcen-Verwalters auf diese einzige Farbtabelle abzubilden, gibt es die Möglichkeit, Bilder rastern (engl.: dithern) zu lassen. Die Software der Graphikbasis bietet Algorithmen an, mit denen ein Bildpunkt mit einer nicht vorrätigen Farbe durch mehrere benachbarte Bildpunkte aus vorhandenen Farben gemischt wird. Das Resultat ist, daß bei einer hohen Auflösung das Auge die Mischfarbe nicht von der eigentlich gewünschten Farbe unterscheiden kann [1].

Die an der Progammierschnittstelle mögliche Spezifikation in geräteunabhängigen Einheiten wie *mm* und *inch* werden auf das konkrete Gerät abgebildet. Zu diesem Zweck sind sogenannte Gerätekontexte (engl.: Device Context) definiert, die ein einfaches Umlenken der Ausgabe auf verschiedene Geräte oder auf ein *Graphikmetafile* erlauben.

Gerätekontext

Metafile als „Gerät“

Die verschiedenen Typen von Gerätekontexten in der Übersicht:

- Queued: Ausgabe auf gepuffertem Drucker oder Plotter
- Direct: Bildschirmausgabe (bearbeiten und vergessen) oder direkte (unkonservierte) Ausgabe auf Drucker
- Information: Eine Geräteverbindung, um Informationen über ein Gerät zu bekommen. Hier ist keine Ausgabe möglich.
- Memory: Malen auf den Speicher als „Schattenbild“ für die Restauration des eigentlichen Fensters (vgl. freie Zeichenflächen, Abschnitt 4.2).

[1] Diese flächenintegrierende Fähigkeit des Auges wird bei Bildern in Zeitungen, bei Rasterbildern auf Druckern und beim Fernsehen ausgenutzt.

- Metafile: Um die Zeichnung auf einem permanenten Medium (Platte) zu speichern.

Bei den Ausgabe-Objekten kennt die Graphikbasis des Presentation Manager sowohl Zeichensätze repräsentiert durch Rasterbilder (engl.: Image Fonts) als auch sogenannte Outline Fonts (siehe Kapitel 4). Wegen der Geschwindigkeit werden erstere für Menüs und andere Dialogobjekte empfohlen. Letztere sollten Verwendung finden, wenn die Applikation dies erfordert (z.B. Textverarbeitung) oder empfiehlt.

Multithreading

Graphik- und Ereignisbasissystem sind jeweils eigene Threads, die bis auf die Mausdarstellung völlig disjunkte Aufgabenbereiche haben. Eingabeseitig findet das Gerätemultiplex statt, das die beiden Eingabegeräte Maus und Tastatur umfaßt. Eingabegeräte wie der Stift (engl.: Pen) sind als Erweiterungen verfügbar.

Das Basissystem geht beim Presentation Manager ohne erkennbare modulare Trennung in die nächsthöhere Schicht, d.h. den Ressourcen-Verwalter, über.

9.3.2 Ressourcen-Verwalter und Fenstermontierer

Zunächst werden die Objekte und Aktionen besprochen, die eindeutig dem Ressourcen-Verwalter zugeordnet werden können. Dabei kommen zwangsläufig auch bereits Dialogbausteine und Window Manager Merkmale (Verhalten) ins Spiel.

Da alle Komponenten in einem Prozeß vereinigt sind, kann man den Window Manager oder die Dialogbausteine nicht einfach austauschen. Allerdings ist über die DLLs die Möglichkeit gegeben, dem System neue Dialogbausteine auf bequeme Art bekanntzumachen. Dazu mehr im nächsten Abschnitt.

Fensterobjekt

Die wichtigste Ressource, die ein Fenstersystem verwaltet, ist die Ausgabefläche des Bildschirms. Mit dieser Ressource verbunden sind die logischen Einheiten, in denen es sie physikalisch zur Verfügung stellt – nämlich die Fenster. Auch beim Presentation Manager ist das Objekt *Fenster* ein privates Datenobjekt des Fenstersystems. Die Applikation kann nur über Systemfunktionen den Zustand erfragen oder Werte ändern.

Für ein Fenster verwaltet das System folgende Informationen:

- `class:` Die Fensterklasse, zu der ein Fenster gehört.

- **procedure:** Die zum Fenster gehörige Prozedur. Zu jedem Fenstertyp (Klasse) gibt es eine Standardprozedur (**WinDefWindowProc**). Sie kann teilweise oder vollständig von der Applikation durch eine eigene Prozedur überladen werden.
  Im objektorientierten Sprachgebrauch stellt die sogenannte „WindowProcedure" die Gesamtheit der *Methoden* dieser Fensterklasse dar.

- **parent:** Ein Zeiger auf das Vaterfenster in der dynamischen Fensterhierarchie.

- **owner:** Ein Zeiger auf ein Fenster, das den Nachrichtenempfänger darstellt. Der Empfänger ist ein spezielles Fenster, das Nachrichten eines bestimmten Typs von diesem Fenster geschickt bekommt und das meist identisch mit dem Vater ist. Über diese Verknüpfung wird die sogenannte *Kontrollhierarchie* der Fenster festgelegt. Sie ist eine Spezialität des Presentation Managers und wird im Zusammenhang mit den Anwender-Programmierwerkzeugen erklärt.

- **first child:** Das erste der Kinder in der Fensterhierarchie.

- **next sibling:** Ein Geschwister-Fenster auf derselben Hierarchiestufe.

- **size, position:** Die Fenstergeometrie (Größe, Ort) wird festgelegt.

- **lock count:** – nicht dokumentiert –

- **window style:** WS_MINIMIZED (ikonifiziert), WS_VISIBLE (sichtbar),..

- **window id:** Eine eindeutige Kennung des Fensters für externe Referenz (siehe Abschnitt 9.4.2).

- **update region:** Der Bereich, den das Fenstersystem als restaurationsbedürftig ansieht.

- **message queue:** Die zum Fenster gehörende Nachrichten-Warteschlange.

Beim Presentation Manager sind Fenster und Zeichenflächen immer rechteckige Ausschnitte aus der Darstellungsfläche. Aktionen des Ressourcen-Verwalters auf dem Objekt Fenster sind: Erzeugen, Löschen, Positionieren, Klippen, Ausrechnen von Restaurationsbereichen (update regions).

Für Fenster verwaltet der Ressourcen-Verwalter zweierlei Hierarchien. Die erste, die visuell der Enthaltensein-Relation entspricht, entsteht aus der Eltern-Nachkommen-Relation, die beim Erzeugen des Fensters festgelegt wird (Vater/Sohn). Zur selben Zeit wird auch die Kontrollhierarchie bestimmt, die für den Benutzer der Fenster vollkommen unsichtbar ist. Sie besteht im 'Aufbau von Nachrichtenverbindungen' zwischen dem neuen und einem bereits existierenden Fenster.

Kontrollhierarchie

Obwohl die Programmierung des Presentation Managers als objektorientiert beschrieben wird, ist die Programmierschnittstelle für die Fenster vorderhand streng prozedural. So erzeugt man beispielsweise ein Fenster mit dem Funktionsaufruf:

```
Window   WinCreateWindow(  parent,     class,
                           titletext,  styles,
                           position,   width,
                           height,     owner,
                           zorder,     window_id,
                                       class_data )
```

Der Parameter „zorder" findet als einziger keine direkte Entsprechung im Fensterobjekt. Somit steht eine Definition noch aus. Er definiert die Sichtbarkeitsreihenfolge, in der die Geschwister-Fenster derselben Hierarchiestufe liegen, beschreibt also gewissermaßen die „Tiefe" des Fensters.

Graphikkontext: 3 Varianten

Graphikkontext

Der Graphikkontext heißt beim Presentation Manager *Presentation Space*. Wir werden beide Begriffe in diesem Kapitel parallel benutzen. Es gibt drei Stufen von Presentation Spaces. Von Stufe zu Stufe wird die Funktionalität stärker eingeschränkt, dafür aber die Ausgabegeschwindigkeit der Graphik erhöht.

Normal, d.h. ausführlich

1. Normal Presentation Space
   Im Vollausbau unterstützt der Presentation Space mehrere Ausgabegeräte (Device Context), denn die Anwendung, die sich des Presentation Managers bedient, arbeitet

in geräteunabhängigen Koordinatensystemen (mm, inch). Mit Hilfe dieses Graphikontextes kann man die sogenannte Segmentverwaltung durchführen. Diese Segmente können von der Applikation angesprochen werden, um die Restauration teilweise zur Aufgabe des Presentation Managers zu machen.

2. Standard-Micro Presentation Space

Micro, d.h. reduziert

Diese echte Untermenge des normalen Presentation Space erlaubt zwar noch das unabhängige Koordinatensystem, gewährt dafür aber keine systemunterstützte Restauration des Fensterinhalts. Es können keine Segmente verwaltet werden. Die Applikation muß in einer Routine (Zeichen-Methode WM_PAINT in der WindowProcedure) für das Neuzeichnen sorgen. Die Lebensdauer der bisher besprochenen Graphikkontexte ist häufig die gesamte Laufzeit des Programms. In beiden Presentation Spaces können eigene Farbtabellen bestimmt und spezielle Zeichensätze ausgewählt werden.

3. Standard-Cached Presentation Space

Cached, d.h. default und minimal

De facto ist dieser Graphikkontext zwar genauso mächtig wie der Standard-Micro Presentation Space, in der Realität wird er jedoch anders eingesetzt. Er dient als Subset des Standard-Micro Presentation Space, arbeitet mit Pixel-Koordinaten und kann nur für die Ansteuerung des Bildschirms benutzt werden. Die Geschwindigkeit ist dafür erheblich höher, weil einige dieser Presentation Spaces vom Presentation Manager bereits initialisiert vorgehalten werden. Die Benutzung ist sehr einfach und für elementare Funktionen häufig naheliegend. Auch hier ist keine Auto-Restauration möglich. Seine Lebensdauer ist – wie der Name andeutet – sehr kurz. Üblicherweise existiert er nur für die Dauer einiger Ausgabefunktionen. In diesem Graphikkontext stehen nur ein vereinfachtes Farbmodell und nur Standardzeichensätze zur Verfügung.

Gemeinsamkeiten

Das Objekt 'Presentation Space' hat damit unterschiedlich viele Einträge, je nach Typ. Allen gemeinsam sind jedoch die ersten aufgeführten Daten-Komponenten.

- `position:` Position des Stiftes.

- `line width`: Breite der Linien.
- `line style`: Art der Linie, durchgezogen oder gestrichelt.
- `color`: Zeichenfarbe.
- `fill pattern`: Füllmuster.
- `font`: Der Zeichensatz für textuelle Ausgaben.

Unterschiede

Ein paar Beispiele für spezielle Komponenten der ausführlichen Presentation Spaces:

- `transformation matrix`: Definiert die Abbildung vom Koordinatensystem, in dem die graphischen Ausgaben spezifiziert sind, in ein normalisiertes System.
- `Gradient`: Ausrichtung der Grundlinie der Schrift bei der Ausgabe von Text.
- `Neigung`: Die Neigung der Buchstaben.
- `Schreibrichtung`: Von Links nach Rechts, von Oben nach Unten usw.

Bei der Verwendung von Standard-Micro und Normal Presentation Space ist es nötig, mit Hilfe eines oder mehrerer Gerätekontexte die Ausgabe auf konkrete Geräte anzupassen (siehe Abb. 9.2). Beim Standard-Cached Presentation Space ist immer der Bildschirm angesprochen.

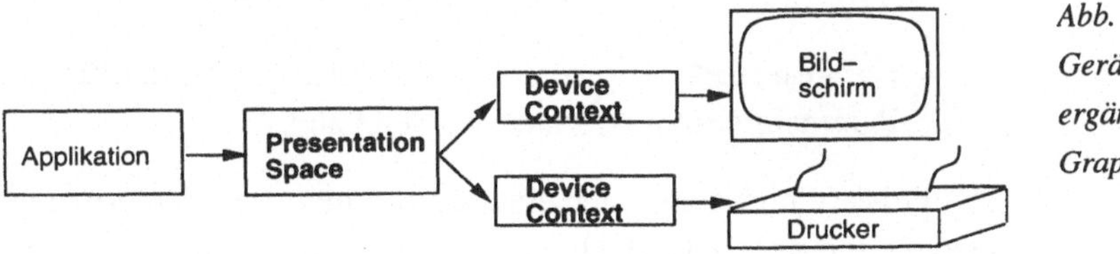

Abb. 9.2 Gerätekontext ergänzt den Graphikkontext

Ereignisse

Ereignisse

Das Ereigniskonzept des Presentation Managers ist Teil eines Nachrichtenkonzeptes, das mehr umfaßt als Eingaben, die Anwendungen zugeleitet werden müssen. Zunächst wollen wir dieses allgemeinere Konzept verstehen, bevor die Verwendung für Ereignisse erklärt wird.

Die Objekte vom Typ *Nachricht* werden vom Presentation Manager zusammengebaut und dann in der *System-Message-Queue* (Nachrichten-Warteschlange) abgelegt. Die Nachrichten werden danach nach Applikationen getrennt und in die *Application-Message-Queue* einsortiert. Application-Message-Queues können pro Thread eingerichtet werden. Neben den Ereignissen, die der Ressourcen-Verwalter-Teil des Presentation Managers von der Eingabebasis weiterleitet (Queue-Messages: Zeitstempel, Mausposition), gibt es noch Nachrichten, die der Ressourcen-Verwalter selbst erzeugt und solche, die Nachrichten von anderen Applikationen (Window-Messages) darstellen. Zudem können Nachrichten erzeugt werden, indem ein *Timer* beauftragt wird, einer Applikation regelmäßig Nachrichten zukommen zu lassen. Wegen dieser Vielfalt von Nachrichtenquellen und -inhalten haben Nachrichten das folgende flexible Datenformat:

einfaches Datenformat

- **`window handle:`** Das betroffene Fenster.
- **`message id:`** Der Nachrichtentyp, bei Ereignissen der Ereignistyp.
- **`parameter1:`** Hier steht entweder bereits ein Wert oder ein Zeiger auf ein Parameterfeld. Die Semantik kann je nach Ereignistyp sehr unterschiedlich sein.
- **`parameter2:`** Ein weiterer Wert oder Zeiger, der für eine Parameterstruktur genutzt werden kann.

Ereignisse sind Nachrichten einer bestimmten Typenuntermenge, also einige spezielle Nachrichten. Alle Nachrichten – ob Ereignisse oder nicht – werden von den Applikationen in der bereits erwähnten WindowProcedure sehr ähnlich behandelt. Der Ressourcen-Verwalter-Teil des Presentation Managers ordnet Ereignisse bestimmten Fenstern und Applikationen zu, sofern diese Frage noch offen ist, und liefert die Ereignisse an der richtigen Schlange ab.

Hooks

Der Hook-Mechanismus, der an dieser Stelle bei Windows besprochen wird und der zum Abfangen von Ereignissen benutzt werden kann, ist für den OS/2 und den Presentation Manager nicht dokumentiert. Er ist wohl vorhanden, von einer Verwendung in Applikationen wird allerdings abgeraten. Der Grund dafür ist die bei Windows besprochene Belastung für die Systemleistung und der mangelhafte Programmierstil, den das Hook-Konzept fördert.

von der Verwendung wird abgeraten

Verarbeitung der Nachrichten

Applikationen sind verpflichtet, die einzelnen Nachrichten aus ihrer eigenen Application-Message-Queue zu lesen, weil sonst das gesamte System innerhalb kürzester Zeit ins Stocken geraten würde. Der Grund dafür liegt in der Umverteilung der System-Message-Queue in die Application-Message-Queues. Liest ein Client seine eigene Warteschlange nicht, so läuft sie voll und kann nicht mehr nachgeladen werden. Das hat zur Folge, daß die System-Queue vom Ressourcen-Verwalter nicht mehr weiter (auch nicht für andere Applikationen) geleert werden kann. Ein passiver Dienstnehmer kann somit die Eingabeseite und damit das Fenstersystem als Ganzes blockieren.

endliche Nachrichtenschlange

Im Sinne einer internen Parallelität kann jeder Thread einer Applikation eine eigene Application-Message-Queue beantragen und diese abarbeiten. Es ist aber auch denkbar, daß nur eine Queue existiert und ein Thread die Arbeit an die anderen Threads, die Team-Kollegen, verteilt.

Farbtabelle

Es gibt beim Presentation Manager aus der Sicht der Applikation grundsätzlich drei Farbmodelle. Das erste Modell sieht keine Farbtabelle vor, sondern man benutzt direkt die RGB-Werte. Die anderen beiden Modelle arbeiten mit Farbtabellen.

Farbtabellen: 3 Modelle

Entweder man verwendet eigene (aber auch gemeinsame) Farbtabellen oder man beschränkt sich auf die 16 vorgegebenen Farben. Letzteres läuft aus Sicht des Ressourcen-Verwalters auch auf eine gemeinsame Farbtabelle hinaus. In jedem Fall bedient sich der Ressourcen-Verwalter also mindestens einer Farbtabelle. Applikationen können beliebig viele eigene Farbtabellen beim Server bestellen. Diese können beliebige Längen haben.

Die Objekte „Farbtabelle“ bestehen aus einfachen Datenstrukturen. Zunächst gibt es einen Indikator und die Datenfelder:

- `Tabellentyp:` Mit den Werten PURE (rastern verhindern, siehe Graphikbasis) und OVERRIDE (gesamte Farbtabelle exklusiv) oder einer Verknüpfung von beiden.
- `Länge:` Die Länge der Farbtabelle.
- `Datenfeld:` Die RGB-Daten

Da der Presentation Manager nur das RGB-Farbmodell kennt, haben diese Datenfelder immer folgendes Aussehen:

- `r:` ein Byte für den Rotanteil der definierten Farbe
- `g:` ein Byte für den Grünanteil der definierten Farbe
- `b:` ein Byte für den Blauanteil der definierten Farbe
- `a:` ein Byte als Indikator, ob der Farbwert als privat und exklusiv für die Initiatoranwendung zu betrachten ist. Ist der Indikator nicht gesetzt, so kann der Ressourcen-Verwalter versuchen, diesen Farbwert in einer globalen Farbtabelle zu allokieren. Damit steht der Eintrag aber auch anderen Applikationen und deren Änderungswünschen offen.

Der Index im Farbtabellenfeld ist der „Farbwert“, mit dem die Zeichenroutinen aufgerufen werden können oder mit dem der Presentation Space initialisiert werden kann.

Werden mehr Farben benötigt, als die Farbtabelle der Graphikbasis anbietet, so kann versucht werden, eine größere Farbtabelle zu bestellen. Dieses Modell erlaubt, daß nicht vorhandene Farben automatisch auf existierende oder auf Mischfarben abgebildet werden – unter Umständen auch mit Qualitätsverlusten.

Graphiksegment

Graphiksegmente strukturieren die Ausgabe

Eine Besonderheit des Presentation Manager-Servers ist die Möglichkeit, Graphiksegmente zu verwalten. Die Verwendung der Segmente ist nur im ausführlichsten Graphikkontext möglich. Ein Segment enthält eine Reihe von Ausgabefunktionen in Form einer Liste. Ein Segment ist als eigenständiges Graphikobjekt identifizierbar. Ein solches Graphikobjekt kann mehrmals (auch verändert) dargestellt werden und als ganzes auch wieder gelöscht werden.

Das Graphiksegmente kam im Ressourcen-Verwalter der Referenzarchitektur für Fenstersysteme nicht vor, denn es ist ein Objekt, das meist nur in Graphischen Systemen oder Graphikstandards (siehe Kap. 6) gebraucht wird. Anders als dort (z.B. PHIGS) kann in der Presentation Manager-Programmierung nur jeweils ein Segment auf ein Ausgabegerät geleitet werden. Ein Segment enthält folgende Einträge:

- `Segmentnummer, Sid:` Eine eindeutige Kennung
- `Segmentliste:` Die Liste der Linien, Texte und Flächen
- `Darstellungsmodus:` Nur darstellen, darstellen und speichern, nur speichern
- `Segmentattribute:` Sichtbarkeit, Detektierbarkeit und weitere Attribute

Anders als bei der Pufferung von elementaren Malobjekten in der Graphikbasis sind diese Objekte in verschiedenen Einheiten und in einem abstrakteren Sinne konserviert. Das Ziel der Konservierung ist nicht ausschließlich die Restauration, sondern vielmehr eine Wiederverwendung der Objekte.

Window Management

Die Window Management-Aspekte sind beim Presentation Manager auf eine einfache, aber unflexible Art und Weise gelöst.

Die Funktionalität ist Teil des Ressourcen-Verwalters. Die meisten Funktionen werden nur für Fenster einer bestimmten Klasse angeboten. Diese ausgezeichnete Fensterklasse ist die Klasse *Frame*, und das – in der dynamischen Hierarchie – oberste Fenster einer jeden Applikation ist gewöhnlich von diesem Typ.

Nur dieser Fenstertyp vermag interaktive Vergrößerungen und Fokusberechnungen durchzuführen.

Ein Frame-Window (WC_FRAME) kann folgende Eigenschaften haben, die über die Attribute der anderen Fenster hinausgehen:

Parallelen zu Windows

```
Titlebar,          System Menu,
Vertical Scroll,   Horizontal Scroll,
Size Border,       Maximize Button,
Minimize Button,   Icon,
Alignment,         Accelerator Table,
System Modal,      Standard
```

Zu den einzelnen Aufgaben des Sitzungsverwalters folgen kurz die Realisierungen des Presentation Managers:

Einmischung nur bei Icons

Bildschirmaufteilung Ein Fenster der Klasse 'Frame' kann entweder bildschirmfüllend (Maximize), als Icon (Minimize) oder mit beliebiger Größe dargestellt werden. Icons werden nichtüberlappend am (linken oder unteren) Rand des Bildschirms aufgereiht. Sie können von dort beliebig verschoben werden. Fenster derselben Hierarchie-Stufe können einander überlappen und ihre Vorfahren überdecken. Sie werden gegen die Begrenzung ihrer Vorfahren geklippt.

Ikonen bestehen gemäß der Richtlinien immer aus Text (Name der Applikation) und Graphik. Eine Plazierung von Datei-Ikonen kann überall auf dem Bildschirm vorgenommen werden – also auch auf dem Hintergrundfenster.

auch textuelle Schnittstelle

Sitzungsverwaltung Zum Starten einzelner Applikationen gibt es ein spezielles Kommandofenster, das Kommandos in Textform erlaubt. Alternativ dazu kann mit Doppelklick eine als Symbol sichtbare Anwendung gestartet werden. Der Fensterrahmen des 'Frames' enthält neben Buttons zum Minimize/Maximize (je nach Zustand) auch ein Pulldown Menüfeld und Griffe zum Verschieben und zur kontinuierlichen Größenänderung.

minimal

Direktmanipulation Direktmanipulation beschränkt sich nicht auf die Anbietetechnik, wie sie Stand der Technik bei graphischen Oberfächen ist. Es werden neben einer Desktop-Oberfläche (Ikonen) auch sogenannte Kommando-Boxen für Kommandos in Textform angeboten.

Ansonsten gibt es die üblichen Positioniervorgänge und Größenänderungen per Direktmanipulation.

Click-to-Type

Lauschtechnik Die benutzte Lauschtechnik ist: Click-to-Type. Eine Besonderheit ist allerdings das sogenannte „Mouse-Capture". Darunter versteht man die Methode, mit der man Mausaktionen außerhalb eines bestimmten Fensters dennoch an dieses umleitet.

Späte Verfeinerung Die Möglichkeiten der späten Verfeinerung sind sehr beschränkt. Die Ikonen einer Applikation können zwar geändert werden, ansonsten ist das Erscheinungsbild eines Programms unter dem Presentation Manager vom Programmierer festgelegt und kann vom Benutzer nicht mehr maßgeblich beeinflußt werden.

applikations-, nicht benutzerbezogen

Da kein Mehrbenutzerbetrieb vom Betriebssystem aus vorgesehen ist, fehlen insbesondere auch Möglichkeiten der benutzerbezogenen Verfeinerung.

Pseudo-3D Bestimmte Fenster haben die Eigenschaft, durch angedeuteten Schattenwurf an den Rändern den Eindruck einer erhabenen Oberfläche zu erwecken. Insbesondere bei Druckknöpfen (Buttons) kann durch Umschalten des Schattenwurfs der Eindruck entstehen, der Knopf würde beim Drücken tatsächlich bewegt.

Schatten

Insgesamt ähnelt das Window Management sehr stark dem Aussehen und Verhalten, die beim Fenstersystemanteil von MS-Windows 3.x anzutreffen sind. Der Grund dafür ist, daß beiden Systemen dieselben Benutzungsrichtlinien (CUA Style Guide) zugrunde liegen.

CUA ist in [CUA87] dokumentiert

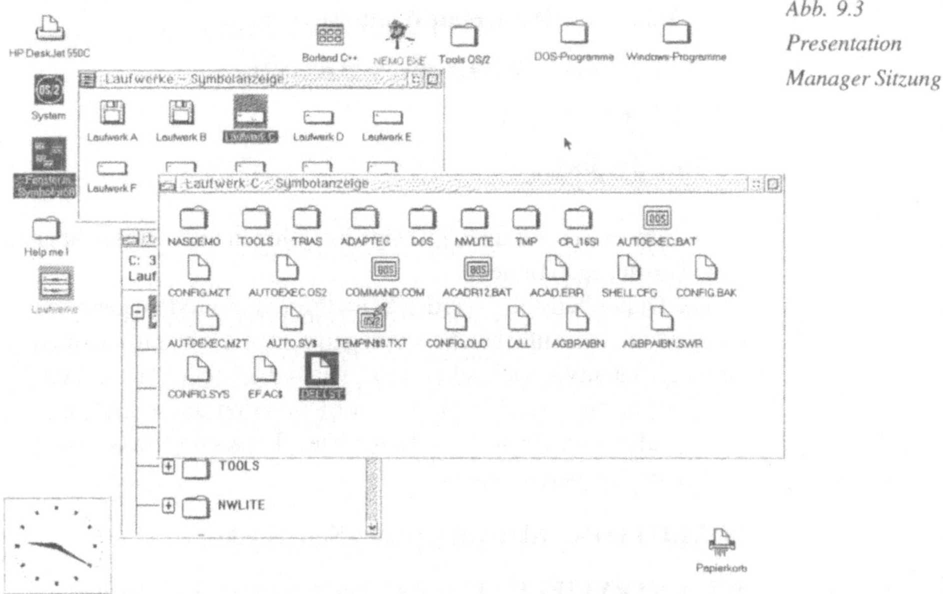

Abb. 9.3 Presentation Manager Sitzung

Abbildung 9.3 vermittelt einen Eindruck vom Aussehen einer OS/2-Sitzung mit Presentation Manager.

9.3.3 Die Anwender-Programmierschnittstelle

Die Anwender-Programmierschnittstelle des Presentation Managers ist nicht hierarchisch gegliedert in eine Ressourcen-Verwalter-Programmierung und in höhere Werkzeuge. Es gibt vielmehr eine Schnittstelle, die Zugriff auf Fensteroperationen und Dialogbausteine parallel zuläßt. Mit anderen Worten: Man benutzt immer auch Anwender-Programmierwerkzeuge, sobald man mit der Programmierung auf diesem Fenstersystem beginnt.

Fensteroperationen

Gliedern kann man die Operationen am ehesten horizontal. Dem Anwendungsprogrammierer wird dies durch Funktionen und Prozeduren sichtbar gemacht, die verschiedenen Familien angehören und deshalb auch mit speziellen Namen belegt sind. Die reinen Fensteroperationen (öffnen, schließen, schieben) beginnen mit dem Präfix Win.., wohingegen die Graphikoperationen mit dem Kürzel Gpi..(Graphic Programmer Interface) anfangen. Betriebssystemoperationen wird aus Traditionsgründen die Abkürzung Dos.. (Disk Operating System) vorangestellt. Als Beispiel sollen die folgenden Funktionen dienen:

Graphikoperationen

Betriebssystemoperationen

myWindow = **WinCreateWindow**(parent,....);

myMsgQueue = **WinCreateMsgQueue**();

GpiSetColor();

GpiPolyLine();

Es gibt insgesamt über 250 Gpi-Funktionen und vergleichbar viele Fensteroperationen.

Die Dialogbausteine werden beim Presentation Manager nicht logisch von den einfachen Fenstern getrennt. Es gibt dafür keinen eigenen Datentyp, vielmehr ist ein Dialogbaustein nur ein Fenster einer bestimmten Klasse. Die vordefinierten Bausteinklassen werden als *Control Windows* bezeichnet. Folgende Klassen sind immer systemweit definiert:

elementare Dialogbausteine

WC_BUTTON: Aktivierung eines Kommandos

WC_ENTRYFIELD: Eingabe einer Zahl oder eines Textes

WC_STATIC: Passives Anzeigenfeld

WC_LISTBOX: Anzeige und Auswahl von zeilenorientierten Tabellen

WC_COMBOBOX: Kombination aus Auswahlkästchen und Eingabefeld

WC_MENU: Feld mit beliebig vielen Menüeinträgen

WC_SLIDER: Schieberegler zur Eingabe numerischer Werte

WC_SCROLLBAR: Rollbalken

WC_VALUESET: Eine 1 aus n-Auswahl mit Piktogrammen (Radio-Mechanismus)

WC_NOTEBOOK: Ein Heftchen von übereinanderliegenden Dialogen, die nach Themen gegliedert sind. Optisch ähnlich wie sogenannte gestapelte Menüs (engl.: Stacked Menüs).

statische Hierarchie

Verfeinerung durch Subclassing

siehe [Goo93]

Da die Auswahl der vordefinierten elementaren Dialogbausteine relativ klein ist, gibt es zwei Methoden, neue Klassen zu definieren und damit eine Verfeinerung vorzunehmen. Die eine (lokale Verfeinerung) verändert eine Klasse soweit, daß sie den Ansprüchen des Programmierers genügt. Ein solcher Dialogbaustein hat das gleiche programmiertechnische Erscheinungsbild wie ein vorgefertigter, ohne daß er anderen Programmierern zur Verfügung steht. Die zweite (globale Verfeinerung oder „Register & Implement") sieht vor, daß die erzeugten Dialogbausteine allen anderen Programmierern in derselben Form wie die vordefinierten Bausteine zur Verfügung stehen. Es entsteht dann eine **statische Hierarchie** der Dialogbausteine, wenn neue Elemente aus alten abgeleitet werden, um den Arbeitsaufwand gering zu halten.

dynamische Hierarchie, keine expliziten Behälter

Die Fortführung der **dynamischen Hierarchie** (Komposition) ist mit jedem Fenster möglich. Jedes Fenster besitzt also generell die Fähigkeiten eines Behälter-Dialogbausteins. Allerdings ist das Ergebnis bei einigen Kombinationen unerwünscht oder zumindest nicht vorhersagbar. Üblich – und das wird im Beispiel später sichtbar – ist eine sehr geringe Schachtelungstiefe, bestehend aus dem sogenannten ClientWindow (mit Rahmen) und den darin befindlichen Dialogbausteinen.

Kontrollhierarchie

Die bereits mehrfach erwähnte **Kontrollhierarchie** legt fest, ob Zustandswechsel oder Aktionen eines Dialogbausteines einem anderen mitgeteilt werden müssen. Es ist eine Möglichkeit, unabhängig von Beziehungen im Vater/Sohn-Fensterbaum mit beliebigen existierenden Fenstern zu kommunizieren.

So unübersichtlich diese dreifache Hierarchie der Dialogbausteine erscheinen mag, so hat sie sich doch als sehr flexibel und brauchbar erwiesen. Insbesondere die Tatsache, daß der Nachrichtenaustausch zwischen beliebigen Fenstern programmierbar ist, ermöglicht häufig eine direkte Einflußnahme ohne den Umweg über alle Stufen der (dynamischen) Fensterhierarchie.

Anpassung

Auf der Anwender-Programmierwerkzeug-Ebene gibt es den Ansatz einer Anpassung in Form eines sogenannten Resource-Definition-Files. Die Verwendung dieser Dateien erfordert allerdings Kenntnisse des internen Aufbaus der Applikation und das Vorhandensein übersetzbarer Quellen. Denn die Defintionsdateien, mit denen beispielsweise die Benutzung von Beschleunigungstasten (engl.: Accelerator Tables) festgelegt werden können, werden zum Code dazugebunden. Diese Vorgehensweise entspricht gemäß der Definition nicht den Werkzeugen zur **späten** Verfeinerung. Vielmehr wird damit die Möglichkeit geboten, kundenbezogen zu verfeinern, ohne den Kunden selbst diese Freiheit zu gestatten.

Konzept wie bei Windows

Weil Fenster und Dialogbausteine im wesentlichen die gleiche Programmierung erlauben, sollen diese hier auch zusammen beschrieben werden. An einem Programmgerüst werden die wichtigsten Merkmale der Programmierung erläutert. Das Programmbeispiel im anschließenden Abschnitt soll das Verständnis weiter vertiefen und einen Gesamteindruck einer PM-Applikation vermitteln.

Der Kontrollfluß zwischen Presentation Manager-Server und den Applikationen ist in Abb. 9.4 zu sehen. Die Warteschlange des Servers wird entleert und füllt dadurch die Nachrichtenwarteschlange der Applikationen. Eine Applikation besteht aus einer Ereignisschleife und den Fensterprozeduren. Die Ereignisschleife entscheidet, welche Fensterprozedur ein konkretes Ereignis bearbeiten muß. Die Fensterprozedur wird aufgerufen und bildet die Ereignissenke für die Ereignisse, deren Quelle die Eingaberäte Maus und Tastatur darstellen.

Eine Applikation auf dem Presentation Manager hat immer den gleichen prinzipiellen Aufbau. Im Code werden zunächst Fen-

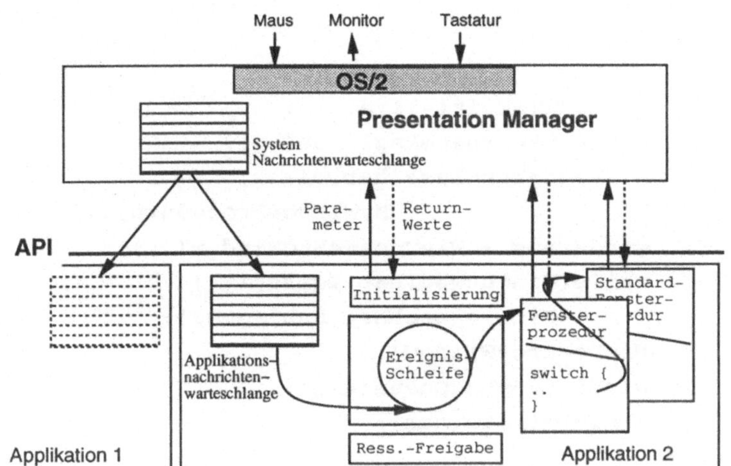

Abb. 9.4 Kommunikation zwischen Applikation und Fenstersystem

sterprozeduren definiert, dann kommt das Hauptprogramm mit der Erzeugung der Fenster und der Ereignisschleife. Das sieht in erster Näherung wie folgt aus:

die Definition der Typen, Variablen und Funktionen wurde weggelassen

Implementierung einer Fensterprozedur

```
...
MyWindowProcedure(win_id, msg, msg_parameter1,
                               msg_parameter2)
{
switch(msg){
  case WM_CREATE:
       ...
        return(0);
  case WM_PAINT:
       ...
       break;
  }

  return(WinDefWindowProc(win_id, msg, ..));
}
```

wenn bislang kein return, dann noch Methoden der Klasse ausführen

Hauptprogramm

Initialisierung

Neue Klasse

Rahmenfenster

Ereignisschleife

Aufräumen

```
...
main()
{
    hab = WinInitialize(..);
    hmq = WinCreateMsgQueue(..);
    WinRegisterClass(hab,class,
                        MyWindowProcedure,..);
    windFrame = WinCreateStdWindow(..);
    while(WinGetMsg(hab,&qmsg,..))
        WinDispatchMsg(hab,&qmsg);
    WinDestroyWindow(..);
    WinDestroyMsgQueue(hmq);
    WinTerminate(hab);
}
```

Fensterprozeduren als Ereignissenken

Vergleicht man das vorliegende Code-Fragment mit dem des Minimalen Fenstersystems (Kapitel 3), so fällt auf, daß neben einer expliziten Einrichtung (für jeden Thread) der Nachrichtenverbindung auch die Ereignisschleife anders aussieht. Der Grund für ihre Verkürzung ist, daß das Abarbeiten der Nachrichten in eine Prozedur verlagert wurde, die pro Fenster respektive Fensterklasse definiert ist.

9.4 Programmbeispiel

siehe auch Abschnitt 8.4

In dieser kurzen Beschreibung des Fenstersystems 'Presentation Manager' ist es unmöglich, die Programmierung des Systems, das allein 570 API-Funktionen aufwartet, zu erklären. Das folgende einfache Programmbeispiel hat dagegen den Zweck, einige typische Probleme anzusprechen, die bei der Programmierung auftreten.

9.4.1 Das Programm

Funktion der Anwendung

Das Programm erzeugt ein Hintergrundfenster, das zwei horizontal angeordnete Fenster mit mehreren Control Windows enthält. Diese Controls wiederum sind vom Typ WC_BUTTON, die auf der linken Seite eine bestimmte Farbauswahl dokumentieren und auf der rechten Seite den Benutzer einen definierten Linientyp interaktiv festlegen lassen. Diese beiden Fenster werden umrahmt von einem rechteckigen Polygon, das zu jeder Zeit in der interaktiv ausgewählten Farbe und mit dem ausgesuchten Linientyp gemalt ist (siehe Abb. 9.6).

Präambel

```
#define INCL_WIN
#define INCL_GPI

#include <os2.h>
/***********************************************
*       Projekt: mmd
*         Modul: pm_drawline.c
*         Datum: 10.10.94
************************************************
#include "drawline.h"
```

hausgemachte Fensterprozedur benutzt in main() als Parameter

```
MRESULT EXPENTRY
MyClientWndProc(HWND hwnd,ULONG msg,
                MPARAM mp1,MPARAM mp2)

{
```

globale Felder

```
static char  *boxNames[] = {
      "Color","Type"};
static char  *colorNames[] = {
      "Background","Blue","Red",
      "Pink","Green","Cyan","Yellow",
      "Neutral","Dark Grey","Dark Blue",
      "Dark Red","Dark Pink","Dark Green",
      "Dark Cyan","Brown","Pale Grey"};
static char  *lineTypes[] = {
      "Dot","Short Dash","Dash Dot",
      "Double Dot","Long Dash",
      "Dash Double Dot","Solid","Invisible"};
```

Fenstervariable und Zustandsmerker

```
static HWND    groupBox[2],colorButton[16],
                           typeButton[8];
static POINTL  polygon[5];
static SHORT   sCurrentColor = 7;
static SHORT   sCurrentType = 6;
```

```
FONTMETRICS fm;
HPS     hps;
SHORT   s,id, cxChar, cyChar;

switch(msg) {
case WM_CREATE:
```

hier wird der Graphikkontext analysiert

```
    hps = WinGetPS(hwnd);
    GpiQueryFontMetrics(hps,sizeof(fm),&fm);
    cxChar = (SHORT) fm.lAveCharWidth;
    cyChar = (SHORT) fm.lMaxBaselineExt;
    WinReleasePS(hps);
```

zuerst die umrahmenden Fenster

Parameter: Eltern-Fenster, Fensterklasse, Beschriftung, Stilparameter, X,Y, Höhe, Breite, Ereignissenke, Plazierung, ..

```
    for(s=0; s<2; s++)
        groupBox[s] =
          WinCreateWindow(hwnd,
            WC_STATIC,
            boxNames[s],
            WS_VISIBLE| SS_GROUPBOX,
            (8+42*s)*cxChar,
            4 * cyChar,
            (26 + 12 * (1-s))* cxChar,
            14 * cyChar,
            hwnd,
            HWND_TOP,
            s + 24,
            NULL,NULL);
```

links entstehen die Buttons für die Farbe

Klasse: Button, Beschriftung ..

```
    for(s=0; s<16; s++)
        colorButton[s] = WinCreateWindow(
            hwnd,
            WC_BUTTON,
            colorNames[s],
            WS_VISIBLE|BS_RADIOBUTTON,
            (10+(s>7 ? 18 : 0)) * cxChar,
```

```
                (31 - 3 * (s%8)) * cyChar/2,
                16 * cxChar,
                3 * cyChar/2,
                hwnd,
                HWND_BOTTOM,
                s, NULL,NULL);
```

rechts entstehen Buttons für den Linientyp

```
        for(s=0; s<8; s++)
            typeButton[s] = WinCreateWindow(
                hwnd,
                WC_BUTTON,
                lineTypes[s],
                WS_VISIBLE|BS_RADIOBUTTON,
                52 * cxChar,
                (31 - 3 * s) * cyChar/2,
                22 * cxChar,
                3 * cyChar/2,
                hwnd,
                HWND_BOTTOM,
                s+16,NULL,NULL);
```

Selektion im Anfangszustand für Farbe und Typ

```
        WinSendMsg(colorButton[sCurrentColor],
           BM_SETCHECK,MPFROMSHORT(1), NULL);
        WinSendMsg(typeButton[sCurrentType],
           BM_SETCHECK,MPFROMSHORT(1), NULL);
```

das umrahmende Polygon

```
        polygon[0].x = polygon[3].x=
                       polygon[4].x= 4* cxChar;
        polygon[1].x = polygon[2].x= 80* cxChar;
        polygon[0].y = polygon[1].y=
                       polygon[4].y= 2* cyChar;
        polygon[2].y = polygon[3].y= 20* cyChar;
        return 0;
```

Selektionsereignisse

Erst De-, dann Neuselektion

```
    case WM_CONTROL:
        id = SHORT1FROMMP(mp1);
        if(id<16){
```

```
      WinSendMsg(colorButton[sCurrentColor],
         BM_SETCHECK,MPFROMSHORT(0),NULL);
      sCurrentColor = id;
      WinSendMsg(colorButton[sCurrentColor],
         BM_SETCHECK,MPFROMSHORT(1),NULL);
```

.. für Farbe

.. und Typ

```
    } else if(id < 24){
      WinSendMsg(typeButton[sCurrentType],
         BM_SETCHECK,MPFROMSHORT(0),NULL);
      sCurrentType = id-16;
      WinSendMsg(typeButton[sCurrentType],
         BM_SETCHECK,MPFROMSHORT(1),NULL);
    }
    WinInvalidateRect(hwnd,NULL,TRUE);
    return 0;
  case WM_PAINT:
```

Das Rechteck ist neu zu zeichnen

Graphikkontext-Operationen

```
    hps = WinBeginPaint(hwnd,NULL,NULL);
    GpiErase(hps);
    GpiSetColor(hps,(LONG) sCurrentColor);
    GpiSetLineType(hps,(LONG) sCurrentType
                          +LINETYPE_DOT);
    GpiMove(hps,polygon);
    GpiPolyLine(hps,4L,polygon+1);
    WinEndPaint(hps);
    return 0;
  }
```

Aufruf der Default-Prozedur

```
  return WinDefWindowProc(hwnd,msg,mp1,mp2);
}
```

```
main()
{
static CHAR  szClientClass[] = "DrawLine";
```

Hauptprogramm, Name der Applikation

```
static ULONG flFrameFlags = FCF_TITLEBAR |
                            FCF_SYSMENU |
                            FCF_SIZEBORDER |
                            FCF_SHELLPOSITION |
                            FCF_MINMAX |
                            FCF_TASKLIST;
```

Konfiguration des Frame-Windows

```
  HAB hab;
  HMQ hmq;
  HWND    windFrame, windClient;
  QMSG    qmsg;
```

Initialisierung, Nachrichten-schlange öffnen

```
  hab = WinInitialize(0);
  hmq = WinCreateMsgQueue(hab,0);
  WinRegisterClass(hab,szClientClass,
                   MyClientWndProc,
                   CS_SIZEREDRAW,0);
```

das Hauptfenster

```
  windFrame = WinCreateStdWindow(HWND_DESKTOP,
                                 WS_VISIBLE,
                                 &flFrameFlags,
                                 szClientClass,
                                 "Drawline",0,0,
                                 ID_ClientWindow,
                                 &windClient);
```

die Ereignisschleife und Aufräumaktionen

```
  while (WinGetMsg(hab,&qmsg,0,0,0))
        WinDispatchMsg(hab,&qmsg);

  WinDestroyWindow(windFrame);
  WinDestroyMsgQueue(hmq);
  WinTerminate(hab);
  return 0;
}
```

Das Hauptprogramm zeigt eine rein prozedurale Programmierung des Fenstersystems. Nach der Initialisierung wird eine Application-Message-Queue eingerichtet. Danach wird eine eigene Fensterprozedur **MyClientWndProc** bekanntgemacht.
Das Frame-Window wird konfiguriert (vgl. **flFrameFlags**); und damit sind auch alle Window Manager-Freiheitsgrade festgelegt.
Nach der Ereignisschleife werden einige Ressourcen aufgeräumt, die nur für diese Applikation angefordert wurden[2].

Man beachte folgende Zusammenhänge:

Messages empfangen

1. Die Nachricht **WM_CONTROL** des Fensters **hwnd** wird durch die Kontrollstruktur von einem der einzelnen Buttons (**typeButton**, **colorButton**) an das Applikationsfenster gereicht. Diese Kontrollstruktur wurde bei deren Aufruf vereinbart.

Messages versenden

2. Am Ende des Code-Teils, der auf **WM_CONTROL**-Messages reagiert, wird über den Aufruf **WinInvalidateRect** dem Fenstersystem die Ungültigkeit eines bestimmten Fensterbereiches mitgeteilt. Das Fenstersystem reagiert mit einem **WM_PAINT** an die Applikation. Über den Befehl ruft die Windowprozedur sich quasi selbst wieder auf, um eine Restauration durchzuführen oder, wie in unserem Fall, um das Aktualisieren der Ausgabe anzuregen. Es handelt sich aber nicht um einen Aufruf im softwaretechnischen Sinne, sondern es wird eine Nachricht hinterlegt, die später einen Aufruf zur Folge hat.

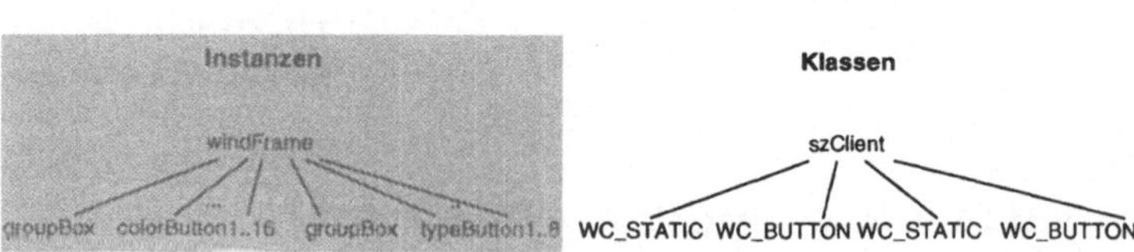

Abb. 9.5 Dynamische Hierarchie der Dialogbausteine für das Drawline-Beispiel

Die eigentliche Funktionalität der Applikation liegt in der Prozedur **MyClientWndProc**. Man kann das Programmierpa-

[2] Der nicht unbegründete Verdacht, daß für dieses Programm keine definierte Terminierung vorgesehen ist, kann durch eine eingebaute Funktionalität auf Window Manager-Ebene ausgeräumt werden. Das in der Sitzungsverwaltung erwähnte Menüfeld im Titel einer Applikation enthält generell eine Möglichkeit, die Applikation zu beenden.

radigma innerhalb dieser Fensterprozeduren im weitesten Sinne als objektorientiert bezeichnen. Es gibt den Kontrollfluß über das Versenden von Nachrichten und einen einfachen Vererbungsmechanismus. Die Auswahl der neu definierten Methoden wird in einem Case-Statement durchgeführt. In diesem Fall sind nur die Methoden **WM_CREATE**, **WM_CONTROL** und **WM_PAINT** überdefiniert.

Abbildung 9.5 zeigt die dynamische Hierarchie der Dialogbausteine für das kleine Beispiel. Links ist der Baum der Dialogbausteine, wie sie im Hauptprogramm und in der Fensterprozedur erzeugt werden. Rechts sieht man, welchen Klassen diese Dialogbausteine angehören.

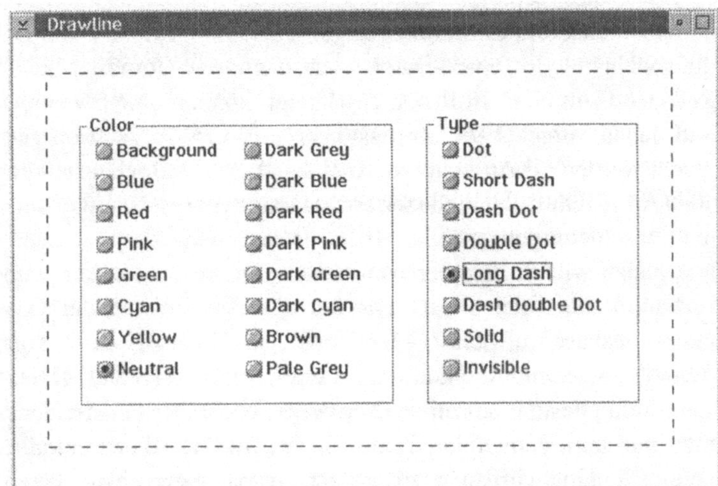

Abb. 9.6
Ein Zustand des Beispielprogramms

Im Vergleich zur Motif-Implementierung (siehe Anhang A und Abb. A.2) ist die Hierarchie sehr flach. Alle Dialogbausteine sind direkte dynamische Nachkommen des Grundfensters.

9.4.2 Der Anpassungsmechanismus

Resource-Dateien und INI-Dateien

Der Anpassungsmechanismus des Presentation Managers umfaßt das Auslagern einiger Bezeichner (Window-Ids) in eine Deklarationsdatei (engl.: Header File) – im Beispiel `drawline.h` – und eine sogenannte Resource-Datei, die danach vorgestellt wird.

Der Begriff der Resource (englische Schreibweise) soll im Unterschied zu den Ressourcen, den Verwaltungseinheiten des Fenstersystems, stehen. Er wird unglücklicherweise bei vielen Fenstersystemen von diesen Objekten nicht unterschieden, und dies führt zu zahlreichen Mißverständnissen. Die genaue Schreibweise ist in Zukunft also bedeutend. Zunächst **drawline.h**:

1. Schritt: IDs vereinbaren in einer Header-Datei

```
/* Datei: drawline.h        *
 * Modul: drawline.c        */

INT main (VOID);
#define ID_ClientWindow 1
```

Text, Icons, Position, Größe

Durch diese separate Deklaration sind die Bezeichner auch anderen Dateien und Compileren zugänglich. Eine solche Datei ist die sogenannte Resource-Datei. Der zugehörige Compiler heißt Resouce-Compiler. In Resource-Dateien können einige wenige und genau vorgegebene Anpassungen für die Applikation gemacht werden. Dazu gehören Textinhalte von Dialogbausteinen aller Art (Menüs, Dialogboxen etc.), länderspezifische Eigenheiten, Beschleunigungstasten, Hilfe-Einträge und Ikonen. Letztere haben wir im Beispiel verwendet. Der Resource-Compiler verknüpft die Datei **drawline.rc** über den Umweg der Deklarationsdatei mit dem C-Quellcode. In diesem Fall wird in **drawline.rc** nur die Ikone des Hauptfensters festgelegt. Diese Zuordnung besteht aus einer Konstanten **ICON**, der Fensteridentität und dem Namen der Datei, die ein Bild der Ikone enthält. Dieses Schema wird auch bei anderen Anpassungen eingehalten:

2. Schritt: Werte setzen in einer Resource-Datei

```
/* Datei: drawline.rc        *
 * Modul: pm_drawline.c      */

#include <os2.h>
#include "drawline.h"

ICON ID_ClientWindow drawline.ico
```

Der Resource-Compiler macht aus den Deklarationsdateien und der Resource-Datei eine Binärdatei **drawline.res**, die dann wiederum durch den Resource-Compiler mit den übersetzten und gebundenen Programmen verknüpft wird. Der Vorgang ist in Programmierhandbüchern anschaulich erklärt.

z.B. in [LB93]

9.5 Einordnung

Die im Kapitel 3 aufgeführten Kriterien sollen hier, bezogen auf den Presentation Manager, noch einmal kurz diskutiert werden. Besonderheiten dieses Fenstersystems werden hervorgehoben, indem ausführlich erklärt wird, wie das System einzuschätzen ist.

Verfügbarkeit: Die einzige Softwareplattform des Presentation Managers ist OS/2, und das ist derzeit ausschließlich auf den Intel-Prozessoren -386, -486 und P5 verfügbar. Ziel ist aber eine breite Einführung des Systems auch auf RISC-Architekturen und Großrechnern.

nimmt langsam zu

Produktivität: Die Produktivität ist begrenzt durch die hohe Komplexität der API. Diese Schnittstelle ist zwar sehr flexibel, erfordert aber lange Einarbeitungszeiten. Nur ein ausgebildeter Systemexperte ist in der Lage, mit den Programmierwerkzeugen komplexere Dialoge zu implementieren. Die Produktivität wächst mit der Einarbeitungszeit und vor allem mit den Hilfsmitteln, die sich die erfahrene Programmiererin oder ein ebensolcher Programmierer schafft.

Systemebene

Die Produktivität ist im Bereich zwischen Systemprogrammierung und Applikationsprogrammierung anzusiedeln. Ein Grund hierfür ist die Tatsache, daß die Fensterprozeduren, die eigentlich Senken für Nachrichten (also auch Ereignisse) sind, selbst Nachrichten verschicken können. Damit wird die Aufrufstruktur mit dem Kontrollfluß überlagert, der durch den Nachrichtenversand definiert wird. Das macht eine Vorstellung über den zeitlichen Ablauf sehr schwierig.

Ereignissenke sendet Nachrichten

Die Verwendung von interaktiven UIDS für den Presentation Manager, wie beispielsweise Enfin/2, erhöht die Produktivität bei einfachen Programmen drastisch und erlaubt auch Nicht-Experten den Zugriff auf die Dialogbausteine. Für große Softwareprojekte ist der Einsatz dieser Werkzeuge nicht praktikabel, da sie die Möglichkeiten und die Flexibilität des Systems nur zu einem kleinen Prozentsatz nutzen.

Folge: zusätzliche Werkzeuge

Gerade interaktive UIDS haben sich als wertvolle Verfeinerungshilfsmittel erwiesen, um zum Beispiel eine kundenspezifische Anpassung eines bestehenden interaktiven Programms zu ermöglichen.

interne, externe und Multitasking realisiert

Parallelität: Der Presentation Manager unterstützt sowohl die externe als auch die interne Parallelität durch umfangreiche Werkzeuge; die externe durch eine objektbezogene (fensterbezogene) Abarbeitung der Ereignisse und durch das Nachrichtenkonzept allgemein. Die interne Parallelität wird durch das Multithreading ermöglicht. Dabei können Threads als Applikationsbearbeiter (engl.: Work Procedures) oder versehen mit einer eigenen Nachrichtenwarteschlange als Dialogbearbeiter auftreten. Der Server ist als Team im Anwendungsadreßraum realisiert.

je nach Presentation Space

Leistung: Der Flaschenhals, der über die Leistung eines Fenstersystems entscheidet, entsteht meistens durch die Graphik, so auch beim Presentation Manager.
Hier ist es notwendig zu unterscheiden, mit welchem Graphikkontext man Graphik ausgibt. Verzögerungsfreies Arbeiten bei größeren Zeichnungen und Texten gewährt ausschließlich der beschränkteste Graphikkontext: der 'Standard Cached Presentation Space'. Bei den anderen Graphikkontexten verzögert die Transformation 'normalisierte Darstellung nach Gerätedarstellung' die Ausgabe deutlich spürbar (bezogen auf aktuelle Rechnerleistungen, s.o.).

intern Rastermodell, API beides

Graphikgrundmodell: Intern wird für den Bildschirm das Rastermodell verwendet. Je nach Presentation Space kann man bei der Programmierung Vektoren in absoluten oder in relativen Koordinaten angeben.
Ansätze eines Vektorsystems sind vorhanden. Hier sind vor allem die Berandungszeichensätze zu nennen und die variablen Koordinatensysteme. Eine Besonderheit stellen die aus Graphikstandards übernommenen Segmentobjekte dar.
Der Ursprung eines jeden Koordinatensystems ist die linke untere Fensterecke.

fest vorgegeben, siehe [CUA87]

Stile: Der Stil, der in den CUA-Richtlinien definiert ist, wird weitgehend unterstützt. Ein Umschalten auf eine veränderte Stildefinition ist unmöglich, weil es nicht vorgesehen ist.

Erweiterbarkeit: Der Befehlssatz ist recht umfangreich, besonders was Graphikfunktionen angeht. Eine Systemerweiterbarkeit auf der Ebene der Ressourcen oder der Graphik- und Ereignisbasis (z.B. 3D-Ausgabe) ist nicht dokumentiert. Die Erweiterung der Anwender-Programmierschnittstelle (neue Dialogbausteinklassen) ist dagegen sehr einfach.

durch DLLs

Anpaßbarkeit: Anpaßbarkeit ist in beschränktem Umfang über sogenannte Resource-Files möglich. Um eine Anpassung vorzunehmen, muß die interne Struktur der Applikation bekannt sein, und mindestens der Objekt-Code und die Deklarationsdateien (engl.: Header Files) der Applikation müssen vorliegen. Oder mit anderen Worten: Der Applikationsprogrammierer nimmt i.a. die Anpassung vor. Zu jeder Applikation kann es solche Beschreibungsdateien geben. Da diese Beschreibung zur Übersetzungszeit zur Applikation gebunden wird, handelt es sich strenggenommen nicht um späte Verfeinerung.

nicht benutzerbezogen

Teilbarkeit der Ressourcen: Die Teilbarkeit ist grundsätzlich möglich. Es sind Mechanismen zum Datentransfer zwischen Applikationen vorgesehen (siehe: Kommunikation zwischen Applikationen), die dafür benutzt werden können. Ob und wie man die Rids weiterleiten kann und von anderen Applikationen aus nutzen kann, ist nicht dokumentiert. Sicher ist, daß eine serverinterne Ressourcen-Teilung betrieben wird. Dies ist am Beispiel der Farbtabellen sichtbar.

z.B. Farbtabellen und Fonts

Verteilung: Die Fensterein- oder Fensterausgabe über ein Netzwerk ist aufgrund der monolithischen Architektur nicht möglich. Serverersatzinstanzen, die einen entfernt angesiedelten Server vortäuschen, sind nicht bekannt.

bislang nicht implementiert

Struktur der API: Die grundlegende AP Schnittstelle ist prozedural, genauso wie die Sprache (C), in der sie bisher ausschließlich zur Verfügung steht. Objektorientierte Rosinen sind bei den Dialogbausteinen sparsam eingestreut, weil hier Wiederverwendbarkeit und Änderbarkeit eine große Rolle spielen. Die Erzeugen von Nachrichten innerhalb der Nachrichten-empfangenden Fensterprozeduren ist ein Beispiel.

prozedural

Komfort der API: Es gibt wenige Dialogbausteine, dafür ist die Verfeinerung sehr flexibel und zügig erlernbar. Schlimmer als der Umstand, daß es sich weder um eine konsequente prozedurale noch um eine solide objektorientierte API handelt, ist wohl die Tatsache, daß so wenige Details vor dem Programmierer verborgen sind (siehe Fontmetrik-Berechnungen im Beispiel). Als positiv zu vermerken ist, daß die Verfeinerungen von Dialogbausteinen über DLLs auch anderen Programmierern verfügbar gemacht werden können.

weitere Bausteine notwendig

Die Struktur der Dialogbausteine selbst spiegelt das Dilemma wider, das beim Versuch, objektorientierte Ideen mit Hilfe einer prozeduralen Sprache wie C zu realisieren, entsteht. Das schlägt sich auf die Übersicht der Programme nieder und läßt die Verwendung von UIDS oder höheren Schnittstellen (CommonView) als ratsam erscheinen.

Unabhängigkeit: Die semantische Schnittstelle zwischen Applikation und Interaktionsteilen liegt in den Fensterprozeduren. Es kommt letztlich auf den Programmierer an, wieviele solcher Prozeduren er modifizieren muß und welchen Grad an Entkopplung er dadurch erhält. Externe Kontrolle ist dadurch leicht möglich.

Kommunikationen zwischen Applikationen: Die Kommunikation zwischen verschiedenen Applikationen wird vom Presentation Manager auf alle derzeit denkbaren Arten und Weisen unterstützt.

Metafile

- offline: Das Metafile ist als abstraktes Gerät definiert. Ein Metafile wird von einer Applikation geschrieben und kann von einer anderen gelesen werden. Eine Datei dieses Typs enthält neben einer Definition des Graphikkontextes (colormap, fonts, page units) die Beschreibung des Bildes. Dabei handelt es sich nicht um Pixeldateien, sondern die Graphik ist durch zahlencodierte Zeichenanweisungen mitsamt Parametern definiert.
- online(flüchtig) – indirekt: Clipboard (cut, copy, paste)

  Eine Kommunikation über ein Clipboard wird immer

vom Benutzer bzw. der Benutzerin initiiert. Diese Art des Datentransfers ist nicht für den Datentransport nach dem Erzeuger/Verbraucher-Schema geeignet, weil er überschreibend arbeitet.
Weiterhin sind die Datenformate, die transferiert werden können, sehr eingeschränkt: Text, Bitmaps und Metasprach-Dateien.
Realisiert ist die Datenübergabe mit Shared Memory.

- online – direkt: Mit dem Dynamic Data Exchange (DDE) ist ein Protokoll definiert (bestehend aus Nachrichten und Abläufen), um beliebige Datenstrukturen von mehreren Anwendungen aus gemeinsam zu nutzen. Die Anwendung (Client), die die Daten haben möchte, meldet sich bei der Applikation (Server), die die Datenstruktur besitzt. Aufgrund der Abhängigkeiten in diesem Ablauf wird der Vorgang zur Verwirrung des Programmierers auch Client/Server-Interaktion genannt. Als dynamisch wird dieser Vorgang bezeichnet, weil man die Datenstruktur nicht in einem bestimmten Zustand kopiert, sondern weil man sich Änderungen an der originalen Datenstruktur mitteilen lassen kann (Nachricht), um die eigene Version gegebenenfalls zu aktualisieren.

DDE

langfristig

OLE-Mechanismus

9.6 Zusammenfassung

Obwohl derzeit noch nicht absehbar ist, welche Verbreitung der Presentation Manager als Fenstersystem haben wird, erscheint er uns doch interessant genug, um ihn einer genaueren Analyse zu unterziehen. Der Grund dafür ist, daß er ein sehr junges System ist und einige zukunftsorientierte, neue Konzepte verwirklicht hat.

Der Presentation Manager ist Stand der Technik, was die Weiterentwicklung der Dialogbausteine durch dynamisches Binden angeht. Auch die Möglichkeit der internen Parallelität für Anwendungen und Fenstersystem durch die Verwendung von Threads ist eine zukunftsträchtige Lösung des Problems der internen Parallelität. Zeitgemäß gelöst sind auch einige Aspekte der Kommunikation zwischen einzelnen Applikationen (DDE).

vorbildlich

antiquiert

Antiquiert erscheint jedoch die Tatsache, daß weder eine logische noch eine technische Trennung des Window Managers vom Rest des Systems durchgeführt wurde. Der Grund ist im Fehlen einer strengen, hierarchischen Architektur zu sehen. Damit verliert das System aber die Flexibilität, auf neue Techniken zu reagieren. Für jede neue Entwicklung muß eine neue Version herausgegeben und gekauft werden. Ein weiteres Problem ist, daß aufgrund der Architekur kein verteilter Betrieb über Netze unterstützt wird.

Die Programmierung erfolgt vorwiegend auf prozedurale Art und Weise. Dort, wo Eigendynamik und Wiederverwendbarkeit unabdingbar sind, wird ein objektorientiertes Vorgehen (Dialogbausteine) angeboten. Das ist zwar eine pragmatische Vorgehensweise, sie führt jedoch zu einer heterogenen Systemsicht für den Programmierer und ist gewöhnungsbedürftig.

Das System X

Kapitel 10

Ein Beispiel für ein verteiltes Fenstersystem

Das Fenstersystem X zeichnet sich durch drei Merkmale aus, die seine Verbreitung schnell vorangetrieben haben. Das eine ist die Tatsache, daß X von vornherein mit dem Ziel entwickelt wurde, auf verschiedenen Hardware-Architekturen und Betriebssystemen lauffähig zu sein. Der zweite Grund besteht in der kostenfreien Verfügbarkeit der Software für nichtkommerzielle Anwendungen. Diese Verfügbarkeit umfaßt auch sämtliche Quelltexte und einige Applikationen. Die dritte Eigenschaft schließlich weist X als ein verteiltes Fenstersystem aus, das einer modernen und zukunftsorientierten Architektur entspricht, ganz ähnlich jener, die im Kapitel 4 beispielhaft vorgestellt wurde.

nicht proprietär

selbst Quelltext kostenfrei

verteilt

10.1 Zur Entwicklung von X

Mitte der achtziger Jahre entwickelten einige Studenten in Stanford ein Fenstersystem mit Namen „W" (wie in Window). Das Besondere an diesem System war die Tatsache, daß Anwendungen, die das Fenstersystem benutzen wollten, nicht einfach bestimmte Bibliotheksroutinen aufrufen konnten, sondern daß sie unter Berücksichtigung eines Protokolls eine Nachricht an das Fenstersystem verschicken mußten. Diese Nachrichten enthielten Aufträge für Ausgabefunktionen, die im Basisfenstersystem[1] realisiert waren. Das Fenstersystem arbeitete diese Aufträge so schnell als möglich ab und antwortete dann unverzüglich auf die Nachricht mit einem eigenen Paket. Empfing die Applikation

Auftrag statt Aufruf

[1] gemäß Kapitel 3 besteht das Basisfenstersystem aus Graphik- und Ereignisbasis sowie dem Ressourcen-Verwalter

dieses Rückpaket, so war sichergestellt, daß die gewünschte Ausgabe vorgenommen worden war, das Anwendungsprogramm also fortschreiten konnte. Dieses synchrone Protokoll versprach eine einfache Anpassung von Applikationen an verschiedene Architekturen (nur der Fenstersystemteil mußte portiert werden) und Programmiersprachen (nur das Protokoll mußte eingehalten werden). Der gravierende Nachteil dieses Systems bestand darin, daß das Arbeiten mit interaktiven Programmen für den Benutzer entschieden zu langsam vor sich ging.

Anwendungen hochportabel ..

.. aber langsam

Zu beinahe derselben Zeit stand das MIT (Massachusetts Institute of Technology) im Osten der Vereinigten Staaten vor dem Problem, eine gemeinsame Software-Plattform für eine ganze Reihe von Systemen mit sehr verschiedenen Architekturen und Betriebssystemen entwickeln zu müssen. Man entschied sich für ein Fenstersystem, das die Hardware vollständig verdecken sollte und auf eine Art und Weise mit den Anwendungen kommunizieren sollte, die sich auf jede Systemsoftware abbilden ließe.

Abb. 10.1 Synchrone Ausgabe bei „W"

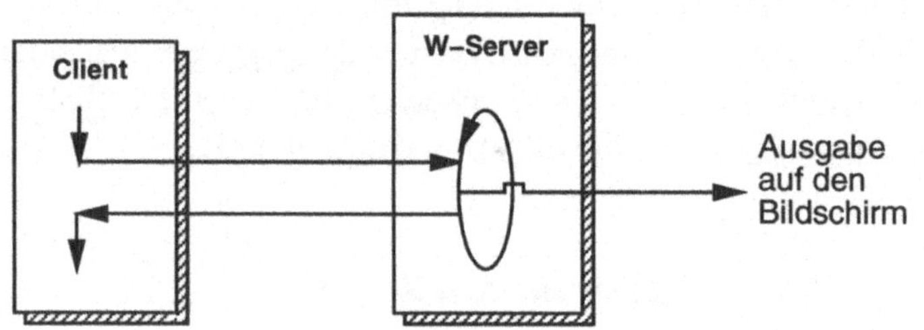

Die Erfahrungen mit „W" hatten gezeigt, daß die Kommunikation das System deshalb verlangsamte, weil die Anwendungen auf die Abwicklung ihrer Aufträge warteten. Die Idee einer asynchronen Übertragung von Aufträgen (sogenannte *Requests*, die nicht sofort Antwort erhalten) brachte Abhilfe, zumindest, was die Ausgabegeschwindigkeit anging. Allerdings schuf diese Asynchronität auch die Unsicherheit, ob eine Ausgabe zu einem gegebenen Zeitpunkt abgeschlossen war oder nicht. Es konnte vorkommen, daß eine Ausgabe auf der Fenstersystemseite unangenehm verzögert wurde, ohne daß die Applikation davon erfuhr.

Eine optimierte Implementierung des als Server bezeichneten Fenstersystemprozesses und des Kommunikationsprotokolls zeigten, daß man auf eine Rückmeldung für jeden einzelnen Request verzichten konnte, ohne daß der aktuelle Bildschirmzustand für das Applikationsprogramm unkalkulierbar wurde; vorausgesetzt, die Verzögerungen auf dem Netz und im Server hielten sich in Grenzen. Die Applikationsprozesse wurden in diesem System folgerichtig als Clients bezeichnet.

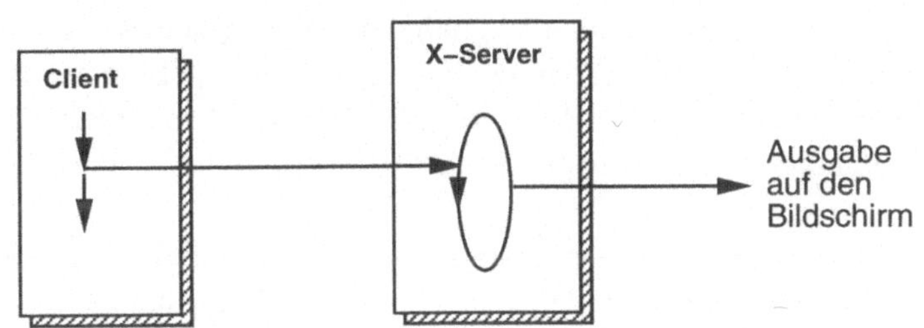

Abb. 10.2 Asynchrone Ausgabe bei „X"

So entstand 1985 die erste Version eines Fenstersystems, das maßgeblich durch sein asynchrones Protokoll gekennzeichnet war. Diese Weiterentwicklung des Protokolls hat dem Fenstersystem den nächsten Buchstaben im Alphabet, also das „X", als Namen eingebracht. Die Protokollversion 10 war die erste, die einem breiten Publikum zugänglich gemacht wurde. Innerhalb weniger Wochen waren Implementierungen auf einer beachtlichen Zahl von Arbeitsplatzrechnern verfügbar.

siehe [SG86, Get88]

Für Applikationsprogrammierer wurde die Abwicklung des Protokolls auf der Client-Seite hinter einer prozeduralen Schnittstelle der sogenannten Xlib (X-Library) verborgen. Diese sorgte für eine weitgehende Netztransparenz der Programmierschnittstelle. Der Befehlsvorrat der Bibliothek umfaßte zu Zeiten des X10 ungefähr 150 C-Funktionen, von denen man etwa 40 ständig brauchte.

Seitdem die 11. und letzte Protokollversion definiert und implementiert ist, hat sich die Zahl der Funktionen vervielfacht. Dadurch wurde zwar eine höhere Flexibiltität für den Programmierer erreicht, allerdings nehmen die Parameter in Zahl und Umfang zum Teil schon unübersichtliche Formen an. Die Programmierung der Xlib muß auf der Stufe der Systemprogrammierung angesiedelt werden, was die Produktivität und das Vorwissen des Programmierers angeht.

X ist definiert durch das X-Protokoll

10.2 Die Bedeutung von X

De-facto-Standard

In der Welt der Workstations hatte sich X11 als ein de-facto-Standard bereits etabliert, als die internationalen Normungsgremien (ISO) 1989 mit der Normung des Protokolls begannen.

Die Tatsache, daß Interaktionsteile von Programmen mit Hilfe des X-Servers plötzlich hochgradig portabel gestaltet werden konnten, trug zur Verbreitung von X sowohl im Bereich der Großrechner (Cray Y-MP) als auch bei Personal Computern mit Netzfähigkeit und einer gewissen Mindestleistung (> 1 MIPS) bei.

Für die Applikationsprogrammierung hat die Entwicklung von X beinahe denselben Stellenwert wie die Einführung höherer Programmiersprachen vor ca. 20 Jahren. Allerdings ist schon heute abzusehen, daß es eines Tages ein ähnliches Schicksal ereilen wird wie die nicht totzukriegende Sprache FORTRAN. Mit dieser Sprache hat X gemeinsam, daß es das erste genormte Programmiersystem seiner Art ist.

Die Flexibilität und damit die Fortentwicklung von X sind vor allem durch das weitgehend statische Protokoll beschränkt. Zwar ist das Protokoll grundsätzlich erweiterbar, jedoch dürfte die Integration von Medien wie Video und Sprache (oder Geräusch) massive Probleme bereiten.

10.3 Die Architektur von X

Vorbild für Kapitel 4

Die X-Architektur ist, bezogen auf ihre Schichteneinteilung, Vorbild gewesen für das in Kapitel 4 beschriebene Referenzmodell. Das Referenzmodell bezieht seine Berechtigung aus der Tatsache, daß es nicht eine konkrete Implementierung festlegt, sondern auf jeder Schicht verschiedene Möglichkeiten aufzeigt. An diesen Varianten orientiert sich die nun folgende Beschreibung, die einzelne konkrete Ausprägungen weiter ausführt.

X-Server

Einen kurzen Überblick über die Architektur vermitteln wir vorab, um einige Details der Verteilung besser erklären zu können: Die Graphik- und Ereignisbasis und der Ressourcen-Verwalter bilden als gemeinsame Prozeßinstanz den bereits erwähnten Server. Der Server ist zuständig für eine Kombination aus Tastatur und Bildschirm(en). Generell kann ein Server mehr als nur einen

Bildschirm als Darstellungsfläche nutzen[2]. Der Server, der Window Manager und die Applikationen (incl. Anwenderwerkzeuge) sind die Einheiten der Verteilung. Den Window Manager zusammen mit den Applikationen bezeichnet man als die Clients oder Dienstnehmer im Gesamtsystem.

X-Clients ≠ X-Applikationen

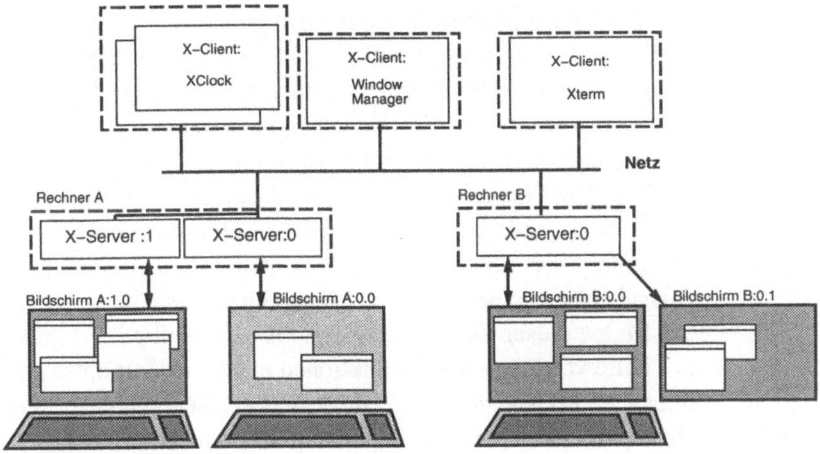

Abb. 10.3 Verteilungsaspekt in X, reduziert auf die wesentlichen Systemkomponenten

Abbildung 10.3 zeigt, wie man sich die Verteilung bei „X" vorstellen kann. Das Gesamtsystem ist auf mehrere Rechner verteilt. Die gestrichelten Rechtecke sollen dabei die Rechnergrenzen symbolisieren. Mehrere Clients kommunizieren mit einem Server. Ein Serverrechner kann mehrere Server zu einer Zeit unterhalten (links). Ein Server wiederum kann n Bildschirme ansteuern (rechts). Die Anwendungsprogrammierwerkzeuge sind in diesem Bild vollkommen ausgeklammert.

10.3.1 Graphik- und Ereignisbasis

Eine Instanz des Basisfenstersystems (ein Server) kann mehrere Bildschirme benutzen. Daher kann der Code für die Graphikbasis mehrfach und für einzelne Bildschirmtypen optimiert im Server vorliegen. Die Eingabegeräte und damit die Ereignisbasis sind dagegen für einen Server eindeutig.

[2] Der Sinn dieser Maßnahme besteht in der Möglichkeit, große Anzeigeflächen (z.B. Leitwarte) in einzelne, nebeneinander angebrachte Bildschirme zu zerlegen.

Graphikbasis

direct drawing

reine Rastergraphik

Die Graphikbasis von X ist ein gedächtnisfreier Ausgabekanal, der auf reiner Rastergraphik basiert. Die im Anwendungsprogramm spezifizierten Einheiten sind genau die Bildschirm-Pixel, bezogen auf die linke obere Ecke des Bildschirms (auch Root-Window genannnt) bzw. eines beliebigen Fensters.

Der X-Server übernimmt die Aufgaben des Basisfenstersystems. Um die Portabilität des Servers zu vereinfachen, wurde er vertikal geteilt in einen geräteabhängigen (DDX, device dependent X) und einen geräteunabhängigen (DIX, device independent X) Teil. Die Graphikbasis ist fast vollständig im geräteabhängigen Teil zu finden. DDX und DIX kommunizieren über eine objektorientierte Schnittstelle. Das bedeutet, daß es zu jedem Ausgabeobjekt eine Reihe von Methoden gibt, die beispielsweise das Malen dieses Objekts bewirken. Diese Methoden sind in C mit Hilfe von Zeigern auf Funktionen realisiert. Nur diese Funktionen sind Bestandteile des DDX-Teils des Servers und ermöglichen somit eine schnelle Anpassung des Fenstersystems an eine neue Graphik-Hardware.

Z-Format und XY-Format

Ausgabeflächen, die bei X immer rechteckig sind, umfassen Fenster und sogenannte Pixmaps. Pixmaps sind Zeichenflächen, die nicht unmittelbar auf dem Bildschirm sichtbar sind. Sie können im Z-Format oder im XY-Format organisiert sein. Das Z-Format sieht eine Speicherung „Byte(s)/Pixel“ und das XY-Format eine Speicherung „Farbebene für Farbebene“ (Bytes pro Ebene) vor. Soll ein Pixmap auf ein bestimmtes Fenster ausgegeben werden, so müssen beide Formate gleich oder zumindest ineinander konvertierbar sein.
Wir benutzen im folgenden den Begriff Pixmap auch, wenn es sich um Rasterdaten der Tiefe 1 handelt, für die sowohl in X als auch in anderen Systemen die Bezeichnung Bitmap üblich ist.

„Gedächtnis auf Anfrage“

Die Restauration ist bei X im allgemeinen Aufgabe der Applikation und nicht des Servers, dennoch kennt der Server eine optionale Betriebsart[3], bei der er über Pixmap-Duplikate den Inhalt eines Fensters automatisch erneuern kann. Die Graphikbasis stellt nur die elementaren Datenstrukturen und die Kopierfunktionen zur Verfügung; Ort und Zeit einer Restauration werden von

[3] Betriebsarten: Backing-store bzw. Save-unders, sofern dem Server ausreichend Speicher zur Verfügung steht

der Ressourcenverwaltung vorgegeben. Aus Sicht der Graphikbasis ist die Ausgabe also ungepuffert.

Ereignisbasis

Die Ereignisbasis setzt auf den Treibern des Betriebssystems auf und ist insofern betriebssystemabhängig und damit Teil des DDX. Unabhängig vom konkreten System wird die Eingabe von der Tastatur und einem Pointer Device (i.a. einer Maus) als Datenstrom erwartet, der ohne Blockierung beliebig oft gelesen werden kann.

Am Beispiel der Serverimplementierung auf UNIX sieht man deutlich, wie die Ereignisbasis die Gerätedateien `/dev/kbd` und `/dev/mouse`, die zu den physikalischen Geräten gehören, zyklisch oder auf Signal einliest und aus den unterschiedlichen Datensätzen einheitliche Ereignisse, sogenannte FirmEvents, erzeugt. Diese erste kanonische Form der Ereignisse wird mit einem Zeitstempel versehen, sofern dies nicht bereits vom Betriebssystem erledigt wurde.

Erste kanonische Ereignisform

Unterschiede in der Hardware, wie beispielsweise verschiedene Meta-Tasten (Alt, Ctrl,..), werden dabei abgebildet und ausgeglichen. Im Fall der Tastatureingabe ist eine Abbildung der Tastaturcodierung auf einen geräte- und betriebssystemunabhängigen internen (internationalen) Zeichensatz notwendig. Anschließend wird das Ereignis in eine dem logischen Gerät zugeordnete Schlange (KbdDevice, PointerDevice) eingefügt. Als letztes wird eine Aktualisierung des zugehörigen Cursors angeregt.

geräte- und betriebssystemunabhängig

10.3.2 Ressourcen-Verwalter

Bei der Ressourcenverwaltung unterscheiden wir zwischen der Art und Weise, wie die Programmierschnittstelle den Verwalter erscheinen läßt und der internen Realisierung. Da die Interna weitgehend zugänglich sind, betrachten wir hier die Objekte und Aktionen, bevor im Abschnitt über die Anwenderunterstützung etwas über die Programmierung berichtet wird.

10.3.3 Zum Begriff der Ressource

siehe [Jon88, SGN88]

Der Begriff „Ressource" wird in X häufig nur für die Ressourcen-Verwalter-Objekte verwendet, die eigentlich logische Ressourcen sind. Dabei wird in der Regel die Perspektive der Applikation eingenommen, und diese sieht natürlich die realen Ressourcen, die ein Fenstersystem verwaltet, (fast) nicht. Damit beschränkt sich der Ressourcen-Begriff auf die Objekte Window, Graphic Context, Pixmap, Colormap, Visual, Font und Cursor. Server-intern werden jedoch auch die realen Ressourcen ganz analog verwaltet und – wie Serverprogrammierer wissen – auch als Ressourcen bezeichnet. Hier kommen die Objekte Verbindung (Setup), Screen und sogar Client hinzu. Eine etwas eigenständige Rolle ist dem Event zugeordnet, für das der Begriff Ressource nicht benutzt wird.

X-Ressourcen

Leider wird es später, wenn wir Motif als Anwenderprogrammierwerkzeug hinzunehmen mit dem Ressourcen-Begriff noch komplizierter. In der Motif-Nomenklatur heißen alle Komponenten eines Dialogbausteins (hier Widget genannt) unglücklicherweise Ressourcen. Das Problem dabei ist, daß sich hinter manchen Komponenten tatsächlich logische Ressourcen verbergen (z.B. Fenster, Graphikkontexte), hinter anderen jedoch liegen nur skalare Werte (z.B. Dialogbausteingröße) oder sogar Wahrheitswerte (z.B. „ist selektierbar"). Wir werden dann immer von Motif Resources reden und dabei die englische Schreibweise (ein „s") benutzen.

Motif Resources

10.3.4 Logische Ressourcen

Die Liste der logischen Ressourcen, die zu verwalten sind, ist beim X-Server recht umfangreich, wie nachfolgende Aufzählung zeigt. Bei den Ressourcen ist insbesondere wichtig, daß Eigentümer und teilweise eine Referenzliste mitgeführt werden müssen, weil diese Ressourcen über ihre Ressource-Identifikation (Rid) für alle Applikationen sichtbar sind. Diese Sichtbarkeit ermöglicht die gemeinsame Nutzung von Ressourcen (z.B. Fonts) und schließt die Modifikation der im Server gekapselten Daten über die im Server bereitgestellten Aktionen ein.

Rid

Pixmap

Zeichenfläche

Dieses Objekt entspricht weitgehend den Zeichenflächen des Ressourcen-Verwalters aus Kap. 4. Im Fall von X kommen noch ein paar Einträge hinzu:

- **`Klasse:`** Man unterscheidet:
  Ausgabe-, Ein-/Ausgabe- und reine Eingabebereiche. Diese Unterscheidung ist für eine Zeichenfläche eher künstlich.
- **`Koordinatensystem:`** Das Koordinatensystem ist wegen der direkten Rastergraphik eigentlich bereits implizit in der Abmessung enthalten.
- **`Bildschirm:`** Der Eintrag besagt, für welchen Bildschirm die Zeichenfläche konzipiert ist.

Window

Fenster

Fenster enthalten die Objektstruktur der Zeichenflächen und zusätzlich noch weitere Zustandsinformationen (siehe Kap. 4) sowie einige X-spezifische Attribute:

- **`Gravitation:`** Welche Ecke oder welche Kante des Fensters wird festgehalten, wenn das Fenster in der Größe verändert wird?
- **`Ereignis-Filter:`** Welche Ereignisse sind im Moment relevant für das Fenster (eine Vorauswahl)?
- **`Cursor:`** Welcher Cursor ist in diesem Fenster aktiv?
- **`Autorestauration (Parameter):`** Falls auf Rasterbasis Kopien angelegt wurden, dann kann hier beschrieben werden, wann Autorestauration erwünscht ist.

Weitere, sehr detailbehaftete Komponenten des Objekts Fenster seien hier unterschlagen.
Für Fenster gibt es in X noch einen Mechanismus, der als „Properties" bekannt ist. Diese Properties sind applikationsspezifische Erweiterungen der Datenstruktur[4] Fenster. In diesen Properties kann eine Applikation Werte für ein Fenster hinterlegen, die vom

[4] Wir sprechen hier bewußt nur von passiven Datenstrukturen und nicht von Objekten, weil Aktionen nicht mit diesem Mechanismus erweitert werden können.

Server nicht gebraucht und also ignoriert werden. Eine andere Applikation, die einen Verweis auf die Ressource Fenster hat, kann diese Werte auslesen und verwerten oder ändern. Der Vorgang ist nicht ganz einfach und erfordert, daß vereinbarte elementare Datentypen und Bezeichner existieren. Er ist ein Teil der „Inter Client Communication", zu denen auch Selektions- und Clipboard-Mechanismus gehören. Über diesen Mechanismus kommuniziert beispielsweise der Window Manager mit einigen Fenstern einer Applikation. Die speziellen Properties für diesen Fall sind vorgefertigt und heißen „Hints" oder auch „Window Manager Hints".

zu dem ICCCM siehe [Ros89]

Properties und Hints

Für viele Zeichenoperationen, die sowohl auf Fenstern als auch auf Pixmaps definiert sind, gibt es ein Objekt namens „Drawable" an der Server-Programmierschnittstelle, das aus Programmierersicht der Oberbegriff für die beiden Objekttypen ist. Diesem Typ entspricht jedoch kein eigenständiges Server-Objekt.

Graphikkontext

Graphic Context

Eigenschaften wie Linientyp, Füllmuster, Vordergrund, Hintergrundfarben und Zeichenmodus, die sowohl für die Ausgabe von Liniengraphik als auch für die Ausgabe von Rasterdaten notwendig sind, werden hier festgehalten. Es können beliebig viele Graphikkontexte für jede Anwendung existieren. Der Graphikkontext enthält, bedingt durch die Abhängigkeit von den Farbmöglichkeiten der Hardware, einen Eintrag, der auf den zugehörigen Bildschirm verweist, und einige weitere Parameter, die in der Referenzarchitektur nicht erwähnt wurden:

- **`Bildschirm:`** Verweis auf die statische Ressource Bildschirm.
- **`Funktionen:`** Verweis auf die gültigen Graphikfunktionen (u.U. bildschirmspezifisch).
- **`Kachelstrategie:`** Wenn ein Fenster mit einem regelmäßigen Muster gefüllt werden soll, dann können hier die Anfangspunkte sowie weitere Parameter gefunden werden.

Colormap
Man unterscheidet zwischen **dynamischen** und **statischen** Farbtabellen. Dynamische können verändert werden, wenn eine neue Farbe gebraucht und eine alte nicht mehr verwandt wird; statische sind nicht veränderbar.

Farbtabelle: viele Varianten

Farbtabellen können weiterhin **global** oder **lokal** sein. Das heißt im ersten Fall, daß nur eine Farbtabelle im Server existiert, die für alle Clients Gültigkeit hat. Im zweiten Fall hat jede Applikation eine eigene Farbtabelle, die im Server hinterlegt ist und deren Gültigkeitszeitraum von dieser Applikation bestimmt wird. Dadurch kann es zu unerwünschten abrupten Farbänderungen auf dem Bildschirm kommen, wenn z.B. der Mauszeiger zwischen Fenstern wechselt.
Man unterscheidet noch zwischen **echten Farbtabellen** und Tabellen, die nur **Grautöne** enthalten.
Einige Kombinationen dieser drei Freiheitsgrade machen im allgemeinen nicht viel Sinn (z.B. lokal und statisch), können aber für Spezialanwendungen benutzt werden.

Visual
Ein Visual ist ein abstraktes Modell der Farbfähigkeit eines Bildschirms einschließlich seiner Graphikhardware (z.B. bits_per_rgb, map_entries). Eine reale Graphikhardware kann dabei mehreren abstrakten Modellen genügen. Das heißt, daß es zu jedem Bildschirm mehrere Darstellungsmodelle geben kann. Eine Applikation kann anfragen, welche Visuals ein Server zur Verfügung hat, und dann das passende auswählen.

Visuelles Darstellungsmodell

siehe [LR89]

Font
Intern arbeitet X mit proportionalen Bitmap-Fonts, die globale Namen besitzen und darüber automatisch zwischen Applikationen geteilt werden können. Diese gemeinsame Benutzung ist für den Applikationsprogrammierer transparent.
Wegen der Fähigkeit des Servers, mehrere Bildschirme gleichzeitig anzusteuern, muß auch dieser identifiziert werden. Für diese Unterscheidung wird der folgende Eintrag benutzt.

Schriftsatz

- `Bildschirm:` Verweis auf die Ressource Bildschirm.

Der Grund für diesen Verweis ist die Auflösungsabhängigkeit von Bitmap-Fonts.

Graphische Repräsentation des Zeigegeräts

Cursor
Der Cursor besteht logisch aus zwei Teilen. Zum einen gibt es eine graphische Repräsentation in Form eines Pixmap (Bitmap), das das Cursorbildchen enthält. Zum anderen ist ein ausgezeichneter Punkt (engl.: Hotspot) definiert, der als der aktuelle Aufenthaltsort (Aufpunkt) des Cursors dient.

- `Metrik:` Größe, Aufpunkt
- `Form:` Rasterbildchen (Pixmap)
- `Bildschirm:` Verweis auf die Ressource Bildschirm
- `Farben:` Vorder- und Hintergrundfarben

Ressourcen sind miteinander verbunden

Die Verknüpfung der einzelnen (logischen und realen) Ressourcen muß teilweise durch Aufträge aus dem Anwendungsprogramm erzeugt werden. So muß beispielsweise der Cursor einen Verweis auf den Bildschirm erhalten, oder der Grahikkontext braucht eine konkrete Farbtabelle. Das ist ein Grund dafür, daß die Anwendungsprogrammierung auf Serverebene häufig als sehr kompliziert erachtet wird.

Reale Ressourcen

Die realen Ressourcen sind relativ kompliziert, weil sie aufgrund der geforderten Portabilität alle Eventualitäten berücksichtigen müssen. So kommt es auch zu Redundanzen durch Werte, die explizit angegeben, aber auch (implizit) berechnet werden können.

Verbindung

Setup
Jede Applikation baut mindestens eine bidirektionale Verbindung mit dem Ressourcen-Verwalter auf. Über diese Verbindung schickt der Client dem Server seine Requests, die entweder eine Ausgabe anstoßen oder eigene und fremde Ressourcen verändern oder eigene Ressourcen erzeugen und vernichten. Der Server benutzt dieselbe Verbindung, um die im Ressourcenverwalter gesammelten Ereignisse an die interessierten und zuständigen Applikationen zu senden. Bei X sieht eine Verbindung aus Sicht des Servers wie folgt aus:

- **`Byte/Bit-Reihenfolge:`** Wegen der Implementierung der Verbindung auf Schicht 4 sind diese Informationen von Belang
- **`Vendor und Release:`** Identifikation des Server-„Herstellers“ und der Release-Version
- **`Puffergröße:`** Für den Datenstrom
- **`Bildschirme:`** Anzahl der verwandten Bildschirme
- **`Bildformate:`** Anzahl und Art der verwandten Bildformate
- **`Requestgröße:`** Maximal zulässige Requestgröße

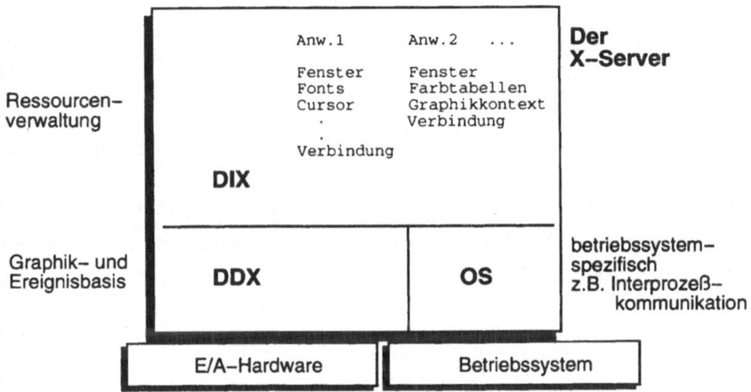

Abb. 10.4 Graphikbasis und Ressourcenverwaltung in einem Prozeß

Weitere Informationen betreffen Bildschirmdetails und Datenformatierung und sind für das Verständnis eher nebensächlich.

Der Applikationsprogrammierer sieht eine reale Ressource „Display“, die quasi die andere Seite der Verbindung darstellt.

Screen

Bildschirm

Eine Besonderheit von X ist die Möglichkeit, mehrere Bildschirme von einem Server aus zu verwalten. Dazu wird folgendes – kurz skizziertes – Objekt verwandt:

- **`RootWindow:`** Der Bildschirmhintergrund selbst entspricht einem Fenster.
- **`Farbtabelle:`** Verweis auf die entsprechende Ressource.

- `Farben:` Vordefinierte Farbwerte für Schwarz und Weiß.
- `Bildschirmauflösung:` Ausmaße in Pixel und in Millimeter.
- `Visual:` Verweis auf das gültige Visual.

Auch hier haben wir nur die für das Verständnis wichtigsten Einträge ausgewählt.

Dienstnehmer

Client
Der Dienstnehmer selbst ist repräsentiert durch ein Intervall an möglichen Rids (zur Verwendung siehe Abschnitt 10.3.7) und ein paar Einstiegspunkte in die für ihn verwalteten Daten.

- `Ressourcenzeiger:` Allokierte Objekte für den Client.
- `Hash-Feld:` Größe, Organisation eines internen Verwaltungsfeldes.
- `Korrekte Ids:` Intervall gültiger Rids für diesen Client.

Bei einigen Ressourcen haben wir bereits Bemerkungen zur Sichtweise der Applikation gemacht. Konkreter wird es im Abschnitt über die Xlib und im Programmierbeispiel.

siehe Abschnitt 10.5

10.3.5 Ereignisse

Ereignisse werden aus den gerätespezifischen Warteschlangen abgeholt und nach der Ordnung, die durch den Zeitstempel definiert ist, in eine globale Warteschlange eingeordnet (Abb. 10.5). In die Ereignisstruktur wird das Fenster eingetragen, in dem das Ereignis passiert ist oder dem es zugeordnet werden soll (zweite kanonische Form: xEvent).

Zweite kanonische Ereignisform

Zu den Eingabe-Ereignissen, die die Ereignisbasis liefert, werden durch die Verwaltungsoperationen des Ressourcen-Verwalters noch Verwaltungsereignisse hinzugefügt. Es gesellen sich noch Ereignisse hinzu, die von einer Applikation über den Umweg des Servers an eine andere versandt werden sollen. Alle drei Ereignistypen werden im wesentlichen gleich behandelt und weitertransportiert.

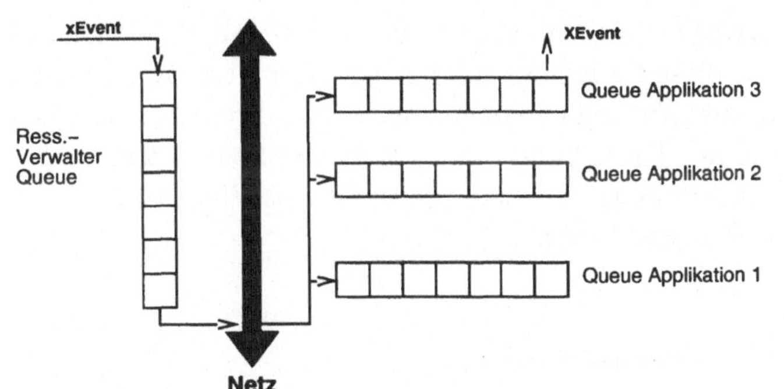

Abb. 10.5
Eventverteilung an die Dienstnehmer

Ist aufgrund von Masken und Tabellen, die der Server für die einzelnen Clients und deren Fenster anlegt, bestimmt worden, welches Fenster und damit welcher Client ein bestimmtes Ereignis bekommen soll, so wird das Ereignis in den Ausgabestrom mit der richtigen Verbindung eingeordnet.

Events sind zwar Objekte des Ressourcen-Verwalters, sie werden bei X jedoch **nicht** als Ressourcen bezeichnet. Der Grund liegt darin, daß man als Quelle der Ereignisse den Benutzer (Eingabe z.B. `ButtonPress`) und die Ressourcen-Verwaltung selbst (`ExposeEvent`) sieht und nicht die Applikation. Da aber ein Ereignis nur auf Wunsch ausgeliefert wird, hatten wir im Referenzmodell Ereignisse wie Ressourcen behandelt.

Ereignisse nur auf Wunsch

Organisation des Ressourcen-Verwalters

Der Ressourcen-Verwalter ist als einfacher Sekretär realisiert. Jede Applikation, die eine Verbindung mit dem Server aufgenommen hat, kann immer einen Auftrag abarbeiten, bevor die nächste Applikation an die Reihe kommt. In diesem zyklischen Ablaufen aller Verbindungen gibt es keine Prioritäten und keine Zeitscheiben. Diese Realisierung heißt auch, daß die Synchronisation zwischen verschiedenen Applikationen über den Eintritt erfolgt.

Sekretär

Synchronisation durch Eintritt

Der Server selbst, der ja Graphikbasis und Ressourcenverwaltung umfaßt, ist ein Prozeß im Anwenderadreßraum ohne besondere Priorität.

Anwenderprozeß

Ereignisse werden den Applikationen zugeordnet, aber nur

dann wirklich an diese verschickt, wenn die Applikation ihren Filter für diese Ereignisse geöffnet hat. Der Ressourcen-Verwalter weiß also für jede Verbindung, welche Ereignisse er maskieren muß. Diese zugehörige Maske pro Fenster kann ein Programm per Request ändern. In der Voreinstellung ist dieser Filter zunächst geschlossen.

10.3.6 Window Manager

(zu)viele Varianten

Zwei wesentliche Gesichtspunkte zeichnen das Window Management von X aus. Erstens: Es gibt nicht „den" Window Manager für das Fenstersystem. Mindestens fünf verschiedene Window Manager (`mwm`, `olwm`, `twm`, `ctwm`, `gwm`) erfreuen sich einer gewissen Beliebtheit. Mehr noch, der Window Manager kann während einer Sitzung ausgetauscht werden, ohne daß der Benutzer seine Fenster neu öffnen muß. Die Handhabung und das Aussehen seiner Fenster ändert sich jedoch deutlich. Der Window Manager ist ein eigenständiger Prozeß; aus der Sicht des Ressourcen-Verwalters ist er ein Dienstnehmer ohne höhere Systempriorität als Applikationen.

Mechanism: Server

Policy: Window Manager

Zweitens ist die Trennung Window-„Mechanism" und User Interface-„Policy" unter X weitgehend vollzogen, was die vorher erwähnte Austauschbarkeit eigentlich logisch und technisch erst möglich macht.

Realisierung der Aufgaben

Die folgende Aufzählung der Aufgabenrealisierung des Window Managers würde etwas unter der Vielfalt der verschiedenen Manager leiden, weswegen hier nur `mwm` und `twm` bzw. `ctwm`[5] vorgestellt werden. Hierbei wird bei mehreren möglichen Varianten von der Grundeinstellung ausgegangen.

späte Verfeinerung

Allen Managern gemeinsam ist die Tatsache, daß sie vom Endbenutzer hochgradig konfigurierbar sind. Diese späte Verfeinerung führt man aus, indem man eine private oder auch öffentliche

[5] Soweit uns bekannt, sind dies die am weitesten verbreiteten Window Manager.

Konfigurationsdatei editiert und die dort festgelegten Voreinstellungen verändert.

Bildschirmaufteilung Die Manager `twm` und `ctwm` sind am wenigsten dirigistisch; sie erzeugen beispielsweise Fenster im Origo, sofern keine Spezifikation für deren Geometrie vorliegt. Der `mwm` schaltet in diesem Fall intern ein (x, y)-Wertepaar weiter, wobei er mit dem Origo beginnt und bei weiteren zu startenden Programmen diagonal über den Bildschirm wandert. Ähnlich verhält es sich mit der Plazierung von Icons, falls deren Position weder vom Benutzer noch vom Programm definiert sind. Der `mwm` reiht sie gemäß seiner Richtlinien am unteren Bildschirmrand auf, wohingegen `ctwm` und `twm` das Piktogramm dorthin setzen, wo das Fenster bzw. die Maus während des Ikonifiziervorgangs gerade gewesen ist.

mehr oder weniger dirigistisch

Im anderen Fall, also bei einfach oder mehrfach spezifizierter Position, tritt unabhängig vom Window Manager folgende Regel in Kraft:

P = Programm, WM = Window Manager B = Benutzer

$$Priorität(P) < Priorität(WM) < Priorität(B)$$

Dabei kann der Programmierer die Priorität des Anwendungsprogramms der des Window Managers überordnen. Weiterhin entfällt die Abfrage an den Benutzer zum interaktiven Positionieren beim Entstehen des Fensters, wenn der Applikationsprogrammierer das will. Eine nachträgliche Positionierung durch den Benutzer ist im allgemeinen immer möglich.

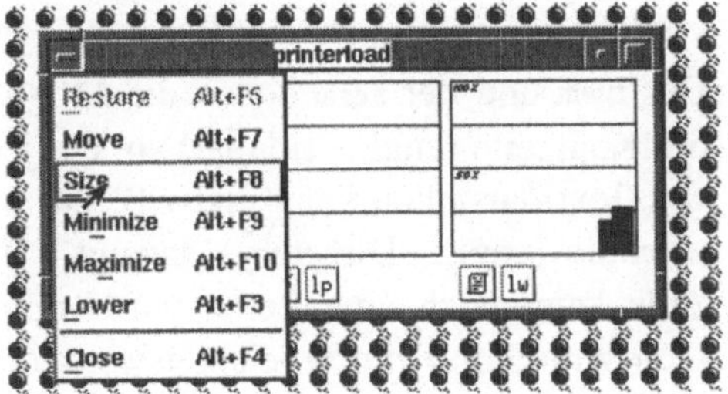

Abb. 10.6 Bildschirmausschnitt mit dem Motif Window Manager

Sitzungsverwaltung Da man sich normalerweise während einer X-Sitzung mit einem Window Manager begnügt, ist

Sitzung entspricht Lebenszeit

durch sie auch die Lebenszeit des Window Manager-Prozesses definiert. Streng genommen müßten wir Sitzung und Lebenszeit dieses speziellen Clients zeitlich auseinanderhalten. Über die erwähnte Konfigurationsdatei und über eine Startup-Datei, die eine Reihe von Applikationen (Clients) startet, werden der Bildschirminhalt und die Sitzung in Verhalten und Aussehen festgelegt. Die Sitzung beginnt immer in diesem Anfangszustand, kann sich aber dann über die Zeit durch das Starten neuer Applikationen oder das Verschwinden alter verändern.

wenige Möglichkeiten

hauptsächlich Popups

- Menütechnik: Sämtliche Window Manager kommen ohne statische Menüs aus. Verbreitet (`twm`, `mwm`) sind sogenannte Icon-Verwalter, die alle ikonifizierten Fenster als eine Art statisches Menü zum Deikonifizieren anbieten. Für elementare Window Manager-Funktionen (resize, move), aber auch für benutzerdefinierte feste (d.h. unparametrisierte) Kommandos (`print test.tex`) können Popup-Menüs auf allen Fenstern, allen Rahmen und auf dem Hintergrundfenster eingerichtet werden.

übliche Dekoration

- Fensterrahmen: Die meisten Window Manager bieten an den Ecken der Fenster auf dem Rahmen die Möglichkeit, das Fenster interaktiv in seiner Größe zu verändern. Der genaue Ablauf dieses Vorgangs ist zwar verschieden, aber in jedem Fall bekommt der Benutzer ein unmittelbares Feedback seiner Aktion, indem die Fensterumrandung wie ein Gummiband den Mausbewegungen folgt. Diese Aktionen sind meist vordefiniert, aber auch vom Benutzer konfigurierbar. Der `twm` und der `mwm` bieten die Möglichkeiten einer Kopfzeile (engl.: Titlebar) an, die jeden beliebigen Text darstellen kann und z.B. das aktuelle Verzeichnis (engl.: Directory) anzeigt. Diese Kopfzeile kann noch eine Reihe von Knöpfen aufnehmen, zum Ikonifizieren beispielsweise oder um einen Griff für eine Fensterbewegung zu realisieren. Der `mwm` benutzt hier sogar Symbole, die wiederum mit Pulldown-Menüs versehen sind, welche weitere Window Manager-Aktionen anbieten. Abbildung 10.6

zeigt dieses Menü in Aktion.

- Direktmanipulation: Ein sogenanntes Desktop bieten die meisten Window Manager nicht an. Das heißt, es werden nicht alle bearbeitbaren Objekte (Dateien etc.) angezeigt und verwaltet. Allerdings gibt es immer die Möglichkeit, eine Applikation zu starten, die als ein solches fungiert; diese Variante ist durchaus gebräuchlich (`olwm`).

  wenig Funktionalität

  Alle Systeme erlauben es jedoch, die Kommandoebene des Betriebssystems (z.B. Shells unter UNIX) über eine spezielle Applikation (`xterm`) zu erreichen. Genaugenommen ist also auch das keine Aufgabe, die bei X der Sitzungsverwalter übernimmt.

  Die Aufgaben des Positionierens und die Größenänderungen der Fenster realisiert der Window Manager in allen Fällen mittels Direktmanipulation.

- Ikonentechnik: Sowohl `mwm` als auch `twm` bieten die Benutzung eines sogenannten Icon-Managers an. Dieser ordnet die ikonifizierten Fenster in einem bestimmten Bildschirmbereich beieinander an. Durch Doppel- bzw. Einfachklick kann die volle Fenstergröße wieder hergestellt werden. Die Icons des `mwm` können sich nicht überlappen. Werden zwei Icons überlappend positioniert, so findet der Window Manager die nächste freie Stelle und verschiebt das neuere Icon an diesen Ort.

  Icon-Manager oder frei

  überlappend

- Anordnung: Alle der hier aufgeführten Window Manager arbeiten mit überlappenden Fenstern. Es gibt (oder gab) auch Window Manager mit gekachelter Fensteranordnung, namentlich den Manager `rtl`, die sich allerdings nicht durchgesetzt haben.

- Lauschtechnik: Bei allen relevanten Window Managern ist es dem Benutzer möglich, zwischen Real Estate- und Listener-Mode (meistens verbunden mit dem aus der PC-Welt bekannten Click-To-Type) beliebig hin- und herzuschalten.

  einstellbar

Späte Verfeinerung Auch in diesem Punkt liefert X ein großes Maß an Flexibilität. Die erwähnten Dateien für Sitzungs-

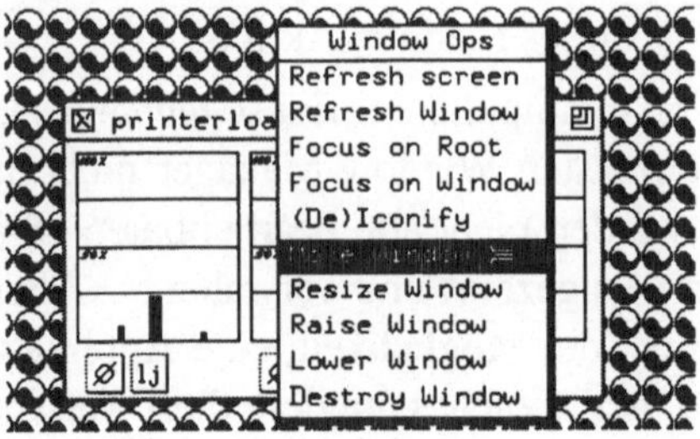

Abb. 10.7 Bildschirmausschnitt mit **twm** *(Tom's Window Manager)*

Startup und zur maßgeschneiderten Verwendung des Window Managers werden noch ergänzt durch den Mechanismus, der einzelne Applikationen konfiguriert. Auch dieser arbeitet mit editierbaren Textdateien für jeden Client. Da der Window Manager, wie wir noch sehen werden, ebenfalls nur ein weiterer Client ist, kann man auch über diese Konfigurationsdateien Einfluß auf das Aussehen (Fonts, Farben) der Sitzung nehmen. Diese Verstreuung der späten Verfeinerung ist zwar konsequent, aber für den Benutzer oft sehr verwirrend.

einfache Textdateien

verstreut

Anders als beim Presentation Manager oder Windows, kann die Verfeinerung auch noch zur Laufzeit vom Benutzer vorgenommen werden und beliebige Werte umfassen. Im Grunde können damit sogar Programm-Parameter für Verarbeitungszwecke eingelesen werden.

4 Varianten

Eine kurze Zusammenfassung der Möglichkeiten soll am Beipiel des `twm` etwas Licht auf diese Problematik werfen:

sitzungsbezogen, benutzerabhängig: Die Datei `.twmrc` legt die prinzipiellen Richtlinien der Benutzerführung fest (AutoRaise, d.h. Real Estate Mode) und definiert Popup-Menüs für Fenster und Hintergrund.

anwendungsbezogen, benutzerunabhängig: Eine Datei im Systembereich (`/usr/lib/X/app-defaults/Twm`) definiert Parameter für das Aussehen der Applikation.

benutzerbezogen: Jeder Benutzer kann in einem File mit Namen `.Xdefaults` für jede Applikation die Parameter fürs Aussehen nach seinem persönlichen Geschmack überdefinieren.

aufrufabhängig: Beim Aufruf des `twm` kann man wiederum eine andere Datei spezifizieren, die die allerneuesten Konfigurationsdaten enthält. Bei anderen Applikationen lassen sich auch in der Kommandozeile direkt Parameter in Form von Optionen mitgeben.

Diese verschiedenen Quellen für die Anpassung können sich gegenseitig ergänzen, indem manche Eigenschaften in der einen und manche in der anderen initialisiert werden. Diese Daten können aber kollidieren, wenn sie mehrfach deklariert werden. Benutzerbezogene Daten überschreiben dann allgemeine Werte, und die beim Aufruf spezifizierte Datei überschreibt gegebenenfalls Deklarationen, die im File `.twmrc` stehen. Dabei haben alle Dateien bis auf die sitzungsbezogene und benutzerabhängige dieselbe Syntax und Semantik. Diese spezielle Datei hat eine mächtigere Beschreibungssprache. Der Grund dafür ist, daß hier grundsätzliche (Lauschtechnik, logische Bildschirme) und weitreichende (Hintergrundmenüs) Techniken definiert werden.

Kollision

Was als sehr lästig empfunden wird, ist, daß diese Dateien zudem von Window Manager zu Window Manager in Syntax und Semantik unterschiedlich sind.

Allein mit der ausführlichen Beschreibung eines der genannten Window Manager könnte man ein eigenes Buch füllen; aus diesem Grund haben wir uns darauf beschränkt, einige prinzipielle Funktionsweisen und Unterschiede herauszuarbeiten. Wie ein Vergleich der Bilder 10.6 und 10.7 zeigt, gibt es eine ganze Reihe von graphischen Eigenheiten, die für jeden Window Manager spezifisch und vor allem an der Fensterumrahmung sichtbar sind. Der Manager von Motif zeigt eine Pseudo-3D-Umrahmung der Fenster, wohingegen der `twm` eine schlichtere, aber dafür effizientere Fassung benutzt. Die Kopfleiste trägt in beiden Fällen neben dem Namen der Applikation eine Reihe von quadratischen Feldern. Diese Felder sind für direktmanipulatives Ikonifizieren, Vergrößern und Verkleinern sowie bei Motif zum Herunterklappen (Pull-down) des gezeigten Menüs vordefiniert. Das Menü auf dem `twm`-Bild gehört zum Hintergrundfenster und wurde dort als Pop-Up im Konfigurationsfile definiert.

einige verwenden Pseudo-3D

Organisationsstruktur des Window Managers

als Prozeß

Im Fenstersystem X ist der Window Manager ein eigenständiger Benutzerprozeß, der prinzipiell auch abschaltbar oder vom Benutzer (auch durch einen selbst implementierten) ersetzbar ist.

Vgl. Abschnitt 4.3.2

Die Kommunikation zwischen Applikation, Fenstermontierer und Ressourcen-Verwalter funktioniert nach dem Prinzip, das in Abb. 4.12 zu sehen ist. Danach gibt es zwei bidirektionale Kommunikationskanäle zwischen den unabhängigen Instanzen Applikation und Ressourcen-Verwalter und zwischen Window Manager und Ressourcen-Verwalter. Eine direkte Verbindung zwischen dem Window Manager und den anderen Dienstnehmern gibt es also nicht.

Kommunikation über X-Server

Sie kommunizieren über sogenannte „Hint"-Datenstrukturen, die der Ressourcen-Verwalter als Erweiterung der Fenster bereithält und deren Zustand jeder Client abfragen oder setzen kann (siehe Ressource Window). Über diese Datenobjekte kann die Applikation Hinweise auf das Verhalten des aktuellen Window Managers erfragen und ihm eigene Wünsche in Form von Hinweisen (engl.: Hints) zum gleichen Thema mitteilen. Sofern der Window Manager so implementiert ist, kann er auf diese Wünsche eingehen, er muß es jedoch nicht. Diese Ungewißheit ist der Preis, den man für einen austauschbaren Fenstermontierer zahlt.

In jedem Fall interessiert sich der Window Manager immer nur für diejenigen Fenster einer Hierarchie von Fenstern, die direkt auf dem Hintergrundfenster (RootWindow) liegen. Das können pro Applikation natürlich mehrere sein. Alle weiteren Fenster, die innerhalb anderer liegen, ignoriert der Window Manager. Das ist konsequent, denn sie haben keinen Einfluß auf die Ausnutzung des Platzes auf dem Bildschirm.

10.3.7 Anwender-Programmierwerkzeuge

Drei Programmierebenen

Die Programmierung von X zerfällt in drei Ebenen, die zwar hierarchisch angeordnet sind, deren Konzeptionen allerdings sehr verschieden sind. Abbildung 10.8 zeigt die Schichtung der Schnittstellen, die anschließend vorgestellt werden.

Auf der untersten Ebene programmiert man nahezu direkt auf

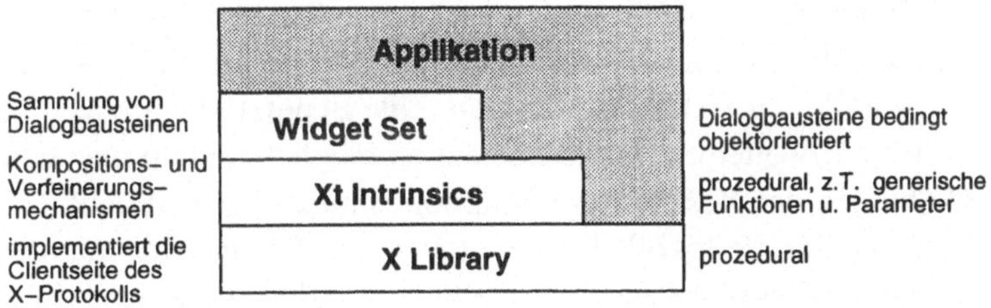

Aufgabe:		Schnittstelle:
	Applikation	
Sammlung von Dialogbausteinen	Widget Set	Dialogbausteine bedingt objektorientiert
Kompositions- und Verfeinerungs-mechanismen	Xt Intrinsics	prozedural, z.T. generische Funktionen u. Parameter
implementiert die Clientseite des X-Protokolls	X Library	prozedural

Abb. 10.8 Programmierung von X ist auf drei Ebenen möglich

der Schnittstelle, die der Ressourcen-Verwalter liefert. Die Xlib verbirgt dabei sämtliche Netzdetails, aber Server-Unterschiede (z.B. Farbfähigkeit) müssen vom Programmierer ständig berücksichtigt werden (vgl. Objekt „Visual“).

X-Library

Eine Ebene darüber befindet sich eine Schicht, die nicht unmittelbar für Applikationsprogramme geeignet ist. Sie vereinfacht vielmehr die Erstellung von objektorientierten Dialogbausteinen, die hier *Widgets* genannt werden. Da sie aber prinzipiell für Programmierversuche zur Verfügung steht, erlaubt sie auch die Modifikation bestehender Widget Sets. Man spricht auf dieser Ebene auch von „Widget-Programmierung“.

Xt Intrinsics

Widget Sets

Anspruchsvolle Applikationen werden üblicherweise mit Hilfe eines Widget Sets zusammengestellt. Die Schnittstelle, die auf dieser Stufe vorliegt, ist weitgehend maschinen- und serverunabhängig.

Die X-Library

Die Xlib besteht aus einer großen Zahl von Prozeduren und Funktionen, die Aufträge an den Server verpacken (Request) und gemäß dem Protokoll an ihn schicken. Unter Umständen muß auf eine Antwort (Reply) gewartet werden, im allgemeinen jedoch nicht (asynchrone Kommunikation). Die Entgegennahme eines Ereignisses erfolgt auf der Seite des Clients dadurch, daß beim Aufruf einer Xlib-Funktion jeweils nachgeschaut wird, ob ein Ereignis (Event) vom Server eingetroffen ist. Dieses wird gegebenenfalls dem Server abgenommen und in eine clientseitige Warteschlange eingereiht. Einige Funktionen (**`XNextEvent`**, **`XPeekEvent`** etc.) dienen dazu, diese Ereignisse dann aus der

Aufträge verpacken und abschicken

siehe [Jon88, SGN88, Nye90]

Ereignisse entgegennehmen

lokalen Warteschlange an die Applikation weiterzugeben.

Durch diese Schicht muß alles hindurch geschleust werden, was von den höheren Schichten kommt oder an diese gehen soll. Die Abbildung 10.8 stellt also eine echte Benutzt-Hierarchie dar.

hier: strenge Benutzt-Hierarchie

Eine Erweiterung dieser Schicht ist möglich, indem man den C-Quellen der Xlib weitere Funktionen hinzufügt und neue Pakete für das Protokoll definiert (auch der Server muß für die Annahme dieses Paketes im Quelltext modifiziert werden). Das wiederum verschlechtert die Portabilität der darauf aufbauenden Applikationen.

Das Programmiermodell der Xlib ist geprägt von den logischen und realen Ressourcen, die der Server stellt. Es stehen Anforderungen zum Erzeugen, Löschen und Modifizieren der Ressourcen Pixmap, Window, Graphic Context, Colormap, Visual, Font und Cursor zur Verfügung. Damit werden die Serverressourcen ziemlich direkt auf das Programmiermodell abgebildet. Die Verbindung – hier Display genannt – muß fast in jedem Aufruf mitgeliefert werden, denn eine Applikation kann gleichzeitig zu mehreren Servern Verbindungen aufbauen. Anschaulich gesprochen, repräsentiert die Verbindung den Server für die Applikation. Die reale Ressource Screen und ihre Parameter können abgefragt werden.

Die Verknüpfung der Ressourcen, wie sie sich durch die vorgestellten Serverobjekte andeutet, muß zum größten Teil in der Applikation vorgenommen werden. Das führt zu einem deutlichen Overhead bei der Xlib-Programmierung und erzwingt einige Kenntnisse dessen, was im Server damit passiert.

Typische Xlib-Funktionen finden sich im Abschnitt 10.4.2. Sie sind durch ein einfaches **X** als Bezeichnerpräfix gekennzeichnet.

Vergabe der Rids

Die Xlib erzeugt selbst die Rids für die logischen Ressourcen. Jede logische Ressource hat einen systemweit eindeutigen Namen (Rid) und ist über diesen auch anderen Applikationen als der erzeugenden zugänglich. Diese Rid ist eine 29 Bit[6] lange ganze Zahl, die aus einem Bereich (i.a. ein Intervall der ganzen Zahlen) ausgewählt wird, der jedem Dienstnehmer zu Beginn seiner Lebenszeit zugeteilt wird. Diese Intervalle werden für die Applikation unsichtbar in der Xlib gehalten. Die Intervalle der

[6] Es handelt sich um 4 Byte lange Integer-Werte, bei denen 3 Bit für die in manchen Betriebssystemen notwendige Verwaltungsinformation (z.B. Garbage Collection) reserviert sind.

Applikationen einer Sitzung sind paarweise disjunkt. Der Grund für diese clientseitige Rid-Vergabe besteht in der Möglichkeit die Applikation zu beschleunigen, denn sie kann weiterlaufen, ohne auf Antwort vom Server warten zu müssen.

Die Toolkit-Intrinsic Ebene

In der Toolkit-Intrinsic-Ebene wird das Fundament für objektorientierte Dialogbausteine gelegt. Das Toolkit ist aus der Sicht des Programmierers eine Programmbibliothek und zur Laufzeit ein System, das Client-seitige Objekte eines bestimmten Typs verwaltet. Kurz zusammengefaßt: Die Intrinsics realisieren den Objektverwaltungsmechanismus und alle Aktionen, die auf den Objekten notwendig sind.

Objekte Client-seitig

Es gibt mehrere Ausprägungen von Intrinsics. Ein Klassenkonzept in C++ bildet die Basis für das InterViews Toolkit. Weiter verbreitet ist jedoch ein Bibliotheks- und Klassenkonzept in C, das die Grundlage für Dialogbausteinkästen wie Motif und die Athena Widgets liefert sowie für einige firmenspezifische Sets. Im Folgenden ist nur der Aufbau dieser C-Intrinsics erklärt. Die Programmierung ist späteren Beispielen zu entnehmen. Dort sind die Funktionen dieser Schicht durch den Bezeichnerpräfix `Xt` deutlich von allen anderen Schichten abgehoben.

siehe [LJC89]

Die wichtigsten Kennzeichen der X C-Intrinsics:

- Bezüglich der Dialogbausteine realisiert diese Schicht ein objektorientiertes Modell. Das heißt, es existiert ein Klassenkonzept für Widgets, das Methoden und Vererbungsmechanismen kennt. Es soll betont werden, daß die Objektorientiertheit sich ausschließlich auf Dialogbausteine beschränkt. Insbesondere sind andere graphische Objekte (Linie, Kreis etc..) prozedural in der Xlib implementiert.

objektorientiertes Widget-Modell

- Die Dialogbausteine sind dabei durch Merkmalssätze charakterisiert. Diese Merkmalssätze werden auch als Widgetressourcen[7] (engl.: Resources) bezeichnet. Jedes Widget

Merkmalssatz

[7] Diese Terminologie ist insofern gerechtfertigt, als daß sich hinter einigen dieser Merkmale Datenobjekte wie Fenster verbergen, die ihrerseits Ressourcen im Sinne des Ressourcen-Verwalters sind. Bei Widgetressourcen wie „Breite des Widgets" macht diese Bezeichnung keinen Sinn.

hat einen seiner Klasse entsprechenden Merkmalssatz. Zu diesem Merkmalssatz, der in C durch ein komplexes Record realisiert ist, gehören auch die Methoden der Widgetklasse. Die nachfolgende Liste zeigt einen Ausschnitt aus dem Merkmalssatz (ohne Methoden) eines elementaren Widgets:

Merkmalssatz eines Widgets

Name	*Typ*	*Default*
XtNbackground	Pixel	verschieden
XtNbackgroundPixmap	Pixmap	XmUNSPECIFIED
XtNborderColor	Pixel	XtdefaultForeground
XtNborderPixmap	Pixmap	XmUNSPECIFIED
XtNborderWidth	Dimension	1
XtNcolormap	Colormap	verschieden
XtNdepth	int	verschieden
XtNdestroyCallback	XtCallbackList	NULL
XtNheight	Dimension	verschieden
XtNmappedWhenManaged	Boolean	TRUE
XtNscreen	Screen *	verschieden
XtNsensitive	Boolean	TRUE
XtNtranslations	XtTranslations	NULL
XtNwidth	Dimension	verschieden
XtNx	Position	0
XtNy	Position	0

Beispiele für Methoden dieses konkreten Dialogbausteins sind:
class_initialize, realize, destroy, resize, expose, set_values, accept_focus sowie **query_geometry**.

statische Hierarchie

- Die statische Widgethierarchie oder Klassenhierarchie ist dadurch realisiert, daß der Merkmalssatz eines statischen Vaterdialogbausteins durch einfache Vererbung übernommen und dabei teilweise überschrieben oder erweitert werden kann. Methoden des Vaters sind dabei über einen Verweis auf ein Merkmal der Vaterklasse erreichbar.

Metaklassen

- Die Klassen dieser Schicht sind nicht wirklich Dialogbausteine, die der Applikationsprogrammierer einsetzt und die der Benutzer auf dem Bildschirm sieht. Vielmehr werden elementare Grundklassen (Metaklassen) definiert, die erst durch weitere Verfeinerung sinnvoll eingesetzt werden können. Die drei Typen von Dialogbausteinen, die hier bereits unterschieden werden, lauten: Behälter- (engl.: Container), Einfach- und Shelldialogbaustein. Behälter enthalten die Grundlage für die Aufnahme weiterer Bausteine. Im Gegensatz dazu sind einfache Dialogbausteine immer Blätter im dynamischen Widgetbaum. Shell-Widgets enthalten genau einen dynamischen Nachkommen. Sie sind dafür gedacht, als hinterstes Fenster in einer visuellen Hierarchie zu fungieren (z.B. Pop-Up Menü) und müssen deshalb die Fähigkeit besitzen, in Kontakt mit Window Managern zu treten, um die Bedürfnisse der Applikation für diese Teilhierarchie zu vertreten.

Widget-Lebenszyklus

- Der Lebenszyklus eines Widgets wird auf dieser Schicht festgelegt. Er besteht aus drei Hauptzuständen: „created“, „managed“ und „realized“. Abbildung 10.9 zeigt die Zustände und ihre Beziehungen zueinander. Es sind auch die Funktionen eingetragen, mit denen der Programmierer Zustandswechsel auslösen kann.

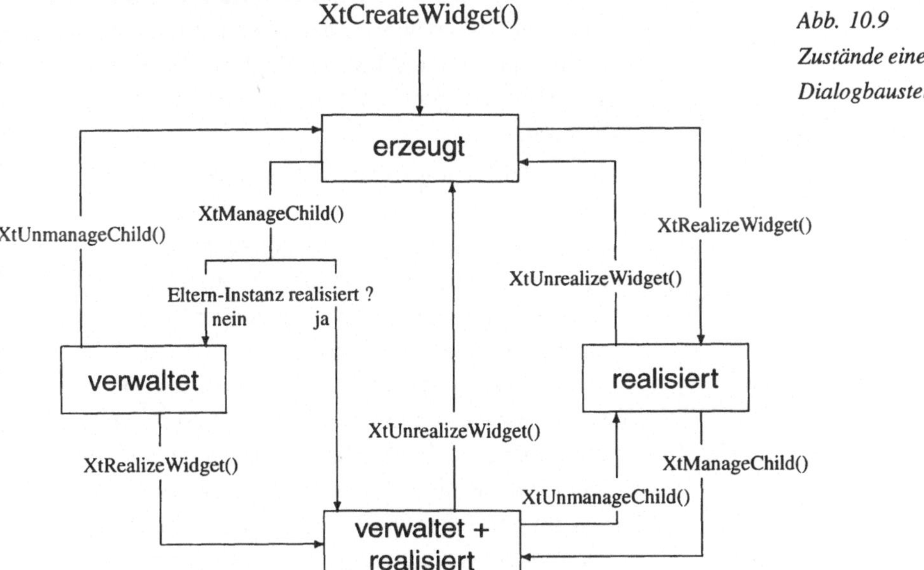

Abb. 10.9 Zustände eines Dialogbausteins

Die Bedeutung der einzelnen Zustände ist wie folgt:

- *erzeugt (engl.: created)*: Es wurde für den Dialogbaustein eine initialisierte Datenstruktur angelegt. Das Widget hat zwar schon seinen Platz in der dynamischen Hierarchie, besitzt jedoch noch kein eigenes

X-Fenster. Ein Dialogbaustein wird mit dem Konstruktor `XtCreateWidget()` erzeugt.

- *verwaltet (engl.: managed)*: Die Größe und Position des Dialogbausteins, oder besser gesagt, die des zugehörigen X-Fensters, wurde unter Berücksichtigung des Gesamtlayouts bestimmt. Der Dialogbaustein muß jedoch nicht unbedingt bereits ein X-Fenster haben. Ist noch kein Fenster allokiert, wird die Position und Größe bestimmt, die das Fenster annimmt, wenn es beim Realisieren des Dialogbausteins erzeugt wird. Ein Dialogbaustein läßt sich mit der generischen Operation `XtManageChild()` managen.
- *realisiert (engl.: realized)*: Dem Dialogbaustein wurde ein X-Fenster zugewiesen. Ein Dialogbaustein kann jedoch nur realisiert werden, wenn die Eltern-Instanz bereits realisiert ist. Da bei der Realisierung eines Dialogbausteins alle Kind-Instanzen ebenfalls realisiert werden, genügt es, den obersten Dialogbaustein der Instanzenhierarchie, das Toplevel-Widget, mit der generischen Operation `XtRealizeWidget()` zu realisieren.
- Wenn der Dialogbaustein sowohl im Zustand „managed“ als auch realisiert ist, unterscheidet man noch zwischen „angezeigt“ und „nicht angezeigt“. Der Sinn dieses Zustandsübergangs besteht darin, daß man fertige Unterbäume (z.B. Menüs) mit einem Aufruf erscheinen und verschwinden lassen kann.
  nicht angezeigt (engl.: unmapped): Der Dialogbaustein hat zwar schon ein X-Fenster, und seine Position und Größe im Gesamtlayout ist festgelegt. Er wird jedoch noch nicht (oder nicht mehr) auf dem Bildschirm gezeichnet und wird also unsichtbar.
  angezeigt (engl.: mapped): Das Fenster des Dialogbausteins wurde bereits gezeichnet und ist für den Benutzer sichtbar, sofern es sich in einem sichtbaren Bereich des Eltern-Fensters befindet und nicht von einem anderen Fenster verdeckt wird.

- Der Begriff der „generischen Funktion“ ist im obigen Abschnitt bereits erwähnt worden. Die Benutzung von generischen Funktionen und Parametern ist eine Eigenschaft der Intrinsics, die sich auf ihre Programmierung bezieht und gewissermaßen den inneren Aufbau des Systems vor der Applikation verbirgt. Unter generischen Funktionen verstehen wir die Funktionen, mit denen man Widgets aller Klassen auf dieselbe Weise ansprechen kann.

generische Funktionen

Abbildung 10.9 zeigt die wesentlichen Funktionen dieser Art. Der Vorteil der Verwendung generischer Funktionen für den Programmierer ist, daß die Anzahl der Funktionen, die er kennen muß, gering ist.

Zu einem ähnlichen Zweck setzen die Intrinsics generische Parameter ein. Nach der Definition der generischen Funktionen haben sie für alle Klassen dieselben Parameter zur Verfügung. Deshalb müssen diese Parameter so allgemein gehalten sein, daß sie sämtliche Merkmale abdecken können. Daher hat man sich nicht für eine Liste von Parametern, sondern für einen Parameter in Form einer Liste entschieden. Dieses Feld (beliebiger, aber statischer Länge) besteht aus je zwei Komponenten pro Eintrag: Aus einem Zeiger auf das eigentliche Argument und aus einer Kennzeichnung, welches Merkmal damit geändert oder ausgelesen werden soll.

generische Parameter

Die Vorteile dieser Parameter sind eine Syntax, die einfach zu merken ist und eine schmale Schnittstelle zu den Funktionen ist. Weiterhin ist die Reihenfolge, in der die Merkmale angegeben werden, vollkommen beliebig.

Hierzu ein kurzes Beispiel:

Beispiel

vArg ist der generische Parameter: ein Feld aus Zeigern und Merkmalsnamen.

nArg spezifiziert, an welcher Position dieses Feld gefüllt wird. Mit der Programmsequenz:

```
XtSetArg( vArg[nArg],  XtNborderPixmap,
                       bitGraphik );
nArg++;
```

wird ein Eintrag in das Feld vorgenommen und die Anzahl der belegten Positionen weitergeschaltet. Der Zähler **nArg** wird dann zusammen mit dem Parameter **vArg** einer generischen Funktion übergeben. Wie in den Motif-Programmbeispielen zu sehen ist, bekommt die Programmierung durch das Füllen des Feldes und die anschließende

Funktion einen sehr schematischen Aufbau.
Die genaue Semantik des obigen Beispiels sieht so aus: Über die konstante Zeichenkette `XtNborderPixmap` werden Merkmal und Typ (auf den der Zeiger zeigt) festgelegt. Schließlich ist `bitGraphik` der Zeiger auf ein Bildchen (Pixmap-Ressource). `XtSetArg` ist ein Makro, das nur die Details der Zuweisung verbirgt. Diese Art der Parameterübergabe erscheint zunächst umständlich. Sie ermöglicht es jedoch, daß die Reihenfolge, in der die Merkmale angegeben sind, nicht mehr relevant ist.
Generische Funktionen sind erst im Zusammenspiel mit generischen Parametern eine Erleichterung für den Programmierer.

Prinzip der dynamischen Hierarchie

- Die Prinzipien der dynamischen Hierarchie werden festgelegt. So wird beispielsweise bestimmt, wie Widgets die Geometrie ihrer Nachbarn, Vorfahren und Nachfahren beeinflussen können und wie im Konfliktfall die Lösung gefunden werden kann.

Zuordnung: $B \to A$

- Neben dem Klassenkonzept ist der zentrale „Event-Dispatch" eine Hauptstütze der objektbezogenen Intrinsic-Programmierung. Über die Merkmalsmengen (A, B) der Widgets wird dem System mitgeteilt, für welche Benutzereingaben sich das Widget interessiert und welche Programmaktionen es angestoßen sehen will. Diese Abbildung, die wir im theoretischen Teil (Kap. 4.4) als $B \to A$ hätten darstellen können, wird bei den Intrinsics in sogenannten *Translation Tables* gespeichert. Dadurch ist diese Schicht in der Lage, einlaufende (Xlib-)Ereignisse selbst zu interpretieren und die zugehörigen Applikationsteile aufzurufen, ohne daß das Anwendungsprogramm selbst auf Eingaben wartet und diese verteilt (vgl. die Realisierungsprobleme bei der Verwirklichung eines Menüs mit dem minimalen Fenstersystem in Abschnitt 3.1.2).

Callback-Mechanismus

- Der Aufruf bestimmter Applikationsroutinen aus einem realisierten Dialogbaustein heraus funktioniert gemäß dem Callback-Mechanismus (s. Kap. 4). Dazu verwaltet das Widget zu bestimmten logischen Aktionen sogenannte Callback-Listen. Das sind Merkmale in Form von Funktionslisten. Die darin aufgelisteten Funktionen werden aufgerufen, wenn die zugehörige Aktion ausgelöst wurde. Diesen Listen kann nun ein Applikationsprogrammierer eine oder mehrere eigene Routinen hinzufügen. Eine Callback-Funktion, wie eine solche Routine dann genannt wird, wird genau wie alle anderen Merkmale in Form eines Zeigers in den generischen Parameter gelegt, bevor ein Widget mit diesem Parameter erzeugt wird oder bevor ein Widgetmerkmalssatz geändert wird.

Ereignisse propagieren

- Das Propagieren von Events in der dynamischen Hierarchie wird definiert.
- Ein grundlegender Mechanismus für die späte Verfeinerung von Dialogbausteinen wird definiert. Er wird etwas ungeschickt als Resource Management bezeichnet. Von diesem Mechanismus machen sämtliche Widget Sets Gebrauch. Er definiert Syntax und Semantik der späten Verfeinerung für alle Komponenten der Dialogbausteine, aber auch für beliebige andere Programmvariablen.

Diese Beschreibung erscheint vielleicht umfangreich, und dennoch erklärt sie nur sehr oberflächlich die Konzepte, die die Intrinsics verwirklichen. Wichtig für das Verständnis ist, daß die Widget Sets, die im Anschluß beschrieben werden, nur Nutznießer dieser Konzepte sind. In den Intrinsics steckt das softwaretechnische Know-How, und die Widget Sets benutzen diese Fähigkeiten, um durch Verfeinerung und Komposition die Programmierschnittstelle zu vereinfachen.

softwaretechnische Basis der Widgets

Die Programmierung der Widgets (im Sinne von: Erzeugung neuer Widgets) ist sehr anspruchsvolle Systemimplementierung. Die Produktivität ist entsprechend niedrig. Der Grund liegt in der Berücksichtigung der umständlichen Objektorientiertheit und ihrer Abbildung auf die prozedurale Xlib-Schnittstelle. Die Nachteile der Programmierung mit Dialogbausteinkästen und Xlib sind nicht zu übersehen.

Widget Sets

Programmierung der Intrinsics

Da in späteren Abschnitten zur Anwendungsprogrammierung (10.5 und 10.6) die Intrinsics keine Rolle mehr spielen, wollen wir hier noch kurz auf die Programmierung eingehen.

Nachteile

generische Parameter unstrukturiert

Die generischen Parameter mit Hilfe eines Feldes fester Länge zu realisieren, beinhaltet das Risiko, daß diese Länge überschritten wird oder daß der Füllgrad des Feldes nicht korrekt mitprotokolliert wird. Insbesondere können Lücken in generischen Feldern zu nicht gewünschten Merkmalsausprägungen (nicht überschriebene Parameter eines bereits benutzten Feldes) führen.

Callback-Parameter

Ein weiterer Nachteil der Intrinsic-Schnittstelle besteht in der Tatsache, daß die Anzahl der Parameter für Callback-Routinen auf drei beschränkt ist, wobei zwei davon vom System vorgegeben werden und nur ein Parameter dem Applikationsprogrammierer zur Verfügung gestellt wird. Das ist häufig unkomfortabel: Wenn tatsächlich mehrere Werte übergeben werden sollen, muß zunächst mit Hilfe einer künstlichen Struktur die Anzahl reduziert werden.

siehe [You90, Nye90]

siehe hierzu [Ase88, Mcc88a]

Bereits eine exemplarische Beschreibung des Programmiermodells sprengt den Rahmen dieser Abhandlung. Recht gute Anleitungen zu diesem Thema finden sich in zwei Büchern und übersichtliche Beschreibungen in einigen Artikeln.

Widget Sets

Dialogbaustein-Sammlung

Ein Widget Set ist eine Sammlung von vorgefertigten Dialogbausteinen, die durch Verfeinerung, aber auch durch Komposition aus elementaren Dialogbausteinen gewonnen werden. Die elementaren Dialogbausteine sind selbst Bestandteil des Sets oder gehören den Intrinsics an. Diese Unterscheidung sowie die Unterscheidung zwischen elementaren und komplexen, vorgefertigten Dialogbausteinen ist für den Programmierer weitgehend uninteressant, weil transparent. Auf dieser Ebene, die für den Applikationsprogrammierer wichtiger ist als die Intrinsics, ist nichts Neues in bezug auf die Konzeption zu sagen. Die gesamte Architektur (Klassen, Callback-Mechanismus) dieser Schicht ist auf der Intrinsic-Ebene festgelegt und wird hier nur benutzt.

Das Athena Widget Set ist ein – im Zusammenhang mit den

X-Sourcen – frei verfügbarer Satz von ungefähr 20 Dialogbausteinen unterschiedlicher Komplexität. Es realisiert Widgets mit flachem 2D-Aussehen und ist in Kombination mit sämtlichen Window Managern funktionstüchtig. Insbesondere ist es nicht unmittelbar an konkrete Stilrichtlinien gebunden.

Athena Widgets

Das Motif Widget Set ist ein Produkt der Open Software Foundation (OSF) und dort derzeit gegen Gebühr in C-Quellformat oder als lauffähiges System erhältlich. Es enthält mehr als doppelt soviele Widgets wie das Athena Set, wobei einzelne Widgets eine sehr hohe Dialogkomplexität erreichen. Ihr Aussehen entspricht der $2\frac{1}{2}$D-Darstellung, wie sie auch der zugehörige Window Manager (`mwm`) für die Fensterumrahmungen benutzt. Um eine effizientere Interaktion zu ermöglichen, ist die $2\frac{1}{2}$D-Option abschaltbar. Das Verhalten der existierenden Dialogbausteine sowie ihre korrekte Verwendung ist im Motif Styleguide dokumentiert.

Motif Widgets

Die Verfeinerung funktioniert aufgrund der gemeinsamen Klassengrundlage bei beiden Sets vollkommen gleich. Die Komposition funktioniert, indem man Widgets als Söhne und damit Teile eines Vaters instanziiert. Auch die Komposition ist, bedingt durch dieselben generischen Funktionen, unabhängig vom Widget Set. Allerdings gibt es bei Motif noch einen sogenannten Convenience-Level, den es für die Athena Widgets nicht gibt. Nur eine Abkürzung der Aufrufe, nicht eine bessere Abstraktion ist dabei allerdings das Ziel. In bezug auf eine schichtenorientierte Denkweise kann man dieses Konzept vernachlässigen.

siehe [You90]

Da das Programmiermodell fast vollständig durch die Intrinsics vorgegeben wird, ist das Wesentliche bereits im vergangenen Abschnitt gesagt worden. Die konkreten Kompositionsmethoden sind am besten in den später folgenden Beispielen zu sehen. Widget-Sets bedienen sich der Übersicht halber eines eigenen Präfixes bei der Programmierung. Für Motiffunktionen ist ein vorangestelltes `Xm` für den Programmierer der Hinweis, welcher Bibliothek die Routine zuzuordnen ist (analog verwenden die Athena Widgets ein vorangestelltes `Xaw`). Beide Sets profitieren auch von der späten Verfeinerung per Resource Management[8].

identisches Programmiermodell

identische späte Verfeinerung

Für Motif gibt es ein sprachorientiertes UIDS namens UIL und einige graphikorientierte UIDS. Beides gibt es für die Athena Widgets (noch) nicht.

[8] Wir weisen noch einmal auf die unglückliche Verwendung des Begriffes Resource als beliebige Komponente eines Dialogbausteins hin.

10.4 Das X-Protokoll

X-Server ↔ Applikationen

X-Server ↔ Window Manager

Die Kommunikationspartner, die über das Protokoll miteinander kommunizieren, sind der Server auf der einen Seite und die Clients (der Window Manager im speziellen) auf der anderen Seite. Die Kommunikationsbeziehung ist über die Bezeichnungen der Partner bereits definiert.

Das X-Protokoll basiert auf einem asynchronen, bidirektionalen Byte-Datenstrom, dessen Reihenfolge von der Transportsoftware garantiert wird (Schicht 4, siehe Abschnitt 5.3). Jede Kommunikationssoftware, die diese Bedingungen erfüllt und die Dringlichkeiten der Kommunikation erbringen kann, ist geeignet. Ein ganze Reihe von Softwarepaketen kommen also für diese Aufgabe in Frage.

siehe [SG86]

siehe [KW89]

Die zeitlichen Randbedingungen, die ein Kommunikationssubsystem einzuhalten hat, sind ebenfalls mit zulässigen 5ms pro Round-Trip nicht (mehr) signifikant. Der zeitliche Overhead, der durch die Einhaltung des Protokolls entsteht, um beispielsweise ein Terminalemulationsprogramm (eine sehr typische Anwendung) über Netz zu betreiben, liegt ungefähr bei 20 %.

4 Pakettypen

Gemäß der Protokollspezifikation gibt es folgende Pakettypen ($n \in N$):

Request Client → Server, $n * 4$ Byte
: Eine Anforderung an den Server mit mindestens einem Operator und ein oder mehreren Ressource-Identifikatoren (siehe Abb. 10.10).

Reply Client ← Server, $n * 4$ Byte
: Der Client kann diese Rückpakete für einzelne Anforderungen vom Server verlangen (Round-Trip-Request). Dadurch ist die Kommunikation zeitweise synchron.

Event Client ← Server, 32 Byte
: Das ist ein Ereignis, das der Server einem Client zustellen muß. Es besteht mindestens aus einem Datentyp fester Länge: 4 Byte.

Error Client ← Server, 32 Byte
: Eine Fehlermeldung vom Server an den Client.

10.4.1 Das Format

In diesem Abschnitt betrachten wir den allgemeinen Aufbau eines Requests (stellvertretend für alle Pakete), bevor im folgenden ein Beispielprogramm den Austausch ganz konkreter Pakete demonstriert.

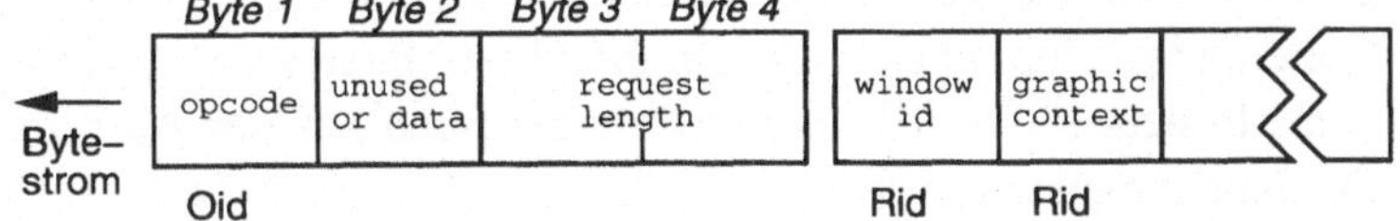

Abb. 10.10 Aufbau eines Requests im X Protokoll

Abbildung 10.10 zeigt den Bytestrom, zu dem die Xlib einen Request zusammenbaut. Das erste Byte enthält den Operator („opcode"), also den eigentlichen Auftrag, mit dem der Dienstgeber angesprochen wird. Einschließlich opcode umfaßt der statische Header eines Requests immer 4 Byte. Byte 2 ist ungenutzt oder enthält Daten, Byte 3 und 4 beschreiben die Gesamtlänge des Bytestroms, der zu diesem Request gehört. Damit ist die Länge der nun folgenden Daten für verschiedene Aufträge flexibel. Diese Daten bestehen aus Rids (Window, Visual) und einfachen Zahlenwerten (height-in-pixels).

Rids und skalare Werte

Anschaulich gesprochen, ruft jede Ausgabefunktion der Xlib mindestens einen solchen Request hervor. Die Bibliothek übernimmt die Aufgabe, den Xlib-Funktionsnamen auf einen mit dem Server abgesprochenen opcode abzubilden, und verpackt die Parameter der Funktion in die Felder dahinter in einer festgelegten Reihenfolge.

Die Codierung und die Semantik der opcodes und ihrer Parameter für Requests bilden den wesentlichen Teil des X-Protokolls. Zusammen mit Syntax und Semantik von Events, Replies und Errors definieren sie das Fenstersystem vollständig aus der Sicht der Applikation.

10.4.2 Ein Programmbeispiel

Das folgende Programmbeispiel ist eines der einfachsten Xlib-Programme überhaupt:

- Es öffnet ein Fenster und zeichnet eine diagonale Linie hinein.
- Sobald ein Mausknopf innerhalb des Fensters gedrückt wird, beendet sich der Client.

Reihenfolge der Aufträge

Zunächst einmal zum Code dieser einfachen Applikation: Wir gehen davon aus, daß der Code anhand der Kommentare seine Geheimnisse den meisten Lesern offenbart. Interessant sind für den Moment im Grunde nur Reihenfolge und Art der Aufrufe. Die Xlib lernen wir in einem der folgenden Abschnitte (z.B. 10.5) praktisch kennen. Insofern greifen wir hier etwas vor. Weiterhin ist vielleicht noch interessant, wie man den Server eines konkreten Arbeitsplatzes anspricht. Die Adresse des Servers, bestehend aus der Internet-Rechnernummer und der Servernummer[9], wird im Aufruf `XOpenDisplay` benutzt, um den richtigen Arbeitsplatz anzusprechen.

Präambel

```
#include <X11/Xlib.h>
#include <X11/Xutil.h>
#include <stdio.h>

/**********************************************
*        Projekt: mmd
*          Modul: x_protokoll.c
*          Datum: 12.6.91
**********************************************/
```

Konstante

```
#define  WINWIDTH 300
#define  WINHEIGHT 200
#define  WINBORDER 2
```

globale Variable

```
  Display        *aDisplay;
  int            myScreen;
  GC             aGraphContext;
```

[9] Generell können auf einem Rechner mehrere X-Server laufen, sofern Monitor, Tastatur und Maus mehrfach vorliegen. Das wird in absehbarer Zukunft eine beliebte Art werden, die Anzahl der Arbeitsplätze pro leistungsfähiger Workstation zu erhöhen.

```
  Window        demoWindow;
  XEvent        myEvent;

main()
```

Hauptprogramm

lokale Variable für Graphikkontext

```
   {
   int xpos,ypos;
   XGCValues gc_values;
   unsigned long gc_vmask;
```

Verbindung öffnen Nid ist eine Internetnummer

```
   xpos = 100; ypos = 100;
   aDisplay = XOpenDisplay("129.13.10.105:0");
   myScreen = DefaultScreen(aDisplay);
```

Fenster erzeugen: Displayvariable Vaterfenster Geometrie Standardfarben

```
   demoWindow = XCreateSimpleWindow(aDisplay,
                 DefaultRootWindow(aDisplay),
                 xpos, ypos, WINWIDTH,WINHEIGHT,
                 WINBORDER,
                 BlackPixel(aDisplay,myScreen),
                 WhitePixel(aDisplay,myScreen));
```

speziellen Graphikkontext erzeugen

```
   gc_vmask = GCForeground;
   gc_values.foreground =
             BlackPixel(aDisplay,myScreen);
   aGraphContext = XCreateGC(aDisplay,demoWindow,
                             gc_vmask,&gc_values);
```

Fenster darstellen Eingabe dafür definieren

```
   XMapWindow(aDisplay,demoWindow);
   XSelectInput(aDisplay,demoWindow,
                ExposureMask|ButtonPressMask);
```

Ereignisschleife

```
   while (TRUE)
      {
      XNextEvent(aDisplay,&myEvent);
```

Ereignis-abarbeitung

```
        switch(myEvent.type)
          {
          case Expose: XDrawLine(aDisplay,
                                 demoWindow,
                                 aGraphContext,
                                 0,0,WINWIDTH,
                                 WINHEIGHT);
                      break;

          case ButtonPress: exit(0);
          }
        }
    }
```

lokale Macros statt Aufträge

Das Programm liefert als Client ein Kommunikationsaufkommen, das in Abb. 10.11 zu sehen ist. Zum Verständnis ist es wichtig zu wissen, daß Macros wie **DefaultScreen** und **BlackPixel** keine Requests erzeugen, sondern auf Daten der Dienstnehmerseite (oder der Xlib) zugreifen und weiterhin, daß nicht jeder Auftrag in einem eigenen Request verschickt wird. Die Aufträge **CreateGC, MapWindow, SelectInput** werden von der Xlib angesammelt und als ein verketteter Bytestrom auf den Weg gebracht. Dabei bleiben die Aufträge in ihrer Struktur erhalten, aber das an die Transportschicht abgelieferte Gesamtpaket wird größer, was zu einer besseren Auslastung der darunterliegenden Schichten führt. Mit anderen Worten: die Pakete, die auf Protokollebene definiert sind, sind nicht gleich den Paketen, die zum Verschicken benutzt werden.

In Abb. 10.11 sind allerdings nur die wesentlichen Kommunikationsschritte zu sehen. Einige untergeordnete Details haben wir weggelassen. Tatsächlich zerlegt die Xlib beispielsweise den Aufruf **XCreateSimpleWindow** in die Requests **CreateWindow** und in **ChangeWindowAttributes**. Das ist für den Applikationsprogrammierer allerdings vollkommen transparent.

Den Beginn dieses Paketaustausches betrachten wir etwas ausführlicher, indem wir die ersten beiden Pakete genau auflisten. Das allererste Paket unternimmt den Versuch, die Verbindung zum Server zu öffnen. Es enthält keinen echten Auftrag, da noch nicht klar ist, ob das Unternehmen gelingt. Anhand der Byte-Reihenfolge pro Wort ('102' bedeutet Big-Endian, '154'

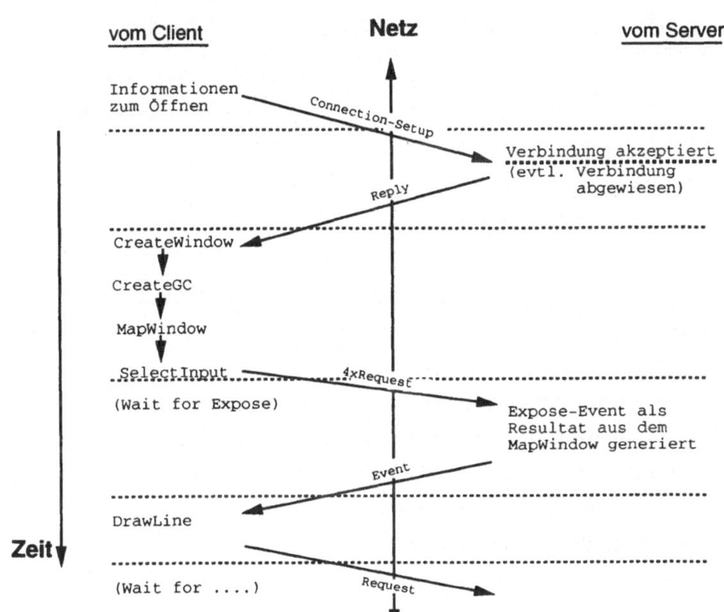

Abb. 10.11
Wesentliche Kommunikationsschritte zum Beispielprogramm

bedeutet Little-Endian) und anhand der Protokollversion und der Autorisation muß der Server entscheiden, ob er in der Lage ist, diesen Client zu bedienen.

Byte-Anzahl	*Typ*	*Wert*	*Beschreibung*
1	Bitmuster	'102'	Byte-Reihenfolge
1			unbenutzt
4	unsigned int		Protokollversion
4		n, d	Länge der Autorisationsfelder
n	unsigned ints		Autorisationsname
p			Füllwort für Wortgrenze
d	unsigned ints		Autorisationsdaten
q			Füllwort für Wortgrenze

z.B. Verbindungsaufbau

Das nachfolgende Paket ist die Antwort des Servers an den Client im Fall, daß die Verbindung abgelehnt wird. Damit ist die Kommunikation zwischen den beiden beendet.

z.B. Ablehnung der Verbindung

Byte-Anzahl	*Typ*	*Wert*	*Beschreibung*
1	Bitmuster	'0'	Verbindung abgelehnt
1		n	Länge der Begründung
4	unsigned int		Protokoll-Version
2		(n+p)/4	Länge zusätzlicher Daten
n	unsigned ints		Begründung
p			Füllwort für Wortgrenze (evtl. Daten)

In unserem Beispiel ist die Verbindung zustande gekommen, und deshalb wurde der Paketaustausch fortgesetzt. Die Pakete, die daraufhin für die weiteren Funktionen im Beispiel versendet wurden, sind wesentlich umfangreicher als die hier aufgelisteten. Wir wollen an dieser Stelle das Beispiel verlassen und hoffen, mit diesen konkreten Daten wenigstens einen Eindruck von der Art der Kommunikation vermittelt zu haben.

10.4.3 Protokoll-Optimierung

Asynchronität

Die wesentliche Optimierung der Übertragung besteht in der Verwendung eines asynchronen Protokolls. Daß damit auch Probleme verbunden sein können, zeigt ein Gedankenmodell, bei dem das Öffnen eines Fensters (`XCreateWindow`) von einem Applikations-Client verlangt wird. Wie bereits im Abschnitt 10.3.7 erwähnt, vergibt der Client (genauer die Xlib) mit Hilfe eines Intervalls eine Rid für dieses real noch nicht existierende Fenster, bevor der Auftrag zum Server geschickt wird. Damit bekommt das aufrufende Programm ohne jede Verzögerung eine Rid, mit der es ein Fenster identifizieren kann. Diese Rid kann benutzt werden, um beispielsweise in dieses Fenster zu malen oder Text auszugeben. Nun ist es theoretisch möglich, daß der Server die Spezifikation (z.B. negative Koordinaten) des Fensters als ungültig erkennt und die Instanziierung dieses Objekts verweigert. Weitere Aufträge, die sich auf das betroffene Fenster beziehen, können nicht bearbeitet werden und lösen Fehlerpakete vom Server zum Client aus. Diese treffen dort allerdings verzögert ein, so daß eine Zuordnung zum auslösenden Aufruf schwierig ist. Die Optimierung mit Hilfe der asynchronen Kommunikationsbeziehung und der lokal vergebenen Rid hat also ihre

Nachteil durch asynchrone Kopplung

Tücken. Zur Lösung des Problems gibt es für den Programmierer einen temporären, synchronen Debug-Modus.

Sammeln von Aufträgen

Eine weitere Optimierung besteht im Sammeln von mehreren Auftrag-Paketen zu einem Versandpaket. Dies ist für den Programmierer völlig unsichtbar und wird von der Xlib automatisch durchgeführt. Eine solche Vorgehensweise kann zum Fehlersuchen vom Programmierer explizit ausgeschaltet werden.

redundante clientseitige Information

Schließlich ist das Duplizieren einiger Serverinformationen innerhalb der Xlib eine pragmatische Lösung. Insbesondere reale Ressourcen (z.B.: Screen), die ja keine Dynamik besitzen, eignen sich dafür. (Round-Trip)-Anfragen an den Server können so häufig vermieden werden, indem auf Datenstrukturen der Xlib zugegriffen wird (siehe Macros im Protokoll-Beispiel). Auch hier sieht der Applikationsprogrammierer nicht, ob ein Auftrag ausgelöst wird oder ob die Xlib die Antwort synchron bereitstellt.

Oid, Rid

Die Benutzung von Oids und Rids (anstatt von Datenstrukturen) ermöglicht eine weitere Kompaktierung des Kommunikationsaufkommens.

10.4.4 Protokoll-Sicherheit

Kontrolle beim Verbindungsaufbau

Zwei verschiedene Verfahren mit unterschiedlicher Körnung liefern Zugriffsschutz und Authentifikation in X. Beide kontrollieren nur den Verbindungsaufbau. Sofern die Verbindung zustande kommt, wird der Client nicht weiter vom Server kontrolliert, sondern hat vollen Zugriff auf alle Ressourcen.

.. auf Rechnerebene

Für das X-Protokoll gibt es zunächst einen einfachen Mechanismus, mit dem man festlegen kann, von welchem Rechner (engl.: Host) ein Client Verbindung zum Server aufnehmen darf. Bekannt ist dieser Mechanismus unter dem Namen `xhost`. Der Benutzer, der den Server-Prozeß besitzt oder gestartet hat, kann entscheiden, welche Netzknoten er zuläßt. Dieser Schutz wird vom Systemadministrator für jeden Rechner eingeschaltet. Der Benutzer kann aber durch explizite Erlaubnis alle möglichen Rechner mittels `xhost +` zulassen und damit diese Maßnahme unterlaufen.

.. auf Applikationsebene

Zusätzlich zu diesem Schutz gegen Eindringlinge und Ressourcen-Klau auf Rechner-Basis gibt es mit dem sogenannten „Magic-Cookie" noch eine Autorisierung auf Benutzer- und Applikationsbasis. Diese feinkörnige Autorisierung repräsentiert durch das Programm `xauth` erlaubt es, mit einem Server ein Cookie zu vereinbaren. Von da an reagiert der Server nur auf Anforderungen von Clients, die von Benutzern gestartet werden, welche das verschlüsselte Cookie haben. Diese Cookies werden in Dateien angelegt und sind damit auf den Leseschutz des Betriebssystems angewiesen.

10.4.5 X-Terminals

X-Terminals sind Arbeitsplätze bestehend aus Bildschirm, Maus, Tastatur, Graphikprozessor, Prozessor, Speicher und Netzanbindung. Der Unterschied zu einem Rechner ist auf den ersten Blick gering. Im Unterschied zur typischen Rechner-Hardware besitzen diese Terminals keinen Bus, mit dem man Peripherie (Festplatten etc.) ansteuern kann. Der wesentliche Unterschied zu einem Rechner besteht jedoch darin, daß kein komplexes Betriebssystem lokal notwendig ist.

Hardware

Der Prozessor des X-Terminals führt nur X-Server-Code aus und synchron dazu die Kommunikationssoftware für das Netz. Diese Kommunikationsanbindung ermöglicht es Applikationen, diesen Arbeitsplatz über das X-Protokoll anzusprechen und Anforderungen an das Terminal zu schicken sowie Replies, Events und Errors von dort zu empfangen. Der X-Server stellt quasi das Betriebssystem.

Ein X-Terminal implementiert in Hard- und Software genau das, was ein X-Server braucht. X-Terminals werden verwendet, um kostengünstige und geräuschfreie Arbeitsplätze zu realisieren, die zudem unabhängig von Rechnerherstellern sind.

X-Server

10.5 Die Xlib-Programmierung

Die Xlib als Programmierschnittstelle wurde in Abschnitt 10.3.7 theoretisch beleuchtet, hier findet eine praktische Erläuterung statt. Dazu definieren wir uns ein Problem und lösen es mit einem Beispielprogramm unter Verwendung der Xlib. Die Aufgabenstellung wird später, wenn es um Motif geht, wieder aufgegriffen und deshalb hier relativ ausführlich erklärt werden.

Aufgabe

Gesetzt den Fall, ein unterbezahlter, aber hochqualifizierter Informatiker möchte seinem monatlichen Einkommen etwas auf die Sprünge helfen. Er schreibt ein Programm, das den Bildschirm einiger besser besoldeter Kollegen mit einem hinderlichen großen Fenster verdeckt, das eine unmißverständliche Zahlungsaufforderung enthält. Abbildung 10.12 zeigt oben links das erwähnte Fenster und den zugehörigen Programmaufruf (Fenster unten).

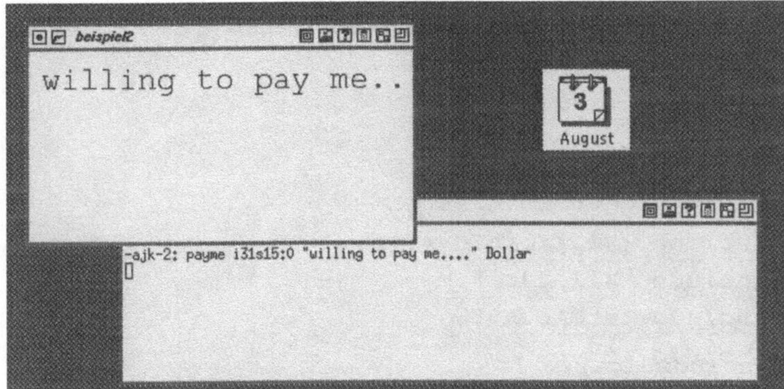

Abb. 10.12 Anfangszustand der Applikation

Versucht nun der betroffene Rechnerbenutzer, dieses Fenster mit Hilfe von Maus oder Tastatureingabe zu beseitigen, so führt das nur zu einer Änderung des Fensterinhalts, wie in der folgenden Abb. 10.13 gezeigt wird, und nicht zum erwünschten Verschwinden. Erklärt sich das Opfer zur Zahlung bereit, so

Abb. 10.13 Applikation nach den ersten Benutzeraktionen

besteht die Möglichkeit, über einen Knopf das Fenster und die gesamte Applikation zum Verschwinden zu bewegen.

Das deutsche Strafgesetzbuch[10] kennt eine Reihe häßlicher Tatbestände und Tarife, die eine Nachahmung dieses Beispielprogramms nur eingeschränkt als ratsam erscheinen lassen.

In Abb. 10.12 ist der Anfangszustand der Applikation im oberen Fenster zu sehen. Im unteren Fenster sieht man den Aufruf des Programms aus einer Unix-Shell heraus. Die Fensterumrahmung der beiden großen Fenster ist gemäß dem `ctwm`-Window Manager. Das Kalenderblatt repräsentiert eine Applikation, auf die der Window Manager keinen Einfluß hat. Daher kommt es ohne Fensterrahmen aus.

10.5.1 Beispiel

Präambel

X-spezifisches

Unix/C-spezifisches

```
#include <X11/Xlib.h>
#include <X11/Xutil.h>
#include <stdio.h>
#include <ctype.h>

/*********************************************
*        Projekt: mmd
*          Modul: payme.c
*          Datum: 14.6.91
*********************************************/
```

statische Größen

```
#define WINHEIGHT 150
#define WINWIDTH  300
```

globale Variable

Verbindungs-Id, Rids

```
  Display       *aDisplay;
  Font          font;
  Pixmap        bitGraphik;
  GC            aGraphContext;
```

[10] Paragraph 253 des StGB:
(I) Wer einem anderen rechtswidrig mit Gewált oder durch Drohung mit einem empfindlichen Übel zu einer Handlung, Duldung oder Unterlassung nötigt und dadurch dem Vermögen des Genötigten oder eines anderen Nachteil zufügt, um sich oder einen Dritten zu Unrecht zu bereichern, wird mit Freiheitsstrafe bis zu fünf Jahren oder mit Geldstrafe, in besonders schweren Fällen mit Freiheitsstrafe nicht unter einem Jahr bestraft.
(III) Der Versuch ist strafbar.

```
  Window        alertWindow,okWindow;
  XEvent        myEvent;
  int           someScreen;
  int           xpos,ypos,gwidth,gheight;
  int           invert = FALSE;
```

Prozeduren und Funktionen

```
void InitializeAndOpenWindow(int argc,
                             char **argv,
                             char *terminal,
                             char *graphikFile)
/****************************************/

   {
   XSizeHints wmHints;
   Window     rootWindow;
   int        status, x_hot, y_hot;
```

Verbindungsaufbau, Window Manager informieren, globale Variable **aDisplay, someScreen, rootWindow** *initialisieren*

Verbindung herstellen und Ressourcen-Ids besorgen

```
   aDisplay = XOpenDisplay(terminal);
   someScreen = DefaultScreen(aDisplay);
   rootWindow = DefaultRootWindow(aDisplay);
```

Font laden, Rid holen

```
   font = XLoadFont(aDisplay,
            "-adobe-courier-medium-r-normal-
             -24-240-75-75-m-150-iso8859-1");
```

Fenster erzeugen

```
   alertWindow  = XCreateSimpleWindow(aDisplay,
                     rootWindow, xpos,ypos,
                     WINWIDTH, WINHEIGHT,
                     (unsigned int) 4,
                     (unsigned long) 1,
                     (unsigned long) 0);
```

Plazierungshinweise für den Window Manager: US= User defines interactively

Fenster sichtbar machen

Rastergraphik in den Server einlesen von einer Datei

```
   wmHints.flags = USPosition|USSize;
   XSetStandardProperties(aDisplay,
                          alertWindow,
                          "beispiel2",
                          "icon beispiel2",
                          None,argv,argc,
                          &wmHints);

   XMapWindow(aDisplay,alertWindow);


   status = XReadBitmapFile(aDisplay,
                            rootWindow,
                            graphikFile,
                            &gwidth,&gheight,
                            &bitGraphik,
                            &x_hot,&y_hot);
   if (status!=BitmapSuccess)
      printf("%s %d \n","Bitmap-Problem",status);
   }
```

Zeichenkette ausgeben

Wertefeld und Maskenfeld für Graphikkontext

Graphikkontext vorbereiten..

..erzeugen..

..und modifizieren

```
void PrintAlertInformation(char *info)
/*************************************/

   {
   XGCValues gc_values;
   unsigned long gc_vmask;


   gc_vmask = GCForeground|GCFont;
   gc_values.foreground = XBlackPixel(aDisplay,
                                      someScreen);
   gc_values.font = font;

   aGraphContext = XCreateGC(aDisplay,alertWindow
                             gc_vmask,&gc_values)
   XSetBackground(aDisplay,aGraphContext,
                  (unsigned long)
                  WhitePixel(aDisplay,someScreen)
```

Textausgabe

```
  XDrawString(aDisplay,alertWindow,
              aGraphContext,
              (int) 10,(int) 30,
              info,strlen(info));
  }
```

Rasterbild malen (modifiziert `invert`*)*

```
void DrawRasterGraphics()
/*************************************/

  {
```

Graphikkontext modifizieren..

..gemäß `invert`

```
  if (invert)
     {
     XSetForeground(aDisplay,aGraphContext,
              (unsigned long)
              WhitePixel(aDisplay,someScreen));
     XSetBackground(aDisplay,aGraphContext,
              (unsigned long)
              BlackPixel(aDisplay,someScreen));
     }
     else

     {
     XSetForeground(aDisplay,aGraphContext,
              (unsigned long)
              BlackPixel(aDisplay,someScreen));
     XSetBackground(aDisplay,aGraphContext,
              (unsigned long)
              WhitePixel(aDisplay,someScreen));
     }
```

Rastergraphik zentriert in das Fenster kopieren

```
  XCopyPlane(aDisplay,bitGraphik,alertWindow,
           aGraphContext, 0,0,gwidth,gheight,
           (WINWIDTH-gwidth)/2,
           (WINHEIGHT-gheight)/2,1);
  invert = !invert;
  }
```

```
void MakeOkayButton()
/****************************************/
```

hier wird ein okay-Button simuliert

```
   {

   okWindow = XCreateSimpleWindow(aDisplay,
                alertWindow,
                (WINWIDTH-gwidth)/2 - 2, 100,
                gwidth,gheight,(unsigned int) 2,
                (unsigned long) 1,
                (unsigned long) 0);
```

der Button ist ein Fenster fester Größe

Fenster sichtbar machen, Text schreiben

Eingabe definieren

```
   XMapWindow(aDisplay,okWindow);
   XDrawString(aDisplay,okWindow,aGraphContext,
              (int) 10,(int) 30,"okay?",5);
   XSelectInput(aDisplay,okWindow,
              ButtonPressMask|ExposureMask);
   }
```

Hauptprogramm

```
main(argc, argv)
/*********************************************/
```

Aufruf: payme <display> <string> <graphicsfile>

```
int argc;
char **argv;

   {
    int xpos = 300;
    int ypos = 400;
    int    first=TRUE;
```

Aufruf der Initialisierungsroutine

```
    InitializeAndOpenWindow(argc,argv,
                          argv[1],argv[3]);

    XSelectInput(aDisplay,alertWindow,
                ExposureMask|ButtonPressMask);
```

```
while (TRUE) {
        XNextEvent(aDisplay,&myEvent);
        switch(myEvent.type) {

        case Expose:
              PrintAlertInformation(argv[2]);
              break;

        case ButtonPress:
              if (first) {
                 MakeOkayWindow();
                 first = FALSE;
                 }
               DrawRasterGraphics();
               if (myEvent.xbutton.window
                    == okWindow)
                  exit(0);
               break;
        }
    }
}
```

Ereignisschleife

Ereignis vom Server generiert

vom Benutzer erzeugtes Ereignis

Das Beispiel demonstriert einige X-Funktionen, die die Xlib zur Verfügung stellt. Eine Reihe von Problemen werden bewußt umgangen, um die Durchsichtigkeit zu erhöhen. So kümmern wir uns insbesondere nicht um `Visual` und `Colormap`, was bereits einfache Programme sehr undurchsichtig werden läßt. Es sollte erwähnt werden, daß die Restauration bei dieser Applikation nicht korrekt funktioniert, weil der `Expose` der Ereignisschleife nicht allgemein genug gestaltet ist.

10.6 Motif als Programmierwerkzeug

Motif besteht zunächst aus einer Spezifikation für den Benutzer und für den Programmierer. Der „Style Guide“ beschreibt, wie sich bestimmte Dialogbausteine dem Benutzer darstellen und wie der Programmierer sie einsetzen sollte. Die „Application Environment Specification“ beschreibt, welche Dialogbausteine und

Motif = Stil-Dokumente

Funktionen dazu zur Verfügung stehen. Genaugenommen ist damit aber noch keine konkrete Implementierung verbunden.

+ Widget Set

+ Window Manager

Allerdings gehört zu Motif auch eine Implementierung dieser Widgets, und das ist das, was uns im Moment am meisten interessiert: das Widget Set. Die Implementierung umfaßt weiterhin den bereits erwähnten Window Manager `mwm` und die UIL, ein sprachorientiertes UIDS. Graphische UIDS sind für Motif erhältlich, sind aber nicht Teil der Entwicklungssoftware.

10.6.1 Die Widgets

Welche Widgets gibt es nun bei Motif? Wie setzt man sie ein? Wozu setzt man sie ein? Auf die ersten beiden Frage wollen wir hier eingehen, die dritte können wir nicht beantworten, ohne einen Extra-Band zu konzipieren. Wir nehmen dabei also wieder die Perspektive des Anwendungsprogrammierers ein und nicht die des Widgetprogrammierers oder des Benutzers.

Abbildung 10.14 zeigt die Klassenhierarchie von Motif-Version 1.2. Diese noch aktuelle Version wird bald von einer Version 2.0 abgelöst, die weitere Dialogbausteine haben wird (Hypertext, ComboBox). Am Prinzip ändert das jedoch wenig. Die Abbildung läßt sich in drei verschiedene Äste der statischen Hierarchie untergliedern. Wir unterscheiden:

- einfache Widgets (`XmPrimitive`),
- sogenannte Shell Widgets (`Shell`),
- und komplexe Widgets (`XmManager`).

Die Aufgabenverteilung sieht dabei ungefähr so aus:

einfache Dialogbausteine

Einfache Widgets dienen der Darstellung von Text und Graphik (`XmLabel, XmText, XmArrow`). Zusätzlich gibt es noch spezialisierte Dialogbausteine für räumliche Unterteilung von Darstellungsbereichen (`XmSeparator`) und für das Einstellen von Werten (`XmScrollbar`).

Shells sind Spezialisten im Umgang mit dem Window Manager. Sie sind die einzigen Widgets, deren Fenster auf den Window Manager Rücksicht nehmen. Das macht sie zu den Wurzeln der dynamischen Widgethierarchie, denn sie müssen immer direkt auf dem Hintergrundfenster liegen. Neben der Aufgabe, mit dem Window Manager zu kommunizieren, sind sie Behälter für genau ein weiteres Widget. Es gibt mehrere Typen von Shells, denn es gibt mehrere Anforderungen an Window Manager-Einfluß: Pop-Up-Widgets sollen z.B. anders behandelt werden als die Hauptfenster einer Applikation.

Spezialisten als Ansprechpartner für den Window Manager

Komplexe Widgets sind alle Widgets, die eine komplexere Dialogaufgabe lösen. Man findet Behälter (engl.: Container), wie `XmRowColumn`, `XmFrame` und `XmBulletinBoard`, aber auch Experten für das Selektieren einer Datei (`XmFileSelectionBox`) oder zum Malen von Graphiken (`XmDrawingArea`).

komplexe Dialogbausteine

Abbildung 10.14 zeigt die vollständige Klassenhierarchie der in Motif verfügbaren Widgets (statische Dialogbausteinhierarchie). Alle Klassen, die mit dem Präfix „Xm“ beginnen, sind echte Motifklassen; die anderen sind Klassen der Intrinsics. Von der Wurzel `Core` werden die Klassen `XmPrimitive` und `Composite` abgeleitet. Die ersteren sind einfache Dialogbausteine, letztere sind Behälter nach unserer Definition. Bei den Behältern unterscheidet man `Shells` (genau ein Nachfolger) und `Constraint`-Widgetklassen (mehrere dynamische Nachfolger).

Abb. 10.14 Statische Hierarchie der Motif-Widgets

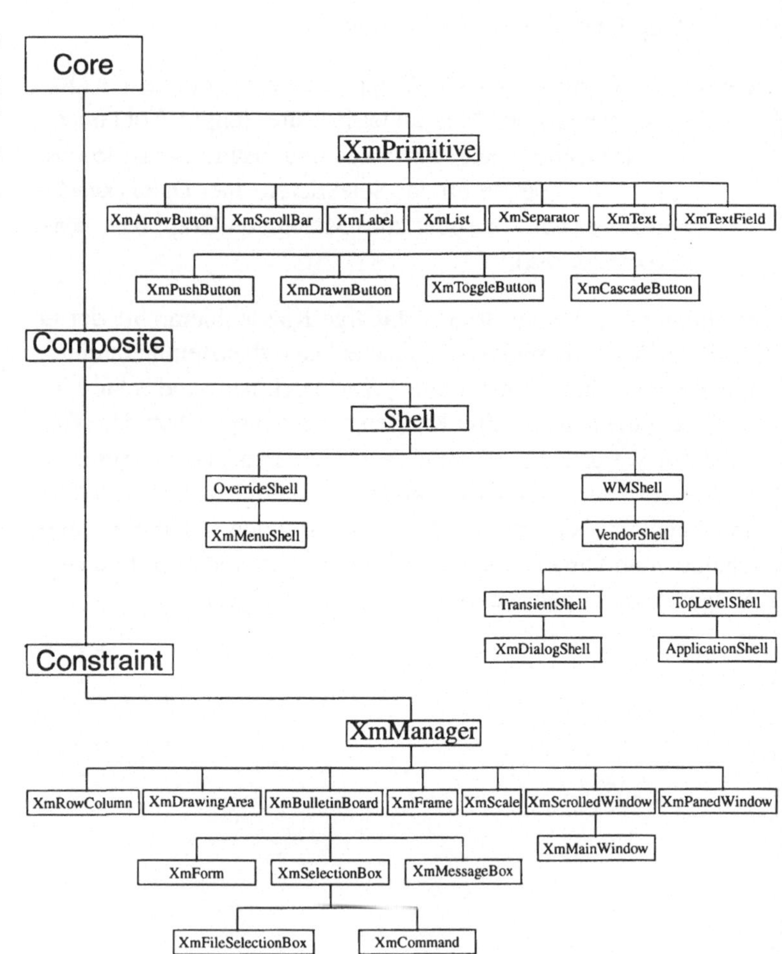

10.6.2 Das Programmiermodell

Das Programmiermodell von Motif wird hauptsächlich durch die Intrinsics bestimmt und führt dazu, daß eine Applikation auch bei Verwendung anderer Widget Sets grundsätzlich den gleichen Aufbau besitzt.

definiert in den Xt Intrinsics

Im Abschnitt über die Architektur der Intrinsics wurden bereits einige Hinweise auf die Programmierung gegeben. Das in Motif verwendete Modell richtet sich nach dem Lebenszyklus der Widgets und sollte im Zusammenhang mit dem Blockdiagramm in Abb. 10.9 gesehen werden.

Das nun folgende Grobschema einer Motif-Applikation findet man in sämtlichen Programmen, die mit Toolkits arbeiten:

Das Schema einer Applikation

1. **Initialisierung der Intrinsics**
   Hier wird die Verbindung zum Server aufgebaut und grundlegende Ressourcen (auch innerhalb der Intrinsics) alloziert.
   Die Initialisierung dieser Ressourcen gehört dazu.
   Funktionen: `XtToolkitInitialize ()`, `XtOpenDisplay ()`

2. **Erzeugen der Dialogbausteine**
   Ein Programm erzeugt eine Reihe von Dialogbausteinen, aus denen sich die Benutzerschnittstelle später zusammensetzen soll. Hier findet die Komposition statt, soweit sie zu diesem Zeitpunkt bereits feststeht.
   Die Funktion `widget = XtCreateManagedWidget()` faßt die Erzeugung und einen Zustandsübergang zusammen und dient damit einer abgekürzten Schreibweise.

3. **Realisieren der sichtbaren Teile**
   Die vorher erzeugte dynamische Widget-Hierarchie wird zur Anzeige gebracht und die Eingabe sensibilisiert. `XtRealizeWidgets` hat als Voreinstellung eine sichtbare (mapped) Anzeige.

4. **Anhängen der Callbacks**
   Die Vervollständigung der Dialogbausteine (A, aber auch B, E) kann auch nachträglich noch vorgenommen werden.

Zum Beispiel können sich die Farbe oder Font eines erzeugten Widgets ändern. Am wichtigsten ist eine dynamische Erweiterung der Callback-Funktionsliste.

5. **Ereignisschleife**
   Eine Endlosschleife, in der Benutzereingaben abgeholt und verteilt werden: `XtMainLoop`. Das Ende des Programms muß über eine Callback-Funktion (z.B. Quit-Button + Quit-Funktion) realisiert werden.

In den Programmbeispielen, die im Anschluß die Programmierung von Motif verdeutlichen sollen, läßt sich dieser Aufbau direkt erkennen.

10.6.3 Ein Programmbeispiel

Wir kommen nun auf das kleine Beispielprogramm zurück, bei dem das verteilte Fenstersystem X benutzt wird, um die Kollegen zu benachrichtigen.

Abb. 10.15 Das `PushButton`-*Widget dominiert das Aussehen der Applikation*

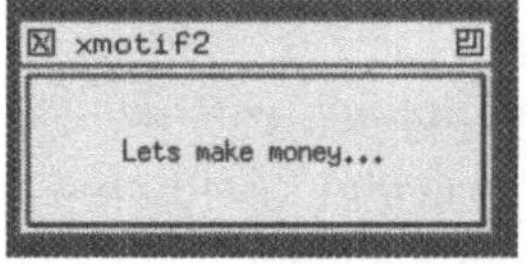

Denn obwohl unser Beispiel, quasi aus Geldgier, die Netzwerkfähigkeit von X mißbrauchte, so kann man es doch, etwas geändert, für sinnvolle Aufgaben einsetzen. Es ist tatsächlich entstanden aus dem Verlangen heraus, andere Benutzer im Netz auf besondere Vorkommnisse hinzuweisen. Wir wollen bei der niedrigen Motivation bleiben, und deshalb wird das ursprüngliche Beispiel nun mit Hilfe von Motif in die Tat umgesetzt.

X-/Xt-spezifische Direktiven

```
#include <X11/Xlib.h>
#include <X11/Xutil.h>
#include <X11/Xatom.h>
#include <X11/Intrinsic.h>
#include <X11/Shell.h>
```

Motif-Direktiven: Widgetklassen

```
#include <Xm/Xm.h>
#include <Xm/MessageB.h>
#include <Xm/MainW.h>
#include <Xm/Label.h>
#include <Xm/PushB.h>

/*************************************
*       Projekt: mmd
*         Modul: x_motif.c
*         Datum: 20.6.91
*************************************

#define MAX_ARG   20
```

Länge der Argumentliste für generische Parameter,

Verbindungs-Id, Widget-Ids, Argumentliste, Füllzähler dafür

```
  Display         *aDisplay;
  Widget          shellWidget;
  Widget          clickWidget,alertWidget;
  Arg             vArg[MAX_ARG];
  int             nArg=0;
  Pixmap          bitGraphik;
  XmStringCharSet charset = (XmStringCharSet)
                  XmSTRING_DEFAULT_CHARSET;
```

Prozeduren & Funktionen

Rasterbild einlesen, Rid dafür liefern

```
Pixmap ReadRasterImage(char *graphicFile)
/*******************************/

   {
   int        status,x_hot,y_hot,
              gwidth,gheight;
   int        aScreen;
   Pixmap     bitmap;
```

Parameter initialisieren, dann einlesen

```
   aScreen = DefaultScreen(aDisplay);
   status = XReadBitmapFile(aDisplay,
               RootWindow(aDisplay,aScreen),
               graphicFile, &gwidth,&gheight,
               &bitmap,&x_hot,&y_hot);
   return(bitmap);
   }
```

Callback-Prozedur ohne Parameter

```
void QuitProgramCB()
    {
    exit(0);
    }
```

Callback-Prozedur mit Parametern

```
void PresentAlertBox(Widget w,
                caddr_t parameter,
                caddr_t call_data)
```

generischen Parameter füllen

```
    {
    nArg =0;
    XtSetArg(vArg[nArg], XmNmessageString,
            XmStringCreateLtoR(parameter,charset))
            nArg++;
    XtSetArg(vArg[nArg], XmNcancelLabelString,
            XmStringCreateLtoR("go away",charset))
            nArg++;
    XtSetArg(vArg[nArg], XmNhelpLabelString,
            XmStringCreateLtoR("sorry no help!",
                                      charset));
            nArg++;
    XtSetArg(vArg[nArg],XmNsymbolPixmap,bitGraphik
            nArg++;
```

Kurzform, um Widgets zu instanziieren

```
    alertWidget = XmCreateWarningDialog(
                shellWidget,"alert",vArg,nArg)
```

Widget-Zustand weiterschalten und Callback anhängen

```
    XtManageChild(alertWidget);
    XtAddCallback(alertWidget, XmNokCallback,
                QuitProgramCB, (char *) NULL);
    }
```

```
main(argc, argv)
/**************/
int argc;
char **argv;


   {
   XtAppContext    appContext;

   XtToolkitInitialize ();
   appContext = XtCreateApplicationContext();
   aDisplay = XtOpenDisplay(appContext, NULL,
                   argv[0], "xmotif2",
                   NULL, 0, &argc, argv);


   shellWidget = XtAppCreateShell(
                   argv[0], "XMotif2",
                   applicationShellWidgetClass,
                   aDisplay, NULL, 0);
   bitGraphik = ReadRasterImage(argv[2]);


   nArg = 0;
   clickWidget = XmCreatePushButton(shellWidget,
                    "Lets make money..",
                    vArg,nArg);
   XtManageChild(clickWidget);
   XtAddCallback (clickWidget,
                 XmNactivateCallback,
                 PresentAlertBox,
                 (caddr_t) argv[1]);


   XtRealizeWidget(shellWidget);
   XtAppMainLoop(appContext);
   }
```

Hauptprogramm: xmotif [xtoolkit-options] <string> <graphicsfile>

Werte initialisieren, Verbindung aufbauen

Shell öffnen

Rasterbild laden

PushButton instanziieren ohne Argumentliste

Widgets sichtbar machen

Endlosschleife

Das Programm, das mindestens dieselbe Funktionalität besitzt wie das Xlib-Beispiel, zeichnet sich durch einen kürzeren Code aus, insbesondere dort, wo es um die Erzeugung und Verwal-

weniger Code

tung von Fenstern und Benutzerreaktionen geht. Die Fähigkeiten, die das benutzte `WarningDialog`-Widget zusätzlich zu den sichtbaren Eigenschaften besitzt, sind nur bei genauer Analyse zugänglich. Das Widget reagiert beispielsweise selbst auf die verschiedenen Textlängen, wie die Abb. 10.16 zeigt. Es nimmt weiterhin eine automatische Positionierung sämtlicher Unterfenster vor und gewährleistet eine automatische Restauration. Dies sind ebenfalls Arbeiten, die dem Programmierer abgenommen werden.

mehr Funktionalität

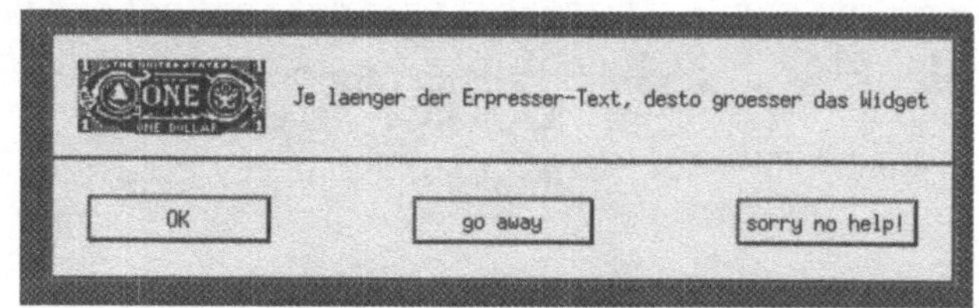

Abb. 10.16 Applikation nach den ersten Benutzeraktionen

Ein weiteres Motif-Beispiel ist im Anhang A beschrieben. Dort wird zum besseren Vergleich das bereits beim Presentation Manager benutzte Drawline-Programm realisert.

10.6.4 Späte Verfeinerung

Es ist nicht ganz einfach, die späte Verfeinerung von Motif kompakt zu beschreiben. Die Möglichkeiten sind vielfältig. Wir wollen versuchen, die charakteristischen Merkmale herauszuarbeiten.

Motif-Resources

Der Resource Manager liest beim Starten eines Motif-Programms Dateien ein, die in Form eines einfachen textuellen Listenformats diejenigen Motif Resources initialisieren, die nicht bereits im Programm vereinbart sind. Der Resource Manager liest dabei zunächst systemweite, applikationsspezifische Dateien, dann benutzerabhängige, applikationsspezifische Dateien. Für das Auffinden dieser Dateien werden Namenskonventionen und Umgebungsvariable benutzt. Diese Dateien haben ein sehr schlichtes zweispaltiges Format. Links steht die genaue Bezeichnung des Merkmals und rechts die Merkmalsausprägung. Merkmale sind dabei Komponenten von Dialogbausteinen, aber auch beliebige Programmvariable, die aber im Programm als verfei-

Dateikonzept: sehr ausgeprägt

nerbar kenntlich gemacht worden sein müssen[11].

Bleiben wir bei den Komponentenmerkmalen. Ein Komponentenmerkmal muß eindeutig spezifiziert werden. Das heißt, der symbolische Name des Widgets reicht unter Umständen dazu nicht aus, wenn er mehr als einmal benutzt wird. Daher kann man ein Widget mit Hilfe seiner dynamischen Hierarchie identifizieren. Als Beispiel zum obigen Motif-Programm würde eine Zeile ungfähr so aussehen:

Beispiel (zweizeilig)

```
XMotif2.shellWidget.alertWidget.helpLabelString:
                                   "sorry no help!"
```

Der hierarchische Abstieg vom Applikationsnamen bis zur einzelnen Komponente wird über die Punkte stilisiert. Da das konkrete Widget **alertWidget** nur einmal auftaucht, würde es ausreichen, nur einen Teil der Hierarchie exakt zu spezifizieren und den Rest vom Resource Manager ergänzen zu lassen. In unserem Fall semantisch identisch wäre also folgende Zeile im Resourcefile:

Beispiel

```
*alertWidget.helpLabelString:  "sorry no help!"
```

Der Stern symbolisiert „alle möglichen Pfade" bis zu einem Widget oder bis zu einer Motif Resource.

Die Benutzung der späten Verfeinerung ist guter Programmierstil. Wir haben im abschließenden Motif-Beispiel im Anhang daher diese Möglichkeiten genutzt.

UIL

Auch die Motif-UIL ist eine Verfeinerungsmöglichkeit, aber keine **späte** Verfeinerung gemäß unserer Definition. Sie erfordert eine Übersetzung und ist dadurch nicht zur Laufzeit veränderbar. Die Motif-UIL vermag in dieser Beziehung weniger als der Ressourcefile-Mechanismus und kann zusätzlich zu diesen benutzt werden. Die UIL umfaßt mehr als nur eine Spezialisierung der Widget-Komponeten. In einem UIL-Programm kann, neben den Motif Resources, die gesamte dynamische Dialogbausteinhierarchie als Layout beschrieben werden. Insofern ist das UIL-Konzept deutlich mächtiger als die späte Verfeinerung.

vergleichbar mit RC-Konzept bei Windows und PM

.. jedoch mächtiger

Ein reguläres Motif-Rumpf-Programm, das allerdings viele Werte (Resources) unbestimmt läßt, wird übersetzt und zusammen mit einem Laufzeitsystem (MRM = Motif Resource Manager) ausgeführt. Es ist ein Rumpf-Programm, denn es enthält

[11] Während Merkmale von Widgets beim Start einer Motif-Applikation vom Resource Manager automatisch übernommen werden, müssen Programmvariable explizit mit Hilfe des Resource Managers „eingelesen" werden.

zwar Callbacks und applikationsspezifischen Code, aber praktisch keine Dialogbausteine. Diese werden mittels Motif-UIL festgelegt. Der Grund für das Auslagern der Dialogbausteine in eine oder mehrere UIL-Dateien liegt in der kompakten UIL-Schreibweise und in der Trennung zwischen Applikation und Dialogobjekten, die man damit erzwingt. Bevor man allerdings ein UIL-File benutzen kann, muß dieses mit einem speziellen UIL-Compiler übersetzt werden. Der UIL-Code wird üblichweise nicht dem Benutzer oder der Benutzerin zugänglich gemacht. Diese letzten beiden Punkte sind verantwortlich dafür, daß man nicht von einer späten Verfeinerung sprechen kann.

Den Sinn des Zusammenspiels kann man sich an einem Beispiel verdeutlichen. Gesetzt den Fall, eine Firma entwickelt ein Programm, das Meßwerte graphisch darstellt. Sie braucht dazu eine Reihe von Filter- und Formatierprogrammen, die applikationsspezifisch sind. Sie baut für die Applikation ein Motif-Rumpf-Programm mit Callbacks, in denen gerechnet wird. Die Dialogobjekte sind in eine UIL-Datei ausgegliedert, Ressourcefiles werden ebenfalls benutzt. Das Motif-Rumpf-Programm kann nun mit Hilfe des UIL-Codes an eine konkrete Applikation (z.B. mehrere Ansichten) angepaßt werden und mit den Ressourcefiles später an einen konkreten Benutzer.

Die Applikation ist dadurch dreigeteilt und nicht gerade durchsichtiger. Es gilt dabei die Merkregel für Motif Resources: Was im Motif-Programm festgelegt wurde, kann nicht in UIL modifiziert werden, und was in UIL festgelegt wurde, kann nicht mehr im Resourcefile verändert werden.

10.7 Einordnung von X/Motif

Vieles von dem, was an dieser Stelle zusammengetragen ist, wurde bereits in den zurückliegenden Abschnitten angesprochen. Dennoch mag eine kompakte Darstellung vielleicht einprägsamer sein. Deshalb wollen wir X an den Kriterien für Fenstersysteme messen.

sehr groß

Verfügbarkeit: X stellt einige Anforderungen an die zugrundeliegende Systemsoftware: Multitasking mit Bytestrom-Interprozeßkommunikation (lokal und gegebenenfalls über

Netz). Aufgrund seiner Architektur (DIX, DDX, OS) ist die Portabilität des Servers als extrem hoch anzusetzen. Darin liegt der Grund für die hohe Verfügbarkeit des X-Systems. X ist von den Programmiersprachen C++, C, ADA und Fortran aus derzeit programmierbar, wobei die C-Xlib (und die darauf aufbauenden Toolkits und Widget Sets) bei weitem dominiert.

siehe [Mcl88]

Produktivität: Wir haben bereits die Xlib in den Bereich der Systemprogrammierung eingeordnet. Als noch härter ist die Widgetprogrammierung anzusetzen, da sowohl die unterliegende Xlib als auch das etwas eigenwillige Klassenkonzept als Randbedingungen eingehen. Die Produktivität ist entsprechend niedrig.

Xlib ist Programmierung auf Systemebene

Die Widget Sets hingegen (je nach Ausprägung unterschiedlich) erlauben eine mittlere bis hohe Produktivität bei der Erstellung von Applikationen. Bei Motif ist die Anzahl der verfeinerten, also spezialisierten Dialogbausteine und deren Unterstützung durch sogenannte „Convenience Functions" als Hilfsmittel zu erwähnen. Für Standardprobleme (Menü, Masken, 2D-Graphik) kann man mit wenig Aufwand Applikationen realisieren (3 bis 7 Parameter pro Widget). Allerdings ist auch für erfahrene Programmierer schwierig abzuschätzen, wie sich das Layout des Bildschirms durch Hinzunahme oder Wegnahme einzelner Widgets verändert.

Widget Sets sind auf Anwendungsebene

Parallelität: Durch eine objektbezogene Bearbeitung von Eingaben (Motif) und die damit verbundene lokale Definition der Funktionalität ist es einfach möglich, parallel ansprechbare Dialogbausteine zu erstellen. Das Toolkit-interne Ereignis-Verteilen verbirgt das Suchen nach dem betroffenen Widget und den definierten Aktionen (Callbacks) vor dem Programmierer.

Neben dieser externen Parallelität gibt es keine serverinterne Nebenläufigkeit. Die Folge ist, daß eine Applikation mit einem umfangreichen Auftrag die restlichen Dienstnehmer lahmlegen kann. Das ist typisch für Realisierungen als Sekretär. Überlegungen, wie der X Server parallelisiert werden könnte, sind momentan im Gange (Team-Konzept).

keine interne Parallelität

i.a. hoch

Hardware und Software optimiert

Leistung: Mit der Verbreitung schnellerer Netze verschwindet der Flaschenhals allmählich, der durch die Kommunikation entsteht, zumal diese nachhaltig optimiert wurde. So wird beispielsweise, falls Dienstnehmer und Dienstgeber auf ein und demselben Rechner laufen, von Kommunikation auf Kooperation umgeschaltet. Der Protokoll-Overhead für überwiegend textorientierte Applikationen ist ohnehin gering, wie das Terminalemulator-Beispiel im Abschnitt 10.4 zeigt. Zum Messen der Graphikleistung und der Elementaroperationen des Ressourcen-Verwalters gibt es für X zwei Benchmarkprogramme. Mit den Applikationen `xbench` und `xperf`, die häufig zu X-Installationen gehören, lassen sich sogenannte „xstones" berechnen. Die Aussagekraft dieser Werte ist zwar richtungsweisend, sollte jedoch sehr kritisch analysiert werden. So enthalten sie keine Aussagen über Netzverzögerungen oder über die effektive Reaktions- und Durchreichezeit und sind zudem leicht manipulierbar (z.B. durch Nebenlast).

Im Bereich elementarer Graphik erweist sich X schneller als beispielsweise Windows auf derselben Hardware. Allerdings geht dieser Vorsprung durch die komplizierten Motif-Dialogbausteine auf der Toolkit-Ebene wieder verloren.

Das Geschwindigkeitsverhältnis zwischen Motif-Dialogbausteinen mit automatischer Geometrie und Motif-Bausteinen ohne diese liegt bei ca. 1:4 bis 1:10. Die Behauptung, daß mitunter Widget Sets wie Motif oder Athena die Geschwindigkeit des Systems gegenüber vergleichbaren Xlib-Programmen zum Positiven verändern können, ergibt sich daraus, daß diese Sets clientseitig Ressourcen halten. Dadurch wird die Anzahl der Requests und Round-Trips geringer. Diese Aussage macht natürlich nur bei verteilten Anwendungen den gewünschten Sinn.

siehe [Ros88a]

Rastermodell mit Hardwarekoordinaten

Graphikgrundmodell: Da X mit reiner Integer-Rastergraphik (8, 16 oder 32 Bit) arbeitet, ist eine effiziente Implementierung der Basis auf allen heute üblichen Bildspeichern möglich. Der Nachteil dieser Organisation ist, daß sich sowohl Ressourcen-Verwalter als auch Applikationen auf konkrete Bildschirmpunktkoordinaten festlegen müssen.

Es gibt auch Server-Implementierungen auf Basis der Vektorgraphik (als Erweiterung auch in X11R6) von Display-PostScript, diese sind jedoch wenig verbreitet.

Stile: Der Stil ist zusammen mit dem Window Manager (und gegenfalls den Widget Sets) austauschbar. Er ist weitgehend frei definierbar in Form von Dokumenten und durch eine konkrete Realisierung eines Window Managers. Nachteil: die Applikationen können sich nicht mehr blind auf das Verhalten eines bestimmten Window Managers verlassen. Ein weiterer Nachteil: Wechselt man die Window Manager, so muß man eine vollkommen neue Syntax für die Konfigurierung und Verfeinerung lernen.

austauschbar

Erweiterbarkeit: Das Protokoll sieht prinzipiell die Möglichkeit der Erweiterung vor. Die Unterstützung dafür ist gering, und eine eingehende Analyse und Modifikation des Servers und der Xlib (Source-Code-Level) sind erforderlich. Diese Erweiterung muß gegebenenfalls auch den Intrinsics und dem Widget Set zugänglich gemacht werden. Der Verlust der Portabilität für alle Applikationen, die diese privaten Erweiterungen benutzen, ist eine weitere negative Folge.

auf Source Code Ebene gegeben

siehe [Fis87]

Programmiert man Applikationen so, daß sie die Erweiterung nur als eine Option verstehen, die genutzt werden kann, sofern sie gegeben ist, dann hat man zwar nach wie vor die Portabilität der Applikation gewährleistet, der Code der Applikation wird allerdings dann umfangreicher und unübersichtlicher.

nicht trivial, behindern Portabilität

Anpaßbarkeit: X/Motif hat unter allen Fenstersystemen die ausgeprägtesten Mechanismen, die die Anpassung an Benutzer erlauben. Die späte Verfeinerung ist so flexibel, daß sie eine gewisses Mindestverständnis des Gesamtsystems voraussetzt und damit für gelegentliche Benutzer recht schwierig erscheint. Herausragende Kennzeichen der Anpassung sind: Die Verfeinerung kann von jedem Benutzer vorgenommen werden, lokale Verfeinerung überschreibt globale und beliebige (elementare) Werte können der Verfeinerung zugänglich gemacht werden.

sehr flexibel

praktisch alle Ressourcen teilbar

Teilbarkeit der Ressourcen: Ressourcen sind über ihre eindeutigen Rids prinzipiell teilbar. Die Kenntnis einer Rid reicht aus, um sie als Mitbesitzer zu manipulieren (siehe auch Kommunikation zwischen Applikationen).

Verteilung ist gegeben

Verteilung: Eine räumliche Trennung von Basisfenstersystem und n Applikationen (inkl. Window Manager) ist möglich. Die Clients können auf m Rechner verteilt sein.
Multicast oder Broadcast sind im X-Protokoll bislang nicht vorgesehen. An einer äußerst schmalbandigen und effizienten Verbindung (engl.: Low Bandwith X, LBX) zwischen Client und Server wird derzeit intensiv geforscht. Ziel hierbei ist die Benutzung des (modifizierten) X-Protokolls auf seriellen Leitungen und über Modems.

siehe [FK93]

prozedural, Widget Sets bedingt objektorientiert

Struktur der API: Die Xlib ist prozedural, die Widget Sets arbeiten objektorientiert. Da auf beide Schichten zugegriffen werden kann (bei Graphikprogrammen unabdingbar), ist die Struktur ziemlich heterogen.

Komfort der API: Der Komfort von Motif, anwendungsübergreifende Dialogbausteine angehend, ist relativ hoch. Die Athena Widgets zeigen hier ein deutliches Defizit, vor allem, was die Anzahl und Bandbreite der Widgets und ihre Instanziierungsfunktionen betrifft. Zu beachten ist, daß pro Dialogbaustein durchschnittlich 40 Merkmale verändert werden können, wobei allerdings einige aufgrund der Vererbung immer wiederkehren. Anwendungsbezogene Dialogbausteine gibt es derzeit noch nicht. Es ist aber daran gedacht, beispielsweise für 3D-Applikationen spezielle Widget Sets den Standard Sets hinzuzufügen.

siehe Kapitel 6.3 und [BKS92]

Codeverflechtung geringer als bei Fensterprozeduren (Kap. 8 und 9)

Unabhängigkeit: Die Programmierung der Xlib ist nicht so maschinenunabhängig, daß keine Code-Duplizierung mehr vorkommt. Insbesondere wenn intensive Graphiknutzung erforderlich ist, muß für verschiedene `Visual`-Typen nebeneinander programmiert werden. Andererseits läßt die Xlib keine klare Trennung zwischen Applikation und User Interface zu.
Widget Sets (inkl. Intrinsics) verwirklichen den Gedanken insoweit, als Applikationsfunktionen nunmehr über

Callback-Funktionen aus dem Benutzungsschnittstellenteil aktiviert werden. Die Kontrolle ist also extern aus der Sicht der Applikation und wird von der Ereignisschleife an Programmteile weitergegeben. Die Abhängigkeit von der abstrakten Graphikmaschine wird nur noch bei extrem farbintensiven Applikationen sichtbar. Die Widget Sets erlauben eine weitgehenede Unabhängigkeit davon.
Häufig wird Motif oder ein anderes Widget Set (mitsamt Window Manager) als UIMS für X bezeichnet. Diese Aussage ist nicht vollständig von der Hand zu weisen, zumal es mit Hilfe der Motif-UIL und vor allem auch durch zahlreiche UIDS (Motivation, XDesigner) Entwurfswerkzeuge gibt, die ein hohes Abstraktionsniveau erreichen.

Kommunikation zwischen Applikationen: Der für X definierte Datenaustausch beschränkt sich auf die Weitergabe von einzelnen Ressourcen, die im X-Server definiert sind. Mit dem sogenannten Selection-Mechanismus (1:1) funktioniert die Weitergabe über Puffer, in denen Rids hinterlegt und abgeholt werden können.

Man bezeichnet die beiden Dienstnehmer, die auf diese Art und Weise miteinander in Verbindung treten, als *Owner* und *Requestor*.

hauptsächlich Selection

Für größere Datenmengen (Text, Graphik) steht ein Clipboard-Handshake zur Verfügung. Der Datenaustausch per Clipboard (n:1:m) benötigt keine spezielle Applikation, die das Clipboard visualisiert (diese kann es aber geben) und läßt sich bei X auf das Selection-Prinzip mit einem speziellen Puffer reduzieren.

Clipboard möglich

siehe [Ros89]

Die Formatwandlung wird in jedem Fall von der Owner-Applikation durchgeführt. Das Zielformat hat dabei der Requestor vorgegeben. Beide beteiligten Clients werden durch Ereignisse über das Fortschreiten des Datentransfers unterrichtet.
Es gibt bei X keine Zwischenspeicherung in Dateien, und ein dynamischer Datenaustausch ist ebenfalls bislang nicht vorgesehen.

10.8 Zusammenfassung

klare Hierarchie

Mit X wurde erstmals ein asynchrones, verteiltes Fenstersystem verwirklicht, das eine klare hierarchische Architektur hat. Die eigentliche Leistung besteht in der Festlegung des Protokolls zwischen den Dienstnehmern und dem Dienstgeber, der das Basisfenstersystem umfaßt.

Verteilungs- und Serverkonzept

Serverkonzepte haben den Vorteil, daß komplexe Ein-/Ausgabeoperationen in einem getrennten Prozeß ablaufen und deshalb verteilt angeordnet sein können. Selbst wenn keine Verteilung erforderlich ist, reduziert sich dadurch der Code, der pro Interaktionsprogramm zu laden ist, weil nicht jedes Programm den E/A-Code linkt. Vor allem aber gibt es eine zentrale Instanz, die den Systemzustand kennt und zwischen verschiedenen Applikationen koordinieren kann. Dafür handelt man sich bei diesem verteilten System den Kommunikationsaufwand zusätzlich ein, der allerdings nur bei extremen Anwendungen spürbare Folgen hat.

prozedurale lowlevel API

Die Programmierung der Xlib haben wir als prozedural und elementar kennengelernt. Da diese Schnittstelle einfach zu implementieren und weit verbreitet ist, bietet sie ein hohes Maß an Portabilität für Anwendungsprogramme.

Widget Sets

Die Programmierung mit Widget-Sets ist angelehnt an objektorientierte Konzepte. Man spricht auch von objektbasierter Programmierung, wenn wie hier Vererbung für den Applikationsprogrammierer eigentlich nicht vorgesehen ist und nur bestimmte Datenobjekte in Form von Objekten zur Verfügung stehen. Durch generische Funktionen und Parameter verläuft das Erzeugen einer Applikation auf dieser Stufe nach einem festen Schema. Die Mächtigkeit einzelner Widget-Sets reicht für viele Applikationen völlig aus, Spezialanwendungen können sich der Widget-Programmierung bedienen.

Kapitel 11

NeWS

Ein verteiltes Fenstersystem mit dynamischem Protokoll

Der Begriff NeWS ist ein Akronym, gebildet aus den Worten „Network extensible Window System". Es wurde von SUN Microsystems entwickelt, und die Beweggründe für diese Entwicklung sind ziemlich naheliegend. Man ging von folgenden Beobachtungen und Prognosen aus:

NeWS

1. Die Anzahl der Benutzer, die einen entfernt liegenden (Spezial-)Rechner von ihrem (zunächst einfachen) Terminal aus benutzen wollen, nimmt stark zu und wird in Zukunft noch extremer steigen. Da Terminals das Fenstersystem stellen, ist es sinnvoll, eine Kommunikation zu definieren, die auf vielen Terminals verstanden werden kann und die Kommunikation mit vielen Benutzern gleichzeitig zuläßt.

hoher Bedarf an Kommunikation

2. Die Hardware dieser Terminals wird sich in Zukunft immer wieder ändern. Vor allem wird der zunehmende Anspruch an die Graphik dazu führen, daß beispielsweise die Farbfähigkeit weiter ausgebaut wird. Das definierte Protokoll sollte diesen Veränderungen gewachsen sein.

Entwicklung der Hardware

Das führte zu der Idee, daß eine Verteilung mit statischem Protokoll, wie bei X, für ein zukunftsorientiertes Fenstersystem nicht ausreicht. Vielmehr sollte man in der Lage sein, einem Terminal mehr Arbeit aufzubürden, wenn dieses die entsprechende Leistung bringen kann oder bestimmte Fähigkeiten besitzt. Der Grundgedanke besteht darin, eine Kommunikationssprache zu benutzen, die eine mathematisch korrekte Beschreibung von Geometrien und Farben erlaubt. Die Umsetzung in eine „beste Approximation“ ist Aufgabe der Ausgabehardware. Bessere Hardware führt daher zu besseren Approximationen, ändert aber nicht die Beschreibung.

Zwar hat NeWS nicht die Verbreitung wie beispielsweise X gefunden, trotzdem ist es, vom akademischen Standpunkt her gesehen, ein interessantes Studienobjekt. Sowohl das Konzept als auch die Architektur von NeWS sind sehr innovativ, und deshalb wollen wir beide hier genauer betrachten.

11.1 Das NeWS-Konzept

Client/Server

Das NeWS Fenstersystem ist ein verteiltes Client/Server-System, das unserem Referenzsystem in weiten Teilen entspricht. Die Kommunikation zwischen der dienstgebenden Ein-/Ausgabestation und dem Applikationsprozeß wird mit Hilfe einer interpretierten Programmiersprache (PostScript) realisiert. Anstatt also Pakete fester Länge und vordefinierter Semantik auszutauschen (wie bei X), benutzt NeWS den ASCII-Text einer Turing-äquivalenten Sprache.

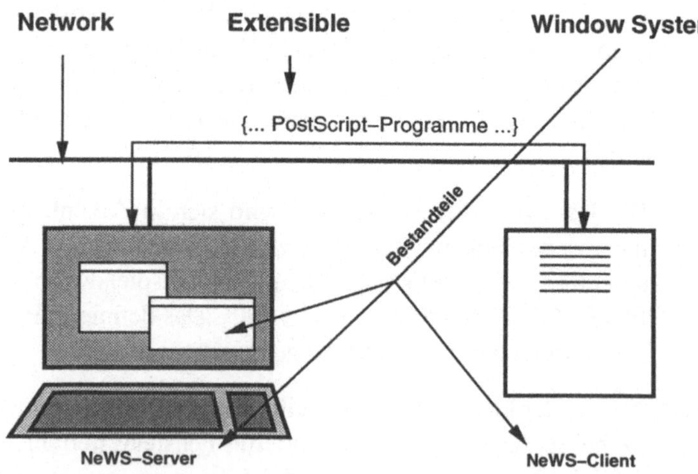

Abb. 11.1 NeWS steht für 'Network extensible Window System'

Was das bedeutet, erschließt sich einem vielleicht, wenn man sich überlegt, daß bei bestimmten Applikationen die gesamte Funktionalität in Form von PostScript-Programmen in den Server geladen werden kann (engl.: Downloading) und man anschließend nur einfach ihre Ausführung anstoßen muß. Auf diese Weise kann die Kommunikation zur Laufzeit minimiert werden. Es kann damit auch auf einfachem Weg eine Servererweiterung vorgenommen werden. Abbildung 11.1 versucht, die Rolle dieser Sprache zu veranschaulichen.

11.1.1 Die NeWS-Architektur

Ganz ähnlich wie bei X ist der NeWS-Server, der aus dem Ressourcen-Verwalter und der Graphik- und Ereignisbasis besteht, von den restlichen Komponenten trennbar (Abb. 11.2). Der Server-Prozeß ist ein sogenannter Schwergewichtprozeß (engl.: Heavyweight Process), was nichts weiter heißt, als daß er ein Prozeß im Sinne des Betriebssystems ist. Im Gegensatz dazu benutzt der Server intern eine Reihe von Leichtgewichtprozessen (engl.: Lightweight Process, LWP), die für das Betriebssystem unsichtbar sind. Der Sinn dieser LWPs besteht in der internen Parallelität des Servers, und die Bezeichnung ergibt sich aus der Tatsache, daß der Kontext eines solchen Leichtgewichtes klein und damit schnell austauschbar ist. Das führt dazu, daß der Server selbst alle Betriebssystemressourcen besorgt und sie dann durch internes Prozessorzuteilen (engl.: Scheduling) seinen LWPs zur Verfügung stellt[1].

Leichtgewichtprozesse

interne Parallelität

Bemerkenswert ist die Tatsache, daß man im NeWS-Jargon nicht von „Fenstern“, also Windows, spricht, sondern den allgemeineren Begriff „Canvas“ (engl., Leinwand) für Fenster und Zeichenflächen[2] benutzt.

Der Schwerpunkt der Beschreibung liegt bei NeWS auf der Programmierschnittstelle und den Anwender-Programmierwerkzeugen, nicht zuletzt deshalb, weil von dort aus die internen Mechanismen weitgehend sichtbar sind.

[1] Vergleiche mit dem Task/Thread-Konzept beim Presentation Manager mit Rechenzeitzuteilung per Betriebssystem.

[2] Vergleiche Drawable-Konzept in X

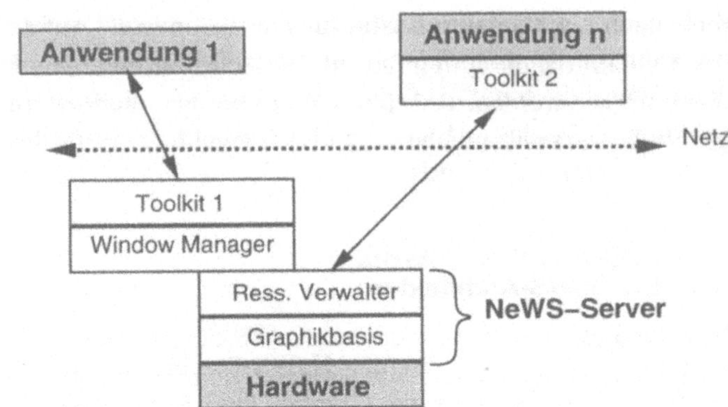

Abb. 11.2 Verteilung bei NeWS. Das Toolkit ist lokal oder entfernt angeordnet.

11.1.2 Graphik- und Ereignisbasis

Graphikbasis

Vektormodell, Schablonenmodell

Die Ausgabeseite des NeWS-Servers ist der Prototyp des vektororientierten Graphikmodells. Nicht nur die Unabhängigkeit von einem konkreten Raster, sondern das gesamte 2D-Schablonen-Modell, das auch in PostScript benutzt wird, findet man auf dieser Schicht. Danach ist eine graphische Ausgabe von einer beliebigen polygonalen oder polynomiellen Kurve umrandet und mit beliebigen Füllmustern versehen. Die Graphikbasis ist gewissermaßen durch die PostScript-Maschine definiert und kann wie diese modifiziert und überlagert werden. Eine der Konsequenzen ist die einfache Realisierung von Display-Listen in Form von ausgeführten Kommandos. Zusammen mit der Server-Fähigkeit, Code zu laden, entsteht damit (bei Bedarf) die Möglichkeit serverseitige Restauration durchzuführen. Eine weitere Konsequenz ist die Skalierbarkeit (allg. Transformierbarkeit) gesamter Graphiken mit Hilfe eines einzigen Graphikbefehls. Das bedeutet auch, daß, wie in PostScript üblich, sowohl das RGB-Farbmodell als auch das HLS-Modell[3] benutzt werden können.

Kommando-gepufferte Ausgabe

verschiedene Farbmodelle

Fenstergeometrien selbst sind durch Schablonen (PostScript-Pfade) definiert. Die Konsequenz, die sich daraus ergibt, ist, daß Fenster beliebige Formen annehmen können. Eine Beispielan-

[3] Ein Farbmodell, bei dem Farbton (Hue), Helligkeit (Lightness) und Sättigung (Saturation) spezifiziert werden. Dieses Farbmodell ist für bestimmte Applikationen (Painting Systeme) besonders geeignet, weil es dem Malen mit Farben besser entspricht.

wendung, für die diese Eigenschaft interessant werden kann, ist ein Client-Programm, das eine topologische Landkarte darstellt. Dabei sind die einzelnen Länder als selektierbare Buttons – also letztlich Fenster – realisiert. Bei dieser Realisierung könnte man über das Anwählen eines Landes via Pop-Up-Fenster Information über seine Kultur oder Geographie erhalten[4].

beliebig geformte Fenster

Aufgrund des universellen Ausgabeformates können auch PostScript-fähige Drucker als Ausgabemedium eingesetzt werden, ohne daß davon die ausgebende Applikation informiert sein muß. Da PostScript als graphische Ausgabesprache Kontrollstrukturen wie Schleifen (`loop, for`) hat, können einige Graphikausgaben, wie beispielsweise die Ausgabe eines Rasters, sehr knapp formuliert werden.

Die Graphikbasis arbeitet intern weitgehend mit logischen Koordinatensystemen, die also auch transformiert und ersetzt werden können. Die Abbildung auf die Rasterhardware (Adressen) ist vollständig verborgen.

Ereignisbasis

Die Ereignisbasis ist in NeWS nicht als eine Schicht, sondern in Form von Leichtgewichtprozessen realisiert.
Einzelnen oder mehreren Eingabegeräten ist ein Leichtgewichtprozeß zugeordnet (siehe Abb. 11.3), die mit anderen derartigen Teilprozessen innerhalb des Ressourcen-Verwalters kommunizieren.

Die Eingabe ist zunächst für Standardgeräte wie Maus und Tastatur realisiert, aber eine Erweiterung auf andere Geräte – auch für 3D-Eingabe – ist relativ leicht möglich (auch hier logische Einheiten, Keyboardtranslator).

Eines sollte hier besonders betont werden, und zwar, daß Ressourcen-Verwalter und Graphikbasis nicht streng hierarchisch, sondern, wie sich zeigen wird, nach der Aufgabenstellung gegliedert sind.
Man kann sich das wie eine Graphikmaschine vorstellen, die simultan zu einer Fenterverwaltungsmaschine läuft. Das steht

[4] z.B. Hypermedia, hier beispielsweise: Text verweist auf Graphik, hinter einer Graphik verbirgt sich Text

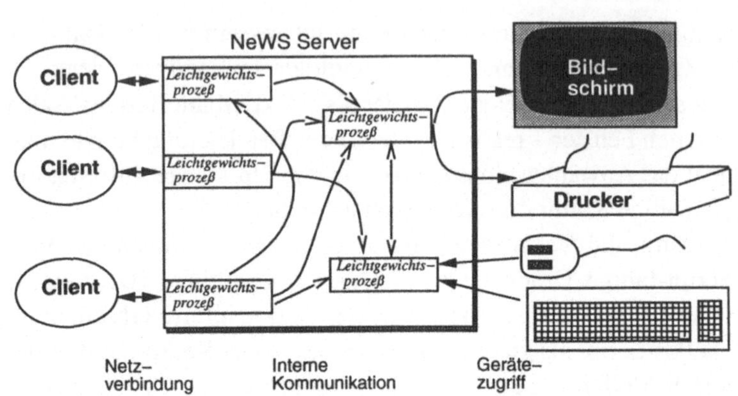

Abb. 11.3 Interne Realisierung des NeWS-Servers als Team von Leichtgewichtprozessen

eigentlich im direkten Widerspruch zur hierarchischen Referenzarchitektur.

11.1.3 Ressourcen-Verwalter

Bereits im vorigen Abschnitt wurde auf die Bedeutung der interpretierten Sprache PostScript für den Server hingewiesen. Diese Bedeutung beschränkt sich nicht auf die Funktionalität der Graphikbasis, wie man es von einer Seitenbeschreibungssprache erwarten könnte. Vielmehr prägt PostScript bzw. dessen Erweiterung den Ressourcen-Verwalter und auch seine gesamte Kommunikation mit den Client.

interpretierte Programmiersprache

Die Programmiersprache PostScript selbst wird in einem späteren Abschnitt dieses Kapitels eingeführt. Hier benutzen wir nur ihre grundsätzlichen Eigenschaften, die an dieser Stelle auf einer sehr abstrakten Ebene vorgestellt werden. Wir betrachten die wichtigsten Abstraktionen. Sie haben ihre direkten Entsprechungen in NeWS-PostScript:

Paare: Name, Datum

Dictionaries Ein Dictionary, im folgenden kurz Dict genannt, ist eine ungeordnete Liste aus 2-Tupeln. Jedes Paar besteht aus einem Namen und einem Datum. Dieses Datum kann ein einfacher Typ, eine Struktur oder auch ein Stück ausführbaren Codes sein. Insbesondere kann ein Dict Daten verschiedener Typen enthalten.

Stacks Stacks können aus Dicts bestehen oder aus einzelnen

Operanden oder aus Operationen – je nach Stacktyp. Allen gemeinsam ist, daß nach der Methode „Last-In-First-Found" auf diesen Stacks nach bekannten Bezeichnern gesucht wird. Jedes Programm kann sich eigene Stacks erzeugen, aber auch bestehende mitbenutzen und modifizieren.

Keller für Operanden und Operatoren

Interpretation Der von jedem Client einlaufende Code wird mit Hilfe mehrerer Stacks und unter Nachschlagen in den Dicts interpretiert.

Server interpretiert

Der NeWS-Server selbst ist in PostScript geschrieben worden, und zu diesem Zweck wurden Eigenschaften gebraucht, die als Erweiterung von PostScript zu sehen sind:

Die NeWS-Erweiterungen zu PostScript

Rückmeldungen Um Nachrichten (z.B. Abfragen, Events) vom Server zum Client zu realisieren, ist ein Rückkanal zum Dienstnehmer notwendig. Dazu ist zu beachten, daß dieser keinen PostScript-Interpreter besitzt. Wird der Client-Code vollständig in den Server geladen, ist dieser Rückkanal natürlich überflüssig.

Rückkanal

Prozeßkonzept Für interne Parallelität ist der Server mit einem eigenen Prozeßkonzept ausgestattet. Er kennt insbesondere die Prozeßverzweigung, die LWP-Fork-Operation, aber auch Monitore zur Sicherung von Datenobjekten vor kritischen Operationen.

Erzeugen von Leichtgewichtprozessen

Die PostScript-Prozesse, die durch eine Fork-Operation entstehen sind genau die Leichtgewichtprozesse, aus denen sich der Server zusammensetzt. Einige dieser LWPs sind a priori im Server tätig (Team). Weitere können gestartet werden. Insbesondere wird für jeden Client, der vom Server bedient werden möchte, ein LWP abgespalten, der die Interpretation des einlaufenden PostScript-Codes vornimmt . Für diese Client-LWPs wird der gesamte Satz an Stacks und Dicts angelegt. Jeder dieser Clients kann, wie in den Abschnitten 11.2 und 11.4 zu sehen, weitere Fork-Operationen durchführen, um die interne Parallelität zu erhöhen. Die dabei entstehenden Prozesse können ohne eigene Dicts auskommen und benutzen die Umgebung ihres Vaters. Genaugenommen gibt es also leichte und ultraleichte Prozesse innerhalb des NeWS Servers.

anschaulich in: [KW89]

ultraleichte Prozesse

Objekte

Die Liste der Ressourcen bietet beinahe das von X bekannte Bild; die Art der Realisierung und die möglichen Aktionen sind jedoch deutlich anders.

Serverobjekte sichtbar

Man könnte die Unterschiede zu anderen Fenstersystemen kurz zusammenfassen: Wo bei X und dem Presentation Manager das Prinzip gilt „dem Programmierer oder der Programmiererin ist nur zugänglich, was er oder sie unbedingt braucht", gilt bei NeWS das Motto „dem Programmierer oder der Programmiererin sind alle Datenobjekte zugänglich, bis auf einige wenige, die unbedingt sicher gehalten werden müssen".

Fenster/Canvas

Leinwände sind realisiert als Dict, die folgende Felder aufweisen: **`Parent, Depth, Mapped...`** Der Koordinatenursprung ist auch bei beliebig geformten, gegebenenfalls mit Löchern versehenen Fenstern links unten (Ursprung der rechteckigen Bounding Box). Die Größe ist immer normierbar auf $[1, 1]$.

beliebige Fensterform

Fonts

Fonts sind prinzipiell geteilte Ressourcen (engl.: Shared Resources). Erreicht wird die allgemeine Verfügbarkeit, indem die Fonts in einem globalen Dict angelegt werden (wie auch Farbtabellen). Jeder Client kann individuell (für sich) auf seinen Stack neue Fonts nachladen. Es handelt sich um skalierbare Vektorfonts.

Vektorfonts

Graphikkontext

Für die Ausgabe von Formen (Linien, Kurven, häufig auch Fonts), aber auch für die Ausgabe von Rasterbildern ist der sogenannte **`Graphic State Stack`** zuständig. Er spezifiziert das Koordinatensystem (CTM, Current Transformation Matrix), den Farbmodus und die üblichen Einträge wie Linientyp und Farbe.

als Stack realisiert

Ereignis

Ein Ereignis-Dictionary enthält folgende Einträge:
`Canvas, Name (type), Action, Position, Timestamp` und **`ClientData`**.

Farbtabelle

Die Farbtabelle ist Server-global und wird für alle Clients benutzt.

Dabei kann jeder Client neue Farben entweder im HLS- oder im RGB-Modell wählen und definieren. Zusätzlich können auf dem lokalen Graphik State Stack eigene Farben definiert und referenziert werden.

je nach Farbmodell verschieden

Aktionen

Operationen wie das Erzeugen, Löschen und Verändern der Ressourcen sind definiert und über den System-Dictionary für alle Leichtgewichtprozesse verfügbar. Neben den Standard-PostScript Operationen (üblicherweise graphische Operationen wie z.B. `lineto`) finden sich auch komplexere Operationen (insgesamt über 400), für das Erzeugen und Vernichten von Leinwänden beispielsweise. Alle Aktionen, die nicht auf dem schreibgeschützten `systemdict` zu finden sind, können dabei überdefiniert werden, und zwar von jeder Anwendung, die Kenntnis über diese Aktionen hat.

Alle Ressourcen in globalen, ungeschützten Dicts `publicdict` sind für alle Applikationen sichtbar und können beliebig modifiziert werden. Der maßgebliche Vorteil dieser Vorgehensweise liegt darin, daß eine einfache Erweiterbarkeit möglich wird, indem neuer Code in den Server geladen wird, der anstelle des ursprünglichen Codes ausgeführt wird. Dazu muß der neue Code nur unter dem alten Namen in einem Dict verfügbar gemacht werden, der vor dem `systemdict` durchsucht wird. Auf diese Art kann eine lokale Änderung (lokaler Dict) aber auch eine globale Änderung (globaler Dict) durchgeführt werden, da der `systemdict` nach der LIFF-Strategie erst zum Schluß durchsucht wird.

zuerst lokale, dann globale Kataloge

LIFF = Last In First Found

Der gravierende Nachteil dieser Offenheit des Servers ist die Tatsache, daß durch gezielte Manipulation die Aufgaben des Ressourcen-Verwalters (Sicherheit, Systemübersicht) und die Aufgaben des Window Managers (Konsistenz) untergraben werden können. Konstruktive Modifikationen sind dabei deutlich schwieriger zu realisieren als destruktive Einflußnahme. Als Vorteil der gemeinsamen Zugriffsmöglichkeiten auf Datenstrukturen ist die einfache Teilbarkeit und Weitergabe von Ressourcen zu sehen. Auch damit sind natürlich Sicherheitsprobleme verbunden.

Auf der Eingabeseite findet im Ressourcen-Verwalter die Zuordnung von Ereignissen zu Applikationen statt. Dabei wird für jedes Ereignis, das von der Basis abgeholt wird, nachgeschaut, ob die jeweilige Applikation dieses Ereignis in ihrem applikationseigenen Dict vorliegen hat. Denn eine Applikation zeigt die Erwartung bestimmter Ereignisse dem Server dadurch an, daß sie ein Ereignismuster (engl.: Template) dieses Typs dem Server mit dem PostScript-Kommando **expressinterest** schickt. Das Template wird in den Dict der Applikation gelegt, und der Ressourcen-Verwalter gleicht alle Eingaben gegen diese Muster ab. Findet er ein passendes Muster (engl.: Template Matching), so ist der Adressat klar und unter Umständen sogar schon der PostScript-Code, der zu einem Ereignis auszuführen ist, sofern der entsprechende Code vorher in den Server geladen wurde. Anderenfalls wird eine Nachricht über das Netz an die Applikation versandt.

Ereigniszuteilung mittels Mustersuche

Zusammen mit dem **expressinterest** kann ein **resendevent** dem Server übermittelt werden. Dann wird das Ereignis im Server so lange weitergereicht, bis alle Muster gefunden sind oder kein Weiterleiten mehr notwendig ist.

Organisation

Team-Konzept

Der NeWS-Server ist ein Prozeß im Benutzeradreßraum, der aus einem Team von Threads (den LWPs) besteht. Zur Synchronisation dieser im selben Adreßraum konkurrierenden Abläufe, die zyklisch aktiviert werden, sind alle relevanten Datenobjekte als Monitore in PostScript realisiert oder als Teil der durch Konvention als nicht-schreibbar gekennzeichneten Dicts.

Objektmonitore

Die Rechenzeitverteilung im Team wird vom Server selbst durchgeführt und funktioniert nicht-verdrängend (engl.: non-preemptive). Das heißt zunächst, daß eine langdauernde graphische Ausgabe eines Threads (der einen Client vertritt) alle anderen Threads und damit alle anderen Dienstnehmer verzögert. Damit die Interpretationsvorgänge eines Eingabestroms zeitlich nicht ungleich versorgt werden, enthält der Interpreter-Code selbst sogenannte „Pause"-Operationen, durch die die freiwillige Aufgabe des Zustandes „Rechnend" für diesen (Interpreter-)Thread immer wieder angeregt wird.

keine Verdrängung, sondern Selbstaufgabe

11.1.4 Window Manager

Der originäre Window Manager für NeWS ist Open Look Window Manager (`olwm`). Er erfüllt die gleichen Aufgaben wie die Window Manager in X und realisiert darüber hinaus mit Hilfe einiger Applikationen die Desktop Metapher. Technisch unterscheidet er sich deutlich von einem X Window Manager, da er zwar als getrennter Prozeß gestartet wird, aber letztendlich via PostScript zu einem Teil des Servers wird.

ursprünglich proprietärer Window Manager

Der Open Look Window Manager ist zwar einerseits der Ursprung des Open Look „Look and Feel"; dieses läßt sich aber nicht nur in Zusammenhang mit NeWS realisieren. Andererseits erlaubt seine Realisierung als zunächst getrennter Prozeß, daß er abgeschaltet bzw. ausgetauscht werden kann. Dann muß man in NeWS auf typische OL-Eigenschaften wie PinUp-Fenster verzichten. PinUp-Fenster und -Menüs sind solche, die wie PopUps unvermittelt entstehen, die aber mittels einer Reißzwecke (visualisiert durch einen Nagel) auf der Oberfläche befestigt und auch wieder gelöst werden können.

Darüberhinaus läßt sich sein Verhalten durch die Möglichkeiten des Überdefinierens in PostScript zur Laufzeit modifizieren. Das ist nicht ganz trivial und im allgemeinen eher unerwünscht, aber doch grundsätzlich möglich.

ausgeprägte Anpassungs- und Änderungsmöglichkeiten

11.1.5 Anwender-Programmierwerkzeuge

Aus der Sicht des Software-Ingenieurs steht die Programmierung eines Fenstersystems im Vordergrund. Deshalb werden hier die verschiedenen Programmiermöglichkeiten etwas ausführlicher gegenübergestellt.

Zum einen läßt sich NeWS auf der Ebene des Ressourcen-Verwalters (ohne Toolkits) von PostScript direkt ansprechen. Dabei hat man die volle Sicht auf die internen Datenstrukturen des Servers. Da eine große Zahl an Applikationen für Multiprozeß-Systeme in der Programmiersprache C realisiert ist, hat man eine einfache C-Schnittstelle für PostScript entwickelt. Sie erfüllt prinzipiell die gleichen Aufgaben wie die Xlib bei X nur mit dem Unterschied, daß diese C-Schnittstelle von jedem Programmierer in PostScript erweitert werden kann. Die Kommunikation

Programmieren in PostScript

Programmieren in C

Programmieren in objektorientiertem PostScript

findet auch hier direkt mit der Ressourcen-Verwaltung statt. Ein Anwender-Programmierwerkzeug bietet erst das Lite-Toolkit. Es ist vollständig in PostScript realisiert und bietet eine objektorientierte Programmierschnittstelle (in PostScript).

Ähnlich wie bei X kann ein Server gleichzeitig mit Programmen aus allen drei Programmierumgebungen angesprochen werden, weil sich hinter jedem Werkzeug letztendlich dasselbe Protokoll verbirgt. In Abb. 11.4 sind die verschiedenen Programmierschnittstellen für NeWS gezeigt, die auf PostScript abgebildet werden. Der Code des Lite-Toolkit befindet sich teils im Server, teils kann er nachgeladen werden. In diesem Bild ist kein Window Manager sichtbar. Er kann von jedem Netzknoten aus gestartet werden und liegt zur Laufzeit meist vollständig als interpretierbarer PostScript-Code im Ressourcen-Verwalter.

Abb. 11.4 Verschiedene Programmierschnittstellen für NeWS

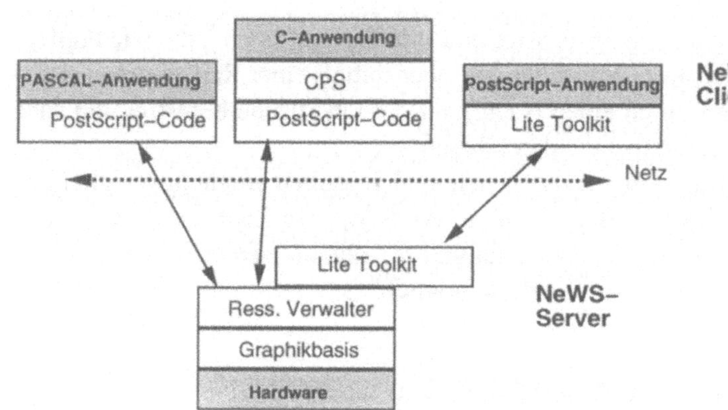

11.2 Programmieren mit PostScript

siehe z.B. [Rei85a, Rei85b, Rei85c]

In diesem Abschnitt geht es darum, die Programmierung in PostScript soweit vorzustellen, daß klar wird, welche grundsätzlichen Mechanismen es gibt und was den Programmierer erwartet. Die Sprachbeschreibung ist weder vollständig noch ausreichend, um die Sprache zu erlernen. Der Sinn dieser Beschreibung besteht darin, ein Bewußtsein für die Möglichkeiten in PostScript zu schaffen. Ziel soll das Verständnis einfacher Programme (wie in den Beispielen verwandt) sein.

Zunächst ist festzustellen, daß PostScript, obwohl es häufig nur in Verbindung mit Druckern und Monitoren als Seitenbeschreibungssprache erwähnt wird, eine vollständige Programmiersprache darstellt.

Das Protokoll, mit dem ein Programm mittels PostScript mit dem NeWS-Server Verbindung aufnimmt, sieht folgende Schritte vor:

1. Aufbau einer Datenstrom-Verbindung durch Betriebssystem-Operationen.

Verbindungsaufbau

2. Senden des ASCII-Codes des PostScript-Programms, das der Server ausführen soll. In PASCAL könnte das z.B. durch `writeln(stream,"10 20 moveto");` geschehen.

Code senden

3. Serverseitig wird der eingehende Strom dem Interpreter-LWP zugeordnet, der für diese Verbindung erzeugt wurde; dieser zerlegt die Eingabe und führt sie aus.

interpretieren

Die Syntax der PostScript-Programme ist – geprägt durch die Postfix-Notation – kaum vergleichbar mit den höheren Programmiersprachen. Die meisten Ähnlichkeiten finden sich zu der Sprache 'Forth', die ebenfalls stackorientiert arbeitet. Die Abarbeitung des Codes erfolgt aus naheliegenden Gründen durch eine Kellermaschine. An einem Beispiel soll das erläutert werden:
Angenommen die Zeichenkette

```
10 20 moveto (hello world!)  show % PS-Programm
```

erreicht den Server.
Dann zerlegt der zuständige Interpreter die Kette in sogenannte *Tokens* (engl.: Marken) und verfährt je nach Typ des Tokens.

Token

Im Beispiel werden `10 20` als Zahlen und damit als Operandentokens erkannt und auf den Operandenstack gelegt.
Danach wird mit `moveto` ein ausführbares Token erkannt, das sofort ausgeführt wird und das die beiden obersten Operandenstack-Elemente konsumiert.
`(hello world!)` wird als Zeichenketten-Token dem Operandenstack zugeführt.
`show` (ausführbares Token) sorgt schließlich für eine Darstellung des Textes, indem es das Zeichenketten-Token konsumiert.
Der Rest der Programmzeile wird ignoriert, da es sich um einen

Kommentar handelt. Das Resultat des Beispiels ist die Ausgabe des Begrüßungstextes, und daß der Stack hinterher genauso aussieht wie vor Beginn des Datenstroms.

11.2.1 Komponenten und Funktionsweisen

Objekttypen

Es gibt folgende elementaren Objekttypen in PostScript (am Rand sind jeweils die PostScript-Bezeichnungen vermerkt).

Ganzzahlen: `+100 -5 8#177 16#FF`

integer

Ganzzahlen zu einer beliebigen Basis zwischen 2 und 32 sind möglich. Sie können mit und ohne Vorzeichen auftreten.

Reelle Zahlen: `-1.33 2.23e-23`

real

Reelle Zahlen können optional Vorzeichen sowie Exponenten enthalten.

Boolsche Werte: `true, false`

bool

Boolsche Werte werden gebraucht, um den Typ des Resultats eines Vergleiches definieren zu können.

Marken: `mark`

mark

Eine Besonderheit in PostScript: dieses Objekt markiert eine Stelle auf dem Stack.

Zeichenketten: `(Hello World) (1024) <a190ff>`

strings

Strings sind in Klammern eingeschlossene Zeichen. Für hexadezimale Angaben können spitze Klammern benutzt werden.

Kommentare: `% Dies ist ein Kommentar`

comment

Alle Zeichen hinter einem `%` bis zum Zeilenende.

Schlüsselwörter:

key

ausführbare `add, sum` und nicht ausführbare `/add /sum` Der Schrägstrich ist nicht Teil des Schlüsselwortes.

Felder: `[1 3 (a)], { 1 2 add }`

array

Felder beinhalten Objekte und werden begrenzt durch

`[..]`, wenn sie nicht ausführbar sind, bzw. durch `{ ..}` wenn sie ausführbar (d.h. Prozeduren) sind.

Dict: `1 dict dup /a 100 put`
Tabellen spezifizierter Größe (hier `1`), die Werte (hier `100`) und Schlüsselworte (hier `a`) verknüpfen.

dictionaries

Stacks

Den Operandenstack und den Graphikstack haben wir bereits erwähnt. Insgesamt kennt das System folgende Stacks:

4 Systemstacks

- Operand Stack für Daten
- Execution Stack für Befehle
- Dictionary Stack für Dicts
- Graphic State Stack für den Graphikkontext

Nun zu den Vorgängen in der Kellermaschine: Sie können sehr knapp zusammengefaßt werden und lassen sich am besten mit Hilfe der später präsentierten Beispiele verdeutlichen. In Abhängigkeit des Token-Typs werden folgende Ausführungen angestoßen:

Ausführbarer Operator: Direkte Ausführung.

Ausführbares Schlüsselwort: Der Dictionary Stack wird von oben nach unten nach diesem Schlüssel durchsucht. Falls er gefunden wird, wird er sofort ausgeführt, falls er nicht gefunden wird, so kann ein Fehlerzustand die Interpretation abbrechen oder das Schlüsselwort wird ignoriert.

4 Typen von Tokens

Ausführbares Feld: Wird auf den Execution Stack gelegt und in Sequenz ausgeführt.

Andere Objekte: Werden auf den Operand Stack gelegt.

Bevor wir ein Beispiel in Angriff nehmen, muß noch etwas zu den Dicts und zu der Notation der Operatoren gesagt werden.

Dictionaries

Dictionaries sind eine sehr spezielle und zugleich mächtige Eigenheit von PostScript. Sie werden benutzt, um lokale Variable beispielsweise einer Prozedur, abzulegen. Gleichzeitig beinhalten sie systemweite Funktionen und globale Variable.

systemweit

Die vordefinierten PostScript-Funktionen zum Beispiel enthält der `systemdict`. Dieser Dict ist für alle LWPs sichtbar und benutzbar. Da jeder Client jedoch einen eigenen Dictionary Stack hat, kann er in seinem `userdict` unter den einzelnen Schlüsseln neue Werte ablegen und damit die ursprünglichen für die eigene Applikation unsichtbar machen. Das heißt, daß Funktionen wie `add` nicht reserviert und unabänderlich sind. Sie können jederzeit überdefiniert werden. Das ist eine Stärke (Flexibilität), aber gleichzeitig auch eine Schwäche (Seiteneffekte) dieser Programmierung.

Applikations-lokal

Oberhalb des `userdict` können weitere Prozedur-lokale Dicts eingerichtet werden, die nach Abschluß der Routine automatisch bereinigt werden.

11.2.2 Operatoren

Es folgt eine kurze Rundreise durch die Welt der PostScript-Operatoren. Zur Syntax: Es bietet sich eine zweizeilige Darstellung an, bei der in der ersten Zeile links die konsumierten oder benötigten Objekte des Operandenstacks zu sehen sind. Es folgt der Operator, und rechts schließen sich die modifizierten oder neuen Operanden (auf dem Stack) an:

Operator-Syntax

$op_1 \ldots op_n$ `operator` $res_1 \ldots res_n$
was macht der Operator

Darunter findet sich eine kurze Beschreibung des Operators. Ein leerer Stack wird mit dem Zeichen $\vdash$ dargestellt.

Operanden Stack Operatoren

Wir beginnen mit den wesentlichen Stack Operatoren:

op_1	`pop`	$-$
	lösche oberstes Objekt vom Stack	
$op_0 \ldots op_n$	`clear`	$\vdash$
	lösche alle Objekte vom Stack	
op	`dup`	$op\ op$
	dupliziere oberstes Objekt	
$op_n \ldots op_0\ i$	`index`	$op_n \ldots op_0 op_i$
	dupliziere das i-oberste Objekt	
$op_1\ op_2$	`exch`	$op_2\ op_1$
	tausche die beiden obersten Objekte	
$op_1 \ldots op_n\ n\ j$	`roll`	$op_{n-j+1} \ldots op_n \ldots op_{n-j}$
	rotiere n Objekte um j Positionen	
$\vdash op_1 \ldots op_n$	`count`	$\vdash op_1 \ldots op_n\ n$
	zähle alle Objekte des Stacks	
$op_1 \ldots op_n\ n$	`copy`	$op_1 \ldots op_n op_1 \ldots op_n$
	dupliziere die n obersten Objekte	

Einige dieser Operationen muten vielleicht etwas fremd oder künstlich an. Sie werden aber gebraucht, um mit dem Stack in gewohnter Weise umgehen zu können. Wie die Beispiele zeigen werden, kann man Operationen auf Stacks damit ziemlich knapp formulieren.

Arithmetische und logische Operatoren

Um Berechnungen anstellen zu können, verwendet eine Programmiersprache Arithmetik. Dazu gibt es folgende vordefinierte Operationen:

num_1 num_2	**add|sub|mul|div**	num_3
	berechne zweistellige Operation	
op_1 op_2	**eq|ne**	*bool*
	teste auf Gleichheit bzw. Ungleichheit	
op_1 op_2	**ge|gt|le|lt**	*bool*
	vergleiche (alphanumerische) Objekte	
op_1 op_2	**and|or**	*op*
	logisch bzw. bitweise testen	
op	**not**	*op*
	logisch bzw. bitweise negieren	

Einige Operatoren können sowohl auf numerische Werte als auch auf Strings bzw. boolsche Werte angewandt werden.

Feld- und Zeichenkettenoperatoren

Strings wiederum haben viele Operatoren mit Feldern gemeinsam:

int	**array**	*array*
	erzeuge leeres Feld der spezifizierten Länge	
int	**string**	*string*
	erzeuge leeren String der spezifizierten Länge	
arr|str	**length**	*int*
	liefere Anzahl der Objekte in Feld od. String	
arr|str i	**get**	*op*
	hole i-tes Element aus Feld od. String	
arr|str i op	**put**	–
	lege ein Element an Position i in ein Feld	
arr|str proc	**forall**	–
	wende Prozedur *proc* auf alle Elemente an	

Es gibt noch eine Reihe weiterer Operationen, die einem die Arbeit mit Feldern und Strings angenehmer machen. Die **forall**-Konstruktion gehört auch zu ihnen. Sie läßt sich aus anderen Operationen ableiten, denn es geschieht nichts weiter, als zyklisch jedes Element an die Stackoberfläche zu befördern und dann die Aktion auszuführen. So wird beispielsweise durch folgendes Code-Fragment ein Feld aufsummiert (die Null initialisiert die Summe):

```
0 [10 2 5] {add} forall
```

Durch die Vorgabe dieses Operators lassen sich Programme, die eine for-Schleife über ein Feld laufen lassen, sehr kompakt schreiben. Wie bereits erwähnt, ist das eine der größten Stärken von PostScript.

Dict Operatoren

Die Operationen auf den Dicts sind, bedingt durch die Bedeutung dieser Objekte, sehr zahlreich:

int	**`dict`**	*dict*
	erzeuge Dict der Kapazität *int*	
dict	**`length`**	*int*
	liefere Anzahl an Wertpaaren im Dict	
dict	**`maxlength`**	*int*
	liefere Kapazität des Dict	
dict key	**`get`**	*val*
	liefere Wertobjekt vom Dict	
dict key val	**`put`**	–
	stecke Wertobjekt in Dict unter dem Schlüssel	
dict proc	**`forall`**	–
	wende *proc* auf alle Paare im Dict an	
dict key	**`known`**	*bool*
	ist der Schlüssel im Dict enthalten?	
dict	**`begin`**	–
	setze (push) Dict zuoberst auf den Dictionary Stack	
key value	**`def`**	–
	verknüpfe Schlüssel und Wert im aktuellen Dict	
key value	**`store`**	–
	ersetze oberste Definition des Schlüssels	
–	**`currentdict`**	*dict*
	oberster Stack des Dict Stack auf Operand Stack	
–	**`end`**	–
	pop Dictionary Stack	

Viele Operationen sind analog zu den Feld/String Operationen definiert. Es ist nun Zeit für einige kleine Beispiele. Betrachten wir folgende Prozedur, die als solche in dem aktuellen Dict unter dem Namen **`mittelwert`** abgelegt wird:

Beispiel: Mittelwert zweier Zahlen

```
/mittelwert { % num num -> num
   add         % zwei Zahlen auf dem Stack
   2 div       % eine Zahl auf dem Stack
} def          % Schluessel/Wert in den Dict
```

Genau betrachtet, wurde ein ausführbares Feld (`add 2 div`) definiert, das als Wert zum Schlüssel `mittelwert` in den Dict geschrieben wird. Beim Aufruf hinterläßt die Prozedur eine Zahl auf dem Operandenstack. Diese Prozedur benutzt keinerlei eigene Variable. Das ist im folgenden Beispiel anders:

Beispiel: Mittelwert

```
/mittelwert {                 % a b -> c
  3 dict begin                % für a,b und c
     /b exch def              % lokale Variablen ..
     /a exch def              % b, dann a besetzen
                              % Stack ist leer
     /c a b add 2 div def     % c := (a + b)/2
     c                        % auf den Stack damit
  end                         % Ende des lokalen Di
} def                         % Eine Paar:
                              % Schluessel,Wert
                              % kommt in den Dict
```

Kontrolloperatoren

Operatoren, die Kontrollstrukturen realisieren, sind notwendig, wenn Verzweigungen programmiert werden sollen. Diese Operatoren zeichnen sich u.a. dadurch aus, daß sie nichts auf dem Operandenstack hinterlassen:

bool $proc_1$	**if**	–
	$proc_1$ ausführen, falls boolscher Wert *true*	
bool $proc_1$ $proc_2$	**ifelse**	–
	$proc_1$ bzw. alternativ $proc_2$	
n *proc*	**repeat**	–
	Prozedur n-mal ausführen	
proc	**loop**	–
	Prozedur ausführen, bis **exit** benutzt wird	
–	**exit**	–
	innerste Schleife verlasssen	

An einem weiteren Beispiel wird die Benutzung dieser Kontrollstrukturen am schnellsten deutlich:

Beispiel: Minimum zweier Zahlen

```
/minimum {      % num num -> min
   2 copy gt    % num num bool
   {exch} if    % kleinere-num größere-num
   pop          % kleinere-num
} def           % Schluessel/Wert in den Dict
```

Im obigen Minimum-Beispiel mußten vor dem Vergleich **gt** die beiden Parameter dupliziert werden, denn der Vergleichsoperator konsumiert seine beiden Operanden. Danach findet entweder ein Vertauschen und ein **pop** statt oder eben nur ein **pop**, je nach Reihenfolge der Parameter auf dem Stack. Man hätte auch eine Lösung mit einem **ifelse** Operator realisieren können. Im anschließenden Beispiel passiert das gleiche, nur etwas offensichtlicher:

Beispiel: Minimum

```
/minimum {          % num num -> min
  2 copy gt         % num num bool
  {exch pop}        % vertauschen und werfe
                    % oberen Operanden weg
  {pop } ifelse     % oberer Operand weg
} def               % Schluessel/Wert in den Dict
```

Zu bemerken ist, daß PostScript auch Rekursionen unterstützt. Man überlege sich hierzu die Implementierung einer Routine, die die Fakultät einer natürlichen Zahl realisiert.
Folgende kleine Funktion zeigt einige Operatoren in Aktion. Die Frage ist, was gemacht wird:

Beispiel: Aufgabe?

```
/array-op {                 % array object -> ?
   exch false exch {        % obj false { ai
      2 index eq            % obj false obj ai eq
      { not exit} if        % obj true
   } forall                 % obj bool
   exch pop                 % bool
} def                       % Paar Schluessel,Wert
                            % in den Dict
```

Trotz des Kommentars, der den aktuellen Stand der Verarbeitung demonstriert, ist es nicht immer leicht, ein PostScript-Programm zu verstehen. Eine Skizze des jeweiligen Stackzustandes ist in jedem Fall hilfreich.

Sonstige nützliche Operatoren

Weitere Operatoren dieser gewöhnungsbedürftigen Sprache:

–	**mark**	*mark*
	plaziere eine Marke auf dem Stack	
mark $op_1 \ldots op_2$	**cleartomark**	–
	lösche den Stack runter bis zur Marke	
op	**type**	*name*
	liefere Namen des Typs eines Objekts	
op	**cvx**	*op*
	mache Objekt ausführbar	
op	**exec**	–
	führe Objekt aus	
name access	**file**	*file*
	öffne File	
string	**run**	–
	führe den Inhalt des benannten Files aus	
–	**executive**	–
	interaktive Ausführung: PostScript-Shell	
string	**print**	–
	string nach Standardausgabe schreiben	
op	**==|=**	–
	oberstes Element schreiben	

Eine Anwendung einiger dieser Operatoren stellt folgendes kleine Programm dar, das anhand des Typs der Parameter die Abarbeitung festlegt. Es demonstriert eine Möglichkeit, wie in PostScript mit *Polymorphismen* oder generischen Funktionen gearbeitet werden kann.

Beispiel: Mittelwert zweier Zahlen oder Durchschnittswert eines Feldes

```
/mittelwert {                     % int int | array ..
                                  % ..   -> num
   dup type /arrtyp eq {          % Typ feststellen
      0 1 index
        { add } forall            % summiere Feld
      exch length div             % teile durch Länge
   } {                            % je nach Typ
      add 2 div                   % bekannt von oben
} ifelse                          % Polymorhismus
} def                             % Schluessel, Wert
```

```
                                % in den Dict
```

Der Operator **cvx** erlaubt es, das oberste Stackelement in etwas Ausführbares zu wandeln, wohingegen **exec** die tatsächliche Ausführung anstößt. Sie treten häufig paarweise auf, wie zum Beispiel im folgenden Fragment, das aus einer ursprünglich textuellen Zeichenkette als Ergebnis die Zahl 5 liefert:

```
(3 2 add) cvx exec
```

Graphik Operatoren

Der Graphikkontext oder Graphik State Stack wird mit eigenen Operatoren modifiziert, geladen sowie gespeichert:

–	**grestore | gsave**	–
	pop bzw. push auf dem Graphic State Stack	
num	**setgrey**	–
	setze Grauwert zw. 0..1	
$num\ num\ num$	**setrgbcolor | sethlscolor**	–
	setze Farbe je nach bevorzugtem Modell	
$x\ y$	**translate**	–
	verschiebe den aktuellen Raum um x, y	
$x\ y$	**scale**	–
	skaliere den aktuellen Raum um x, y	
num	**rotate**	–
	rotiere den aktuellen Raum um num-Grad	

Abgesetzt von diesen Operatoren sind solche, die in PostScript Graphic Path Operators heißen, die aber ebenfalls den aktuellen Kontext verändern. Wenn man sich vergegenwärtigt, daß der Pfad ebenfalls Teil des Kontextes ist, macht diese Bezeichnung durchaus Sinn.

–	`newpath`	–
	einen neuen, leeren Pfad erzeugen	
$x\ y$	`moveto|rmoveto`	–
	setze (relativ) den aktuellen Punkt	
$x\ y$	`lineto|rlineto`	–
	ziehe (relativ) eine Linie: Teil des Pfades	
$x\ y\ r\ a_1\ a_2$	`arc`	–
	ein Bogen wird Teil des aktuellen Pfades	
$x_1\ y_1\ x_2\ y_2\ x_3\ y_3$	`curveto`	–
	schließe kubische Bezierkurve an den Pfad	
–	`closepath`	–
	schließe den Pfad: letzter und erster Punkt	
–	`fill|stroke`	–
	fülle (akt. Farbe) oder zeichne den Pfad	
–	`pathbox`	$x_1\ y_1\ x_2\ y_2$
	liefere Bounding Box des Pfades	

Mit der Hilfe obiger Funktionen baut man Schritt für Schritt eine Berandungskurve oder ein gefülltes Objekt, den sogenannten Pfad, auf. Wie beim Malen mit der Hand sind die Graphikoperationen immer relativ zur aktuellen Position. Anschließend benutzt man den Pfad als das Objekt, das als Ganzes ausgegeben wird. Zur Förderung des Verständnisses ist wohl ein Beispiel angebracht. Zunächst definieren wir die Funktion **MaleRaster**:

Beispiel: äquidistante Linien

```
/MaleRaster {              % - -> -
   0 .1 1 {                % Laufvariable i
      dup 0 moveto         % i, auf X-Achse
      0 1 rlineto          % vertikale Linie
      0 exch moveto        % auf Y-Achse
      1 0 rlineto          % horizontale Linie
   } for                   % i-Schleife
   stroke                  % zeichnen
} def                      % Schluessel,Wert
                           % in den Dict
```

Der Einsatz dieser Funktion geschieht folgendermaßen:

Beispiel: Rasterlinien mehrfach im Einsatz

```
gsave                    % Graphikontext retten
   72 72 scale           % umschalten auf Zoll
   0 setgray             % schwarze Tinte
```

```
    1 0 translate      % ein Zoll auf X
    MaleRaster         % 1.  Raster
    20 rotate          % rotieren
    MaleRaster         % 2.  Raster
grestore               % Kontext wiederherstellen
```

Zu beachten ist, daß trotz der extremen Leistungsfähigkeit der Sprache, was die Gestaltung der Ausgabe angeht, sich sämtliche Operationen und Kontexte ausschließlich mit 2D-Graphik befassen.

Text-Operatoren

Die Text-Operatoren benutzen für bestimmte Werte (Farbe, Position) den Graphikkontext von PostScipt mit. Einige Operationen sind aber auch speziell für Texte.

name	**findfont**	*font*
	finde und lade einen Font in Einheitsgröße	
font num	**scalefont**	$font_1$
	skaliere einen Font	
font	**setfont**	–
	setze aktuellen Font	
string	**show**	–
	male String an aktuelle Position mit aktueller Farbe	

Auch diese Liste von Operationen ist nicht vollständig, sondern stellt lediglich die wichtigsten Funktionen vor. Zur Verwendung zeigt das anschließende Fragment ein Beispiel:

Beispiel: Einsatz von Zeichensätzen

```
gsave                       % Graphikkontext retten
  72 72 moveto              % aktuellen Punkt
  0 setgray                 % schwarze Tinte
  /Times-Roman findfont     % schöner Font
  11 scalefont              % um einiges skaliert
  setfont                   % der soll es sein
  (Hallo Welt) show         % Ausgeben eines Textes
grestore                    % Graphikkontext..
                            % wiederherstellen
```

Da PostScript zunächst nicht für den Einsatz in Fenstersystemen, sondern als Sprache für Drucker und Zeichenprogramme geplant war, reichte die Funktionalität, wie sie bisher zusammengetragen wurde, aus. Für NeWS mußten einige zusätzliche Operatoren definiert werden, die aber ganz in der Tradition von PostScript gestaltet wurden.

Spracherweiterungen für NeWS

Das bereits erwähnte **canvas** als eigener Datentyp in Form eines Dicts wird als Bezugssystem gebraucht. Es ist durch folgende Operatoren zugänglich:

Fensterobjekte und Zeichenflächen

canvas	**newcanvas**	$canvas_1$
	erzeuge ein Canvas, zu Beginn existiert der Framebuffer	
canvas	**reshapecanvas**	–
	benutzte aktuellen Pfad für die Form des Canvas	
canvas	**setcanvas**	–
	das aktuelle Canvas wird bestimmt	
x y	**movecanvas**	–
	verschiebe das Canvas	
–	**currentcanvas**	*canvas*
	liefere das aktuelle Canvas	

Ein weiteres mittels Dict für NeWS implementiertes Objekt ist das **Event**. Mit folgenden Operationen kann man damit umgehen:

Ereignisse

–	**createevent**	*event*
	erzeuge ein Event	
event	**expressinterest**	–
	sammle diese Events ab jetzt in einer Schlange	
event	**revokeinterest**	–
	lösche Interesse am Event (-typ)	
–	**awaitevent**	*event*
	blockierendes Warten auf ein Event	
event	**sendevent**	–
	sende ein Event	

Mit den bislang vorgestellten Funktionen läßt sich bereits ein vollständiger Client in PostScript formulieren:

Beispiel: erste NeWS-Applikation

```
/cv framebuffer                % neues cancas auf ..
    newcanvas def              % Bildschirm legen;
framebuffer setcanvas          % aber zunaechst
```

```
                                % Posisiton relativ
400 200 translate               % zum Hintergrund;
0 0 100 0 360 arc               % Pfad, Kreisbogen
cv reshapecanvas                % als Form fuer cv;
cv /Mapped true put             % cv sichtbar;
cv setcanvas                    % aktuelles canvas
erasepage                       % soll leer sein;
```

Ereignis definieren

```
                                   % fuer ein Ereignis
{ createevent dup begin            % erzeuge Muster;
      /Canvas cv def               % fuer cv wird ..
      /Name /LeftMouseButton % Mausknopf-Eingabe
                             def % erwartet;
      /Action /UpTransition
                             def % Aktion genauer;
      end expressinterest          % ab jetzt melden;
```

Ereignis erwarten

```
  { awaitevent begin               % warten bis etwas
                                   % kommt, dann..
    0 0 moveto                     % positionieren
    XLocation YLocation
    lineto stroke                  % Linie ziehen
    end
   } loop
} fork                             % als Proze\3
                                   % abspalten
```

Der Client-Code enthält die Definition eines kreisrunden Fensters, das direkt auf dem Hintergrund **`framebuffer`** liegt. Nachdem dieses Fenster sichtbar gemacht wurde, wird ein Event definiert. Für dieses Event (ein Muster) werden nun das konkrete Fenster und der Typ genauer festgelegt. An dieser Stelle können auch bereits Aktionen (wie bei Dialogbausteinen) mit bestimmten Eingaben verknüpft werden. Danach wird auf Ereignisse der beschriebenen Art gewartet und sobald eines eintrifft, wird eine Strecke vom Mittelpunkt des Kreises zum Ort der Benutzereingabe **`XLocation, YLocation`** gemalt. Eine zentrale Ereignisschleife kann bei dieser Programmierung entfallen, denn die gesamte Ereignisbehandlung wird mittels **fork** in einen separaten LWP abgespalten.

Eine wesentliche Erweiterung der Sprache erfuhr PostScript durch das eigene Prozeßkonzept. Operatoren wie **fork**, **wait-process**, **killprocess** und **pause** müssen an dieser Stelle erwähnt werden. Sie erzeugen und beenden LWPs und erlauben die Implementierung von Prozeßkommunikation über Signale und Prozeßkooperation über Monitore.

mehr dazu in [HK90, GRA89]

Wir haben die Sprachbeschreibung an dieser Stelle etwas ausführlich behandelt, weil sie nicht nur die Programmierschnittstelle des Ressourcen-Verwalters ist, sondern gleichzeitig auch einen tiefen Einblick in die interne Realisierung des Servers gibt. Nun sollte aber auch klar geworden sein, daß es ein relativ großer Aufwand ist, eine Programmiersprache zu erlernen, um die Benutzungsschnittstelle für eine Applikation zu schreiben. Zumal, wenn es sich um eine so ungewöhnliche Sprache wie PostScript handelt. Um dieses Problem zu umgehen, hat man für C-Programmierer eine Krücke namens CPS gebaut, die man sich, grob gesprochen, als C-Schnittstelle für PostScript (clientseitig) vorstellen kann.

11.3 Programmieren mit CPS

In Anbetracht der Tatsache, daß PostScript langsam ist und mühsam erlernt werden muß, wurde eine Bibliothek von PostScript-Routinen erzeugt und mit einer C-Schnittstelle versehen, so daß Client-Programme, deren Anwendungsteil in C geschrieben ist, durch diese Bibliothek NeWS problemlos benutzen können.

Damit geht selbstverständlich die in der interpretierten Sprache liegende Qualität der Erweiterbarkeit verloren. Um dem Programmierer diese Möglichkeit nicht ganz zu verstellen, hat man dafür gesorgt, daß der Implementierer sich eine eigene Bibliothek halten kann, die auf einfache Weise die ursprüngliche ergänzt.

Technisch funktioniert das wie folgt: Ein mit PostScript vertrauter Experte implementiert die erwünschte Erweiterung in PostScript und legt sie in einer Datei z.B. **erweitern.cps** ab. Anschließend benutzt er ein Programm mit Namen *CPS*, um daraus sowohl eine Bibliothek als auch eine C-Schnittstellenbeschreibung **erweitern.h** zu erhalten. Diese Header-Datei kann er nun in seinem C-Programm benutzen, sofern er sämtliche notwendige CPS-Bibliotheken dazubindet. Der folgende Code zusammen mit Abb. 11.5 zeigen die Zusammenhänge noch einmal im Überblick.

Ein C-Modul mit Namen **anwendung.c** importiert die Schnittstellenbeschreibung **erweitern.h**, in der die Funktion **circle()** definiert ist:

importiere den per CPS erzeugten Header

```
#include "erweitern.h"


main()
{
   ps_open_PostScript();
   ps_create_Canvas(100,100,200,200);

   ps_newpath();
   ps_moveto(50,50);


   circle(10,10,10);

   ps_stroke();
   sleep(10);

   ps_flush_PostScript();
   ps_close_PostScript();
}
```

Standard CPS-lib Funktionen

eine Funktion der Erweiterung

Das Programm benutzt neben den bereits vordefinierten Bibliotheksfunktionen die selbstdefinierte und implementierte Funktion **circle**. Bemerkenswert ist, daß in unserem Beispiel keine Information aus dem Server zu diesem Client zurückfließt und daß keine lokalen Variablen (Rid) gebraucht werden. Ohne Rückkanal kommt man aber auf Dauer nicht aus, schon allein deshalb nicht, weil man auf Benutzereingaben reagieren muß. CPS stellt dafür den etwas umständlichen Mechanismus des Etiketts (engl.: *Tag*) zur Verfügung. Möchte man beispielsweise die Mausposition abfragen, so muß der PostScript-Experte eine TID (engl.: Tag ID) vereinbaren, unter der man auf einzelne Werte zugreifen kann. Dazu ein Beispiel-Ausschnitt aus dem Modul **erweitern.cps**:

ein CPS-Beispiel mit Ereignissen

```
#define GETMOUSE_TAG 1001

cdef my_getmousepos(x,y)=>GETMOUSE_TAG(x,y)

currentcursorlocation  % postscript operation:
                       % Position auf Stack
GETMOUSE_TAG tagprint  % sendet TAG dem Client
typedprint             % sendet y dem Client
typedprint             % sendet x dem Client
```

Mit `my_getmousepos();` kann jetzt das C-Programm auf Werte des Servers zugreifen.

Eine zusätzliche Funktionalität von CPS ist, daß die Bibliothek PostScript-Code komprimiert, indem sie Bezeichner verkürzt (engl.: Compressed Tokens). Damit werden die Kommunikationszeiten zwischen Dienstnehmern und Dienstgebern kürzer. Diese Fähigkeit von CPS ist allerdings vollkommen unsichtbar, sowohl für den C- als auch den PostScript-Programmierer.

Im Falle einer CPS-Applikation ist es natürlich nicht möglich, den gesamten Client-Code in den Server zu laden.

Abb. 11.5 Prinzip von CPS

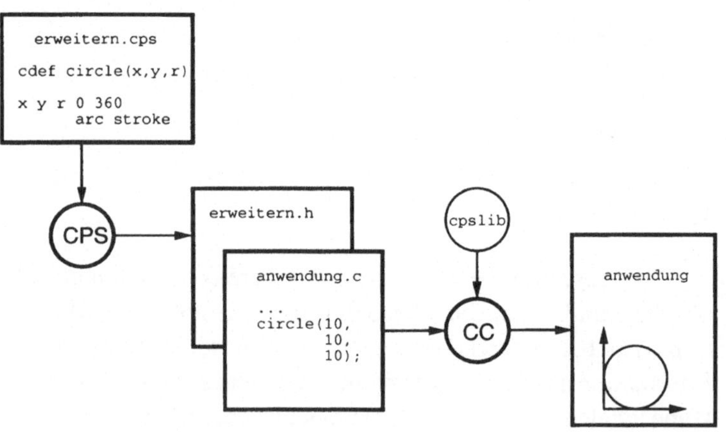

Für manche Probleme ist C die bessere Programmiersprache, für einige aber auch PostScript. Mit CPS kann man entscheiden, welches Problem man in welcher Sprache lösen möchte. Allerdings sollte nachfolgende Regel berücksichtigt werden, um unangenehme Überraschungen zu vermeiden: Weil PostScript deutlich langsamer ist als C, insbesondere was die Arithmetik an-

Beispiele in [HK90]

geht, sollten komplexe Rechnungen besser in C ausgeführt werden.

11.4 Programmieren mit Lite

Eine weitere Alternative zum Programmieren in reinem PostScript ist das Toolkit „Lite“, das auch unter der Bezeichnung TNT (The NeWS Toolkit) bekannt ist. Dieses in objektorientiertem PostScript implementierte Paket aus Dialogbausteinen ist der Anwender-Programmierungsschicht zuzuordnen.

TNT

11.4.1 Klassenkonzept

Eine Klasse läßt sich als Schablone für eine Menge ähnlicher Objekte auffassen. Im Klassenkontext besteht ein Objekt aus Daten und Prozeduren, die auf diesen Daten operieren. Die durch die Klasse beschriebenen konkreten Objekte werden im allgemeinen als Instanzen bezeichnet.

NeWS Realisierung von Klassen und ..

Möchte man seine eigene Klasse generieren, so muß man *Instanzenvariable*, *Klassenvariable* und sogenannte Methoden unterscheiden.

Methoden sind hierbei im wesentlichen Prozeduren, mit denen man auf Instanzen operieren kann. Sie werden in Dicts (Tabellen, in denen Schlüssel und die dazugehörigen Werte eingetragen sind) angelegt und können über den Schlüssel angesprochen werden.

.. Instanzen

Instanzen erhalten jeweils eine Kopie der *Instanzenvariablen* einer Klasse. Dem Anwender ist es jedoch gestattet, bereits vordefinierte Werte in *Instanzenvariablen* nachträglich durch das Senden von Methoden zu ändern.

Klassen sind üblicherweise baumartig organisiert. Ein Baum stellt eine statische Vererbungshierarchie dar, an dessen Wurzel die Klasse „Object“ zu finden ist.

die Klasse: Object

Während der Server die Implementierung der Klasse „Object“ unterstützt, müssen die Subklassen durch den Client oder das Toolkit generiert oder nachgeladen werden. Außer der Klasse „Object“ besitzen alle Klassen eine unmittelbare Superklasse. Eine solche Klassenhierarchie ist die statische Dialogbausteinhierarchie von Lite (Abb. 11.6).

Die Definition einer Klasse wird immer durch die beiden NeWS-Operatoren „classbegin“ und „classend“ eingeschlossen. Eine Schablone einer Klasse „MySubClass“, die Subklasse der Klasse „MyClass“ sei, würde dann wie folgt aussehen:

```
/MySubClass
   MyClass      % Name der Superklasse
    dictbegin   % Dictionary mit
    .........   % Instanzenvariablen
    dictend
    classbegin  % Definition von
    .........   % Klassenvariablen
    classend    % und Methoden dieser Klasse
def
```

Da die Klasse „Object“ als Wurzel der Klassenhierarchie die Methode „new“ zur Verfügung stellt, auf die alle Subklassen zugreifen können, läßt sich die Klasse MySubClass beispielsweise folgendermaßen instanziieren:

```
/MyInstance /new MySubClass send def
```

Gemäß der Terminologie objektorientierter Programmierung läßt sich die Methode „new“ als Nachricht an das zu benachrichtigende Objekt „MySubClass“ auffassen. Die neu erzeugte Instanz trägt den Namen „MyInstance“ und kann irgendwo auf dem Bildschirm (Framebuffer) sichtbar werden. Das Senden einer Nachricht hat üblicherweise folgendes Aussehen:

argumentliste methode objekt **send**

Die Angabe von Argumenten erfolgt optional über den Operandenstack. Eine variable Argumentenanzahl wie bei C++ ist dadurch ausgeschlossen. „Methode“ steht für die entsprechende Methode, die bei dem Empfänger der Nachricht, „Objekt“ (eine Klasse oder Instanz), ausgelöst werden soll.

Nachrichten

Alternativ existiert eine weitere Form der Nachrichtenübermittlung, wobei eine Prozedur innerhalb einer Klasse oder Instanz zur Ausführung gebracht wird, ohne daß sie vorher in einem Dict als Methode verankert werden muß. Die Syntax hierzu lautet:

{ *prozedur* } *objekt* **send**

Alles weitere gilt für beide Arten des Aufrufs „send“.
Wird eine Methode (auch Dienst genannt) nicht gefunden, so sucht das System in der Superklasse der angegebenen Klasse usw. Wird der Dienst auch in der höchsten Klasse nicht lokalisiert, bricht die Suche mit einer Fehlermeldung ab.

Dem Anwender stehen zwei Pseudovariable namens „self“ und „super“ zur Verfügung, um die Suche nach einem speziellen Dienst zu beschleunigen.
Schickt man den Aufruf an „self“ einer bestimmten Klasse, so startet die Suche in eben dieser Klasse; bei Verwendung von „super“, wird sofort in der Superklasse gesucht. Dies kann z.B. bei Namensgleichheit zweier Methoden, die sich in verschiedenen Klassen befinden, sinnvoll sein.

Abschließend betrachten wir noch das folgende Beispiel zur Illustration des bisher Besprochenen:

Beispiel: Zählerobjekt

```
/Counter                % Klassenname
    Object              % Name der Superklasse
    dictbegin
       /N 0 def         % Instanzenvariable
    dictend
    classbegin          % Definition der Methoden
      /Increment {
        /N N 1 add store  % store zur
        } def             % Speicherung
      /Decrement {        % lokaler Variable
        /N N 1 sub store
        } def
      /PrintCounter {
        N ==
        }  def
     classend
def
```

Dieses Programm besitzt einen zu Null initialisierten Zähler, der durch entsprechendes Aktivieren der Methoden „Increment“ bzw. „Decrement“ um eins erhöht bzw. erniedrigt wird. Die

Methode „PrintCounter" gestattet das Ausdrucken des Zählers auf den Bildschirm.

Um eine Instanz der Klasse „Counter" zu generieren, bedarf es der Eingabe des folgenden Ausdrucks:

```
/MyCounter /new Counter send def
```

Nach obigen Ausführungen bzgl. der Methode „new" wird dieser Dienst erst in der Klasse „Object" gefunden und anschließend ausgeführt.
Mit der Zeile

```
/Increment MyCounter send
```

läßt sich nun der Zähler um eins erhöhen bzw. mit

```
/Decrement MyCounter send
```

um eins erniedrigen.
Das Ausdrucken geschieht mit:

```
/PrintCounter MyCounter send
```

Nehmen wir zusätzlich an, daß in der Klasse „Counter" weitere Methoden definiert wären, so könnten wir innerhalb dieser Dienste ebenfalls das Ausdrucken des Zählers mit dem Aufruf

```
/PrintCounter self send
```

Erweiterung des Zählerobjekts

erzwingen. Am einfachsten ließe sich dies durch die Einfügung einer Methode „InvokePrintCounter" bewerkstelligen, die ebenfalls zwischen „classbegin" und „classend" eingeschlossen ist:

```
classbegin
  ...
  /InvokePrintCounter
        {/PrintCounter self send}
  ...
classend
```

Das Ausdrucken erzielen wir nun durch den Aufruf:

```
/InvokePrintCounter Counter send
```

Die Lite-Dialogbausteine werden durch den Vorgang der Komposition zu Benutzungsschnittstellen zusammengesetzt. Diese Komposition entsteht dadurch, daß man innerhalb der Definition (Klasse) eines Dialogbausteins weitere (vorher definierte oder vorgefertigte) instanziiert (siehe auch das Beispiel unten). Man kann auch einen existierenden Dialogbaustein zu einem Behälterdialogbaustein machen, indem man ihm nachträglich Bausteine mitteilt, die seine dynamischen Kinder sind.

Behälterdialogbausteine

Wenn die vordefinierten und durch Komposition erzeugbaren Dialogbausteine nicht ausreichen, stellt sich die Frage, ob neue erzeugt werden können. Bei der Erklärung der Lite-Dialogbausteinklassen wurde festgelegt, daß jede neue Klasse aus einer Superklasse abgeleitet wird und daß dieser Zusammenhang mittels des Namens der Superklasse bestimmt wird. Über diesen Verfeinerungsmechanismus kann jeder Lite-Programmierer problemlos seine eigene statische Dialogbausteinhierarchie festlegen.

11.4.2 Das Lite-Toolkit

Die Anzahl der vordefinierten Klassen ist relativ klein. In Abb. 11.6 ist eine Übersicht über sämtliche Klassen zu sehen.

Beispiel: Dialogbaustein DefaultWindow

Es ist hier nicht möglich und nicht nötig, alle Klassen vorzustellen. Wir beschränken uns auf eine Metaklasse namens **`DefaultWindow`**, die nicht in Abb. 11.6 enthalten ist, und benutzen als Demonstrationsobjekt die Klasse ButtonItem (auch in Hinblick auf das Beispiel): Ein typischer Lite-Button ist in Abb. 11.7 zu sehen.

Die Instanziierung eines Dialogbausteins funktioniert wie folgt:

```
/win
    framebuffer
    /new DefaultWindow send
def
```

Hier wird ein Dialogbaustein mit Namen **`win`** der Klasse **`DefaultWindow`** für einen bestimmten Bildschirm erzeugt. Diese

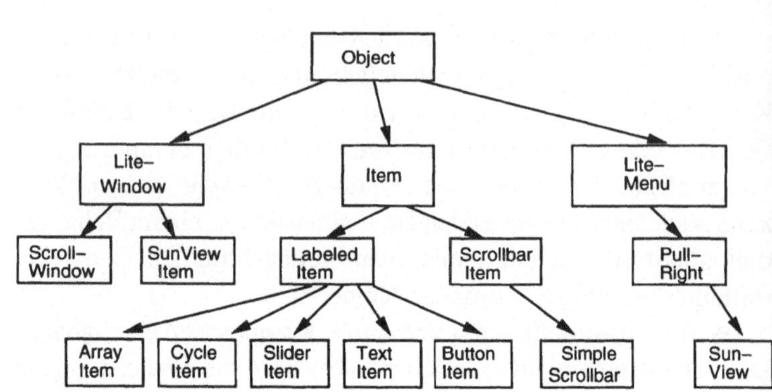

Abb. 11.6 Statische Klassenhierarchie von Lite

Metaklasse hat folgende Komponenten, die – technisch gesprochen – Schlüssel im Dict sind:

`FrameLabel` ein Text für die Titelzeile des Dialogbausteins

`IconLabel` ein Text für das Icon des Dialogbausteins

`PaintClient` eine Prozedur für die Herstellung und Wiederherstellung des Fensterinhalts

`PaintIcon` eine Prozedur für das Zeichnen des Icons

`ClientMenu` eine Instanz der Klasse **`LiteMenu`**

Abb. 11.7 Lite-ButtonItem

Diese Eigenschaften und Möglichkeiten besitzt der soeben erzeugte Dialogbaustein `win`. Gesetzt den Fall, wir sind mit einigen der Einstellungen, die dort per Default gegeben sind, nicht einverstanden, so müssen wir das dem Dialogbaustein mitteilen.

Instanziierung modifizieren: eigener Titel, eigene Display-List, Darstellung, Parameter und Callback-prozeduren

```
{
/FrameLabel (MeinFenster) def
/PaintClient {meinepaintproc} def
/ClientMenu [(hell)    {0.8 linepaint}
             (dunkel) {0.2 linepaint}]
             /new LiteMenu send
def
} win send
```

Die Instanziierung und die Anpassung ist ausgesprochen knapp und prägnant. Die Prozeduren **`meinepaintproc`** und **`linepaint`** hätten natürlich vorher definiert werden müssen. Sie sind hier nur als Platzhalter für beliebige Prozeduren zu verstehen.

Eine Vielzahl von Methoden können solchen selbsterzeugten Instanzen geschickt werden. Diese Methoden werden überwiegend von Vorfahren geerbt; so beispielsweise die Methode zum Löschen des Dialogbausteins und zur Formänderung.

Nachrichten an den Dialogbaustein: beenden, sichtbar machen, benutzerspezifizierte Geometrie etc.

```
/destroy win send
/map win send
/reshapefromuser win send
/paintframe win send
```

Andererseits kann man auf das Fenster auch als Datenstruktur, also als Dict, zugreifen. Der Aufruf

```
win /ClientCanvas get
```

legt das Canvas, das als Fenster dem Dialogbaustein zugeordnet ist, zuoberst auf den Stack. Auf dem Operanden Stack abgelegt, ist es allen PostScript Operationen zugänglich.

Beispiel: Dialogbaustein ButtonItem

Das zweite Beispiel eines vorgefertigten Dialogbausteins ist der einfache Auslöseknopf der Lite-Klasse **`ButtonItem`**. Bereits in der Instanziierung können bei einem solchen Dialogbaustein eine Reihe von Methoden (hier z.B. **`notify`**) belegt werden.

```
/button
(Kopiere) /notify win 10 20 /new ButtonItem send
def
```

Dabei ist **Kopiere** der Text, der angezeigt wird, **notify** die Callback-Funktion, **win** ist der dynamische Vater, und dann folgen die Koordinaten. Der Rest ist ein Teil der normalen Instanzierung.

Dieser Auslöse-Dialogbaustein beginnt seinen Lebenszyklus mit obigem Befehl, aber er ist damit noch nicht sichtbar und auch nicht sensitiv für Eingaben des Benutzers. Er existiert bislang nur als Datenobjekt. Um ihn als eigenständigen Baustein zu aktivieren, faßt man ihn zunächst evtl. mit anderen Dialogbausteinen in einem Feld zusammen,

```
/items [button button1] def
```

um anschließend eine eigenen LWP daraus zu machen

```
/buttonProcess
   items forkitems
def
```

Wir haben uns hier bewußt auf die wesentlichen Funktionen beschränkt, um den Leser nicht durch zuviele Details zu verwirren.

11.4.3 Das Drawline-Beispiel mit Lite

Das wohlbekannte Drawline-Beispiel in einer Lite-Realisierung zeigt dieser Abschnitt:

Ausführungs-Shell
lade Toolkit,
Datei ausführen,
Stack löschen,
Beginn einer neuen Klassendefinition

```
executive
(litewin.ps) LoadFile
(liteitem.ps) run
pstack
clear
/MyWindowclass
```

```
%*** Dictionary Klassenvariable ***********
DefaultWindow 45 dict dup     % Superklasse

begin
/ColorButtonCanvas null def
/TypeButtonCanvas null def

/BackgroundButton null def
...............
/PaleGrayButton null def
/DotButton null def
/ShortDashButton null def
/DashDotButton null def
...............
/SolidButton null def
/InvisibleButton null def

/BlackColor 0 0 0 rgbcolor def
/BackgroundColor 1 1 1 rgbcolor def
/BlueColor 0 0 1 rgbcolor def
/RedColor 1 0 0 rgbcolor def
/PinkColor 1 0 1 rgbcolor def
/GreenColor 0 1 0 rgbcolor def
/CyanColor 0 1 1 rgbcolor def
/YellowColor 1 1 0 rgbcolor def
/NeutralColor 0 0 0 rgbcolor def
/DarkGrayColor 0.5 0.5 0.5 rgbcolor def
/DarkBlueColor 0 0 0.6 rgbcolor def
/DarkRedColor 0.6 0 0 rgbcolor def
/DarkPinkColor 0.6 0 0.6 rgbcolor def
/DarkGreenColor 0.6 0 0 rgbcolor def
/DarkCyanColor 0 0.6 0.6 rgbcolor def
/BrownColor 0.6 0.6 0 rgbcolor def
/PaleGrayColor 0.7 0.7 0.7 rgbcolor def

/FrameColor 0 0 0 rgbcolor def
/Type [ ] def
end
```

Platz für lokale Variable

alle Buttons initialisieren

Farbwerte initialisieren

Voreinstellung für Farbe und Linientyp, Ende des Dictionaries

```
classbegin
```

Beginn der Methodendefinition: zuerst alten Linienrahmen löschen

```
/VanishFrame { gsave
               ClientCanvas setcanvas
               clippath pathbbox scale pop pop
               0.01 0.01 scale
               BackgroundColor setcolor
               [ ] 0 setdash
               newpath
                 5 5 90 90 rectpath
                 stroke
               grestore               } def
```

Rahmen mit neuen Parametern malen

```
/DrawFrame { gsave
             ClientCanvas setcanvas
             clippath pathbbox scale pop pop
             0.01 0.01 scale
             FrameColor setcolor
             Type 0 setdash
             newpath
               5 5 90 90 rectpath
               stroke
            grestore                } def
```

Methode, die von ColorNotify aufgerufen wird

```
/ColorMethod { /FrameColor exch store
               /VanishFrame self send
               /DrawFrame self send  } def
```

Methode, die von TypeNotify aufgerufen wird

```
/TypeMethod { /Type exch store
              /VanishFrame self send
              /DrawFrame self send   } def
```

Notify Methoden für Buttons, buttonspezifische Farben setzen

```
/BackgroundNotify
{ BackgroundColor /ColorMethod self send } def
/BlueNotify
{ BlueColor /ColorMethod self send } def
/RedNotify
{ RedColor /ColorMethod self send } def
```

```
.......
/PaleGrayNotify
{ PaleGrayColor /ColorMethod self send } def


/DotNotify
{ [1] /TypeMethod self send } def
/ShortDashNotify
{ [3] /TypeMethod self send } def
/DashDotNotify
{ [4 1 1 1] /TypeMethod self send } def
/DoubleDotNotify
{ [1 1 1 3] /TypeMethod self send } def
/LongDashNotify
{ [6] /TypeMethod self send } def
/DashDoubleDotNotify
{ [4 3 1 1 1 3] /TypeMethod self send } def
/SolidNotify
{ [ ] /TypeMethod self send } def
/InvisibleNotify
{ /VanishFrame self send } def

   /FrameLabel (DRAWLINE) def
   /PaintClient {
           /Times-Roman findfont
           25 scalefont
           setfont
           ColorButtonCanvas setcanvas
           clippath 0.95 setgray fill
           0 setgray
           125 800 moveto
           (Colors:) show
           TypeButtonCanvas setcanvas
           clippath 0.8 setgray fill
           0 setgray
           675 800 moveto
           (Type:) show
           items { /paint exch send } forall
           /DrawFrame self send
           } def
```

buttonspezifischen Linientyp setzen

Methoden der Vaterklasse überschreiben: Fenstertitel, Restauration

Erzeugen des Darstellungsfensters: Superklasse aktivieren, Behälterbaustein instanziieren

```
/CreateClientCanvas {
   /CreateClientCanvas super send
     /TypeButtonCanvas ClientCanvas newcanvas
                                         store
     TypeButtonCanvas /Mapped true put
     /ColorButtonCanvas ClientCanvas newcanvas
                                          store
     ColorButtonCanvas /Mapped true put
```

Instanziierung der Buttons

```
/BackgroundButton (Background)
  { /BackgroundNotify win send }
  ColorButtonCanvas /new ButtonItem send store

.....

/PaleGrayButton (Pale Gray)
    { /PaleGrayNotify win send }
    ColorButtonCanvas /new ButtonItem send store

/DotButton (Dot)
    { /DotNotify win send }
    TypeButtonCanvas /new ButtonItem send store

.....

/SolidButton (Solid)
    { /SolidNotify win send }
    TypeButtonCanvas /new ButtonItem send store

/InvisibleButton (Invisible)
    { /InvisibleNotify win send }
    TypeButtonCanvas /new ButtonItem send store
```

Es wird zunächst ein Feld gemacht

```
/items
[BackgroundButton BlueButton RedButton
PinkButton GreenButton CyanButton YellowButton
```

```
NeutralButton DarkGrayButton DarkBlueButton
DarkRedButton DarkPinkButton DarkGreenButton
DarkCyanButton BrownButton PaleGrayButton
DotButton ShortDashButton DashDotButton
DoubleDotButton LongDashButton
DashDoubleDotButton SolidButton InvisibleButton]
def


items forkitems

} def


/ShapeClientCanvas {
  /ShapeClientCanvas super send
  gsave
    ClientCanvas setcanvas
    clippath pathbbox scale pop pop
    0.001 0.001  scale
  newpath
    100 100 500 800 rectpath
    ColorButtonCanvas reshapecanvas


    0 1 7 { dup 125 exch -80 mul 700 add 200 40
    /reshape 6 -1 roll items exch get send } for
    8 1 15 { dup 375 exch -80 mul 1340 add 200 40
    /reshape 6 -1 roll items exch get send } for
  newpath
    650 100 250 800 rectpath
    TypeButtonCanvas reshapecanvas
    16 1 23
    { dup 675 exch -80 mul 1980 add 200 40
    /reshape 6 -1 roll items exch get send } for
  grestore } def

classend def
```

Feld zur Ausführung bringen, Clientfenster jetzt vollständig definiert

Positionieren der Buttons

jede for-Schleife entspricht einer Spalte von Dialogbausteinen

Hauptprogramm: Objekt der 'MyWindowclass' erzeugen

```
/win framebuffer /new MyWindowclass send def

/reshapefromuser win send

/map win send
```

Im Verhältnis zu den Realisierungen dieser Aufgabenstellung im Presentation Manager Toolkit oder in Motif zeigen sich zwei Dinge deutlich:

komplexe Programmstruktur

- Obwohl der Aufbau des Programms ebenfalls schematisch verläuft wie bei der Motif-Realisierung, sind die Zusammenhänge insgesamt komplexer. So ist beispielswiese die dynamische Hierarchie nicht so einfach an der Reihenfolge der Instanziierung ablesbar. Weiterhin ist das Schema der Komposition nicht ganz so gleichförmig wie bei Motif. Natürlich hängen solche Aussagen auch vom Stil des einzelnen Programmierers ab; die Frage ist nur, wie sehr das System einen guten Stil unterstützt.

LWP pro Button

- Bemerkenswert ist die Tatsache, daß letztlich jeder einzelne Button in Form eines LWP-Prozesses abgespalten wird mit Hilfe eines `fork`-Konstrukts. Wenn in dieser Form winzige Prozesse für einzelne Dialogbausteine benutzt werden, spricht man mitunter auch von *Flyweight*-processes oder Fliegengewichtprozessen.

Als Abschluß des Beispiels stellen wir in Abb. 11.8 das visuelle Ergebnis des PostScript-Programms dar. Einige Stilelemente sind vielleicht ungewöhnlich.

So fällt auf, daß die ButtonItem-Dialogbausteine eine ovale Form aufweisen. Dies wird durch das Schablonenkonzept von PostScript ermöglicht. Weiterhin zeigt der Fensterrahmen die für den Open Look Window Manager typische linke obere Ecke zum Ikonifizieren, die schlichte Titelzeile sowie rechts unten die Vergrößerungsmöglichkeiten für das Fenster.

In Abb. 11.9 sieht man die dynamische Hierarchie der Dialogbausteine. Dabei stehen links die konkreten Programmvariablen und rechts die Klassen, als die sie instanziiert wurden. Bemerkenswert ist, wenn man die Abbildung mit den entsprechenden

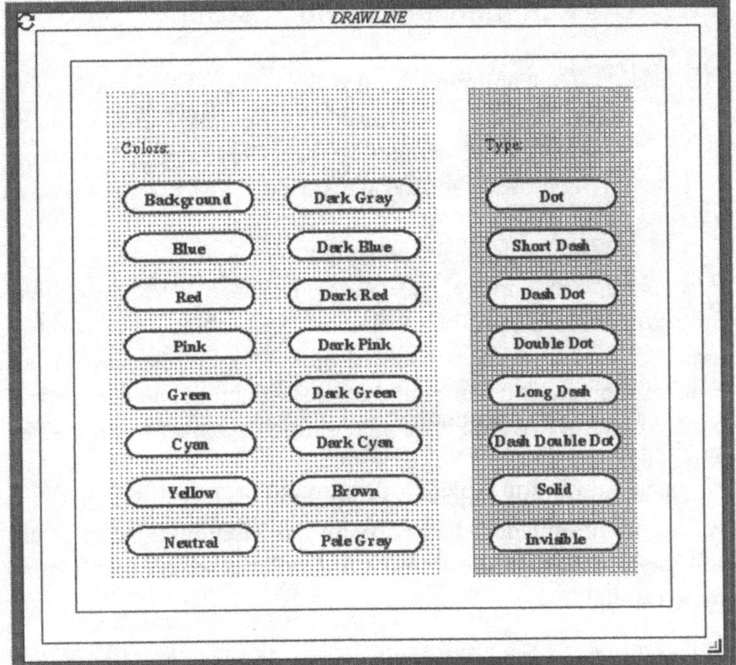

Abb. 11.8 Ausgabe der Drawline Implementierung unter NeWS/Lite

Implementierungen von Motif (Abb. A.2 im Anhang) und Presentation Manager (Abb. 9.5) vergleicht, daß man nicht mit den existierenden Dialogbausteinklassen ausgekommen ist, sondern eine neue definiert hat.

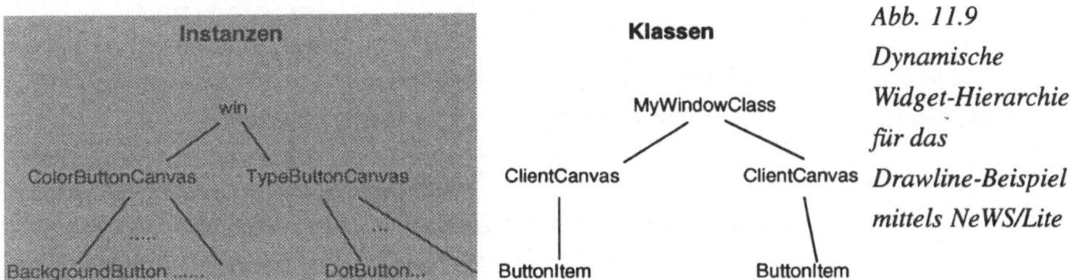

Abb. 11.9 Dynamische Widget-Hierarchie für das Drawline-Beispiel mittels NeWS/Lite

11.5 Die Kommunikation via PostScript

Die Partner der Kommunikation in NeWS sind Prozesse: viele Clients und ein Server. Eine typische Kommunikationsbeziehung sieht vor, daß zunächst einiges an ASCII-codiertem Code vom Client zum Server transportiert wird. Danach ist Kommunikation eher die Ausnahme.

Kommunikation beim Starten des Clients

Die Kommunikationsebene ist die Transportschicht. Hier unterscheiden sich X und NeWS nicht. Das bei NeWS eingesetzte Protokoll heißt dynamisch, weil nicht feste Pakete und Datenformate verwendet werden, sondern eine Programmiersprache als Frachtgut dient. Die Kommunikationsbeziehung und der Aufbau bzw. Abbau der Verbindung sind ähnlich (statisch) vorgegeben wie bei X.

Transportschicht

Gleichgültig mit welchem Programmiermodell man den Server anspricht, in jedem Fall wird auf das Medium PostScript abgebildet. Man kann die Wahl von PostScript zusammenfassend so beurteilen:

Datenkompression

+ Durch den Einsatz höher integrierter Werkzeuge, die, einmal in den Server geladen, vielfach genutzt werden können, erhofft man sich eine Verringerung der Netzbelastung. Für Rasterdaten, die vom Client zum Server transportiert werden müssen, kann man sich ein einfaches Kompressionsschema ausdenken, das Codierungs- und Decodierungsprogramm vorausschicken und dann beliebig oft nach diesem Schema komprimierte Daten übertragen kann.

dynamische Funktionalität

+ Ein Client kann die für ihn relevante Funktionalität, die er nicht im Server vorfindet, dynamisch nachladen.

Interpreter

– Verbunden ist diese Art der dynamischen Kommunikationsobjekte mit einem zusätzlichen Interpretations- und Decodierungsaufwand, der die Ausführungszeiten spürbar belasten kann.

häufig ohne Rückkanal

+ Sofern der Client überwiegend in PostScript realisiert wurde und damit in den Server geladen werden kann, ist zumindest die Kommunikation auf den Beginn einer Client-Sitzung beschränkt. Dann entfällt auch der Rückkanal völlig.

- Das Abholen von Nachrichten mittels Rückkanal, so es erforderlich ist, ist grundsätzlich umständlich.

Rückkanal

11.5.1 NeWS-Erweiterungen zu PostScript

Die Objekte Canvas, LWP und Event, mit denen die PostScript-Operatoren erweitert wurden, sind bereits angesprochen worden. Für den Programmierer unsichtbar sind ein Speicherbereinigungsmechanismus (engl.: Garbage Collection) und die Möglichkeiten der Verteilung (genannt Networking) hinzugefügt worden.

Canvas Objekte, LWP und Prozesse

Speicherbereinigung

Garbage Collection ist notwendig, da jeder Client im Server Speicher benutzt und reserviert, der nach dem Ende des Clients wieder freigegeben werden muß. In NeWS wird diese Funktionalität mit Hilfe von Referenzzählern erledigt.

Für die Installation und den Unterhalt von Client-Verbindungen wurden PostScript-Primitive für das Lesen und Schreiben bidirektionaler Ströme erzeugt.

bidirektionaler Datenstrom

11.6 Einordnung von NeWS (mit Lite)

Diese Einordnung soll noch einmal die wichtigsten Kriterien auf das Fenstersystem anwenden.

Verfügbarkeit: NeWS stellt einige Anforderungen an die zugrundeliegende Systemsoftware: Multitasking mit Bytestrom-Interprozeßkommunikation (lokal und gegebenenfalls über Netz). Auf Systeme, die diese Anforderungen erfüllen, kann NeWS leicht portiert werden. Dies ist für Betriebssysteme wie OS/2 sowie etliche UNIX-Derivate gelungen. Man braucht dazu allerdings den um die NeWS-Eigenschaften erweiterten PostScript-Interpreter, der als Eigentum der Firma SUN Microsystems nicht frei verfügbar ist.

technisch kein Problem

Produktivität: Die Konfrontation mit einem recht eigentümlichen Programmierkonzept und die Unzahl an Freiheitsgraden führen dazu, daß die Einarbeitungsphase relative lange dauert. In dieser Zeit ist die Produktivität zunächst sehr niedrig. Sind die Konzepte verinnerlicht, können komplexe Programme sehr kompakt realisiert werden (der Server selbst hat kaum mehr als ein Dutzend Zeilen). Diese Programme sind aber für uneingearbeitete Programmierer kaum zu verstehen (im Gegensatz zu X/Motif-Anwendungen). Die Programmierschnittstelle ist als extrem flexibel zu bezeichnen. Diese Flexibilität geht entweder auf Kosten der Produktivität oder auf Kosten der Lesbarkeit. Diese Tatsache hat unserer Meinung nach stark zum Scheitern von NeWS beigetragen.

gering

Parallelität: Der externen Parallelität entspricht direkt eine Serverinterne. Die interne Parallelität – durch LWPs – verwirklicht sowohl ein Team-Konzept im Server als auch eine Parallelität unter den Client-Verbindungen. Im Extremfall ist sogar interne Parallelität auf Dialogbausteinbasis möglich.

extrem hoch

Leistung: Bedingt durch die Interpretationsvorgänge, ist NeWS deutlich langsamer als beispielsweise X. Das gilt nicht nur für die graphische Ausgabe, sondern auch für Reaktionen des Servers (engl.: Downloaded Clients), wobei im Verlauf einer Applikation wesentlich weniger Kommunikation getrieben werden muß als bei X.

unter dem Durchschnitt

Graphikgrundmodell: NeWS ist mit dem klassischen Vektormodell – hier dem Schablonenmodell – realisiert. Zur Restauration können die gepufferten Zeichenbefehle verwendet werden.

Schablonenmodell, Splines

Stile: Der Stil ist zusammen mit dem Window Manager austauschbar. Es gibt mindestens zwei Window Manager, die verbreitet sind: `olwm` und `volwm`. Beide sind als in den Server geladene Clients realisiert und benutzen dessen Erweiterbarkeit, um ihren Einfluß auf die Fenster auszuüben.

austauschbar

Erweiterbarkeit: Die Erweiterbarkeit war eines der Entwurfsziele von NeWS. Sie ist durch die interpretierte Sprache sehr einfach und zur Laufzeit möglich.

jederzeit möglich

Anpaßbarkeit: Benutzerbezogene Anpassung ermöglicht eine Start-up-Datei, die beispielsweise `.user.ps` heißt und di-

rekt PostScript-Anweisungen enthält. Selbst erfahrene Programmierer empfehlen, hier nur vorsichtige und wohlbekannte Änderungen vorzunehmen, denn schon ein Syntaxfehler in dieser Datei kann den ganzen Server beeinträchtigen.
Eine Anpassung, die unabhängig von einer Programmiersprache ist, sowie eine applikationsbezogene Anpassung fehlen völlig.

möglich, aber nicht einfach

Teilbarkeit der Ressourcen: Gemeinsame Nutzung von Ressourcen ist durch die Realisierung mit PostScript quasi eine mitgelieferte Eigenschaft für globale Ressourcen. Auch die Manipulation dieser globalen Ressourcen ist möglich. Das kann zu gefährlichen Seiteneffekten führen.

für alle Ressourcen möglich

Verteilung: Eine räumliche Trennung vom Basisfenstersystem und n Applikationen (inkl. Window Manager) ist möglich und war ebenfalls Entwurfsziel. Die Clients können wie bei X auf m Rechner verteilt sein.

gegeben

Struktur der API: PostScript, die Sprache des Ressourcen-Verwalters, ist stackorientiert, prozedural und wird in Postfix-Notation programmiert.
Die CPS-Lib bietet eine ebenfalls prozedurale C-Schnittstelle.
Mit dem Lite-Toolkit ist eine objektorientierte Programmierung in PostScript möglich.

sehr komplex

Komfort der API: Bestimmte Dinge können in Lite extrem kompakt ausgedrückt werden, dann ist der Code aber meist schwer zu lesen.
Die Anzahl der Dialogbausteine ist gering, allerdings sind die Möglichkeiten der Verfeinerung so einfach, daß eigene Dialogbausteine der Regelfall sind und nicht wie bei Motif die Ausnahme.

gering

Unabhängigkeit: Eine Trennung von Benutzungsschnittstellen-Code und Applikation ist bei einer Programmierung in PostScript kaum möglich. Im Gegenteil, die Applikation wird schon rein sprachlich in die Welt der Benutzungsschnittstelle hineingezogen.

gering

Unter Verwendung von CPS kommt man in Sachen Trennung zwar einen Schritt weiter, da die Programmierung jedoch sehr mühsam ist, haben sich hier keine Toolkits herauskristallisiert.
Eine Verwendung von Lite legt die Verwendung von objektorientiertem PostScript nahe. Um das zu vermeiden, hat man Schnittstellen für höhere Programmiersprachen (C) entwickelt, die sich kaum von den Toolkits anderer Fenstersysteme (z.B. X/Motif) unterscheiden.

Selection und Clipboard

Kommunikation zwischen Applikationen: Auf den `publicdicts` werden einfach Schlüssel, Felder usw. weitergereicht. Damit sind sowohl Selection-Mechanismus als auch Clipboard-Mechanismus möglich.

DDE technisch kein Problem

Die typenarme PostScript-Programmierung bietet direkt an, Code und Daten an andere Anwendungen weiterzureichen. Damit ist sie geradezu ideal für dynamischen Datenaustausch. Ein echtes Protokoll hierfür gibt es auf PostScript-Basis allerdings nicht, so daß jeder Programmierer selbst verantwortlich ist. Ein solches Protokoll soll es allerdings für Lite inzwischen geben. Generell gilt, sobald symbolische Namen von Ressourcen an andere Clients bekannt gemacht werden, sind diese Ressourcen auch völlig frei im Zugriff (incl. Löschen) durch diese Clients.

11.7 Zusammenfassung

API umständlich

Ausgehend von der Idee, daß Kommunikation zum Zwecke einer Dialoggestaltung nicht statisch sein muß, wurde die Idee eines dynamischen Protokolls entwickelt. Zusammen mit der Beobachtung, daß die für Drucker eingesetzte Seitenbeschreibungssprache PostScript ausgabeseitig genau diese Eigenschaften besitzt, das hat dazu geführt, daß versucht wurde, sie mit einem Rückkanal auszustatten und als Sprache für ein graphisches Fenstersystem zu verwenden. Aus dem Seiten-Layout, das zu beschreiben war, wurde das Bildschirm-Layout. Die gewählte Programmiersprache prägte Konzept, Schnittstellen und sogar Anwenderprogrammierwerkzeuge nachhaltig.

Zunächst klingt die Idee naheliegend und ansprechend. Umso

mehr stellt sich die Frage, warum das Fenstersystem NeWS keine bedeutende Stellung erreicht hat.
Zum einen sind NeWS-Server nicht sicher und können es durch das gewählte Konzept bedingt auch gar nicht sein. Jeder kann alle Objekte sehen (und manipulieren). Nur solche Objekte, die nicht mehr referenziert werden können, sind sicher vor unerlaubter Manipulation, aber gleichzeitig auch wertlos. Zum anderen spielen firmenpolitische Aspekte und die recht eigenwillige Programmierung eine nicht unbedeutende Rolle.

Sicherheitsprobleme

X und NeWS – obwohl intern sehr veschieden – wachsen in Zukunft zusammen:
Zum einen gibt es sogenannte X11/NeWS-Server (OpenWindows, SUN), bei denen die Kommunikation und die interne Realisierung primär mit PostScript und wie bei NeWS funktioniert, die aber gleichzeitig eine X-kompatible Schnittstelle bieten. Andererseits sind Entwicklungen im Gange und teilweise schon abgeschlossen, die versuchen, die Graphik- und Ereignisbasis von X mittels der von NeWS vertrauten Vektorgraphik (hier: Display-PostScript) zu implementieren.

PostScript bleibt

Literatur

[App87] Apple Computer Inc.,
Human Interface Guidelines:
The Apple Desktop Interface,
Addison-Wesley, Reading, 1988.
Die Dokumentation enthält die Richtlinien, mit denen Apple alle offiziellen Anbieter von Mac-Software auf eine einheitliche UI-Linie eingeschworen hat. Die Regeln sind teilweise wenig konkret.

[Ase88] Asente, P.,
Simplicity and Productivity,
UNIX Review, vol. 6, no. 9, 1988, pp. 57-63.
Eine Diskussion, wie der Klassen-Mechanismus beim X-Toolkit funktioniert (mit Beispiel) und warum Toolkits effizient sein können. Paul Asente schrieb den Vorläufer von 'X', nämlich 'W': ein synchrones Window-Protokoll.

[Ber91] Berlage, T.,
OSF/Motif und das X-Window System,
Addison-Wesley, Bonn, 1991.
Eine deutsche Anleitung, wie man das Motif Widget Set programmiert.

[BC89] Brown, J.R., Cunningham, S.,
Programming the User Interface
– Principles and Examples –,
John Wiley & Sons, New York, 1989.
Anhand von Software, die heute auf Mikro-Rechnern verfügbar ist und mit zahlreichen Programmbeispielen versorgt, beschreibt das Buch Hilfsmittel zur Programmierung graphischer und textorientierter Benutzungsschnittstellen. Der Einsatz von Farbgraphik und von Hilfefunktionen wird ausführlich diskutiert und an realen Systemen gezeigt. Ein

Kapitel befaßt sich mit der Integration von UIMS in Fenstersysteme.

[BH93] Bröckl, U., Hartenstein, K.,
Gaphors: Combining Gestures and Metaphors in Order to Obtain a More Efficient 3D-Interface,
Proc. of the IJCAI (Workshop on Looking At People), Chambery, France, 1993.
Die Zeitersparnis einer Gaphor (benutzerspezifische trainierte Geste) besteht darin, daß man das Hauptfenster der Interaktion nicht verlassen muß und die Eingaben überall absetzen kann. Diesen Zeitvorteil, der im Bereich von 30% der Interaktionszeit liegt, kann man theoretisch begründen (Fitts' Law), aber auch real messen. Einige Überlegungen und Resultate werden in diesem Artikel kurz vorgestellt.

[BJ+91] Brede, H.-J., Josuttis, N., Lemberg, S., Lörke, A.,
Programmieren mit OSF/Motif,
Addison-Wesley, Bonn, 1991.
Eine deutsche Anleitung, wie man das Motif Widget Set programmiert, bei der man eine gewisse Didaktik nicht verleugnen kann. Die verwendete Terminologie zeigt die Probleme dieses Bereiches auf: unglückliche Deutsch-Englisch Kombinationen lassen sich kaum vermeiden. Zwei Kapitel von sieben sind der Motif-UIL gewidmet.

[BKS92] Bröckl, U., Klingert, A., Schmitt, A.,
Towards Standardized User Interfaces For Three-Dimensional Interaction:
The Development of 3D-Widgets,
Proc. of the Compugraphics, Lissabon, 1992.
3D-Dialogbausteine sollen den Programmierkomfort moderner Dialogbausteine (Widget Sets) für 3D-Anwendungen verfügbar machen. Diese Idee wird in diesem Artikel erstmals kurz vorgestellt und diskutiert. Es geht nur um Grundsätzliches und nicht um technische Details.

[BK+94] Bröckl, U., Kettner, L., Klingert, A., Kobbelt, L.,
Using Three-Dimensional Hand-Gesture Recognition as a New 3D Input Technique
in: Artificial Life and Virtual Reality, Ed.: Magenat-Thalmann, Thalmann, John Wiley & Sons, 1994, pp. 173 - 178.
Das Gideo-Prinzip wird erstmals vorgestellt. Es geht darum, Hand-Gesten per Videokamera zu erfassen und auszuwerten. Der technische Aufbau, ein Gestenklassifikations-

schema und ein Experimentalsystem sind Thema des Aufsatzes. Die prinzipielle Funktionstüchtigkeit wird anhand eines Experimentalsystems demonstriert.

[Cra89] Crampton, C.,
Existing Window Systems,
in: Workshop on Impact of Windowing in Computer Graphics, Copenhagen 88, Ed.: Eckhardt,D.,
ISO/IEC JTC1/SC24/WG1/N48, Februar 1989, pp. 3-6.

[CS+90] Ching, H., Sung, K., Rogers, G., Kubitz, W.,
A Critical Evaluation of PEX,
IEEE Computer Graphics & Applications, November 1990, pp. 65-75.

[CUA87] IBM,
System Application Architecture: Common User Access,
Advanced Interface Design Guide, IBM, 1987.
Die Dokumentation enthält die Festlegung der UI-Richtlinien für IBM-Softwareprodukte und Software, die von anderen Entwicklern offiziell für IBM-Hardware angeboten werden soll. Eine aktualisierte Version wurde 1991 herausgegeben.

[Cus93] Custer, H.,
Inside Windows NT,
Microsoft Fachbibliothek (dt. Ausgabe), 1993.
Das Betriebssystem Windows NT wird hier bezüglich seiner Architektur beschrieben oder, besser gesagt, gepriesen. Einige Eigenschaften, die in diesem Buch als revolutionäre Neuerungen dargestellt werden, sind zumindest als Ideen schon etwas angestaubt. Die Dialogprogrammierung spielt direkt kaum eine Rolle. Die Mechanismen des Betriebssystems stehen im Vordergrund und werden sehr ausführlich erklärt.

[DIN88] DIN 66 234 (Teil 1 bis 8),
Grundsätze ergonomischer Dialoggestaltung,
Beuth Verlag GmbH, Berlin, 1988, 1991, etc.
Geometrische Gestaltung der Schriftzeichen, Gruppierung und Formatierung von Daten, Strukturierung von Bildschirminformation, Grundsätze ergonomischer Dialoggestaltung, Verwendung von Graphik.

[DK89] Deitel H.M., Kogan M.S.,
The Design of OS/2,
Addison Wesley, Reading, MA, 1992.

Eine umfassende Einführung in die Prinzipien, die OS/2 verfolgt. Die Prozeßkommunikation ist anschaulich, der Presentation Manager ist etwas mager dargestellt. Der konzeptionelle Unterschied zwischen Version 1.x und Version 2.x von OS/2 wird erklärt und begründet.

[EK+83] Enderle, G., Kansy, K., Pfaff, G., Prester F.-J.,
Die Funktionen des Graphischen Kernsystems,
Informatik Spektrum, Band 6, Heft 2, 1983, pp.55-75.
Eine verständliche Beschreibung der funktionalen Schnittstelle des GKS und seiner grundlegenden Konzepte. Die Übersicht enthält keinen Einblick in die Architektur der Software, reicht aber aus Anwendersicht für eine Einführung aus. Die Autoren haben die Entwicklung und den Standard weitgehend mitgeprägt. Das gesamte Heft dreht sich um GKS.

[EE+67] English, W.K., Engelbart, D.C., Berman, M.L.,
Display-Selection Techniques for Text Manipulation,
IEEE Transaction on Human Factors in Electronics, 1967, pp. 5-15.
Im Bereich Büroautomation wird erstmals die mechanische Maus als Alternative zum Lichtgriffel und anderen Eingabegeräten getestet. Die Maus schneidet beim Textverarbeiten nicht schlecht ab, vor allem, weil sie weniger ermüdent ist als der Lichtgriffel.

[Fai85] Fairley, R.E.,
Software Engineering Concepts
McGraw-Hill, New York, 1985.
Die Methodik des Software Engineering wird in diesem Lehrbuch ausführlich behandelt; insbesondere die verschiedenen Entwicklungsprozesse mit ihren Vor- und Nachteilen.

[Fär91] Färber, G.,
Workstations in den 90ern
Praxis in Informationsverarbeitung und Kommunikation, Saur, 1991.
Es geht um die Entwicklung von Hardware und Software allgemein. Nur wenige Ist/Wird-Kommentare sind den Benutzungsschnittstellen gewidmet.

[FD+90] Foley, J., van Dam, A., Feiner, S.K., Hughes, J.F.,
Computer Graphics – Principles and Practice (2nd Ed.),
Addison Wesley, Reading, MA, 1990.
Eines der Standardwerke zur Computer Graphik mit ein

paar Kapiteln zur User Interface und Window System Problematik.

[FG90] Fellner, D., Geymayer, B.,
UIMS – Konzepte zur Erstellung komplexer Benutzerschnittstellen,
CAD und Computergraphik, 13. Jahrgang, Nr. 3/4, November 1990, pp. 87-92.
Eine einfache Einführung in die UIMS-Problematik und eine Beschreibung, wie sie aus der Sicht von modernen Fenstersystemen gelöst werden könnte.

[Fis87] Fisher, B.,
X11 Server Extensions Engineering Specification,
Digital Equipment Corporation, 1987.
Eine Sammlung guter Tips für den Aufbau einer Erweiterung, die in der MIT Distribution enthalten ist.

[FK93] Fulton, J., Kantarjiev, C.K.,
An Update on Low Bandwidth X (LBX),
in: Proceedings of the 7th Annual X Technical Conference, Januar 1993.
Für die Firma NCD haben die Autoren alle Register gezogen um eine X-Protokoll-Implementierung über serielle Leitungen anbieten zu können. Sie lassen in diesem Paper einen Blick in ihre Hexenküche zu. Es ist nicht alles konzeptionell anmutig, was da geboten wird. Man könnte auch von Tricks sprechen.

[Gei90] Geiser, G.,
Mensch-Maschine-Kommunikation,
Oldenbourg Verlag, München, 1990.
Die Ergonomie steht im Vordergrund dieses Buches. Es beschreibt theoretische Grundlagen (Informationskodierung) der Mensch-Maschine-Kommunikation und bietet auch eine Übersicht über praktische Techniken und ihre Einsatzmöglichkeiten.

[Get88] Gettys, J.,
Flexibility Is Key To Meet Requirements For X Window System Design,
Computer Technology Review, pp. 87-89, Summer 1988.
Dieser Artikel enhält eine Übersichtsbeschreibung des Fenstersystems X.

[Goo93] Goodyer, B.,
OS/2 Presentation Manager Programming: Hints and Tips,
McGraw-Hill Book Company, London, 1993.
Dieses Buch ist an alle Presentation Manager-Programmierer gerichtet. Es setzt voraus, daß man mit dem grundsätzlichen Konzept von OS/2 und PM bereits vertraut ist. Es enthält Erfahrungswerte und sehr praxisorientierte Tricks (Programmierbeispiele), wie man sich das Leben leichter machen kann.

[GRA89] Gosling, J., Rosenthal, D.S.H., Arden, M.J.,
The NeWS Book,
Springer-Verlag, New York, 1989.
Neben einer historischen Betrachtung der Fenstersysteme und einer Klassifizierung der existierenden Systeme wird das Konzept von PostScript und NeWS erklärt und mit Beispielen verdeutlicht. Am Ende des Buches werden Portierungsprobleme von Window Systemen angesprochen.

[HH+91] Howard, T.L.J., Hewitt, W.T., Hubbold, R.J., Wyrwas, K.M.,
A Practical Introduction to PHIGS and PHIGS PLUS,
Addison Wesley, Reading, 1991.
Reichhaltig bebildert, liefert dieses Buch eine anschauliche Einführung in die Programmierung und Denkweise von PHIGS. Der Text richtet sich an Programmierer, die eine gewisse Erfahrung in Sachen Graphik mitbringen, für die aber die PHIGS-Programmierung neu ist.

[HK90] Heck, E., Kumpmann, F.,
NeWS – Das Netzwerkfähige Window-System,
Springer-Verlag, Berlin, 1990.
Dieses Buch erklärt die Sprache PostScript, die Programmierung von NeWS (ohne Toolkits) und die Kommunikation zwischen Client und Server mitsamt einiger Geschwindigkeitsmessungen. Es ist einfach und verständlich geschrieben, aber insgesamt etwas knapp. Für einen NeWS-Programmierer liefert es das Hintergrundwissen.

[Hoo86] Hopgood, F.R.A.,
Methodology of Window Management,
Springer-Verlag, New York, 1986.
1985 fand in Alvey House ein Workshop über Window Systeme für Workstations statt. Im Bemühen die rasanten Entwicklungen in der Industrie zu überblicken und die existierenden Lösungen zu bewerten, beschreibt das Buch die Ur-

sprünge der heute weit verbreiteten Systeme wie SunView, NeWS und X.

[Hüb90] Hübner, W.,
Entwurf Graphischer Benutzerschnittstellen,
Springer-Verlag, Berlin, 1990.
Eine Dissertation zum Thema „Vergleich von Entwurfskonzepten graphischer Benutzeroberflächen". Themen wie UIMS und Fenstersysteme werden angesprochen. Der kreative Teil der Arbeit befaßt sich mit einem objektorientierten Modell zur Spezifikation graphischer Dialoge.

[JR+89] Johnson, J., Roberts, T.L., Verplank, W., Smith, D.C., Irby, Ch.H., Beard, M., Mackey, K.,
The Xerox Star: A Retrospective,
ACM Computer, September, 1998, pp. 11-29.
Das Team, das maßgeblich am Entstehen des Xerox Star mitgewirkt hat, erzählt von der Motivation und den Schwierigkeiten bei der Erstellung der Software. Es ist ein Rückblick auf den Entstehungsprozeß und das Umfeld in dem 20 Jahre vorher eines der innovativsten Systeme seiner Zeit entstand. Ein paar gute Ratschläge für zukünftige Entwickler werden auch noch geliefert.

[Jon88] Jones, O.,
Introduction to the X Window System,
Prentice-Hall, Englewood Cliffs, 1988.
Eine ordentliche Einführung in die Programmierung der C-Schnittstelle der XLib. Es enhält ein paar praktische Tips, die den Manuals nicht zu entnehmen sind. Es erhebt dafür aber keinen Anspruch auf Vollständigkeit. Das zweite Kapitel vermittelt auf recht anschauliche Weise die grundsätzlichen Konzepte von X. Dieses Buch gibt es inzwischen auch in einer deutschen Fassung.

[KRA91] Koch, M., Reiterer, H., Tjoa, A.M.,
Software-Ergonomie; Gestaltung von EDV-Systemen – Kriterien, Methoden und Werkzeuge
Springer-Verlag, Wien, 1991.
Dieses Buch handelt von integrierten und ergonomischen Bürosystemen, von Kriterien der menschengerechten Arbeit sowie von Werkzeugen zu deren Gestaltung. Unter Werkzeugen sind hier Bücher (mit Richtlinien und Leitfäden) genauso gemeint wie Software-Engineering Aspekte. Ein Fünf-Phasen-Entwicklungsmodell wird propagiert.

[KW89] Kochan, S. G., Wood, H.P.,
UNIX Networking,
Hayden Books, Indianapolis, 1989, pp. 285-337.
Dieses Buch enthält eine übersichtliche und gut verständliche Beschreibung der beiden Fenstersysteme X und NeWS in bezug auf ihre Netzwerk-Eigenschaften. Das Zusammenspiel mit der Netz-Software in UNIX Systemen steht nicht im Vordergrund, es werden auch die systemunabhängigen Konzepte ausreichend erklärt.

[LB93] Langenkamp, Th., Bredno, J.,
OS/2 Programmierung,
te-wi Verlag, München, 1993.
Ein deutschsprachiges Lehrbuch, das sich vornehmlich der Presentation Manager-Programmierung widmet. Mit zahlreichen Programm- und Anwendungsbeispielen. Es ist für OS/2 Version 2 konzipiert und soll kein Referenzhandbuch, sondern eine praktische Anleitung sein.

[Lee88] Lee, E.,
Window of Opportunity,
UNIX Review, vol. 6, no. 6, 1988, pp. 47-61.
Ein User Interface Referenz Modell wird entwickelt und mit den Möglichkeiten in X verglichen. Hardware-Unterstützung kommt ebenso zur Sprache wie APIs (Application Programmers Interface) und Toolkits. Propagiert die 'Visual Shell'.

[Lef88] Leffler, S. J.,
A Window On The Future?
UNIX Review, vol. 6, no. 6, 1988, pp. 62-69.
Dieser Artikel vergleicht NeWS (incl. Postscript) mit X und kommt zu dem Schluß, daß NeWS eigentlich das System der Wahl sein sollte.

[LH+88] Lux-Mülders, G., Hübner, W., Muth, M., Brand, U., Nötling, T.,
An Approach for the Integration of General Purpose Graphics Systems and Window Managment,
The Visual Computer, Springer-Verlag, Nr. 4, 1988, pp. 159-171.
Das Graphik System GKS wird in das Fenstersystem THESEUS integriert. Alle denkbaren Ansätze werden diskutiert und ein plausibler Weg für eine Implementierung von GKS oberhalb von Fenstersystemen vorgeschlagen.

[LJC89] Linton, M.A., John M.V., Calder P.R.,
Composing User Interfaces with InterViews,

IEEE Computer, vol. 22, no. 2, pp. 65-84, February 1989.
InterViews ist ein C++-Toolkit für X von der Stanford University. Es ist hochgradig objektorientiert und leitet seine Klassen aus drei Basisklassen ab: Text, Graphic und Interactor. Dieser Artikel gibt einen Überblick über die grundlegenden Konzepte. Danach enthalten weniger als 7% des Codes von InterViews die Anbindung an X. Eine weitere Aussage ist, daß Anwendungen vollständig frei von Fensterprogrammierung sein können.

[LM90] Lux-Mülders, G.,
Integration graphischer Normen in Fensterumgebungen am Beispiel von GKS,
Informatik Spektrum, Band 13, 1990.
Basisfenstersysteme (namentlich X) werden daraufhin untersucht, wie man mit ihnen die Graphikprogrammiersysteme (GKS) verwirklichen kann. Eine Lösung des Problems besteht in Fenstern, die logische Arbeitsplätze im GKS-Sprachgebrauch sind. Der Artikel läßt offen, wie die Dialogbausteine in dieses Integrationsmodell passen.

[LR89] Lemke, D., Rosenthal, D.S.H.,
Visualizing X11 Clients,
in: Proceedings of the Winter '89, USENIX Conference, 1989, pp. 125-138.
Die Ressource „Visuals", die in X als Abstraktion der realen Graphikhardware benutzt wird, ist Mittelpunkt dieses Artikels. Die Eigenschaften verbreiteter Systeme und ihre Auswirkungen auf das Visual-Konzept und die Applikation werden beschrieben.

[Mar92] Marcus, A.,
Graphic Design for Electronic Documents and User Interfaces,
ACM Press, Tutorial Series, New York, 1992.
Pädagogisch aufbereitet, werden hier übergreifende Gestaltungsrichtlinien hergeleitet. Sie sind eher elementarer Natur, dafür aber sehr an der Praxis orientiert. Einige wissenschaftliche Grundlagen sind durchaus erleuchtend. Ein kurzer Vergleich der Funktionsfähigkeit der Dialogbausteine und des Window Managements der Systeme MacOS, NeXT, Motif, Presentation Manager und Windows ist enthalten (keine technischen Aspekte). Das Buch ist selbst ein gutes Beispiel für ordentliches Layout. Leider werden einige zugehörige Themenbereiche extrem knapp ausgeführt (Bsp.: gute Diagramme).

[Mat90] Matsumoto, S.,
Electronic Display Devices (engl. Edition)
John Wiley & Sons, New York, 1990.
Fast alle neuen Display-Technologien (LCD, ECD, PDP, ELD, LED) werden hier recht gründlich behandelt. Ein Vergleich der Technologien anhand einiger Kriterien ist tabellarisch angeführt. Obwohl dieses Buch schon beinahe wieder veraltet ist, kann man eine Menge Hintergrundwissen aus E-Technik, Physik und Chemie erwerben.

[MB92] MacKenzie, I.S., Buxton, W.,
Extending Fitts' Law to Two-Dimensional Tasks
in: Proceedings of the HCI, 1992.
Das theoretische Fundament für die ergonomische Anordnung von Dialogbausteinen.

[Mcc88a] McCormack, J., Asente, P.,
Using the X Toolkit or How to Write a Widget,
in: Proceedings of the Summer '88, USENIX Conference, 1988, pp. 1-13.
Eine didaktisch aufbereitete Einführung in die Generierung von X Toolkit Widgets. Sie basiert zwar auf der X11R2 Intrinsic Beschreibung, ist aber dennoch ein guter Einstieg in die Aufgabe, den Toolkits neue Widgets hinzuzufügen.

[Mcc88b] McCormack, J., Asente, P.
An Overview of the X Toolkit,
in: Proceedings of the ACM SIGGRAPH Symposium on User Interface Software, October 1988, pp.46-55.
Liefert einen kurzen Überblick über die Architektur des X-Toolkits (Intrinsics, Athena Widgets) von den Initiatoren. Die zentralen Ziele, die verfolgt wurden, und zukünftige Richtungen werden erörtert.

[Mcl88] McLoughlin, L.,
A Simple Guide to Porting the X Window System,
in: Proceedings of the EUUG, Brussels, Belgium, Spring 1988, pp.182-291.
Ein kurzer Erfahrungsbericht, wie man X auf eine neue Plattform stellt. Er enthält allerdings einige wichtige Details.

[MK+92] Malinowski, U., Kühme, Th., Dieterich, H., Schneider-Hufschmidt, M.,
A Taxonomy of Adaptive User Interfaces,
HCI '92, People and Comp., Cambridge Univ. Press, 1992.

Die Autoren klassifizieren die Adaption, von der statischen Benutzungsoberfläche bis zum sogenannten intelligenten Interface. Hauptunterscheidungsmerkmal ist, ob der Benutzer oder das System die Initiative bei den einzelnen Schritten der Adaption ergreift. Reale Systeme sind in das entstehende Raster eingeordnet.

[MR92] Myers, B.A., Rosson, M.B.,
Survey on User Interface Programming,
IBM Research Report, RC 17624, #77629, 1992
oder: Proceedings of CHI Conference on Human Factors in Computing Systems, New York ACM, 1992, pp. 195-202.
Dieser Bericht entstand nach der Auswertung eines Fragebogens, der an UI-Entwickler versandt wurde. Er enthält einige Statistiken und Zahlen, die die Bedeutung der UI-Programmierung ausdrücken sollen.

[MS92] Mühlhäuser, M., Schill, A.,
Software Engineering für verteilte Anwendungen,
Springer-Verlag, Berlin, Springer-Lehrbuch, 1992.
Bietet einen Einstieg in die unterschiedlichen Konzepte der Verteilung. Insbesondere Themen wie RPC und objektorientierte Verteilung sind eingängig und praxisbezogen erklärt. Eine Reihe von Kriterien für Werkzeuge, die zur Erstellung verteilter Software benutzt werden können, werden präsentiert, z.B.: verteiltes Debuggen, verteiltes Installieren.

[Mye88] Myers, B.A.,
Window Interfaces: A Taxonomy of Window Manager User Interfaces,
User Interfaces, IEEE Computer Graphics & Applications, vol. 8, no. 5, September 1988, pp. 65-84.
Myers gibt eine Reihe von Kriterien an, nach denen man Fenstersysteme im allgemeinen und Window Manager im besonderen beurteilen kann. Er diskutiert und vergleicht Benutzungsschnittstellen, die zu dieser Zeit für Fenstersysteme verfügbar waren.

[Nad88] Nadeau, D.R.,
High-Performance 3-D Graphics In A Window Environment,
Computer Technology Review, Fall 1988, pp. 89-93.
Einige Hersteller stellen 3D-Graphikbeschleuniger auf der Basis von X her. Megatek war einer der ersten. Diese prae-PEX-Lösung wird vorgestellt und diskutiert.

[Nye90] Nye, A.,
The X Window System Series,
7 volumes, O'Reilly and Associates, Sebastopol, 1990.
Basierend auf den MIT X-Manuals, hat O'Reilly als erster kommerzielle Nachschlagewerke für den Umgang mit X auf den Markt gebracht. Die Bücher enthalten allerdings deutlich mehr Information über Randbedingungen, Tricks und Programmiermethoden als die reinen Manuals. Das Gesamtwerk ist inzwischen auf 7 Bände angewachsen, Tendenz steigend.

[Ols91] Olsen, D.R.,
User Interface Management Systems: Models and Algorithms,
Morgan Kaufman Publishers Inc., San Mateo, 1991.
Ein Lehrbuch, das die Forschungsergebnisse und den Stand der Technik der UIMS in einer didaktisch brauchbaren Form zusammenträgt.

[OM+88] Oppermann, R., Murchner, B., Paetau, M., Pieper, M., Simm, H., Stellmacher, I.,
Evaluation von Dialogsystemen (EVADIS),
de Gruyter, Berlin, 1988.
Dieses Buch stellt ein Evaluationsprogramm für Benutzungsschnittstellen vor. Es enthält eine umfangreiche Liste von Fragen und Bewertungen, die nützlich ist, falls man wirklich einmal in die Situation kommt, eine Software beurteilen zu müssen. Die erwähnte Software ist gegenüber dem Stand des Buches inzwischen einmal überarbeitet worden.

[Ore89] O'Reilly, T.,
The Toolkits (and Politics) of X Windows,
UNIX World, vol. 6, no. 2, February 1989, pp. 66-73.
Eine Beschreibung der verbreitetsten Widget Sets, die frei für X verfügbar sind. Es ist eine eher oberflächliche Darstellung.

[OS/2-89] Microsoft Corporation,
OS/2 Programmer's Reference Vol.1,
Microsoft Press, 1989.
Nach einer Einführung in die Programmierung von OS/2 (Version 1.x) allgemein enthält der zweite Teil eine ausführliche Beschreibung des Presentation Managers, und der dritte bietet eine Dokumentation der Graphik-Programmierschnittstelle an. Der letzte Teil umfaßt einige Themen, die dem fortgeschrittenen Programmierer weiter-

helfen, wie dynamisches Linken, Interprozeßkommunikation, Timer und mehr.

[Pfa90] Pfaff, G. E.,
Standardization in Computer Graphics,
in: Computer Graphics Technics, Eds.: D.F. Rogers, R.A. Earnshaw, Springer-Verlag, New York, 1990, pp. 475-516.
Alle Standards (GKS, GKS-3D, PHIGS, CGM, CGI) werden konzeptionell vorgestellt. Es findet zwar kein direkter Vergleich statt, aber die Unterschiede werden deutlich. Die Vor- und Nachteile der Standardisierung von Software werden im Rahmen der Weiterentwicklung von Hardware und Benutzeranforderungen (Parallelität) gesehen.

[Rei85a] Reid, G.,
PostScript Programming Language Reference Manual
Adobe Systems Inc., Addison Wesley, Reading, 1985.
Eine vollständige Beschreibung der Sprache PostScript.

[Rei85b] Reid, G.,
PostScript Tutorial and Cookbook
Adobe Systems Inc., Addison Wesley, Reading, 1985.
Eine Anleitung, wie man mit PostScript programmiert und elementare Probleme löst.

[Rei85c] Reid, G.,
Writing PostScript Drivers and Something
Adobe Systems Inc., Addison Wesley, Reading, 1985.

[Roc89] Rochkind, M. J.,
XVT: A Virtual Toolkit for Portability Between Window Systems,
in: Proceedings of the Winter '89, USENIX Conference, 1989, pp. 151-163.
Eine einheitliche API für verschiedene Window-Systeme ist eigentlich etwas sehr Sinnvolles. In Form eines logischen Toolkits könnte man erreichen, daß Applikationen nicht nur auf X11, sondern auch auf dem Presentation Manager, der MacIntosh-Oberfläche und anderen Systemen verwendet werden können. Ein Virtual Toolkit (XVT) muß dann auf das jeweils real existierende Toolkit abgebildet werden. Das Problem sind die unterschiedlichen Konzepte der realen Systeme.

[Ros88a] Rosenthal, D.S.,
A Simple X11 Client Program,
or, How Hard Can It Really Be to Write 'Hello, World'?,

in: Proceedings of the Winter '88, USENIX Conference, 1988, pp. 229-235.
In diesem Paper wird anhand des legendären 'Hello World' Programms der Unterschied zwischen X-Library- und X-Toolkit-Programmierung erklärt. Neben dem verschiedenen Komfort der beiden Programmierschnittstellen kommen auch Fragen des Kommunikationsaufwands in beiden Fällen zur Sprache. Es wird an Beispielen (und in Zahlen) gezeigt, daß das höhere Abstraktionsniveau einer Schnittstelle nicht unbedingt eine schlechtere Performance bedeuten muß.

[Ros89] Rosenthal, D.S.,
Inter-Client Communication Convention Manual, Version 1.0
MIT X Consortium Standard, Boston, 1989.
Dieser Teil der Dokumentation der X Standard-Installation kümmert sich um das Zusammenspiel und den Datenaustausch der X-Clients, die einen Server teilen. Es werden Objekte für den Datenaustausch definiert und Abläufe und Konventionen für deren Handhabung beschrieben.

[Rost88] Rost, R. J.,
Adding a Dimension to X,
UNIX Review, vol. 6, no. 10, 1988, pp. 51-59.
PEX ist eine 3D-Erweiterung von X unter Einbeziehung des Graphik-Standards PHIGS+. Eine Vorabversion ist bereits implementiert. Die Endversion wurde vom X Konsortium der Firma SUN in Auftrag gegeben und ist seit ca. 1992 verfügbar. Dieser kurze Aufsatz dokumentiert einige der Entwurfsentscheidungen.

[Rost89] Rost, R. J., Friedberg, D., Nishimoto, P. L.,
PEX: A Network-Transparent 3D Graphics System,
IEEE Computer Graphics & Applications, July 1989, pp. 14-26.
Der Stand der Entwicklung des PEX-Projektes wird beschrieben. Die wesentlichen Konzepte und Entscheidungen kommen noch einmal zur Sprache, zum Beispiel Ausgabe-Pipeline und die Möglichkeiten des Structure Traversal.

[RSK90] Rogers, G., Sung, K., Kubitz, W.,
Combining Graphics and Windowing Standards in the XGKS System,
Computer Graphics Forum, North-Holland, 9, 1990, pp. 229-237.
Bietet einen guten Überblick über die Probleme, die darin

bestehen, die verschiedenen Konzepte von GKS-3D und X unter ein Dach zu bekommen. Die Beschreibung bezieht nur die Programmierschnittstelle auf Basis der X-Bibliothek mit ein. Dialogbausteine werden zu diesem Thema nicht angeboten.

[Rub91a] Rubin, D.,
Specifying Gestures by Example,
Computer Graphics, Vol. 25, Nr. 4, 1991.

[Rub91b] Rubin, D.,
Integrating Gesture Recognition and Direct Manipulation,
in: Proceedings of the Summer '91, USENIX Technical Conference, 1991.

[Rum90] Rumpf, Ch.,
Toolkits und User Interface Design Systeme auf X-Windows,
Softwaretechnik-Trends, GI, Band 10, Heft 2, Oktober 1990, pp. 48-75.
Enthält eine Liste von Toolkits, ihre Entwicklungsgeschichten und ihre maßgeblichen Merkmale und Eigenheiten. Danach werden verschiedene „Look and Feels" beschrieben. Schließlich findet man hier eine sehr kompakte und übersichtliche Erklärung, welche Arten und Ausprägungen von UI Design Systemen es gibt und was sie können.

[Sal93] Salcher, E.,
Das X-Window-System und MS-Windows im Vergleich,
Bibliographisches Institut, Mannheim, 1993.
Ein Vergleich der Konzepte, des Operationsumfangs und der Programmierung der beiden wichtigsten Fenstersysteme. Empfehlenswert ist die Lektüre vor allem, wenn man eines von beiden Systemen kennt und das andere verstehen will. Besonderer Wert wird auf die unterschiedlichen Programmierschnittstellen gelegt.

[SA88] Swick, R.R., Ackerman, M.S.,
The X Toolkit: More Bricks for Building User Interfaces,
in: Proceedings of the Winter '88, USENIX Conference, 1988, pp. 221-233.
Die Autoren des Athena Widget Sets und der Intrinsics beschreiben die Architektur eines Toolkits und stellen ihr erstes Set vor.

[SAH90] Schmandt, C., Ackerman, M.S., Hindus, D.,
Augmenting a Window System with Speech Input,
IEEE Computer, August, 1990, pp. 50-56.
Das Fenstersystem X wurde mit Spracheingabe versehen mit dem Ziel, die Navigation der Benutzungsoberfläche (Window Manger-Funktionalität) einfacher und schneller zu machen. Im Durchschnitt spricht man zwar rund 500% schneller als man tippt; das gilt jedoch nur, wenn der Text festliegt und man weiß, was man sagen kann und soll. So waren die erzielten Effekte relativ bescheiden.

[SC92] Strauss, P.S., Carey, R.,
An Objekt-Oriented 3D Graphics Toolkit
Computer Graphics, vol. 26, Nr. 2, July 1992, pp. 341-349.
Ein neues Konzept, wie 3D-Ein- und Ausgabe mit modernen Fenstersystemen zusammen gebracht werden kann, wird vorgestellt. Es handelt sich um ein teilweise objektorientiertes Konzept, das allerdings eine vollständige Trennung der 2D-und 3D-Toolkits vorsieht. Eine kurze und abstrakte Beschreibung des Inventor-Pakets der Firma Silicon Graphics.

[Sch83] Schmitt, A.,
Dialogsysteme,
Bibliographisches Institut, Mannheim, 1983.
Eines der ersten (und wenigen) Bücher, die Dialogsysteme als ein geschlossenes und ernst zu nehmendes Gebiet betrachten. Es enthält wichtige Grundlagen, ist aber in einigen Bereichen nicht mehr auf dem neuesten Stand.

[Sch94] Schmitt, A.,
Mensch-Maschine-Dialog I,
Skriptum zur gleichnamigen Vorlesung, Universtität Karlsruhe, 1994.
Grundlagen der Ergonomie und der Informationstheorie, soweit sie den Mensch-Maschine-Dialog betrifft, sind hier zusammengetragen.

[Sch88] Schaufler, R.,
X11/NeWS Design Overview,
in: Proceedings of the Summer '88, USENIX Conference, 1988, pp. 23-35.
Schaufler hat den NeWS Server mitentwickelt und hat auch die Integration in einen kombinierten X11/NeWS Server mitbestimmt. Die Funktionalität und die Unterschiede der beiden Systeme werden hier herausgearbeitet.

[Sch93] Schildt, H.,
Windows NT Programming Handbook,
Osborne McGraw-Hill, Berkeley, 1993.
Keine vollständige, wohl aber eine leicht verständliche Anleitung, um mit Hilfe von Windows NT Benutzungsschnittstellen programmieren zu lernen. Der Titel ist etwas irreführend. Der Autor beschränkt sich fast vollständig auf Dialogobjekte, obwohl Windows NT eigentlich ein Betriebssystem ist. Die Analogie zur Programmierung von Windows und dem Presentation Manager ist offensichtlich. Dieses Buch scheint für Einsteiger geeignet.

[Seu94] Dr. Seufert GmbH,
Overview-mX, Produktinformation zu mX-Terminals,
Pressemitteilung der Dr. Seufert GmbH, Karlsruhe, 1994.
Modulare Großbildschirme als Anzeigen in Leitwarten können auch mittels Fenstersystemen (in diesem Fall X) betrieben werden. Man gewinnt beispielsweise Raum durch die Überlappungstechnik, kann die Darstellungswand mit Hilfe herkömmlicher Fenster-API ansteuern und gewinnt die externe Parallelität der Anzeige.

[SG86] Scheifler, R.W., Gettys, J.,
The X Window System,
ACM Transactions on Graphics, vol. 5, no. 2, April 1986, pp. 79-109.
Die Autoren stellen zum ersten mal ihr Konzept für das X Window System vor. Es ist immer noch **das** *Papier über X, obwohl es auf dem Stand des X10 Protokolls ist.*

[SGN88] Scheifler, R., Gettys, J., Newman R.,
X Window System,
DEC Press, 1988.
Dieses Buch enthält mehr Text als die reinen Manuals, weniger Tips als das Buch von Jones, aber dafür ist es eine vollständige Beschreibung der XLib und bietet einen Einblick in das X11 Protokoll. Es ist von den Autoren von X.

[She88] Sherr, S.,
Input Devices,
Academic Press Inc., Boston, 1988.
Von mehreren Autoren wurde diese technische Übersicht über zahlreiche Eingabegeräte zusammengetragen. Wer wissen will, wie eine Tastatur, eine Maus oder ein Tablett funktioniert, findet hier eine erschöpfende Auskunft. Nicht ganz auf dem neuesten Stand sind Themen wie Sprach-, Gesten- bzw. Zeicheneingabe.

[She93] Sherr, S.,
Electronic Displays,
John Wiley & Sons, New York, 1993.
Dieses Buch ist neuer und etwas aktueller als das Werk von Matsumoto. Es enthält weniger technische Details, dafür ist es aber einfacher zu verstehen, weil es auch die physikalischen Grundlagen ausführlich erklärt.

[Smi92] Smith, J.D.,
Designing X Clients with Xt/Motif,
Morgan Kaufmann, San Mateo, 1992.
Anhand mehrerer überschaubarer Applikationen wird die Verwendung von Motif gelehrt. Die typischen Anfangsprobleme kommen zur Sprache.

[Ste93] Steinmetz, R.,
Multimedia-Technologie: Einführung und Grundlagen,
Springer-Verlag, Berlin, 1993.
Eine anschauliche Einführung in die Begriffswelt der Multimedia-Technologie, die lehrhaften Charakter hat. Es werden alle wichtigen Themen (Datenströme, Datenformate, Speichermedien, Kommunikation, Datenbanken und Hypermedia) angesprochen. Kapitel 12 behandelt eher übersichtsartig die Auswirkungen der neuen Techniken auf die Benutzungsschnittstelle.

[SUN89] Sun Microsystems,
NeWS 2.0 Programmer‘s Guide,
Sun Microsystems Inc., 1989.
Beschreibt sowohl die Programmierung von NeWS mit Hilfe von PostScript allgemein und als auch unter Verwendung des Klassenkonzeptes.

[TF89] Thomas, S.W., Friedmann, M.,
PEX – A 3-D Extension to X Windows,
in: Proceedings of the Winter '89, USENIX Conference, 1989, pp. 139-149.
Beschreibt die Beispielimplementierung von PEX. Architekturaspekte und Entwurfsentscheidungen sind dokumentiert.

[Urb91] Urbanek, W.,
Software-Ergonomie und benutzerangemessene Auswahl von Werkzeugen bei der Dialoggestaltung,
de Gruyter, Studien zur Wirtschaftsinformatik, Berlin, 1991.
Eine Dissertation und nach Aussagen anderer besser als der Leitfaden von Oppermann et al.. Strukturiert das Wissen

im Bereich Dialogtechnik und liefert einen Fragenkatalog zum Thema Bewertung. Nicht zuletzt ein Glossar, z.T. mit Blickrichtung Arbeitswissenschaft.

[Wet89] Wettstein, H.,
Architektur Verteilter Systeme,
Skriptum zur gleichnamigen Vorlesung, 1989.
Die Architekturen und die Techniken verteilter Systeme werden systematisch hergeleitet. Datentransport, Adressierung, Kommunikation, Kooperation und Fehlertoleranz sind anschaulich erklärt.

[Wet93] Wettstein, H.,
Systemarchitektur,
Hanser-Verlag, München, 1993.
Dieses Buch entstand aus zahlreichen Vorlesungen an der Universität Karlsruhe. Es enthält eine umfassende Beschreibung der Betriebsmittelverwaltung, Parallelität und Prozeßsynchronisation in Betriebssystemen und vergleichbar komplexen Programmsystemen. Das Buch ist bekannt für seine Systematik.

[Win93] Microsoft Corporation,
Win32 Programmer's Reference Vol.1,
Microsoft Press, 1993.

[Wis90] Wisskirchen, P.,
Object-Oriented Graphics,
Springer-Verlag, Berlin, 1990.
Beschreibt die Entwicklung der graphischen Benutzungsschnittstellen von den Anfängen (GKS, PHIGS) bis zu den neueren objektorientierten Ansätzen. Nach einem Überblick über Smalltalk wird schließlich ein Programmiersystem mit Namen GEO++ entwickelt.

[You90] Young, D.,
The X Window System: Programming and Applications with Xt,
OSF/Motif Edition, Prentice-Hall, 1990.
Ein Tutorial, das versucht, das Programmiermodell der Widget Sets so zu erklären, daß man nicht nur Applikationen, sondern auch eigene Widgets schreiben lernen kann. Es hilft vor allem auch dabei, die Suche in den ausführlichen Motif-Manuals zu beschleunigen.

[Zim83] Zimbardo, P.G.,
Psychologie,
Springer-Verlag, Heidelberg, 1983.
Dieses Lehrbuch der Psychologie enthält ein Kapitel über die Wahrnehmung, in dem die Gestaltpsychologie erklärt wird. Der Bezug zu anderen Wahrnehmungserklärungen wird hergestellt. Die anschauliche Ausgestaltung des Buches macht es sehr gut für Laien verständlich.

Motif-Beispiel

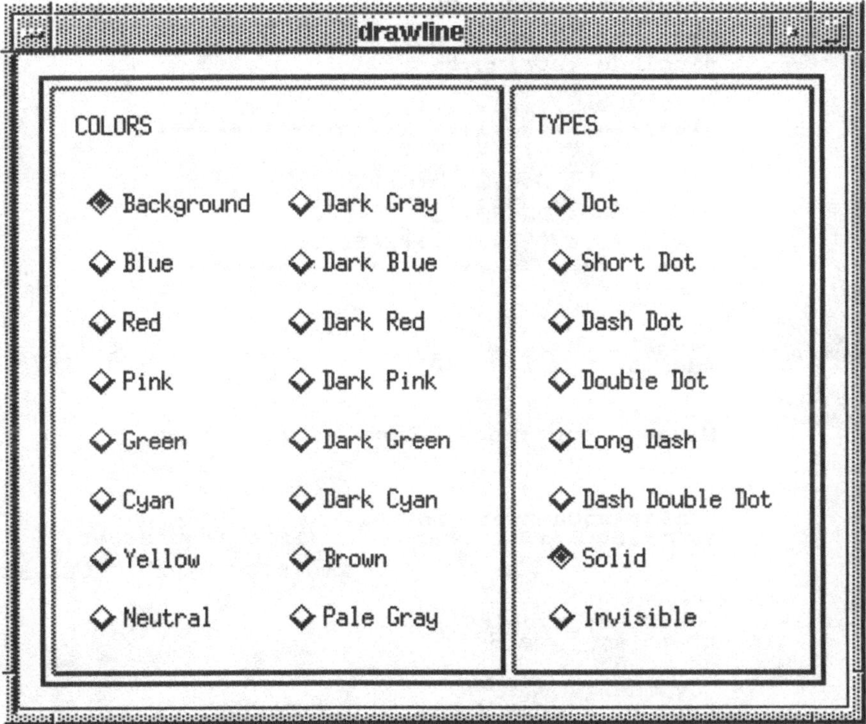

Abb. A.1
Drawline-Beispiel in der Motif-Implementierung

Abbildung A.1 zeigt das Resultat, des im anschließenden Code-Beispiel aufgeführten Drawline-Programms. Das Beispiel enthält die Motif-Implementierung des Problems, das in früheren Kapiteln bereits mit Hilfe von Windows, des Presentation Managers und mittels NeWS/Lite gelöst wurde.

X/Xt spezifisch

Motif spezifisch

C/Unix spezifisch

```
#include <X11/Xlib.h>
#include <X11/Xutil.h>
#include <X11/Intrinsic.h>
#include <X11/StringDefs.h>
#include <Xm/Xm.h>
#include <Xm/PushB.h>
#include <Xm/RowColumn.h>
#include <Xm/BulletinB.h>
#include <Xm/Frame.h>
#include <Xm/ToggleB.h>
#include <Xm/Label.h>
#include <malloc.h>
#include <stdio.h>
#include <string.h>

/*************************************
*       Projekt: mmd
*         Modul: drawline.c
*         Datum: 26.5.94
*************************************/
```

statische Länge der Argumentliste

```
#define MAX_ARG  20
```

Globale Variable

```
Widget  toplevel,   box,    rowColumn;


XmStringCharSet charset = (XmStringCharSet)
                          XmSTRING_DEFAULT_CHARSET;

char tmp_type[80];

typedef struct {
        unsigned int num;
        Widget button;
        char *name;
        char *function;
} buttonItemType;
```

ein Feld für alle colorButtons: Index, Wid, Name..

```
static buttonItemType colorButtons[] = {
  { 1, NULL, "colorbutton1", "black"           },
  { 2, NULL, "colorbutton2", "blue"            },
  { 3, NULL, "colorbutton3", "red"             },
  { 4, NULL, "colorbutton4", "pink"            },
  { 5, NULL, "colorbutton5", "green"           },
  { 6, NULL, "colorbutton6", "cyan"            },
  { 7, NULL, "colorbutton7", "yellow"          },
  { 8, NULL, "colorbutton8", "white"           },
  { 9, NULL, "colorbutton9", "dark slate gray"},
  {10, NULL, "colorbutton10","dark slate blue"},
  {11, NULL, "colorbutton11","red4"           },
  {12, NULL, "colorbutton12","deep pink"      },
  {13, NULL, "colorbutton13","dark green"     },
  {14, NULL, "colorbutton14","cyan4"          },
  {15, NULL, "colorbutton15","brown"          },
  {16, NULL, "colorbutton16","light gray"     },
  { 0, NULL, "The End",      NULL             }
};
```

ein Feld für alle typeButtons: Index, Wid, Name

```
static buttonItemType typeButtons[] = {
    { 1, NULL, "typebutton1", "./bm_dot" },
    { 2, NULL, "typebotton2", "./bm_sdash" },
    { 3, NULL, "typebotton3", "./bm_dashdot" },
    { 4, NULL, "typebotton4", "./bm_ddot" },
    { 5, NULL, "typebotton5", "./bm_ldash" },
    { 6, NULL, "typebotton6", "./bm_ddd" },
    { 7, NULL, "typebotton7", "./bm_solid"},
    { 8, NULL, "typebotton8", "./bm_nix" },
    { 0, NULL, "The End",      NULL }
};
```

die Callback Prozeduren: ein Callback für die Farben

```
void ColorCB (Widget         widget,
             caddr_t         clientData,
             buttonItemType *callData)
/********************************************/
```

Verbindungs-Id, Ressource-Ids

Farben in der Farbtabelle per Namen besorgen

```
{
  Display    *dpy = XtDisplay(widget);
  int        scr = DefaultScreen(dpy);
  Colormap   cmap = DefaultColormap(dpy, scr);
  XColor     color, ignore;
  Pixmap     pixmap;
  Pixel      background;

  if
  (((XmToggleButtonCallbackStruct*)callData)->set)
  {


    if (XAllocNamedColor(dpy, cmap,
                         clientData->function,
                              &color, &ignore) )
    {
      XtVaGetValues(rowColumn, XmNbackground,
                              &background, NULL);

      pixmap = XmGetPixmap (XtScreen(rowColumn),
                              tmp_type,
                              (Pixel) color.pixel,
                              background);
      XtVaSetValues(rowColumn, XmNborderColor,
                              (Pixel) color.pixel,
                              XmNborderPixmap,
                              pixmap, NULL);

    }
    else
    {
      printf("Warning: can't allocate color %s\n",
                              clientData->function);
    }
  }
}
```

ein Callback für die Linienart

```
void TypeCB (Widget         widget,
             caddr_t        clientData,
             buttonItemType *callData)
/************************************/

{
   Pixel         foreground, background;
   Pixmap        pixmap;

   if
   (((XmToggleButtonCallbackStruct*)callData)->set)
   {
     XtVaGetValues(rowColumn,
                   XmNborderColor, &foreground,
                   XmNbackground, &background,
                   NULL);

     strcpy(tmp_type, (char *)
            clientData->function);

     pixmap = XmGetPixmap(XtScreen(rowColumn),
                          clientData->function,
                          foreground,
                          background);

     XtVaSetValues (rowColumn,
                    XmNborderPixmap,
                    pixmap, NULL);
   }
}
```

Routine zum Erzeugen der RadioBoxen

```
void RadioBox (Widget         parent,
               char           *title,
               buttonItemType *buttonList,
               unsigned       defSet,
               unsigned       numCol,
               void           (*callproc)())
/*****************************************/
```

```
{
    Widget            container, label,
                      radioBox;
    buttonItemType    *buttonEntry;
    register int      i, nArg;
    Arg               vArg[MAX_ARG];
```

Bulletin-Board als Behälter für Labels und Toggles

```
    nArg = 0;
    XtSetArg(vArg[nArg],XmNshadowType,
            XmSHADOW_OUT ); nArg++;
    XtSetArg(vArg[nArg],XmNshadowThickness,2);
                            nArg++;
    XtSetArg(vArg[nArg],XmNresizePolicy,
            XmRESIZE_ANY);  nArg++;
    container = XmCreateBulletinBoard (parent,
                            "container",
                            vArg, nArg);
    XtManageChild(container);

    /* Titel-Label erzeugen: */
    nArg = 0;
    XtSetArg(vArg[nArg], XmNlabelString,
            XmStringCreateLtoR(title, charset));
                            nArg++;
    label = XmCreateLabel (container,
                            "label",
                            vArg, nArg);
    XtManageChild(label);
```

RadioBox für die Toggles erzeugen

```
    nArg = 0;
    XtSetArg(vArg[nArg], XmNy,
            (Dimension) 40 ); nArg++;
    XtSetArg(vArg[nArg], XmNradioBehavior,
            True );           nArg++;
    XtSetArg(vArg[nArg], XmNpacking,
            XmPACK_COLUMN );  nArg++;
    XtSetArg(vArg[nArg], XmNnumColumns,
            numCol );         nArg++;
```

```
  radioBox = XmCreateRadioBox(container,
                              "RadioBox",
                              vArg, nArg);
  XtManageChild (radioBox);
```

die Buttons in der Liste erzeugen

```
  i = 0;
  while /* not eol */
  ( buttonList[i].num )
  {
       buttonEntry = &(buttonList[i]);

       buttonEntry->button =
              XmCreateToggleButton (radioBox,
                 buttonEntry->name, NULL, 0);
       XtManageChild (buttonEntry->button);

       XtAddCallback (buttonEntry->button,
                  XmNvalueChangedCallback,
                        (void *) callproc,
                   (caddr_t) buttonEntry);
       i++;
```

Default-Button erzeugen

```
       XmToggleButtonSetState (
               buttonEntry->button,
               (buttonEntry->num == defSet) ?
               True:False,
               False);
  }

}
```

```
main(unsigned int argc,char **argv)
/***********************************/
{
```

Hauptprogramm

Toolkit initialisieren, ApplicationContext erzeugen, Display öffnen, Shell erzeugen

```
  toplevel = XtInitialize (argv [0],
                           "Drawline", NULL, 0,
                           &argc, argv);
```

Rahmen, damit Begrenzungslinie des RowColumn sichtbar wird

```
  box = XmCreateFrame (toplevel, "box", NULL, 0);
  XtManageChild (box);
```

das RowColumn, dessen Rahmen die Graphik darstellt

```
  rowColumn = XmCreateRowColumn (box,
                                 "rowColumn",
                                 NULL, 0);
  XtManageChild (rowColumn);
```

Erzeugung der RadioBox inkl. ToggleButtons

```
  RadioBox (rowColumn, "COLORS",
            colorButtons, 1, 2,
            ColorCB);
  RadioBox (rowColumn, "TYPE",
            typeButtons, 7, 1,
            TypeCB);
```

Darstellung und Ereignisschleife

```
  XtRealizeWidget(toplevel);
  XtMainLoop();
}
```

Deutlich zu erkennen ist, daß **Xm**-Funktionen sich mit **Xt** und **X**- (also Xlib)-Funktionen abwechseln. Wir benutzen an einigen Stellen die erwähnten Convenience-Funktionen, z.B. **XmCreateRowColumn**. Die Umrahmung des Hauptfensters ist gemäß dem Motif-Window Manager erfolgt und eine Folge der Shell, die gewählt wurde. Das Programm beschäftigt sich nicht damit.

In Abb. A.2 ist die dynamische Hierarchie der Drawline-Applikation zu sehen. Es zeigt sich deutlicher als bei den analogen Presentation Manager- und NeWS-Beispielen, wie sehr Motif-Programme von der Komposition leben. Diese Hierarchietiefe erreichen die anderen Systeme nicht. Dafür kommt man problemlos mit den vorgefertigten Dialogbausteinen aus.

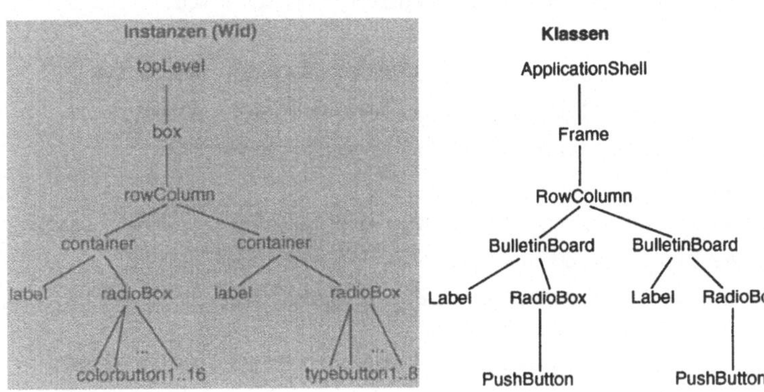

Abb. A.2 Dynamische Widget-Hierarchie für das Drawline-Beispiel in der Motif-Implementierung

Einige Werte der Dialogbausteine sind im Programm überhaupt nicht initialisiert oder angesprochen worden. Diese wurden in ein Resourcefile ausgegliedert, das der Motif-Resource Manager zu Beginn der Programmausführung einliest. Diese Datei wird automatisch unter dem Namen gefunden, der bei der Funktion **XtInitialize(..Drawline..)** als zweiter Parameter angegeben wurde. Die Groß-/Kleinschreibung für das Resourcefile und den Programmnamen ist eine Motif-Konvention. Großgeschriebene Namen sollen Klassen, kleingeschriebene Namen sollen Instanzen oder konkrete Objekte bezeichnen. Insofern ist das laufende Programm eine Instanz. Da mehrere Clients mit dem gleichen Namen in einem Multiprozeßsystem möglich sind, ist der großgeschriebene Name gewissermaßen ihr Klassenname.

Die Datei „Drawline“ ist im Anschluß zu sehen. Sie zeigt die typische Listenstruktur mit den Dialogbausteinkomponenten

(Merkmalen) links und den Ausprägungen rechts. Um den Wert dieser späten Verfeinerung zu ermessen, möge man sich vorstellen, daß durch Editieren der Drawline-Datei eine einfache Anpassung an jede beliebige Sprache möglich ist, weil hier fast die gesamte Beschriftung ausgelagert wurde.

ein Beispiel für späte Verfeinerung mittels Resource-Datei

```
Drawline*rowColumn.orientation:      HORIZONTAL
Drawline*rowColumn.numColumns:       2
Drawline*rowColumn.borderWidth:      2

Drawline*box.marginWidth:            10
Drawline*box.marginHeight:           10

Drawline*colorbutton1.labelString: Schwarz
Drawline*colorbutton2.labelString: Blau
Drawline*colorbutton3.labelString: Rot
.....
Drawline*colorbutton14.labelString:Tiefes Cyan
Drawline*colorbutton15.labelString:Braun
Drawline*colorbutton16.labelString:Hellgrau
.....
Drawline*typebutton5.labelString:  Long Dash
Drawline*typebutton6.labelString:  Dash Double Dot
Drawline*typebutton7.labelString:  Solid
Drawline*typebutton8.labelString:  Invisible
```

Im Programm werden die möglichen Muster von Dateien geladen. Diese Muster sind im sogenannten Bitmap-Format. Eine der Dateien, die die Muster enthalten, sieht wie folgt aus. Das Format ist als textuelle Version des X-Bitmap-Formats bekannt. Jedes Muster hat eine eigene Datei, und jede der Dateien wird im Programm als Pixmap in den Server geladen.

```
#define bm_dot_width 8
#define bm_dot_height 4
static char bm_dot_bits[] = {
   0x0f, 0x0f, 0x0f, 0x0f};
```

Glossar

Fenstersysteme – und die Dialogsoftware insgesamt – sind in einem Entwicklungsstadium, in dem sich die Terminologie noch nicht in allen Bereichen gefestigt hat. Einige Begriffe sind aus abstrakten Konzepten abgeleitet, andere stammen ursprünglich von konkreten Produkten. Sofern sie den Weg in einen herstellerunabhängigen Sprachgebrauch gefunden haben, sollen sie hier aufgeführt werden. Es wird versucht, die Definitionen so allgemein wie nötig und so genau wie möglich anzugeben.

Dieses Glossar ist folgendermaßen aufgebaut:
Nach dem Begriff, der erklärt wird, folgt eine kurze sprachliche Erläuterung *[in eckigen Klammern]*, wenn es sich um englische Bezeichnungen oder um Kunstworte handelt. Die angegebenen Übersetzungen der Fachwörter sind eher sinngemäß als wörtlich zu verstehen.
Falls der deutsche Ausdruck ebenfalls gebräuchlich ist, so sind beide Einträge enthalten und die Definition ist dem deutschen Wort zugeordnet. Bei dem synonymen Fremdwort steht nur ein Verweis.

Accelerator Key

[engl., ↑Beschleunigungstaste]

adaptierbar

Unter adaptierbaren (engl.: adaptable) Benutzungsschnittstellen versteht man solche, die unter anderem die Möglichkeiten der späten Verfeinerung besitzen, um sich auf bestimmte Benutzer oder Benutzergruppen einzustellen. Davon können Zeichensätze, Farben, nationale Besonderheiten, aber auch Abkürzungen und Wechsel zwischen graphischer und textueller Eingabe betroffen sein. Die Anpassung erfolgt jedoch nicht automatisch, sondern nur auf Wunsch des Benutzers. In dieser Beziehung unterscheiden sich adaptierbare und ↑adaptive Benutzungsschnittstellen.

adaptiv

Als adaptiv (engl.: adaptive) bezeichnet man eine Benutzungsschnittstelle, die sich (in Farbe, Geschwindigkeit, Hilfestellungen usw.) automatisch dem Profil ihres Benutzers oder ihrer Benutzerin anpaßt. Voraussetzungen sind die Möglichkeiten der späten Verfeinerung, die hierzu benutzt werden. Von den adaptiven zu unterscheiden sind ↑adaptierbare Benutzungsschnittstellen.

API

[Akronym: Application Programmer's Interface]
Die Schnittstelle eines Fenster- oder Dialogsystems, die der Anwendungsprogrammierer sieht.

Beschleunigungstaste

Eine Taste oder Tastenkombination, die das Abwärtsspringen in Menübäumen erlaubt.
(↑Hotkey ↑Accelerator Key)

Callback

[engl., Rückruf, im Sinne von: wir rufen Sie zurück]
Für ↑Dialogbausteine (↑Widget), die dem ↑Toolkit-Laufzeitsystem übergeben wurden, muß es die Möglichkeit geben, wieder Teile der Applikation (sogenannte Callback-Funktionen) zu aktivieren. Zu diesem Zweck definiert man Callbacks, die die Steuerung – für die Ausführung einzelner Funktionen – vom Toolkit zurück an die Applikation übergeben.

Click-to-type

[engl., Klicken, um zu tippen]
Durch Anklicken spezifiziert man das Fenster, dem die Tastatureingabe zugeordnet werden soll.
(↑Focus, ↑Listener Mode, ↑Real Estate Mode)

Clipboard

[engl., Schneidebrett]

Um Daten (Graphik und Text) von einer Applikation zur nächsten zu transportieren, bedient man sich häufig einer dritten Applikation, die als sogenanntes Clipboard fungiert. Diese Applikation ist durch ein Clipboard-Fenster auf dem Bildschirm präsent. In dieses kopiert oder schiebt (↑Direktmanipulation) man die graphische Repräsentation des Datenobjekts und von dort holt man es sich für eine oder mehrere Zielapplikationen wieder ab (n:1:m). Ist eine Datenformatwandlung notwendig, so wird diese vom Clipboard durchgeführt.

(↑Dynamic Data Exchange, ↑Selection Mechanismus)

Depth Cueing

[engl., Tiefenverjüngung]

Ein einfaches Verfahren, um einem 3D-Objekt auf einem 2D-Bildschirm ein räumliches Aussehen zu geben. Im Vordergrund liegende Teile des Objekts erscheinen heller, weiter weg liegende Kanten werden blasser, dunkler oder dünner dargestellt.

Dialogbaustein

Einerseits ist ein Dialogbaustein für den Benutzer als eine funktionale Einheit auf dem Bildschirm sichtbar, zum anderen ist es aus der Sicht des Dialogprogrammierers ein Datenobjekt (↑Widget).

Ein Dialogbaustein ist charakterisiert durch eine Anzahl von Fenstern (mindestens eines evtl. mit ↑Gadgets) und durch gewisse Eigenschaften dieser Fenster (Größe, relative Lage). Außerdem ist jeder Dialogbaustein für eine Anzahl von Benutzereingaben empfindlich und reagiert darauf in einer vordefinierten Art.

Viele Dialogbausteine erlauben auch die Aktivierung anwendungsspezifischer Programmteile zusätzlich zu den definierten Aktionen, z.B. über ↑Callback-Mechanismen.

Dialogsteuerung

Um die Verantwortung für den Ablauf einer Dialogsitzung konkurrieren der Benutzer und der Rechner. Man unterscheidet zwei Arten von Dialogsteuerung:

- Bei der internen Dialogsteuerung bestimmt das Applikationsprogramm die Dialogabfolge, indem es Eingaben nur zu bestimmten Zeiten und in einer bestimmten Art vom Benutzer anfordert.
- Externe Dialogsteuerung bedeutet, daß der Benutzer Zeitpunkt und Art einer Eingabe frei bestimmen kann und insbesondere die Wahl zwischen mehreren Eingabemöglichkeiten (z.B.Eingabegeräten) hat.

Es sind auch Mischformen möglich.

Direct Drawing

[engl., direktes, ungepuffertes Zeichnen]
Die einzige Repräsentation eines dargestellten Objekts ist sein Rasterbild. Es gibt keine logische oder beschreibende Repräsentation, mit der man das Bild des Objekts restaurieren könnte, falls das Rasterbild zerstört würde. (↑Immediate Drawing Mode, ↑Structured Drawing Mode)

Direct Manipulation

[engl., ↑Direktmanipulation]

Direktmanipulation

Eine Dialogtechnik, die es erlaubt, ein auf dem Bildschirm sichtbares Objekt durch graphische Eingaben zu manipulieren. Die Wirkung der Eingabe ist am Objekt direkt zu beobachten. Eine formale Spezifikation entfällt genauso wie die Eingabe von Parametern. Ein Beispiel ist das Löschen einer Datei durch das ↑Dragging eines Datei-↑Icons auf das Papierkorb-Icon.

Dragging

[engl., schleppen, schleifen, ziehen]
Die graphische Repräsentation eines Objekts (Fenster, Piktogramm) kann mit einer kontinuierlichen Bewegung eines Zeigegerätes verschoben oder verformt werden. Bei dieser Aktion wird das Objekt simultan mit der Bewegung auf dem Bildschirm verändert. Zu diesem Zweck ist es üblich, die graphische Repräsentation vorübergehend so zu vereinfachen (z.B. durch Darstellung der Umrisse), daß der

Eindruck einer stetigen Bewegung vermittelt werden kann. Dragging ist ein Hilfsmittel der ↑Direktmanipulation.

Event Mode

[engl., Ereignis-Modus]

Bei dieser asynchronen Eingabemethode können mehrere Eingabegeräte gleichzeitig und ohne gegenseitige Einflußnahme Eingabe-Ereignisse entgegennehmen. Die Eingaben sämtlicher Geräte werden der Applikation in Form einer total geordneten Nachrichten-Warteschlange präsentiert. (↑Request Mode, ↑Sample Mode)

Fitts'sches Gesetz

Das Fitts' Law beschreibt den Zusammenhang zwischen Ausdehnung s, Abstand d und Positionierzeit t_{pos} bei der Bewegung der Hand oder der Maus auf ein Zielgebiet (mit s und d) zu.

Die Formel besagt, daß die Positionierzeit proportional zum Logarithmus des Bruches $\frac{d}{s}$ ist. Diese Positionierzeit ist beispielsweise bei der Bestimmung von Größe und Lage der Menüs und Auslöser-Buttons relevant [MB92].

Focus

[engl., Fokus, Brennpunkt]

Das Fenster, das dazu bestimmt ist, die Tastatureingabe entgegenzunehmen, ist im Brennpunkt der Eingabe. Man sagt auch: Das Fenster hat den Fokus.

(↑Click-to-type, ↑Listener Mode, ↑Real Estate Mode)

Focus-Follows-Pointer

[engl., Brennpunkt folgt dem Zeigegerät]

↑Real Estate Mode, ↑Focus

Font

[engl., Schrifttyp]

Schrifttypen sind entweder als Vektor(Outline)- oder Rasterfonts gegeben. Abhängig davon ist die Anzahl und Art der Parameter, die einen Font exakt spezifizieren. Typische Parameter sind: Herstellername (adobe), Familienname (helvetica), Größe (10 Pixel, 100 Punkte), Dicke (bold), Buchstabenneigung (slant), Darstellungsauflösung (75dpi), Weite, Serifen (sans), ↑Ligaturen u.v.m..

Gadget

[engl., Vorrichtung, Kniff, Apparat]
Ein ↑Widget ohne eigenes Fenster, insbesondere ohne eigene Eingabesemantik. Es übernimmt die Eingabesemantik seiner Vorfahren in der dynamischen Widget-Hierarchie. Das Gadget dient deshalb vor allem der Ausgabe (Anzeige), und seine Verwendung bietet den Vorteil, daß der Bildaufbau schneller vor sich geht, weil der Fenster-Verwaltungsaufwand entfällt.

Generische Kommandos

Generische Kommandos werden in der objektorientierten Dialogprogrammierung benutzt. Sie realisieren eine Funktion für mehrere Objektklassen. Die Implementierung kann dabei klassenspezifische Teile enthalten. Das generische Kommando wählt die passende Implementierung aufgrund der Objektklasse. In Benutzungsschnittstellen können beispielsweise folgende Funktionen als generische Kommandos realisiert sein: löschen, erzeugen, kopieren, rückgängig machen (undo), wiederholen.

Gestalt

In der Wahrnehmung transportiert das „Ganze" meist mehr Information oder Ästhetik als die „Summe der Teile" (Beispiel: Note – Melodie, Strich – Graphik). In der Wahrnehmungspsychologie bezeichnet man mit Gestalt genau die Struktur – also die Relationen der Einzelelemente –, die diesen Unterschied herbeiführt.

Gestaltungsrichtlinien

Anleitung für die Gestaltung einer Benutzungsschnittstelle unter Verwendung eines bestimmten ↑User Interface Toolkits. Eine Sammlung von Konventionen und Richtlinien, die dem Applikationsprogrammierer nahe gelegt werden. Beispiel: Die Anfangsbuchstaben der Menüeinträge definieren die Beschleunigungstasten.
(↑Styleguide, ↑Guidelines, Human Interface Guidelines)

Gesten

Unter Gesten versteht man die Eingabe von Daten und das Navigieren auf der Benutzungsoberfläche mit Hilfe von „freien“ Handbewegungen. Eine freie Handbewegung kann ein mit der Maus oder dem Stift gezeichneter Linienzug (Buchstaben, Symbole) sein, aber auch eine mit der Kamera aufgezeichnete Handbewegung (Rotation, Translation, Berühren). Alternativ zur Kamera kann auch der Datenhandschuh – insbesondere für 3D-Gesten – benutzt werden.

GKS

[Abk. Graphisches Kern-System, engl.: Graphical Kernel System]

Eine rechnerunabhängige Programmier-Schnittstelle für die Implementierung von graphischen Applikationen. Sie ist als erster graphischer Standard (ISO, DIN) festgeschrieben worden.

Glyph

[engl., Schrift mit Bildern, Hieroglyphe]

Unter einem Glyph versteht man das Rasterbild, das ein Zeichen eines Zeichensatzes graphisch repräsentiert. Da der Rechner aus Effizienzgründen im allgemeinen nur mit rechteckigen Rasterbildern arbeitet, gehört auch der Hintergrund des eigentlichen Zeichens zu einem Glyph.

GUI

[Abk. engl. Graphical User Interface]

Eine allgemeine Bezeichnung für graphische Benutzungsschnittstellen, unabhängig davon, ob sie durch Fenstersysteme oder graphische Standards implementiert sind.

Guidelines

[engl., Richtlinien, ↑Gestaltungsrichtlinien]

Hotkey

[engl., heiße Taste]

Beim menüorientierten Dialog existiert häufig die Möglichkeit, mit Hilfe von kurzen Tastensequenzen das Durchlaufen der Menühierarchien zu beschleunigen. (↑Accelerator Key, ↑Beschleunigungstaste)

Hotspot

[engl., heißer Fleck]

Der Punkt eines Zeigegerät-Symbols auf dem Bildschirm, der die tatsächliche Position der Eingabekoordinaten festlegt (z.B. Pfeilspitze).

Icon

[engl., ↑Ikone]

Ikone

Man kann grob zwei Bedeutungen dieses Begriffes festhalten:

1. Piktogramm: graphische Repräsentation in Form eines Sinnbildes.
2. Die Repräsentation eines Fensters im geschlossenen, d.h. nicht aktiven Zustand (↑Micon).

Immediate Drawing Mode

[engl., direkter, unmittelbarer Zeichenmodus]

Wie ↑Direct Drawing, im Gegensatz zu ↑Structured Drawing Mode.

Interaktion

Zwei oder mehr Teilnehmer (Rechner, Menschen) führen eine gemeinsame, simultane Aktivität aus. Interaktion wird charakterisiert durch:

- Spontaneität und ↑Unterbrechbarkeit der Aktivität, wobei die Korngröße der atomaren Aktionen auf den Sekundenbereich beschränkt ist.
- Die Aktivität ist produktiv oder verfolgt ein Ziel.
- Die Einflußnahme auf den Ablauf der Aktivität ist von allen Seiten ausreichend, d.h. nicht nur Selektion sondern auch Kreativität (z.B. das Erzeugen neuer Objekte) werden gefordert.

Interface Builder

[engl., (Benutzungs-)Schnittstellenbauer]

Mit „Interface Builder“ oder kurz „Builder“ bezeichnet man interaktive Entwurfssysteme (↑UIDS) für Benutzungsschnittstellen. Einige dieser Werkzeuge beschränken sich darauf, das Layout der Dialogbausteine festzulegen, bei anderen ist die Anbindung an das Applikationsprogramm und die Kommunikation zwischen Dialogbausteinen Teil der Aufgabe.

Kerning

[engl., Kernmaß]

Dieser Begriff stammt aus dem Arbeitsbereich der Buchsetzer.

Er bezeichnet den spezifischen Abstand zwischen je zwei Zeichen des Alphabetes (und für einen bestimmten ↑Font), der die optimale ästhetische Darstellung und eine gute Lesbarkeit gewährleistet.

Dabei entstehen für bestimmte Buchstabenkombinationen sogenannte ↑Ligaturen.

Kommunikative Schnittstelle

Ein System aus Bedingungen, Regeln und Vereinbarungen, das dem wechselseitigen Informationsaustausch zweier Instanzen zugrunde liegt [Sch83]. Die Definition ist bewußt allgemein gehalten, denn die kommunizierenden Instanzen können entweder Prozesse oder Menschen oder auch beides sein.

Ligatur

[lat. Buchstabenverbindung]

Im Druckgewerbe und bei Textverarbeitungssystemen benutzte Form der Darstellung zweier aufeinanderfolgender Buchstaben mit Hilfe von Unterschneidungs- und Überlappungstechniken (↑Kerning).

Beispiel: *„Fenster" ohne Ligaturen heben sich von „Fenster" mit dieser Eigenschaft besonders dann ab, wenn der Schrifttyp leicht gekippt ist (man beachte die Buchstaben „F" und „e").*

Light Weight Process

[engl., leichtgewichtiger Prozeß]

Ein Prozeßkonzept, bei dem der Kontextwechsel nicht vom Kern des Betriebssystems durchgeführt wird. Dadurch, daß kein Kernübergang pro Kontextänderung notwendig ist, reduziert sich der Aufwand dieses Vorgangs erheblich.

Das ist besonders dann von Vorteil, wenn zum Zweck der schnellen Reaktion zwischen verschiedenen Abläufen umgeschaltet werden muß. (↑Threads)

Listener Mode

[engl., Zuhörer Modus]

Eine Lauschtechnik, bei der ein einmal spezifiziertes (angeklicktes) Fenster den Eingabefokus für die Tastatur erhält. Dieses Fenster bleibt im Brennpunkt, auch wenn das Zeigegerät temporär den Bereich des Fensters verläßt. Das Gegenteil ist der ↑Real Estate Mode. (↑Click-to-type, ↑Focus)

Menü

Ein Menü gewährt die Auswahl 1 aus n Aktionen, wobei alle Möglichkeiten angezeigt werden (horizontal oder vertikal). Man unterscheidet folgende Menütypen:

- Pop-Up (spontan erscheinend)
  Auf eine bestimmte Benutzeraktion oder ausgelöst von einem Programm taucht an der Stelle, an der sich der Mauszeiger gerade befindet, ein Menü auf.
- Permanent (fest)
  Feste oder permanente Menüs befinden sich immer am selben Platz auf dem Bildschirm und sind häufig horizontal am oberen Bildschirmrand angeordnet.
- Pull-Down (runtergezogen)
  Pull-Down Menüs werden meist in Verbindung mit anderen Menüs benutzt und entstehen dabei erst auf eine bestimmte Benutzeraktion in diesen Anfangsmenüs. Sie erscheinen zum Beispiel beim Eintritt in ein festes Menü und bleiben nur solange sichtbar bis entweder eine Wahl getroffen wurde oder der Mauszeiger weiterbewegt wurde.
- Stacked (gestapelt)
  Hier überlappen sich verschiedene Menüs derart, daß von jedem noch ein kleiner Teil jederzeit sichtbar ist. Typische, gestapelte Menüs liegen leicht versetzt übereinander und das Menü, in dem sich der Mauszeiger befindet, liegt zuoberst. Diese Anordnung ist platzsparend, aber nicht sehr verbreitet.

- Kaskadiert (mehrstufig)
  Von kaskadierten Menüs spricht man, wenn die Auswahl eines Menüpunktes ein neues Menü entstehen läßt. Auf diese Weise kann man Menübäume erzeugen.
- Pie (Kuchenförmig)
  Darunter versteht man Menüs, die genauso unvermittelt erscheinen wie Pop-Up-Menüs und die dabei wie Kuchenstücke kreisförmig um den Cursor angeordnet sind. Das Kuchenmenü ist eher selten anzutreffen. Es erlaubt gleichlange Wege zu allen Menü-Punkten, wenn der Mauszeiger zu Beginn in der Kreismitte positioniert ist. Diese Eigenschaft ist in manchen Fällen von Vorteil (↑Fitts'sches Gesetz).

Metafile

[engl., Zwischendatei, Metafile]

Ein Metafile ist eine Datei, die eine Zustandsbeschreibung der graphischen Ausgabe in einer bestimmten Situation enthält. Der Zweck eines solchen Files ist, (1) einen erreichten Stand der Interaktion festzuschreiben und (2) als Austauschformat zwischen verschiedenen Systemen zu dienen.

Metaphor

[engl., ↑Metapher]

Metapher

Assoziation eines Szenarios oder einer Aktion auf dem Bildschirm mit einem Analogon in der realen Umwelt. Am bekanntesten ist die Desktop-Metapher, wobei die Benutzerin auf dem Bildschirm mit einer ähnlichen Umgebung (Dokumenten-Stapel, Ablagen) konfrontiert ist, wie sie sie von ihrem Schreibtisch her kennt. Wichtig für die Akzeptanz einer Metapher ist die Tatsache, wie vertraut man sich mit der realen Szene fühlt (weitere Metaphern: Buch, Führerstand; 3D-Metaphern: Room Metaphor, Theater Metaphor).

Micon

[Abk. engl. Moving Icon]

Ein ↑Icon, in dem in miniaturisierter Form einen Film (Bewegtbildsequenz) abläuft.

Im deutschen mitunter spöttisch als „zuckende Briefmarke" bezeichnet.

Mode

[engl., ↑Modus]

Modus

Ein Zustand oder eine Menge von Zuständen, in dem/der eine definierte Teilmenge aller Benutzerinteraktionen ausgeführt werden kann oder in dem/der Benutzeraktionen neu interpretiert werden. Betrachtet man die zurückliegenden Aktionen, die zum Erreichen eines Modus geführt haben, so kann man ihn auch als Kontext interpretieren.

Multimedia

Der Begriff Multimedia heißt, wörtlich genommen, nichts weiter, als daß mehrere (unterschiedliche) Medien an einer Quelle, während eines Transports oder an einer Senke vereinigt vorliegen. Mit Medien ist dabei nicht ein physikalisches Medium gemeint, sondern ein auf die Darstellung und auf die inhaltliche Information gerichteter Begriff. Daher unterscheiden wir zwischen den Medien: Text (incl. Zahlen), Rasterbild, Graphik, Musik, Sprache, Geräusch und Bewegtbild. Es gibt zahlreiche weitere Klassifizierungsmethoden, diese ist jedoch aus praktischer Sicht am wichtigsten [Ste93]. Man unterscheidet nun noch „Multimedia im weiteren Sinne" und meint damit jede Kombination eines der oben genannten Medien. Damit wäre bereits ein herkömmliches Fenstersystem ein Multimedia-System. Unter „Multimedia im engeren Sinne" wird die Kombination von Medien, die sowohl zeitveränderlich sind (zeitkontinuierlich oder -diskret) und solche, die weitgehend zeitinvariant sind, verstanden. Hier müßte also ein Fenstersystem um Video oder Audio erweitert sein, um der Definition zu genügen.

multimediales Dialogsystem

Unter einem Dialogsystem, das ↑Multimedia-Eigenschaften aufweist, versteht man ein System aus Hard- und Software, das grundsätzlich in der Lage ist, zu den weitgehend zeitkonstanten Medien (Graphik, Text) auch zeitkontinuierliche (Audio, Video) zu verarbeiten. Diese Medien müssen vom System archiviert, editiert, transportiert, inspiziert und fusioniert werden können. Sie müssen dabei nicht notwendigerweise alle digital vorliegen (z.B. analoger Videorekorder), allerdings führt die Entwicklung zu vollständig digitalen Systemen [Ste93]. Multimediale Systeme und ↑multimodale Systeme werden häufig verwechselt.

multimodales Dialogsystem

Von einem multimodalen Dialogsystem spricht man bei der Benutzung mehrerer physikalischer Eingabemedien zum Zwecke der Navigation und Steuerung. Ein herkömmliches Fenstersystem benutzt Zeigegeräte (Maus) und Tastatur. Die Hinzunahme der menschlichen Stimme oder die Gestenerkennung (Hand, Kopf) erhöht die Modalität eines solchen Systems, sofern diese „Medien" auch zur Steuerung und Navigation dienen. Dient die Stimme beispielsweise nur der Eingabe von Daten (Diktiergerät, Audiokonferenz), so spricht man von einem ↑multimedialen Dialogsystem.

Page Description Language

[engl., ↑Seitenbeschreibungssprache]

Radio Button

[engl., Radio-Stationstaste]

Ein Dialogbaustein des ↑User Interface Toolkits, der die Auswahl 1 aus n sich ausschließenden Optionen oder Attributen ermöglicht und dabei mindestens das selektierte Objekt anzeigt. Anders als beim (Kommando-)Menü werden hier keine Aktionen ausgelöst.

Rapid Prototyping

[engl., schnelles Erzeugen eines Prototypen]

Prototyping ist ein Software-Entwicklungsmodell, bei dem

frühzeitig ein lauffähiges System erzeugt wird. Der Grund für diese Vorgehensweise beim Dialoganteil eines Softwareprojektes ist, daß es insgesamt schwierig ist, für eine Anwendung zu spezifizieren, wie ein befriedigender Dialog aussieht. Der schnelle Prototyp liefert eine Diskussionsgrundlage und eine Kontrollmöglichkeit für die Funktionalität einer Benutzungsoberfläche.

Real Estate Mode

[engl., Grundbesitz Modus]
Eine Eingabeart, bei der die Tastatureingabe dem Fenster zugeordnet (geschickt) wird, das sich gerade unter dem Zeigegerät (Maus) befindet. Es wird manchmal auch als ↑Focus-Follows-Pointer bezeichnet.
(↑Focus, ↑Listener Mode, ↑Click-to-type)

Redraw

[engl., neuzeichnen, restaurieren]
Das Wiederherstellen der graphischen Ausgabe in einem Fenster, nachdem der Bildinhalt zerstört wurde oder hinter einem anderen Fenster oder Icon unsichtbar war. Ein Redraw (Refresh, Repaint) kann notwendig werden, wenn eine Fensterüberlappung aufgehoben wird oder, wenn ein Fenster aus dem passiven ↑Ikonen-Zustand wieder geöffnet wird.

Request Mode

[engl., Anforderungsmodus]
Vor allem bei graphischen Programmiersystemen (↑GKS) gibt es diese Art der synchronen Eingabe. Das Anwendungsprogramm fordert von einem Eingabegerät diese Eingabe an und wartet dann ab, bis der Benutzer durch einen Auslöser (Trigger) den Eingabewert für gültig erklärt. Ein typisches Beispiel ist die Eingabe eines Koordinatenpaares mit einem Zeigegerät (GKS: Locator).
(↑Event Mode, ↑Sample Mode)

Resources

[engl., Hilfsquellen, ↑Ressourcen]

Ressourcen

Dieser Begriff hat zwei verschiedene, wenn auch verwandte Bedeutungen:

- Im Sinne von Betriebsmittel bezeichnet man damit Objekte wie Fenster und Fonts, die von Anwendungen benötigt und vom Fenstersystem verwaltet und zugeteilt werden.
- Die andere Bedeutung ist die des Attributes für Dialogbausteine (↑Widget) bei bestimmten ↑Toolkits. Im Text wird hierfür die englische Schreibweise benutzt.

Die zweite Bedeutung ist aus der ersten entstanden, da sich hinter einigen Attributen der Dialogbausteine Ressourcen (Fenster, Graphikkontext) verbergen.

Sample Mode

[engl., Abfrage-Modus]
Bei dieser Form der Eingabe werden Eingabewerte (evtl. mehrerer Eingabegeräte) ständig überschreibend aktualisiert. Die Eingabe wird also nicht auf irgendeine Art und Weise ausgelöst, sondern kann vom Anwendungsprogramm zu beliebigen Zeitpunkten abgeholt werden. Da die Eingabe (Treiber) im allgemeinen schneller die Werte aktualisiert als sie vom Programm verarbeitet werden können, werden nicht alle anliegenden Eingabewerte abgeholt.
(↑Event Mode, ↑Request Mode)

Semiotik

Die Theorie und Lehre von den Zeichen. Sie besteht aus den Teilen Syntax, Semantik (also Zeichenbedeutung) und Pragmatik.

Seitenbeschreibungssprache

Ein Graphikpaket, das als Schnittstelle zwischen Applikationen auf der einen Seite und Ausgabegeräten (ursprünglich Drucker) auf der anderen fungiert. Die Sprache verbirgt die maschinenabhängigen Details eines Druckers, aber auch eines Bildschirms und hat folgende Charakteristika:

- Sie bildet eine unidirektionale Schnittstelle (output only).

- Rasterbilder sind als Primitive enthalten.
- Die Sprache kann direkt vom Ausgabegerät abgearbeitet werden.

PostScript, HPGL und PCL sind die derzeit am weitesten verbreiteten Sprachen dieser Art.

Softlabel

[engl., Belegungsanzeige]

Anzeige auf dem Bildschirm, die die Belegung von Funktionstasten wiedergibt. Typisch ist eine Zeile am unteren Bildschirmrand, die die Tasten in ihrer tatsächlichen Anordnung mitsamt der Semantik, die daran gebunden ist, zeigt.

Styleguide

[engl., Gestaltungsanleitung, ↑Gestaltungsrichtlinien]

Structured Drawing Mode

[engl., strukturorientierter Zeichenmodus]

Die zu zeichnenden Objekte werden in Datenstrukturen oder in Listen von Ausgabekommandos strukturiert. Die graphische Ausgabe kann mit deren Hilfe restauriert werden.

Thread

[engl., Faden, Ablauf]

Ein „Handlungsfaden“ innerhalb eines Prozeßkontextes, der mittels Leichtgewichtprozeß (↑Light Weight Process) realisiert ist.

Tiling

[engl., fliesen, kacheln]

Eine Strategie, mit der der Fenstermontierer die Bildschirmaufteilung regelt. Fenster dürfen dabei einander nicht überlappen, sondern müssen immer vollständig sichtbar sein. Zum Tiling gehört eine Technik, nach der verfahren wird, wenn der Platz auf dem Bildschirm knapp wird, z.B. Fenster ikonifizieren oder Fenster schrumpfen.

Timestamp

[engl., ↑Zeitstempel]

Toolkit

[engl., Bausatz, Baukasten]

Eine Sammlung von ↑Dialogbausteinen, die zur Erstellung einer Benutzungsoberfläche gebraucht werden können. Ein solcher Bausatz ist den Anwenderprogrammierwerkzeugen zuzuordnen und kann – muß aber nicht – fenstersystemabhängig sein.

Type ahead

[engl., tippe voraus]

Tastatureingaben gehen zu keiner Zeit verloren. Auch wenn das Fenstersystem nicht in der Lage ist, graphisch sichtbar (z.B. mit Echo) auf die Eingabe zu reagieren, so wird die Tastensequenz für eine anschließende Verarbeitung gepuffert. Für die Realisierung ist wichtig, daß in diesem Fall zu jeder Zeit definiert sein muß, welchem Fenster die Eingabe zuzuordnen ist. (↑Focus)

UIDS

[Abk. engl. User Interface Design System]

Zusammen mit einer Sammlung von Dialogbausteinen (= ↑Toolkit) bietet das UIDS ein benutzer- und anwendungsgerechtes Entwurfssystem für das Aussehen und Verhalten einer Anwendung. Man unterscheidet sprachorientierte (↑UIL), interaktive (↑Interface Builder) und automatische UIDS.

UIL

[Abk. engl. User Interface Language]

Eine Spezifikationssprache für die Benutzungsschnittstelle einer Anwendung (↑UIDS). In einer Textdatei, die den statischen Aufbau der Dialogbausteine in einer speziellen Syntax (keine Programmiersprache) beschreibt, kann der Endbenutzer eines Anwendungsprogramms nachträglich das Programm teilweise modifizieren. Danach wird sie von einem Compiler in einen Code (User Interface Description) übersetzt, der zur Laufzeit der Anwendung geladen wird.

UIMS

[Abk. engl. User Interface Management System]

Interaktive Software kann getrennt werden in einen Applikationsteil und in einen Teil, der die Benutzungsschnittstelle implementiert. Das UIMS unterstützt diese Trennung, indem es Werkzeuge für die Beschreibung von Syntax und Semantik der Dialogkomponente bereitstellt. Der Einsatz dieser Spezialwerkzeuge wird durch die unterschiedlichen Entwurfsziele von Applikationsteil und Dialogteil (Ergonomie) gerechtfertigt. Diese Werkzeuge können selbst wieder interaktiv sein oder in Form von Spezifikationssprachen (wie ↑UIL) definiert sein.

Undo

[engl., rückgängig machen, Undo]

Rückgängig machen der letzten (n) Dialogaktion(en). Man kann damit in einen Dialogzustand zurückkehren, der vorher existiert hat. (↑Virtuelles Undo)

Virtuelles Undo

[engl., scheinbar rückgängig machen]

Mit dieser selten anzutreffenden Funktion kann man sich einen Dialogzustand anschauen, der in der Vergangenheit existiert hat, ohne tatsächlich dorthin zurückzukehren. (↑Undo)

Visual Coding

[engl., ↑Visuelle Kodierung]

Visuelle Kodierung

Mit visueller Kodierung bezeichnet man die Auswahl graphischer Merkmale (Größe, Farbe, Form) und deren Zuordnung zu Attributen eines Objekts, eines Zustandes, eines skalaren Wertes oder einer Aktion. Zum Beispiel kann durch die Schriftgröße und die Farbe die Wichtigkeit des Inhalts eines Dialogtextes kodiert werden.

Visuelle Konsistenz

Die Organisation und die Kodierung der visuellen Darstellung (↑Visuelle Kodierung) sollten für verschiedene Applikationen und Objekte erkennbar übereinstimmen. Diese

Forderung hat für den Benutzer den Effekt, daß er weniger lernen muß, wenn er von einer Applikation zu einer anderen wechselt.

Widget

[engl., Kunstwort aus Window und ↑Gadget]
Ein oder mehrere Fenster mit definierter Ein-/Ausgabe-Semantik als Bestandteil eines ↑User Interface Toolkits. Im deutschen wird der Begriff ↑Dialogbaustein häufig mit derselben Bedeutung verwandt, obwohl er einen Oberbegriff bildet. Ein Scrollbar-Widget oder ein Menü-Widget sind typische Bestandteile dieser Schnittstelle für den Applikationsprogrammierer (↑API).

WIMP

[Abk. engl. Window, Icon, Menu, Pointing Device]
Mit diesem Akronym bezeichnete man die frühen graphischen Fenstersysteme. Die Aufzählung der Bestandteile (Pointing Device) machte den Unterschied zu zeichenorientierten Fenstersystemen deutlich.

Zeitstempel

Für Eingabeereignisse von der Maus, Tastatur etc. vergibt der zugehörige Treiber eine unverwechselbare Zeitmarkierung, die durch eine atomare Operation vom Kern des Betriebssystems zugeordnet wird. Diese Markierung dient neben der Identifikation der Ereignisse auch dazu, eine totale zeitliche Ordnung der Ereignisse zu garantieren, wenn Eingabeereignisse verschiedener Treiber in einer Nachrichten-Warteschlange durch einen Multiplex-Vorgang zusammengebracht werden. (↑Event Mode, ↑Timestamp)

Index

H

I

K

L

M